CHINA SECURITIES GREAT COLLECTIONS

中国证券典藏大系

当代上市公司实物股票卷

余庆生　杨捷　编著

中国科学技术大学出版社

内 容 简 介

本书为"中国证券典藏大系"之一,主要介绍1978年改革开放至1992年股票无纸化发行期间发行,并在上海证券交易所、深圳证券交易所成立后陆续挂牌上市的实物股票情况,以及股票发行人改制、重组、上市及股权分置改革等历史沿革。以高校学者、证券业职业经理人和资深收藏家组成的作者团队,历经十余年从各方收集原始资料并分类整理,结合相关文献资料,从历史性、学术性等方面为我国股份制经济研究、证券发展史、金融制度研究及重大历史事件的研究提供直接的文献依据。本书是目前收录当代上市公司发行实物股票较为齐全的一本,除具有较高的收藏、审美鉴赏价值外,还可以作为金融证券从业人员的工具书。

图书在版编目(CIP)数据

中国证券典藏大系:当代上市公司实物股票卷/余庆生,杨捷编著.—合肥:中国科学技术大学出版社,2020.8

ISBN 978-7-312-04802-9

Ⅰ. 中… Ⅱ. ①余… ②杨… Ⅲ. ①证券市场—史料—中国 ②股票交易—史料—中国—现代 Ⅳ. F832.97

中国版本图书馆CIP数据核字(2020)第051260号

ZHONGGUO ZHENGQUAN DIANCANG DAXI:DANGDAI SHANGSHI GONGSI SHIWU GUPIAO JUAN

出版	中国科学技术大学出版社
	安徽省合肥市金寨路96号,230026
	http://press.ustc.edu.cn
	https://zgkxjsdxcbs.tmall.com
印刷	合肥华苑印刷包装有限公司
发行	中国科学技术大学出版社
经销	全国新华书店
开本	880 mm×1230 mm　1/16
印张	36.5
字数	862千
版次	2020年8月第1版
印次	2020年8月第1次印刷
定价	680.00元

作 者 简 介

余庆生

同济大学技术经济及管理学博士,深圳证券交易所金融博览中心顾问,任职于证券公司二十余年,主持或参与完成多只股票及债券发行的承销与保荐工作。从事股票文物收藏十余年,诸多藏品先后参加中国证券博物馆、深圳证券交易所金融博览中心及各大专题展览。

杨 捷

东华大学副教授,硕士生导师,主要从事英语语言教学、近现代中国证券史及对外经济交往等方面的研究。

名 家 推 荐

1983年"深宝安"股票公开发行，1984年"小飞乐"股票公开发行。1990年12月1日"深市老五股"股票在深圳证券交易所开始集中交易，1990年12月19日"沪市老八股"股票在上海证券交易所开始集中交易。之后不久，深、沪这两家交易所均实现了交易、交收无纸化，从此再无实物股票。

时至今日，深、沪股市共有近4000家上市公司，不少年轻人却不曾见过在深、沪这两家交易所早期的上市公司实物股票是啥样的，更不知道清代、民国时期都有哪些上市公司股票。《中国证券典藏大系》以时序为轴并按专题分卷出版，以实物证券为基础，通过搜集、整理、研究相关文献史料，挖掘证券背后的故事，展现近现代民族工商业史、民族实业家创业史、外资企业在华发展史，为研究中国近现代股份制经济发展进行了积极的探索。《中国证券典藏大系》在资料搜集方面下足功夫，以使基础资料更加翔实，内容分类更加清晰。厉以宁教授曾说："博引只为致用，溯源足以证今。"把中外股票的历史告诉读者，对于推进以中国特色社会主义市场经济体制为目标的改革发展，有着积极的作用。

——禹国刚（"改革先锋"称号获得者，
深圳证券交易所创始人、第一任副总经理）

股份制是商品经济和社会信用发展到一定阶段的产物，股票是股份制的体现和物化。马克思曾对股份制企业的诞生及其促进社会生产力发展的巨大作用给予高度评价。他说，股份制企业对社会经济发展的促进具有里程碑式的意义，"标志着现代各国经济生活中的新时代"，"在股份公司中联合起来的不是单个人，而是资本"；股份制度"对国民经济的迅速增长的影响恐怕估计再高也不为过"，"它们是发展现代社会生产力的强大杠杆"。

据估计，仅在近代中国，从清朝末年到新中国成立前发行过的各种股票，不下数千种；改革开放后发行的股票，数量和种类就更多了。这些代表股份制企业的实物证券，在社会经济生活中发挥出集聚资本、推动生产力发展的巨大作用。一张张股票，是一段段历史风云的体现，是一段段创业故事的见证。

可以说：
张张股票，浓缩中国股份企业步步轨迹；
方寸之间，折射世纪证券市场演变风云。

——朱荫贵（复旦大学历史学系教授、博士生导师，
复旦大学中国金融史研究中心研究员）

票证是证券市场所有者权利确认和转移的载体。尽管现在市场运转已经虚拟化和电子化，但历史遗留下来的实物票证承载着那一段历史市场风云和故事遗迹。余庆生先生以其长期收藏市场历史票证的积累，来叙述这背后的历史风云，使后人得以从实物票证形象地认识和领略那些历史真实，这是功德无量的行为……

——陆一（英国《金融时报》集团旗下FT中文网
专栏作家，中国证券市场史研究者）

总　　序

证券是证明其持有人享有某种特定权益的法律凭证,狭义的证券主要指证券市场中的股票、债券、基金、期货、期权等证券产品,是国家、社会经济组织及个人投融资活动的金融工具,在人类的经济活动中一直扮演着重要角色。证券市场历史悠久、风云变幻,对世界各国政治经济发展有着重大影响。中国证券发展有史料记载以来经历了不同历史阶段,直至当今成为促进我国国民经济发展不可或缺的要素。

据《周礼》记载,早在西周时期,私人之间、官府与民间常有借贷,当时借据(债券最原始的雏形)或买卖契约写在木片或竹片上,然后剖开一分为二,债权人或买主执右券,债务人或卖方执左券,债权人或买主可执右券责成债务人或卖方履行合约,即"操右券以责"(《史记·平原君列传》)。债权人在讨债和索取利息时可命债务人前来"合券"(《史记·孟尝君传》)。《周礼·天官·小宰》所载"听称责以傅别",讲的就是根据契约债券裁决借贷上的争议。东周及春秋战国时期,借贷已非常普遍,《国语·晋语八》记载栾桓子"假贷居贿",即放款取息、积储财物。1986年出土于湖北荆门包山二号楚墓的楚简中有相关借贷的记载——"期至屈夺之月赛金"和"化期不赛金",为关于借款到期无力偿还的描述。西汉时期,高利贷进一步发展,《汉书·王子公卿表》记载表明朝廷对高利贷有法定利息及税收(赀贷税)的相关规定。东汉时期,中央朝廷财政愈发困难,不得不向地方王侯或民间借贷,即早期的国债。三国两晋南北朝时期,社会分裂动荡,经济发展衰退,但借贷一直兴盛,特别是南朝时期,寺院放贷盛行,产生了中国古代最早的典当业。隋朝出现的公廨钱制度,即为朝廷放贷取利,以补朝廷经费之需的做法。唐朝时期,长安西市产生了中国最早的金融市场,如办理抵押贷款的"僦柜""质库"、朝廷经营贷款的"公廨"、接受存款及保管服务的"柜坊",特别是经营"飞钱"业务的"进奏院"等机构的出现,产生了中国最早的汇兑业。宋代是我国古代金融业发展鼎盛时期之一,出现了大量从事货币、金银、有价证券买卖的交引铺,同时出现了以"库户""钱民"为中心的高利贷网络,典当业也出现了合伙、合股经营等形式。元代高利贷十分活跃,其时西域商人经营的"羊羔息"业务年息加倍且为复利,另官府亦设立"广惠库"以经营高利贷业务,放典收息。明代典当业十分发达,同时出现了"钱铺""钱肆""钱庄"等开展兑换业务的店铺。清代开始出现从事存放款业务的账局以及从事汇兑和存放款业务的票号,如道光三年(1823年),山西平遥商人雷履泰创办了中国最早的票号"日升昌"。明清时期,"招商集资、合股经营"的组织形式就已出现,如钱庄在清代的繁荣期,多为合伙出资的模式,具有明显的股份制特征,其合股者签订的契约也具备一定的股票功能。

中国封建社会在漫长的发展过程中孕育着资本主义的萌芽。第一次鸦片战争以后,国外资本主义势力入侵,中国传统的金融体制和产业发展受到前所未有的冲击,清末洋务运动本着"自强求富"的方针,通过设立中国人自己的军工及民用股份制公司,开启了中国近代资本市场的新篇章。

1853年,上海道台吴健彰向上海洋商借款雇佣作战船只,并由江海关关税担保,此次借款被认为是中国政府首次对外借款。此后,为了筹措战争经费、兴办实业、修建铁路以及对外赔款需要,清政府大举外债。同时,为弥补财政不足,清政府还效仿外国做法,共发行了三次国内公债:1894年的"息借商款"、1898年的"昭信股票"和1911年的"爱国公债"。

1872年,轮船招商局发行了被认为是中国真正意义上的第一张股票。此后,随着洋务运动的深入,选择发行股票的企业越来越多,参与股市的国人也越来越多,并先后出现了中国近代证券市场三次影响较大的股票风潮,分别为光绪九年(1883年)矿局股票风潮、宣统二年(1910年)橡皮股票风潮以及民国十年(1921年)信交风潮。

上海是我国近代资本市场的发轫地。1869年,在上海四川路二洋泾桥北,洋商率先在中国成立了第一家专营有价证券的股票交易公司——英商长利公司。1891年洋商在上海设立了上海股份公所,1905年又将之改组为上海众业公所,从事证券交易,交易方式有现货、期货两种,现货交易占绝大比重。上海众业公所是洋商在中国创办的第一家证券交易所,也是中国最早的证券交易所。清光绪八年(1882年)十月,中国人自己创办的第一家买卖股票的公司——上海平准股票公司设立并开展股票公开买卖交易,首开中国有组织证券市场的先河。但受时局动荡的影响,平准公司很快停业,自此清代就再没有华商证券交易所设立。中国的证券市场长期被洋商垄断,存在于华商市场的仅是以茶楼聚会形式商谈证券交易的民间组织,即股票市场的"茶会时期"。

1914年,上海创立了上海股票商业公会,公会会所附设股票买卖市场,有会员13家,每天上午集会买卖证券,会员也可经营代理买卖,按成交额收取佣金。市场管理人员登记交易情况,逐日公布行情,并印送行市单。后参加公会的证券商增加到60余家,交易规模不断扩大,实际上已成为证券交易所。

1914年和1915年,北洋政府分别颁布了《证券交易所法》和《证券交易所法施行细则》,这是近代中国第一部关于证券交易的法规,为国人证券交易所的开办奠定了法律基础。1929年,南京政府颁布《交易所法》,针对证券交易运作中的具体问题提出了更进一步的法律解决方案。

1916年,中国人自己创办的第一家证券交易所——汉口证券交易所成立,主要经营证券及棉花等物品交易,但开业不久即歇业。1918年6月,经北洋政府农商部批准,北平证券交易所成立,成为中国第一家经政府批准专营证券业务的交易所。北平交易所由梁士诒等人创办,主要经营债券、股票,兼营外币业务;1922年以后以公债买卖为主;至1933年,经营逐步陷入了停顿状态;1939年6月,该所因战事影响而宣告停业。

1919年9月,由虞洽卿等人发起的上海证券物品交易所获准设立,1920年2月1日宣告正式成立,1920年7月2日正式对外营业,交易的标的物有证券、棉花、棉纱、布匹、金银、粮油和皮毛7类。后因1929年的《交易所法》关于一地只能有一个证券交易所的规定,该交易所的证券部于1933年并入上海华商证券交易所。

1920年5月,上海股票商业公会经过多方协商筹备,改组为上海华商证券交易所,交易方式分现货、期货两种。现货交易每日上午开市,期货交易分为1月、2月、3月三种。1937年上海"八·一三"事变停业。1943年在日伪当局命令下复业,日本投降后即停业解散。1946年国民党政府筹办官商合办的上海证券交易所,由原华商证券交易所的股东认购60%的股份,新中国成立前歇业。

民国时期，我国股份制经济已十分普遍，外国资本、官僚资本、民族资本等各类资本通过发行股票筹措资金，兴办各类实业，极大地改变了传统的生产关系，有力地促进了生产力水平的提高，金融、纺织、面粉加工、铁路运输、化工制药、商业百货等工商业取得了空前发展。同时，民国政府为偿还承继于清政府的债务、弥补财政及战争经费的不足，发行了大量的国家和地方公债。

值得一提的是，中国共产党人在领导广大人民群众开展新民主主义革命期间，也有效利用资本工具积极开展革命战争和经济建设活动。如在红色根据地建立经济合作组织并发行股票，不仅弥补了国营经济、稳定了物价、改善了供求关系，为经济困难者提供经济帮助，而且提高了社员的民主意识与政治素质，为成功开展革命提供了经济和社会基础。革命根据地公债是我国新民主主义革命时期，各根据地人民政府以信用形式向人民举借财粮的一种办法，成为根据地建立初期财政收入的主要来源，为新民主主义革命作出了重要贡献。

1949年6月1日，经华北区财委会、人民银行总行及天津市人民政府批准，天津市军管会在接收原天津市证券交易所基础上成立的新的天津证券交易所正式开业。这是新中国第一家证券交易所，交易的股票有启新洋灰、东亚企业、耀华玻璃等14家公司以往发行的股票，1952年7月关闭并入天津市投资公司。

1950年2月1日，北京证券交易所正式开业，主要交易的股票为天津上市的启新洋灰、耀华玻璃等6种股票，1952年2月21日，北京证券交易所关闭歇业。

新中国成立后，兴办生产、消费或金融（信用）合作社，并发行合作社股票，成为个体工商业、农业和手工业进行社会主义改造的主要途径。从1953年起，开始在全国范围内对资本主义工商业进行大规模的社会主义改造，至1956年，资本主义工商业实现了全行业公私合营。国家对资本主义私股实行"定息制度"，并发放股票或股息凭证。公私合营对巩固和发展社会主义道路发挥了重要作用。

1950年，为弥补财政赤字、减少现钞发行、有计划地回笼货币、稳定物价，中央人民政府发行了第一期人民折实公债，计划发行1亿分，实际销售1.48亿分，主要针对社会富裕阶层销售。1950年，经中央政府批准，东北地区先后发行两期共3 000万元地方折实公债。1954~1958年，国家连续5年发行了国家经济建设公债，共实际募集资金35.44亿元，为初步建立我国国民经济工业基础发挥了积极作用。

1978年12月，党的十一届三中全会确定了以经济建设为党和国家的工作中心，并开始逐步推行一系列经济体制改革，中国资本市场又重新开始孕育。1980年1月，辽宁抚顺红砖厂由中国人民银行抚顺市分行新抚办事处首次代理发行定额每股"壹万元"股票280股，被认为是改革开放后首家发行股票的企业（非股份公司）。1982年，国家经济体制改革委员会成立，负责统筹和指导全国经济体制改革工作，全国自上而下的经济体制改革拉开帷幕，一些小型企业开始尝试发行股票，之后越来越多的企业开始股份制试点，股票一级市场开始出现。从20世纪80年代初直至上海证券交易所与深圳证券交易所相继开业，全国许多地方进行了企业股份制改革的探索并发行股票。但这阶段发行的股票从发行的条款来看更接近于企业债券，由于缺少统一的法律法规及监管体系，发行规模普遍偏小，发行过程亦不规范，交易市场混乱，出现了许多问题。1990年，深圳、上海出现股票热，引起全社会的广泛关注，国家相关部门先后对深圳、上海企业股份制改革及证券市场进行多次调研，最后决定保留上海、深圳股份制试点及证券市场。为规范证券市场发展、有序推进股份制改革，经政府主管部门批准，上海证券交易所与深圳证券交易所分别于1990年12月19日和1991年7月3日正式开业，标志着全国性的资本市场初步形成，市场从区域走向全国，从分散柜台交易转为集中统一的场内交易。

1981年1月28日，我国政府通过了《国库券条例》。1981年7月，我国开始重启国债的发行。1984年，由于银根紧缩，为解决在建项目资金不足问题，银行开始了发行金融债券融资支持这些项目。1985年，中国工商银行发行1年期金融债券5亿元，为改革开放后首次金融债券发行。1985年5月，沈阳市房地产开发公司向社会公开发行5年期企业债券，成为改革开放后首支发行的企业债券。1991年7月，国内设立最早的投资基金——珠海国际信托投资公司发起成立的"珠信基金"，经中国人民银行珠海市分行"珠人银金管151号文"批准设立，拉开了投资基金发展的序幕。

可喜的是，上海证券交易所与深圳证券交易所开业近三十载以来，中国资本市场得到了长足发展，多层次资本市场逐步形成，中国证券市场已成为全球几大资本市场之一和全球资本市场的核心力量，在资源配置和服务社会经济建设中发挥着越来越重要的作用。

为完整呈现中国近代证券发展历史画卷，系统研究中国近代金融证券史、工商业史及社会发展史，借古鉴今，更好地建设完善我国资本市场，对大量史料文献进行收集整理研究是必要的基础工作。《中国证券典藏大系》丛书按照时序系统收集整理我国清代、民国、新中国成立初期、改革开放后等各时期发行的各类专题股票、债券等珍贵证券实物，以期填补国内外档案馆、图书馆及博物馆等各类馆藏该类文献资料的不足，为专家学者开展专题研究提供大量宝贵第一手文物史料，亦为金融证券文化传播及金融证券收藏提供有益参考。

编者潜心证券收藏与研究十余年，呕心编著此丛书，但鉴于证券实物珍稀，加之编者水平局限，丛书收集的证券实物及相关文字批注仍需不断补充完善。不足之处，敬请方家雅正。

编　者

2019年12月31日

编 排 说 明

一、本书收录的为改革开放后发行并在上海证券交易所、深圳证券交易所上市的公司实物股票，按公司所在省份首字拼音顺序编排。每张股票的票幅规格按"长(mm)×宽(mm)"标示，横向为长，纵向为宽。

二、上市公司的控股股东或控股子公司实物股票不在本书收录范围。

三、改革开放后至20世纪90年代初期，企业发行的股票，包括早期企业自办发行的内部职工股，向社会发行的法人股、个人股，以及经地方体改委批准发行的定向募集公司社会法人股、内部职工股等实物股票，均为先后经转托管及地方政府主管部门、证监会批准在上海证券交易所、深圳证券交易所上市的公司实物股票。

四、1992年，上海证券交易所、深圳证券交易所股票发行开始实行无纸化，本书收录了部分已印刷制作完毕但未实际投入使用的实物股票及股票票样。

五、本书附录部分收录了在香港证券市场发行上市的绝大部分重点企业H股股票、20世纪90年代初使用的股票认购凭证、改革开放后早期发行的代表性股票以及基金信托凭证，供读者拓展阅读。

六、为保护股东个人隐私，股票上个人姓名及身份证号码等信息均做模糊处理。

目　　录

总序 ··· i

编排说明 ··· v

改革开放后的中国股票市场发展概述 ··· 001

安徽省 ··· 011
　　皖能股份有限公司股权证 ··· 012
　　美菱股份有限公司股权证 ··· 014

北京市 ··· 016
　　北京市天桥百货股份有限公司股票 ··· 017
　　北京比特实业股份有限公司股权证 ··· 020
　　北京市天龙股份有限公司股票 ··· 022
　　北京市华远房地产股份有限公司股权证 ··· 024
　　北京燕化高新股份有限公司股权证 ··· 027
　　北京市旅行车股份有限公司股票 ··· 029
　　北京东方电子集团股份有限公司股权证 ··· 032

重庆市 ··· 034
　　重庆万里蓄电池股份有限公司股权证书 ··· 035
　　重庆百货大楼股份有限公司股权证书 ··· 037
　　重庆三峡油漆股份有限公司股权证 ··· 039
　　西南药业股份有限公司股票存折 ··· 041
　　重庆渝开发股份有限公司股票存折 ··· 043
　　长江天府游轮股份有限公司股权证/股权证持有卡 ····················· 045

福建省 ··· 047
　　福建石狮新发股份有限公司股票 ··· 048
　　厦门海洋实业集团股份有限公司股权证书 ····································· 050
　　福建省永安县林业股票 ··· 051
　　福建九州集团股份有限公司股份证 ··· 052
　　福建省福联纺织股份有限公司股票 ··· 053
　　福建福州通用电气股份有限公司股金收据 ····································· 055
　　福建青山纸业股份有限公司定额股金收据 ····································· 057
　　福州自动化仪表股份有限公司股票 ··· 058

福建日立电视机有限公司股票(上市公司核心企业) ······059
厦门经济特区国际贸易信托公司内部股票 ······060
福建省耀华玻璃工业股份有限公司股票 ······061
福建省三农化学股份有限公司社团法人股权证 ······063
豪盛(福建)股份有限公司股权持股证明书 ······064

甘肃省 ······066
铜城商厦股份有限公司股票 ······067

广东省 ······069
深圳发展银行股东证/股票 ······070
深圳万科企业股份有限公司股票 ······075
深圳金田实业股份有限公司股票 ······078
蛇口安达运输股份有限公司股票 ······080
深圳原野实业有限公司股票 ······082
深圳市振业股份有限公司股票 ······084
深圳赛格达声股份有限公司股票 ······086
深圳锦兴开发服务股份有限公司股票 ······088
宝安县联合投资公司股金证　深圳市宝安企业(集团)股份有限公司股票 ······090
深圳华新股份有限公司股票 ······092
深圳市物业发展(集团)股份有限公司股票 ······094
中国南方玻璃股份有限公司股票 ······096
深圳市石油化工(集团)股份有限公司股票 ······097
深圳华源实业股份有限公司股票 ······098
深圳中厨股份有限公司股票 ······100
深圳康佳电子(集团)股份有限公司股票 ······102
深圳中华自行车(集团)股份有限公司股票 ······103
深圳中冠纺织印染股份有限公司股票 ······104
深圳市深宝实业股份有限公司股票 ······106
深圳华发电子股份有限公司股票 ······107
广州东华实业股份有限公司股票 ······108
广东开平涤纶企业集团股份有限公司募股收款收据 ······110
广州白云山制药厂基金会股票 ······111
珠海华电股份有限公司股金收据 ······113
珠海经济特区中富实业股份有限公司股票 ······115

广西壮族自治区 ······117
广西虎威股份有限公司股权证 ······118
广西桂冠电力股份有限公司股权证 ······120
北海四川国际经济开发招商股份有限公司股票 ······121

贵州省 ······123
贵州钢绳股份有限公司股票 ······124

贵州黔源电力股份有限公司股权证 ··· 125

贵州华联股份有限公司股权证 ·· 127

贵州中国第七砂轮股份有限公司股权证 ··· 128

海南省 129

海南省航空公司法人股权证 ·· 130

海南海德纺织实业股份有限公司法人股权证 ······································· 132

海南石化煤气股份有限公司法人股权证　海口管道燃气股份有限公司法人股权证
·· 133

海南南洋船务实业股份有限公司法人股权证 ······································· 135

海南海盛船务股份有限公司法人股股权证 ·· 136

海南海药股份有限公司法人股权证 ··· 137

海口农工贸股份有限公司股权证 ·· 138

海南化纤工业股份有限公司股票 ·· 139

海南港澳实业股份有限公司股票 ·· 140

海南民源现代农业发展股份有限公司股票 ·· 141

海南侨联企业股份有限公司股权证 ··· 143

河北省 145

承德钢铁股份有限公司职工股权证 ··· 146

河北威远实业股份有限公司股票　河北威远建材股份有限公司股权证 ······ 149

石家庄宝石电子玻璃股份有限公司股权证 ·· 150

石家庄劝业场股份有限公司股票 ·· 151

石油管道龙昌实业股份有限公司股权证 ··· 153

秦皇岛商城股份有限公司股权证　秦皇岛华联商厦股份有限公司股权证 ··· 154

河北太行水泥股份有限公司内部职工股权证书 ··································· 156

河南省 158

焦作市碱业股份有限公司股票 ·· 159

漯河制浆造纸股份有限公司股票 ·· 160

郑州百货文化用品股份有限公司股权证 ··· 162

安阳钢铁股份有限公司股权证 ·· 164

黑龙江省 165

东方企业集团股票 ··· 166

湖北省 167

湖北天发企业（集团）股份有限公司股票 ·· 168

荆门兴化股份有限公司股票 ··· 170

湖北车桥股份有限公司股票 ··· 172

黄石康赛时装股份有限公司股权证 ··· 174

猴王股份有限公司股权证持有卡/转配股股权证 ·································· 176

武汉商场股份有限公司（集团）股票 ·· 177

湖北原宜经济发展(集团)股份有限公司股权证 …………………………178
湖北金环股份有限公司内部职工股持有账户 …………………………179
襄阳汽车轴承(集团)股份有限公司股权证 ……………………………180
武汉电线股份公司股票 …………………………………………………181
湖北沙隆达股份有限公司股票 …………………………………………183
武汉祥龙电业股份有限公司认股通知单 ………………………………185
华新水泥股份有限公司职工持股会持股权证 …………………………187

湖南省 …………………………………………………………………………189
大庸市房地产开发股份有限公司股权证 ………………………………190
长炼聚丙烯股份有限公司股票 …………………………………………191
衡阳市飞龙再生资源股份有限公司股票 ………………………………192
湖南华银电力股份有限公司股权证 ……………………………………193
湖南五一文实业股份有限公司内部股份存折 …………………………194

吉林省 …………………………………………………………………………195
吉林制药股份有限公司股权证 …………………………………………196
长春高新技术产业股份有限(集团)公司股权证书 ……………………197
东北制药总厂个人股票　东北制药集团股份有限公司股权证 ………198
吉诺尔股份有限公司股权证 ……………………………………………201
长春百货大楼股份有限公司股权证(法人股) …………………………203
长春汽车城百货股份有限公司股权证 …………………………………204
东北华联贸易大厦股份有限公司股权证　四平金龙企业集团股份有限公司股权证
………………………………………………………………………………205

江苏省 …………………………………………………………………………208
江阴钢绳股份有限公司股权证 …………………………………………209
无锡威孚股份有限公司股权证 …………………………………………210
常州市金狮经济发展公司股权证券 ……………………………………212
南京天龙股份有限公司股权证 …………………………………………213
武进柴油机厂股票 ………………………………………………………214
江阴兴澄冶金实业股份有限公司股票 …………………………………216
江山农化股权证 …………………………………………………………218
连云港如意集团股份有限公司股权证 …………………………………219
徐州工程机械股份有限公司股权证持有卡 ……………………………220
南通机床股份有限公司个人/法人股票 …………………………………221
南京医药股份有限公司股权证 …………………………………………223
黄海股份有限公司(集团)股票 …………………………………………224

江西省 …………………………………………………………………………225
江西长运股份有限公司股权证/股权证持有卡 …………………………226

辽宁省 227

 鞍钢冷轧薄板公司股票（1988）　鞍钢线材股份有限公司股票（1987）......228
 沈阳物资开发股份有限公司股票......231
 沈阳第一机床厂（内部）股票......233
 大连龙泉酿酒股份有限公司股票......235
 中国大杨企业集团股份有限公司股票......237
 沈阳蓝田股份有限公司股权证......239
 中国辽宁国际合作（集团）股份有限公司股权证......240
 鞍山第一工程机械股份有限公司股权证书......241
 金杯汽车股份有限公司股票......243
 沈阳变压器厂股票......245
 松辽汽车股份有限公司股权证......246
 鞍山市信托投资公司股票......247
 锦州市经济技术开发区六陆实业股份有限公司股权证......248
 金城造纸股份有限公司股权证......249
 葫芦岛锌业股份有限公司股票......251
 锦州港务（集团）股份有限公司股票......252
 辽宁（金帝）建设集团股份有限公司股权证......253

内蒙古自治区 254

 包头糖厂职工集资股票......255

山东省 256

 山东泰安润滑油调配厂股票......257
 鲁泰纺织股份有限公司股票......259
 山东金泰集团股份有限公司股票......261
 山东胜利股份有限公司股票......263
 烟台冷冻机总厂股份有限公司股票......264
 山东寿光造纸印刷包装（集团）股份有限公司股权证......266
 鲁银（股份）实业集团股权证......268
 山东环宇（集团）股份有限公司股票......269
 山东农药工业股份有限公司股票......271
 济南百货大楼股份有限公司股权证......273
 山东电缆电器（集团）股份有限公司股权证......274
 山东泰山石化股份有限公司股票托管回执......275
 山东泰山磨料磨具股份有限公司股票......276
 青岛双星鞋业股份有限公司出资证明书......277
 烟台华联商厦股份有限公司股票......278
 青岛国货集团股份有限公司股权证......279
 青岛利群百货股份有限公司股权证......281
 牟平县毛纺厂股份有限公司股票　山东新牟钢铁股份有限公司股权证......283

山西省 ·· 285
　　山西漳泽电力股份有限公司股权证 ·· 286
　　太原天龙集团股份有限公司股权证 ·· 287

陕西省 ·· 291
　　陕西百货文化用品股份有限公司股权证 ·· 292
　　黄河机电股份有限公司股票 ·· 293
　　陕西省金叶印务股份有限公司入股统一凭证 ·································· 295
　　宝鸡商场(集团)股份有限公司个人股股权证 ·································· 296
　　咸阳偏转线圈股份有限公司股权证 ·· 297
　　西安民生百货股份有限公司股票 ··· 298
　　陕西省国际信托投资公司股票 ·· 300
　　长安信息产业(集团)股份有限公司股权证 ····································· 302
　　彩虹显示器件股份有限公司股权证 ·· 304

上海市 ·· 305
　　上海飞乐股份有限公司股票 ·· 306
　　上海飞乐音响公司股票 ·· 308
　　上海申华电工联合公司股票 ·· 311
　　上海豫园商场股份有限公司股票 ··· 313
　　上海真空电子器件股份有限公司股票 ··· 315
　　上海爱使电子设备公司股票 ·· 319
　　上海延中实业股份有限公司股票 ··· 321
　　中国第一铅笔股份有限公司股票 ··· 323
　　上海胶带股份有限公司股票 ·· 326
　　上海金陵股份有限公司股票 ·· 329
　　上海市第一食品商店股份有限公司股票 ·· 331
　　上海永生制笔股份有限公司股票 ··· 333
　　上海双鹿电器股份有限公司股票 ··· 336
　　上海电器股份有限公司股票 ·· 338
　　上海华联商厦股份有限公司股票 ··· 340
　　上海氯碱化工股份有限公司股票 ··· 342
　　中国纺织机械股份有限公司股票 ··· 344
　　上海众城实业股份有限公司股票 ··· 346
　　上海大众出租汽车股份有限公司股票 ··· 348
　　上海浦东大众出租汽车股份有限公司股票 ····································· 349
　　上海复华实业股份有限公司股票 ··· 351
　　上海丰华圆珠笔股份有限公司股票 ·· 352
　　上海兴业房产股份有限公司股票 ··· 354
　　上海浦东强生出租汽车股份有限公司股票 ····································· 356
　　上海嘉宝实业股份有限公司股票 ··· 358
　　上海异型钢管股份有限公司股票 ··· 359
　　上海二纺机股份有限公司股票 ·· 361

上海冰箱压缩机股份有限公司股票 ·················362
上海轮胎橡胶(集团)股份有限公司股票 ·············364
上海市第一百货商店股份有限公司股票 ··············367
上海海鸟电子股份有限公司股票 ··················369
上海市陆家嘴金融贸易区开发股份有限公司股票 ········371
上海界龙彩印总公司内部股票 ····················374
上海国嘉实业股份有限公司股票 ··················375
上海南汇防水涂料厂资金股票 ····················377
上海水仙电器实业股份有限公司股票/职工内部认股证 ····378
上海第十七棉纺织厂集体企业经理部股票 ············380
上海隧道工程股份有限公司职工持股会员卡 ···········381

四川省 ··382

成都市工业展销信托股份公司股票　成都蜀都大厦股份有限公司
　股权证/股票持有卡 ·························383
国营长虹机器厂股票 ·························387
成都动力配件股份有限公司股票 ··················389
四川金顶(集团)股份有限公司股票 ················391
四川岷江电力股份有限公司股权证 ················392
四川三峡电力(集团)股份有限公司股权证 ············394
成都华贸股份有限公司股票 ·····················396
东方电工(集团)股份有限公司股票 ················398
四川美丰化工股份有限公司股权证 ················400
成都量具刃具总厂股票 ························401
成都红光实业股份有限公司股权证 ················403
四川第一棉纺织印染厂股票 ·····················405
四川金路股份有限公司股票 ·····················407
四川美亚丝绸(集团)股份有限公司股票 ·············409
成都联益实业股份有限公司股票持有卡 ·············410
东方锅炉(集团)股份有限公司股票 ················412
成都工益股份有限公司股票 ·····················414
四川省长江企业集团股份有限公司股权证持有卡 ·······416
长城特殊钢股份有限公司股票 ···················418
成都泰康化纤股份有限公司股权证持有卡 ············420
四川省宜宾造纸厂股票 ························421
攀钢集团板材股份有限公司股权证 ················422
成都倍特发展股份有限(集团)公司股权证(法人股) ·····424
成都市城市信用合作社股票　成都城市合作银行股金证书
　成都市汇通城市合作银行股票 ··················425
峨眉铁合金厂股票 ···························428
四川太极实业股份有限公司股权证持有卡 ············429
四川省长江造纸厂股票 ························430

天津市 ... 431

- 天津灯塔涂料股份有限公司股权证 ... 432
- 天津美纶股份有限公司股权证 ... 434
- 天津立达国际商场股份有限公司股票卡 ... 436
- 天津劝业场股份有限公司股票卡 ... 438
- 天津中药集团股份有限公司股权证 ... 439
- 天津市房地产发展(集团)股份有限公司股权证 ... 440
- 天津海运股份有限公司股权证 ... 442
- 天津百货大楼股份有限公司股权证 ... 444
- 天津港储运股份有限公司股权证 ... 446
- 天津渤海化工(集团)股份有限公司股权证持有卡 ... 447

浙江省 ... 448

- 浙江凤凰化工股份有限公司股票 ... 449
- 浙江中大集团股份有限公司股权证 ... 452
- 宁波中元机械钢管股份有限实业公司股票 ... 454
- 浙江纺织股份有限公司股票 ... 456
- 宁波华联集团股份有限公司股权证 ... 457
- 浙江尖峰建材集团股份有限公司股票 ... 459
- 绍兴市百货大楼股份有限公司股票 ... 461
- 浙江海越股份有限公司股权证 ... 463

附录一 境内重点企业在香港证券交易所上市H股股票一览表及实物股票 ... 464

附录二 改革开放后我国新股认购机制演进及A股股票认购凭证 ... 505

附录三 改革开放后早期发行股票 ... 537

附录四 改革开放后发行基金及信托凭证 ... 540

附录五 改革开放后资本市场大事记 ... 556

参考文献 ... 561

后记 ... 562

改革开放后的中国股票市场发展概述

　　1949年6月1日,在原天津市证券交易所的基础上,新中国第一家证券交易所——天津证券交易所成立,并于同年6月4日在天津市承德道5号正式营业。天津证券交易所共有经纪商39家,总资本8 452万元旧人民币,主要上市交易在国内各解放区内有利于国计民生的公司股票。天津市投资公司于1951年11月16日在天津证券交易所发行了第一批信托投资证券。天津证券交易所于1952年7月19日关闭,并入天津市投资公司。1950年2月,北京证券交易所开业,主要以天津交易所挂牌交易的启新洋灰、江南水泥、开滦煤矿、仁立毛呢、东亚企业、耀华玻璃共6种股票为交易标的,规模较小,共有经纪商22家,1952年10月关闭。天津和北京两家证券交易所的短暂恢复营业对当时中国的经济恢复和发展、稳定市场、打击投机等起到了积极作用。此后,高度集中的计划经济体制建立,由于监管部门对资本市场的认识存在片面性和局限性,资本工具逐渐消失,资本市场几乎成为空白。

　　1978年12月,党的十一届三中全会确定了以经济建设为中心、坚持改革开放的总方针,中国资本市场重新开始孕育。1979年7月3日,国务院在《关于发展社队企业若干问题的规定》中明确指出:社队企业解决资金来源,可以从大队、生产队的公积金中提取适当数量的入股资金。1980年1月,辽宁抚顺红砖厂由中国人民银行抚顺市分行新抚办事处首次代理发行定额每股1万元股票280股,成为改革开放后首家发行股票的企业(非股份公司)。1980年2月,牡丹江东方家具股份公司向企业内部职工发行股票,成为改革开放后首家自办发行股票的股份合作制企业。1980年6月,成都市工业展销信托股份公司按每股1万元定额发行股票,成为改革开放后首家经地方政府批准成立并成功发行股票的股份合作制企业。1982年,国家经济体制改革委员会(简称"体改委")成立,负责统筹和指导全国经济体制改革工作,自上而下的全国经济体制改革掀开帷幕。1983年1月2日,中共中央发布《关于当前农村经济政策的若干问题》,明确指出:不能"一讲合作就只限于按劳分配,不许有股金分红"。该项政策有力推动了农村乡镇企业和集体企业向股份制经济的转变。1983年7月,广东省宝安县联合投资公司率先在《深圳特区报》刊登招股公告,成为改革开放后全国首家通过报刊公开招股发行的企业。1984年8月10日,上海市政府批准并转发的中国人民银行上海市分行制定的《关于发行股票的暂行管理办法》,成为我国改革开放后首部有关股票发行方面的地方性政府规章。1984年10月,中共十二届三中全会通过《中共中央关于经济体制改革的决定》,确立了"社会主义经济是以公有制为基础的有计划的商品经济"的政治共识,全国股份制改革正式进入试点阶段,北京天桥百货股份有限公司和上海飞乐音响股份有限公司首批进入股份制试点并发行股票。1984年7月20日发起设立的北京市天桥百货股份有限公司,委托中国工商银行北京市分行发行定期3年的股票300万元,成为中国改革开放后首家在工商行政管理部门正式注册登记的股份公司。1984年9月,上海华宁实业公司经中国人民银行上海市分行批准定向发行股票300万元,成为改革开放后上海市首家股份制企业。1984年11月,上海飞乐音响股份有限公司委托中国工商银行上海静安信托业务部分别向社会公开和内部职工发行面值50元的股票,共计1万股。1986年12月,国务院发布《关于深化企业改革增强企业活力的若干规定》,指出"各地可以选择少数有条件的全民所有制大中型企业进行股份制试点",开始了全民所有制企业股份制改革并发行股票的新阶段。1987年1月,上海市政府正式批准上海真空电子器件公司为股份制试点企业,并向社会公开发行股票4 000多万元,成为上海首家实行股份制改革的大中型国有企业,在上海和全国引起强烈反响。

随着股票、债券等证券发行品种的增多以及投资者队伍的逐步扩大,证券流通需求日益增强,证券交易柜台陆续在沈阳、上海、深圳等地出现,标志着中国证券交易二级市场雏形的形成。1986年8月,沈阳市信托投资公司率先开办了改革开放后中国首家有价证券交易柜台,开展代客买卖股票、债券及企业债抵押融资业务。1986年9月,中国工商银行上海市信托投资公司静安证券业务部率先对飞乐音响及延中实业两只股票开展柜台挂牌交易,成为改革开放后第一家代理股票交易的证券业务部,并于1987年初率先编制并发布静安股票价格平均指数,简称"静安指数",成为我国A股市场第一个股票指数。1987年1月15日,中国人民银行上海市分行发布了《证券柜台交易管理办法》。1987年9月,中国首家证券公司——深圳经济特区证券公司成立,1988年4月1日,深圳发展银行股票首先在该公司柜台交易,随后"深万科""深金田""深安达""深原野"4只股票先后上柜交易,这5只股票后来在深圳证券交易所(通常简称"深交所")开业后成为首批5家挂牌交易的上市股票,俗称"深市老五股"。

1986年9月,中国工商银行上海分行信托投资公司静安营业部开设交易柜台,标志着新中国第一个证券交易部成立

从20世纪80年代初至1990年,上海、深圳两地的交易所相继开业,全国许多地方进行了企业股份制改革的探索并发行股票,但这阶段发行的股票从发行的条款来看更接近于企业债券,由于缺少统一的法律法规及监管体系,发行规模普遍偏小,发行过程亦不规范,交易市场混乱,出现了许多问题。1990年,深圳、上海出现股票热,引起全社会的广泛关注,国家相关部门先后对深圳、上海企业股份制改革及证券市场进行多次调研,最后决定保留深圳、上海股份制试点及证券市场。1990年12月1日,深圳证券交

易所率先开始集中交易,当天只有"深安达"一只股票交易,采用白板唱价交易。1990年12月19日,上海证券交易所(通常简称"上交所")开始集中交易,当天一共有"飞乐音响""延中实业""爱使电子""申华电工""飞乐股份""真空电子""豫园商城""凤凰化工"8只股票挂牌上市交易,俗称"沪市老八股",市值2.1亿元,采用了电子化交易系统。经国务院授权,中国人民银行批准,上海证券交易所、深圳证券交易所分别于1990年11月14日和1991年4月16日获准正式设立。上交所、深交所的成立,标志着全国性的资本市场初步形成,市场从区域走向全国,从分散柜台交易转为集中统一的场内交易。1990年11月26日,新中国首家证券登记机构——深圳证券登记有限公司试营业。1993年3月,上海证券中央登记结算公司成立,我国上市证券登记、存管及结算体系初步建立。

上海证券交易所成立大会

1990年12月19日,上海证券交易所开业庆典

1990年12月19日上海证券交易所办公场所外景

1990年12月,上海证券交易所门前排起长队等候办理股票账号

在交易所市场迅速发展的同时,有组织的场外交易市场也不断涌现,最多时全国有29家地方股票交易中心,比较有名的如"成都红庙子市场""武汉柜台市场""淄博证券交易自动报价系统"等。为法人股转让提供服务的STAQ系统和NET系统也先后建立。截至1998年,全国共有520家公司在场外市场挂牌交易流通股本120亿股,吸引投资者337万人。1998年3月,为防范金融风险,国务院办公厅转发了《证监会关于清理整顿场外非法股票交易方案》,决定彻底清理纠正各类证券交易中心和报价系统。1999年10月,全国规模最大、股民人数最多、辐射范围最广的淄博证券交易自动报价系统关闭,标志着全国地方性股票交易市场清理整顿工作基本完成。2001年6月12日,为妥善解决STAQ、NET系统公司法人股转让等历史遗留问题,中国证券业协会发

布了《证券公司代办股份转让服务业务试点办法》,正式启动代办股份转让系统。

在股票市场建设及监管方面,1988年7月9日,中国人民银行在北京万寿宾馆召开了证券市场座谈会,会议决定组建证券交易所研究设计小组,同年10月,证券交易所研究设计小组提交了后来被称为证券市场"白皮书"的《中国证券市场创办与管理的设想》。1989年3月15日,由证券交易所研究设计小组牵头,成立了证券交易所研究设计联合办公室(简称"联办"),具体开展一系列证券交易所设立相关问题的研究。1989年12月2日,上海市委举行了"深化上海金融体制改革"问题市委常委扩大会议,会议决定上海金融改革的首要工作是设立外资银行和建立上海证券交易所,并成立了由时任上海交通银行董事长李祥瑞、中国人民银行上海市分行行长龚浩成、上海市体改办主任贺镐圣组成的筹建上海证券交易所三人领导小组。1990年9月19日,上海市政府和中国人民银行上海市分行联合向国务院提交了设立上海证券交易所的请示报告,国务院与中国人民银行分别于1990年10月8日和11月14日批准同意设立上海证券交易所。1990年11月26日,上海证券交易所召开成立大会,并于1990年12月19日正式开始集中交易。几乎与此同时,深圳亦积极筹备证券交易所。1988年5月,深圳市政府决定筹建深圳证券交易所。1988年11月,深圳市成立了资本市场领导小组和专家小组牵头证券交易所筹建工作。1989年9月,专家小组完成《深圳证券交易所筹建资料汇编》编制工作。1989年11月25日,深圳市政府下达《关于同意成立深圳证券交易所的批复》。1990年8月22日,深圳市政府任命王健和禹国刚为深圳证券交易所副总经理,王健主持工作。1990年12月1日,深圳证券交易所开始集中交易。1991年4月16日,中国人民银行批准设立深圳证券交易所。1991年8月,作为证券业自律组织,中国证券业协会在北京成立。1992年5月,中国人民银行证券管理办公室成立,这是新中国最早的证券市场统一监管机构。1992年7月,国务院建立国务院证券管理办公室会议制度,代表国务院对证券业行使管理职能。1992年8月10日深圳新股认购申购表发售时发生的震惊中外的"八一〇"事件,客观上促进了国家建立统一规范的监管体制决心的坚定和步伐的加快。1992年10月,国务院设立国务院证券管理委员会和中国证券监督管理委员会(简称"中国证监会"),同年12月,发布《关于进一步加强证券市场宏观管理的通知》,确立了中央政府对证券市场统一管理的体制。1997年8月,国务院决定将上交所、深交所划归中国证监会直接管理,同年11月,中国人民银行监管的证券经营机构划归中国证监会统一监管,中国金融体系的银行业、证券业、保险业分业经营、分业监管体系进一步确立。1998年,国务院证券委撤销,其全部职能划归中国证监会。1999年7月1日,中国证监会在全国各地的36家派出机构正式挂牌,集中统一的全国证券监管体制建立。2001年3月30日,按照《中华人民共和国证券法》关于证券登记结算集中统一运营的要求,中国证券登记结算有限责任公司成立,2001年10月1日起,中国证券登记结算有限责任公司承接了原来隶属于沪、深证券交易所的全部登记结算业务,全国集中统一的证券登记结算体制形成。

深圳证券交易所开业典礼

1990年12月1日,深圳证券交易所试营业首日工作人员合影

1990年12月1日,深圳证券交易所试营业(图中左为深交所副总经理王健,右为深交所副总经理禹国刚)

在股票发行法律法规及多层次资本市场建设方面，1992年5月，国家体改委发布了《股份公司规范意见》并出台13个配套文件，明确规定在我国证券市场存在国家股、法人股、公众股和外资股4种股权形式，从此，我国股票市场形成了不流通的国家股和法人股的股权分置状态。1993年4月，中国证监会制定并颁布了《股票发行与交易管理暂行条例》，有效规范了股票发行、交易及上市公司收购等行为。1994年7月1日，经全国人大批准，新中国首部《公司法》正式实施，为资本市场健康发展奠定了坚实的法律基础。1999年7月1日，新中国第一部《证券法》正式颁布，中国资本市场基础设施及制度体系不断完善，并步入依法治市的新阶段。2002年11月，中共十六大通过了《全面建设小康社会，开创中国特色社会主义事业新局面》的报告，首次做出"推进资本市场改革开放和稳定发展"的战略部署。2004年1月31日，国务院发布了《关于推进资本市场改革开放和稳定发展的若干意见》(简称"国九条")，进一步明确了资本市场建设的总体目标，提出了做好资本市场规范发展的具体要求，成为之后资本市场一系列改革的政策纲领性文件。2004年5月17日，经国务院同意，中国证监会批复同意在深圳证券交易所设立中小企业板块。2004年5月27日，中小企业板正式启动。2004年6月25日，"新和成""江苏琼花""伟星股份""华邦制药""德豪润达""精工科技""华兰生物""大族激光"成为首批8家成功登陆深交所中小企业板挂牌上市公司，深交所中小企业板正式建立。2005年4月，中国证监会发布《关于上市公司股权分置改革试点有关问题的通知》，正式启动股权分置改革试点工作，消除资本市场股权分置的制度缺陷，"三一重工""清华同方""紫江企业""金牛能源"成为首批实施股权分置改革的上市公司。2006年6月18日，股权分置改革后的首家IPO公司——"中工国际"股票在深交所上市。截至2006年12月30日，沪、深股市两市已完成或已进入股权分置改革程序的上市公司共有1 301家，占应实施股权分置改革上市公司的97%，股权分置改革基本完成。2006年6月30日，中国证监会发布了《证券公司融资融券试点管理办法》，2010年3月31日，融资融券正式启动。2009年10月23日，创业板正式启动，2009年10月30日，"特锐德""神州泰岳""乐普医疗""南风股份""探路者""莱美药业""汉威电子""上海佳豪"等首批28家创业板上市公司集中在深交所上市。中国创业板的正式推出，标志着中国多层次资本市场体系建设迈开了重要步伐。2012年9月20日，全国中小企业股份转让系统建立，将多层次资本市场建设进一步推向深入。2019年1月23日，中央全面深化改革委员会第六次会议审议通过了《在上海证券交易所设立科创板并试点注册制总体实施方案》和《关于在上海证券交易所设立科创板并试点注册制的实施意见》。设立科创板并试点注册制是我国实施创新驱动发展战略、深化资本市场改革的重要举措，证券市场服务实体经济和国家战略的功能不断增强，市场包容性及国际化特征愈发明显。

在市场退市制度建设方面，为了向市场投资者提示风险，增强市场透明度，上交所、深交所积极探索上市公司退市制度。1998年4月28日，"辽物资A"成为深交所首家被实施"ST"特别处理的上市公司。1999年9月14日，"ST苏三山"成为深交所首家因连续三年亏损暂停上市的公司。2001年4月24日，"PT水仙"正式退市，成为上交所首家因连续三年亏损而退市的公司。2001年6月15日，"PT粤金曼"成为深交所首家退市公司。2001年11月，中国证监会发布了《亏损上市公司暂停上市和终止上市实施办法(修订)》，规定退市公司可进入代办系统。2004年2月，中国证监会下发《关于做好股份有限公司终止上市后续工作的指导意见》,强制上市公司退市后必须进入代办系统。2006年1月,中国证券业协会发布了《证券公司代办股份转让系统中关村科技园区非上市股份有限公司股份报价转让试点办法》,股份报价转让业务正式运作。截至2018年12月31日,我国资本市场已累计有95家上市公司先后被终止上市,退市公司按规定进入代办股份转让系统。

在股票发行制度变革方面,1993年,证券市场建立了全国统一的股票发行审核制度,总体来看经历了从审批制到核准制再到注册制的转变过程。这一过程又分为"额度管理""指标管理""通道制""保荐制""注册制"5个阶段,其中"额度管理"和"指标管理"属于审批制,"通道制"和"保荐制"属于核准制。

(1)"额度管理"阶段(1993~1995年)

1993年4月25日,国务院颁布了《股票发行与交易管理暂行条例》,标志着审批制的正式确立。在审批制下,由国务院证券管理部门先确定融资总额度,然后将总额度分配至各个省级行政区域和行业主管部门,再由省级政府和国家有关部委在各自的发行规模内推荐预选企业,证券监管机构对符合条件的预选企业的申报材料进行审批。

(2)"指标管理"阶段(1996~2000年)

1996年,国务院证券委员会公布了《关于1996年全国证券期货工作安排意见》,这一阶段实行"总量控制,限报家数"的做法,由国务院证券主管部门确定在一定时期内发行上市的企业家数,然后向省级政府和行业主管部门下达股票发行家数指标,省级政府或行业主管部门在上述指标内推荐预选企业,证券主管部门对符合条件的预选企业申报材料进行审批。

(3)"通道制"阶段(2001年3月~2004年12月)

1999年7月1日正式实施的《中华人民共和国证券法》确立了核准制的法律地位。1999年9月16日,中国证监会推出了股票发行核准制实施细则。核准制的第一个阶段是"通道制"。2001年3月17日,中国证监会宣布取消股票发行审批制,正式实施股票发行核准制下的"通道制"。通道制就是向综合类券商下达可以推荐拟公开发行股票的企业家数,主承销商的通道数也就是其可以推荐申报IPO的企业家数。2004年2月保荐制实施后,通道制并未立即废止,每家券商仍需按通道报送企业,直至2004年12月31日彻底废止了通道制。2004年2月到2004年12月为通道制与保荐制并存时期。

(4)"保荐制"阶段(2004年2月至今)

2003年12月,中国证监会制定了《证券发行上市保荐制度暂行办法》等法规,全面推进股票发行保荐代表人制度:由具备资格的保荐人推荐符合条件的公司公开发行证券和上市,并对所推荐的发行人的信息披露质量和所做承诺提供持续督导的制度。目前上交所主板和深交所中小板、创业板股票发行仍然实行保荐制。保荐制的核心内容是进一步强化和细化了保荐机构及保荐代表人的责任。

(5)"注册制"阶段(2019年3月至今)

2015年12月,第十二届全国人民代表大会常务委员会第十八次会议通过了《关于授权国务院在实施股票发行注册制改革中调整适用〈中华人民共和国证券法〉有关规定的决定》,授权国务院对拟在上海证券交易所、深圳证券交易所上市交易的股票的公开发行,调整适用《中华人民共和国证券法》关于股票公开发行核准制度的有关规定,实行注册制度,具体实施方案由国务院作出规定,报全国人民代表大会常务委员会备案。

2018年11月5日,国家主席习近平出席首届中国国际进口博览会开幕式并发表主旨演讲,宣布在上海证券交易所设立科创板并试点注册制。2019年1月23日,中央全面深化改革委员会第六次会议审议通过了《在上海证券交易所设立科创板并试点注册制总体实施方案》和《关于在上海证券交易所设立科创板并试点注册制的实施意见》。2019年1月30日,中国证监会发布《关于在上海证券交易所设立科创板并试点注册制的实施意见》。随后,上交所也陆续发布了一系列实施细则。目前,科创板已正式运行。2019年3月18日,上海证券交易所正式受理科创板IPO企业申报材料。2019年7月22日,首批25家科创板企业股票正式在上海证券交易所挂牌上市交易。

在市场创新方面,1991年4月4日,深交所开始发布深证综合指数。1991年7月5日,上交所发布了上证综合指数。1993年5月3日,上海证券交易所推出了5只上证分类指数,分别为工业类指数、商业类指数、地产类指数、公共事业类指数和综合指数。1996年7月1日,借鉴国际通行做法,上交所发布上证30指数,这是上交所第一只样本指数。1995年5月5日,深证成分指数正式启用。2002年7月1日,上交所推出上证180指数。2004年1月1日,上交所推出了上证50指数。2004年12月30日,国内首只ETF上证50ETF成功设立,首发规模达54.35亿份,标志着我国证券市场金融创新又迈出了重大一步。2005年4月8日,由上交所和深交所联合编制的沪深300指数正式发布,中国成分股指数又向前迈进一大步。沪深交易所市场现已形成成分股指数、综合指数、行业指数、策略指数、风格指数、主题指数、基金指数和债券指数等多指数体系及其衍生指数。

在交易技术方面,1992年2月,深交所自主研发的微机网络交易系统上线,电脑自动撮合交易系统取代人工写板唱价交易模式,并于同年3月19日在全球率先实现无纸化结算。1993年4月,深交所又首创利用卫星通信传送股市行情。1996年5月18日,深圳证券市场股份集中管理与清算制度正式实施。1997年6月,有形席位退出深交所,深交所全面实现无形化运作。与此同时,1996年9月24日,上海证券交易所对证券交易方式作出重大调整,由原来的有形席位交易方式变更为有形、无形相结合,并以无形交易为主的方式。2004年11月起,上交所实施新一代交易系统开发工作,并于2009年11月23日正式上线运行,综合性能处于国际领先地位。

为了吸引国际资本参与中国股票市场,中国于1991年年底推出人民币特种股票(B股)试点。1991年11月,上海真空电子器件股份有限公司举行人民币特种股票(B股)首次发行签约仪式,成为中国首只B股股票。1993年6月30日,首只纯B股"闽灿坤B"上市。同时,内地企业积极尝试在中国香港、美国、新加坡等海外证券市场上市,拓宽企业融资渠道、提升国际知名度和竞争力。1993年7月,首家H股公司——青岛啤酒股份有限公司发行的H股股票在香港联合交易所有限公司(通常简称"港交所")挂牌上市。1994年8月,山东华能发电股份有限公司在纽约证券交易所发行上市,成为首家N股公司。1997年3月,北京大唐发电股份有限公司在伦敦证券交易所发行上市,成为首家L股公司。1997年5月,天津中新药业在新加坡证券交易所发行上市,成为首家S股公司。截至2018年年底,共有268家境内公司发行境外上市外资股并在境外证券市场上市交易,其中通过发行H股累计筹资3 636.94亿美元。

同时,中国不断推进证券市场的对外开放和国际合作。2002年,中国证监会发布

《外资参股证券公司设立规则》和《外资参股基金管理公司设立规则》。2002年12月19日,"入世"后首家中外合资证券公司——华欧国际证券有限公司获准成立,并于2003年5月正式开业。2003年1月,首家中外合资基金管理公司——招商基金管理有限公司获准成立。截至2018年年底,中外合资基金公司已达44家,中外合资证券公司达13家。2002年11月8日,中国人民银行和中国证监会联合发布《合格境外机构投资者境内证券投资管理暂行办法》,QFII制度正式落地。截至2018年年底,全国共有308家境外机构获得QFII资格,19家银行获准开展QFII托管业务。2006年5月,中国实施允许经批准的境内机构投资于境外证券市场的QDII制度,截至2019年9月30日,152家境内机构获得QDII资格,并累计获批1 039.83亿美元投资额度,其中58家证券类机构获批468.80亿美元投资额度。2014年11月,"沪港通"正式开通。2016年12月,"深港通"正式开通。2015年10月,在中国总理李克强和德国总理默克尔的见证下,作为中德两国战略合作项目,上交所、德交所以及中金所共同在北京签署了合资设立中欧国际交易所的协议,该交易所于2015年11月11日正式成立,2015年11月18日开业运营,是中国境外首家专注于提供中国及人民币相关金融产品的交易平台,截至目前,境内公司青岛海尔D股已率先在该所挂牌交易。另外"沪伦通"也已在中英双方的共同努力下于2019年6月17日正式启动,华泰证券发行的全球存托凭证于同日在英国伦敦证券交易所挂牌交易,成为"沪伦通"下首只发行产品。2009年,中国证监会正式加入国际证监会组织技术委员会,截至2018年6月,中国证监会已与68个国家和地区的证券期货监管机构签署了监管合作备忘录。

总之,自上交所、深交所1990年开业以来,中国资本市场取得了举世瞩目的成就。截至2019年12月31日,沪、深股市两市上市公司共计3 820家,其中上海证券交易所累计上市公司1 615家,累计市值35.55万亿元,深圳证券交易所累计上市公司2 205家,累计市值23.74万亿元,全国中小企业股份转让系统挂牌企业8 953家,总股本5 616.29亿股。中国证券市场已成为全球最大资本市场之一,在规范法人治理结构、推动产业转型升级、完善金融市场体系、改善社会经济结构、引领社会全面进步、提升国家竞争实力等方面发挥了重大作用,并逐渐发展成为全球资本市场的核心力量。

安徽省

安徽，简称"皖"，是中华人民共和国省级行政区，省会合肥。安徽省位于中国华东，东连江苏、浙江，西接河南、湖北，南邻江西，北靠山东，全省总面积14.01万平方千米。安徽是中国史前文明的重要发祥地之一，拥有淮河文化、庐州文化、皖江文化、徽文化四大文化圈。

安徽省下辖16个省辖市，7个县级市，54个县，44个市辖区。安徽省常住人口6 323.6万人。2018年，实现地区生产总值30 006.8亿元，第一产业增加值2 638亿元；第二产业增加值13 842.1亿元；第三产业增加值13 526.7亿元。钢铁、汽车、船舶、石化、纺织、轻工、有色金属、装备制造、电子信息是安徽省九大支柱产业。

截至2018年年底，安徽省共有上市公司103家，总股本1 159.14亿股，总市值8 411.16亿元，累计募集资金2 932.9亿元。市值超过100亿元的有19家，分别为海螺水泥、科大讯飞、古井贡酒、马钢股份、国元证券、口子窖、铜陵有色、三七互娱、淮北矿业、华安证券、美亚光电、山鹰纸业、中粮生化、安科生物、皖新传媒、阳光电源、中鼎股份、迎驾贡酒、皖通高速。

皖能股份有限公司股权证

一、首次发行概况[1]

发行时间[2]	发行股数	发行价格	上市时间	上市地点	股票简称	现股票简称[3]	股票代码
1993.10.8	23 000万	2.50元/股	1993.12.20	深交所	皖能电力	—	000543

二、历史沿革介绍

  皖能股份有限公司是经安徽省政府批准、中国证监会同意,由安徽省能源集团有限公司作为唯一发起人,于1993年12月13日发行23 000万股新股募集设立的股份公司。1993年12月20日,公司股票在深圳证券交易所挂牌上市,股票简称"皖能电力"。公司是安徽省第一批规范化改制的上市公司。

  1996年5月,公司以每10股配售3股的比例向全体股东配售新股,该次共完成配售12 348.95万股,配股价为3.00元每股。1998年2月,公司向全体股东每10股配售3股,配股数量共计3 830.54万股,配股价为6.80元每股。

  2006年3月,公司实施股权分置改革方案,流通股股东每10股股份将获得非流通股股东安徽省能源集团有限公司支付的3.3股对价股份。

  2013年3月,公司以6.05元每股的价格发行了28 016.53万股人民币普通股,募集资金总额为16.95亿元,其中投资不超过8.40亿元用于安徽合肥发电厂6号机组(1×600 MW)扩建工程,投资8.55亿元收购皖能集团所持有的电燃公司80%股权、临涣中利50%股权及秦山二期2%股权。

  截至2018年12月31日,公司总股本17.90亿股,第一大股东安徽省能源集团有限公司占比42.81%。

---

[1] 首次发行,指发行人改制设立股份有限公司向社会公众公开发行或定向募集时向除发起人外的社会法人、个人及内部职工发行的以现金认购的股票,且最终在上交所、深交所上市。
[2] 若此发行时间与实物股票票面注明的发行时间不一致,则为非同一次发行所致。
[3] 如现股票简称有变化,则列出新简称;如无变化,则用"—"表示。后同。

皖能股份有限公司

股权证

安徽省国际信托投资公司制作

批准改制文号：_____
批准发行文号：_____
发 行 日 期：_____

公司名称：_____
注册地址：_____
成立时间：_____
每股面值：_____
股　　东：_____
证件号码：_____
持 股 数：_____

公司印章：　　　　法人代表：

股票代理发行机构印章：

票幅规格均为
190 mm×170 mm

美菱股份有限公司股权证

一、首次发行概况

发行时间	发行股数	发行价格	上市时间	上市地点	股票简称	现股票简称	股票代码
1992.10.15	1 950万	2元/股	1993.10.18	深交所	皖美菱A、美菱电器	长虹美菱	000521
1996.8.13	10 000万	3.07港元/股	1996.8.28	深交所	皖美菱B	虹美菱B	200521

二、历史沿革介绍

美菱股份有限公司是1992年6月12日经原安徽省体改委以皖体改函字〔1992〕39号文批准,由合肥美菱电冰箱总厂改制设立的股份有限公司。1993年8月30日,经安徽省政府以皖政秘〔1993〕166号文批准和中国证监会以证监发审字〔1993〕27号文复审同意,首次向社会公开发行3 000万股A股股票,1993年10月18日在深交所挂牌上市交易。1996年8月13日,经中国证监会以证委发〔1996〕26号文批准向境外投资者发行了10 000万股B股股票,1996年8月28日在深圳证券交易所上市流通。企业法人营业执照注册号:企股皖总字第001684号。2018年7月2日,公司名称由合肥美菱股份有限公司变更为长虹美菱股份有限公司,英文名称由HEFEI MEILING COMPANY LIMITED变更为CHANGHONG MEILING COMPANY LIMITED。

截至2018年12月31日,公司总股东股本10.45亿股,第一大股东四川长虹电器股份有限公司占比23.58%。

票幅规格均为
258 mm×108 mm

北京市

　　北京，简称"京"，直辖市，是中华人民共和国首都，全国政治、文化中心，世界著名古都和现代化国际城市，历史上是辽的陪都及金、元、明、清的都城。北京地处中国华北地区，东与天津毗连，其余均与河北相邻，全市总面积16 410.54平方千米。截至2018年年底，北京市下辖16个市辖区，常住人口2 154.2万人。

　　改革开放40年以来，北京市地区生产总值从1978年的108亿元跃升至2018年的30 320亿元，人均地区生产总值实现14万元（1.91万美元），年均增速近10%。旅游、金融、文化创意、物流、批发零售、餐饮、文化产业、房地产、生物医药、新能源、汽车、软件与信息是北京市的支柱产业。科技创新成为北京市经济增长的第一动力，贡献率超过60%。服务经济高质量发展，第三产业比重达到80.6%。

　　改革开放初期，北京市积极利用资本市场发展经济。1984年7月20日，北京天桥百货股份有限公司成立，这是中国第一家股份有限公司，即可以公开发行股票募集社会资金的股份制企业。截至2018年12月31日，北京市累计上市公司318家，包括工商银行、建设银行、中国石油、农业银行、中国银行、中国石化、中国人寿、中国神华、长江电力、中信银行等。总股本2.56万亿股，总市值15.07万亿元，累计募集资金2.25万亿元。

北京市天桥百货股份有限公司股票

一、首次发行概况

发行时间	发行股数	发行价格	上市时间	上市地点	股票简称	现股票简称	股票代码
1984.8	3万	100元/股	1993.5.24	上交所	北京天桥	信达地产	600657

二、历史沿革介绍

北京市天桥百货股份有限公司前身为北京天桥百货商场（简称"天桥百货"）。天桥百货成立于1953年，1984年7月20日发起设立成为股份制企业，1993年5月经北京市体改委以京体改委字〔1993〕43号文批准，天桥百货向社会公开发行股票并在上海证券交易所挂牌交易，该次发行后天桥百货总股本为47 435 468股。

1998年12月29日，北京北大青鸟有限责任公司通过协议方式受让天桥百货法人股，持有天桥百货15 349 870股，占股本总额的16.76%。股权转让后，北京北大青鸟有限责任公司成为天桥百货的第一大股东。天桥百货更名为北京天桥北大青鸟科技股份有限公司（简称"天桥北大青鸟"）。

2006年12月20日，北京北大青鸟有限责任公司持有的天桥北大青鸟63 578 766股股份，因担保事项被辽宁省高级人民法院拍卖，北京东方国兴建筑设计有限公司（简称"东方国兴"）竞得北京北大青鸟有限责任公司持有的天桥北大青

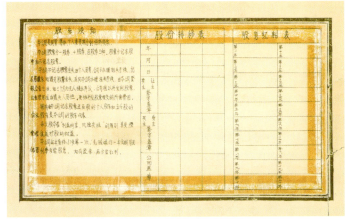

票幅规格均为
268 mm×126 mm

鸟63 578 766股股权,并于2007年2月办理了股权变更手续,成为天桥北大青鸟的第一大股东,持股比例为12.79%。

2008年3月,天桥北大青鸟实施了重大资产重组。作为重大资产重组主要组成部分,2008年5月19日,信达投资通过协议方式以人民币1元受让了东方国兴持有的天桥北大青鸟60 000 000股股份,从而持有天桥北大青鸟12.07%的股份。自2008年8月12日至9月22日收盘,信达投资通过上海证券交易所交易系统共增持公司流通股5 631 254股。至此,信达投资持有天桥北大青鸟65 631 254股股权,持股比例为13.20%。

2008年12月,天桥北大青鸟向东方国兴等第三方出售了除该次资产重组交易各方约定由公司保留的全部资产及负债外的其他资产及负债,向5名特定投资者(即信达投资、深圳建信、海南建信、赣粤高速、正元投资)定向发行了人民币普通股股票1 027 225 06股,用于购买上述5名特定投资者所持有的上海信达银泰置业有限公司、宁波信达中建置业有限公司(现已更名为"浙江信达地产有限公司")、安徽信达房地产开发有限公司、嘉兴市信达建设房地产开发有限公司、青岛信达荣昌置业集团有限公司、新疆信达银通置业有限公司、台州信达置业有限公司、吉林信达金都置业有限公司(现已处置)、上海信达立人投资管理有限公司、合肥润信房地产开发有限公司和海南院士村开发建设有限公司(现已更名为"海南信达置业有限公司")的100%股权。该次非公开股份发行完成后,天桥北大青鸟的股本变更为1 524 260 442元。

2009年4月22日,天桥北大青鸟更名为信达地产股份有限公司。

2018年7月,公司发行股份购买中国信达及淮矿集团分别持有的淮矿地产60%及40%股权,变更后的实收股本2 851 878 595元。公司的母公司为信达投资,最终控股母公司为中国信达资产管理股份有限公司。

截至2018年12月31日,公司总股本28.52亿股,第一大股东中国信达资产管理股份有限公司占比27.93%。

票幅规格均为
268 mm×126 mm

票幅规格 268 mm×126 mm

北京比特实业股份有限公司股权证

一、首次发行概况

发行时间	发行股数	发行价格	上市时间	上市地点	股票简称	现股票简称	股票代码
1992.12	2 150万	1元/股	1996.11.5	深交所	北京比特、ST比特	已退市	000621

二、历史沿革介绍

　　1992年12月14日,北京比特实业股份有限公司由北京市比特电子公司、中国长城财务公司、深圳万科企业股份有限公司、中国商业物资总公司、海南国际租赁有限公司5家企业联合发起,是经北京市经济体制改革办公室以京体改办字〔1992〕27号文批准,以定向募集方式设立的股份有限公司,设立时公司总股本为5 000万股。

　　公司于1993年5月25日在北京市工商行政管理局登记注册,注册资本为5 000万元,1995年11月6日重新办理了注册资本的变更手续,注册资本为6 856.994万元。

　　1996年10月20日,经中国证监会审核批准,公司首次公开发行股票并上市2 000万股,发行价格为4.76元每股,发行后公司总股本变更为88 569 940股。

　　1997年,公司实施送股及转增股本,向全体股东每10股送股及转增3股,送股及转增后公司总股本变更为115 140 922股。

　　1999年,公司实施送股及转增股本,向全体股东每10股送股及转增3股,送股及转增后公司总股本变更为149 683 198股。

　　2004年9月21日,公司收到深交所《关于比特科技控股股份有限公司股票终止上市的决定》,公司终止上市。

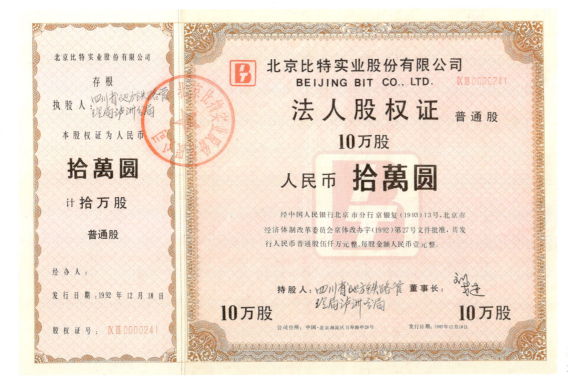

票幅规格均为 250 mm×175 mm

北京市天龙股份有限公司股票

一、首次发行概况

发行时间	发行股数	发行价格	上市时间	上市地点	股票简称	现股票简称	股票代码
1987.6.30	2.5万	160元/股	1993.5.24	上交所	北京天龙	电子城	600658

二、历史沿革介绍

1987年1月,经北京市崇文区政府以崇政通〔1987〕4号文批复,由北京市崇文区物资回收公司(现改为北京市崇文天龙公司,简称"崇文天龙")和北京市供销合作社、崇文区网点开发公司共同投资入股,成立了北京市天龙股份有限公司。根据国家体改委体改生〔1993〕3号文批复,公司继续进行股份制试点。公司1987年和1992年两次向社会发行股票由公司证券部办理,无证券承销商代理发行,共发行1 971.00万股,第一次发行价为100元每股,第二次发行价为2元每股。发行后总股本为5 675.60万股。

1993年5月24日,公司股票在上海证券交易所挂牌交易。

2000年10月,崇文天龙、供销总社与兆维集团签署了《股权转让协议》,约定崇文天龙将自己所持该公司的18.28%全部股份即3 053.07万股,供销总社将自己所该公司的5%的股份即835.11万股转让给兆维集团。转让后崇文天龙不再持有该公司的股份,供销总社仍持有该公司的10.41%的股份。兆维集团成为公司第一大股东,占该公司总股本的23.28%。2000年12月,农行信托将自己所持该公司的5.81%全部股份即970.56万股转让给兆维集团。转让后农行信托将不再持有该公司的股份,兆维集团持股增至4 858.74万股,占该公司总股本的29.09%。2000年12月,兆维集团与北京天龙资产重组。

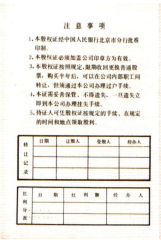
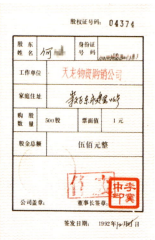

票幅规格均为
203 mm×170 mm

2006年6月22日,股权分置改革,流通股股东每10股获得非流通股股东支付的3.2股股票对价,股权分置改革后,社会法人股占24.87%,社会公众股占75.13%。

2009年12月,公司与北京和智达重大资产重组及向北京和智达发行股份购买资产,完成后总股本为58 009.74万股,和智达成控股股东,持股比例为69.99%。

2016年9月1日,北京电子城非公开发行股票21 889.191 6万股,发行价格为11.01元每股,发行后总股本为79 898.931 8万股。2017年9月1日,非公开发行股份限售期届满,公司所有股份实现全流通。

截至2018年9月30日,公司总股本11.19亿股,第一大股东北京电子控股有限责任公司占比45.49%。

票幅规格均为
198 mm×130 mm

北京市华远房地产股份有限公司股权证

一、首次发行概况

发行时间	发行股数	发行价格	上市时间	上市地点	股票简称	现股票简称	股票代码
1996.8.16	2 000万	6.18元/股	1996.9.9	上交所	幸福实业	华远地产	600743
1993.3①	25 000万	1元/股	2008.10.6	上交所	华远地产	—	600743

二、历史沿革介绍

1992年12月,经湖北省体改委《关于成立湖北幸福(集团)实业股份有限公司的批复》(鄂改〔1992〕46号文)批准,公司在幸福集团公司所属核心企业——湖北省潜江市幸福服装厂股份制改造的基础上成立。

1996年8月,经湖北省政府批准,发起人以社会募集方式设立湖北幸福(集团)实业股份有限公司。设立时,公司总股本为8 000万股,其中发起人股为6 000万股,占总股本的75%。发起人幸福集团公司以幸福服装厂截至1995年9月30日的净资产8 709.612 1万元折为5 613.302 4万股,其余发起人深圳中农信投资实业公司、湖北省国际信托投资公司、湖北环保(集团)股份有限公司、湖北省潜江市制药厂投入600万元,折为386.697 6万股。

1996年9月9日,幸福实业首次公开发行股票并上市,发行股票2 000万股,发行价格为6.18元每股,发行后股本总数为8 000万股。后经转增、送配股,至1998年10月13日,公司股本总额由18 400万股增加至31 280万股。1999年10月26日,幸福集团与湖北省国际信托投资公司签订短期信托贷款合同,借款1.8亿元,由于到期未能偿还,被司法裁定将幸福集团享有的湖北幸福实业股份有限公司法人股1.4亿股折抵湖北省国际信托投资公司,由此湖北省国际信托投资公司成为公司第一大股东,持股占公司总股本45.808%。2000年6月9日,因湖北省国际信托投资公司欠国泰君安证券股份有限公司大连西安路营业部和天津新兴路营业部证券回购款,被司法裁定将湖北省国际信托投资公司持有的幸福实业法人股3 091万股变更到国泰君安下,国泰君安持有公司股份11.28%。2000年8月1日,公司第一大股东湖北省国际信托投资公司所持有的公司法人股中的6 000万股进行公开拍卖,该部分法人股由名流投资有限公司成功竞得,成交价0.67元每股,成交金额4 020万元,过户后名流投资有限公司成为公司第一大股东,占总股本19.18%。2000年12月15日,公司股东湖北省国际信托投资公司所持有的公司法人股16 276 930股(占公司总股本5.20%)进行公开拍卖,该部分法人股由海口昌亿实业投资有限公司成功竞得,成交价0.88元每股,成交金额为1 432.37

---

① 此为华远地产股票发行及借壳上市时间等信息。

万元。2001年1月5日,海口昌亿实业投资有限公司完成过户手续,并成为公司第六大股东。2001年3月7日,公司第二大股东幸福集团公司将1 300万法人股和2 000万法人股转让分别以司法转让和竞买方式转让给北京宣福房地产开发有限责任公司,转让价格分别为1.15元每股和0.58元每股,占总股本的10.55%,转让总价款为2 511万元。2001年3月26日,湖北省国际信托投资公司将持有的公司法人股1 830万股以拍卖方式转让给上海科林投资咨询有限公司、上海华鸣投资管理有限公司,其中上海科林投资咨询有限公司竞得453.9万股(占总股本的1.451%),上海华鸣投资管理有限公司竞得1 376.1万股(占总股本的4.399%),成交价为1.09元每股,成交总金额为1 994.7万元。

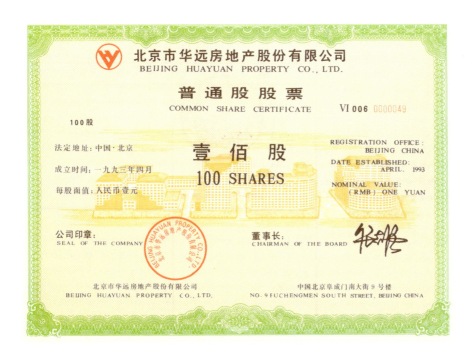

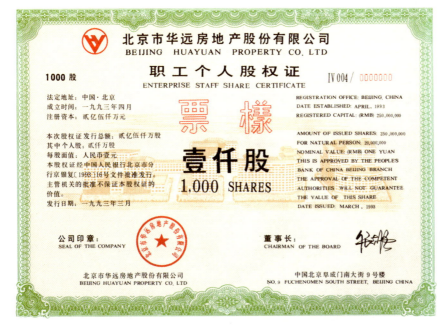

票幅规格均为
224 mm×170 mm

2007年3月2日,公司通过股权分置改革组合安排,全体股东以1股减为0.4股的方式减少注册资本,完成后公司注册资本由31 280万元减为12 512万元;同时,公司与名流投资、华远地产签署《资产负债整体转让暨新增股份换股吸收合并协议书》,公司将全部资产负债以截至2006年10月31日的评估值为基础作价4 000万元出售给名流投资,换股合并中,幸福实业与华远地产以1∶0.767的换股比例,新增股份653 009 126股,公司股份总数增加至778 129 126股。华远地产通过减资、资产置出和换股实现借壳上市。2008年5月8日,宣福地产将其持有公司10.55%的股份(3 300万股)转让给深圳市君利得商贸有限公司,价格为2.03元每股,转让价款6 699万元,股权转让完成后,君利得将合计持有公司12.15%的股份,成为公司第二大股东。

截至2018年12月31日,公司总股本23.46亿股,第一大股东北京市华远集团有限公司占比46.40%。

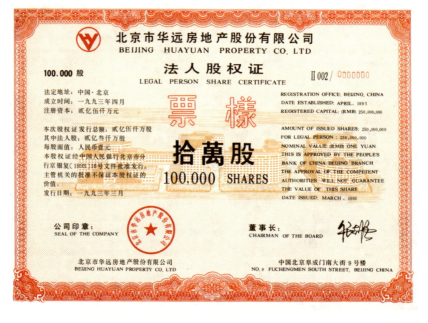

票幅规格均为
224 mm×170 mm

北京燕化高新股份有限公司股权证

一、首次发行概况

发行时间	发行股数	发行价格	上市时间	上市地点	股票简称	现股票简称	股票代码
1993.4	1 767.5万	1元/股	1996.10.10	深交所	燕化高新	中迪投资	000609

二、历史沿革介绍

1993年3月,经北京市经济体制改革办公室以京体改办〔1993〕13号文批准,北京燕化高新技术股份有限公司(简称"燕化高新")由中国石化燕山石油化工公司、中国石化北京工山石油化工公司设计院、化学工业部北京化工研究院、北京市燕阳化轻公司和北京燕山银燕商贸经济技术服务公司5家企业联合发起设立,以定向募集方式设立,设立时公司总股本为4 500万股。

1996年10月10日,燕化高新首次公开发行股票并上市,发行股票1 200万股,发行价格为7.50元每股,发行后股本总数为5 700万股。

1999年4月6日,原中石化华夏审计公司(现中国石油化工总公司审计局)向北京燕化联营开发总公司协议转让公司0.6%的股份(780 000股),转让价格为1元每股;北京燕山石油化工公司化工一厂和北京燕阳化轻公司分别将其持有的4.51%股份(5 850 000股)和3.01%股份(3 900 000股)无偿划拨给北京燕化联营开发总公司。

2005年4月26日,公司原控股股东中国石化集团北京燕山石油化工有限公司将其持有的40.01%股份(5 185万股)分别转让给呼和浩特北能能源科技有限责任公司28.55%(3 700万股)和天华国际投资服务有限公司11.62%股份(1 485.05万股),股权转让后北能能源科技成为公司第一大股东,天华国际成为公司第二大股东。

2007年1月29日,公司实施股权分置改革,以10:1.5的比例向全体股东资本公积金转增股本,同时非流通股东放弃转增股份,将合计12 070 012股公司股票作为对价支付给流通股股东。经过转送后,流通股股东每10股可获得股票2.1359股,公司总股本变更为149 047 761股。

2010年10月20日,郑宽通过受让胡陇琳持有的北京中北能能源科技有限责任公司33.285%股权,合计持有公司控股股东北京中北能66.57%的股份,变更为公司的实际控制人。

2017年9月1日,公司实际控制人郑宽及其控制的中北能公司、云心公司与中迪金控签订《股份转让协议》,将所持的公司37 642 482股股份(12.58%)以21元每股的价格转让给中迪金控;公司其他股东王瑞、伍石环境、兴润宏晟分别与中迪金控签订《股权转让协议》,将所持公司12 665 103股股份(5.23%)以21元每股的价格转让给中迪金控。转让完成后,中迪金控合计持有公司股份74 350 026股(24.84%),并成为公司控股股东,李勤成为公司实际控制人。

截至2018年12月31日,公司总股本2.99亿股,第一大股东成都中迪产融投资集团有限公司占比23.77%。

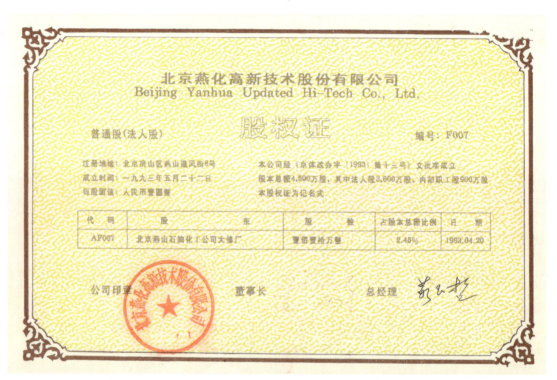

票幅规格
222 mm×169 mm

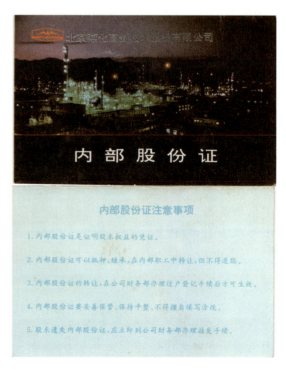

票幅规格
122 mm×162 mm

北京市旅行车股份有限公司股票

一、首次发行概况

发行时间	发行股数	发行价格	上市时间	上市地点	股票简称	现股票简称	股票代码
1994.3.27	1.33万	100元/股	1994.4.25	上交所	北旅汽车	航天长峰	600855

二、历史沿革介绍

1985年9月,北京市旅行车制造厂(后重新注册为北京市司达旅行车有限公司)以1985年7月31日账面净资产2 302万元折股;中国汽车工业投资开发公司、北京市汽车工业投资开发公司于同年7月8日以现金形式入股,分别投资200万元和500万元,三方合计投资3 002万元组建北京市旅行车股份有限公司。

1986年6月至12月,中国汽车工业投资开发公司以现金形式追加投资入股,分7次投入资金500万元,公司注册资本变更为3 502万元,合计3 502万股。

1987年3月和1988年8月,经中国人民银行北京分行批准分两次发行内部职工股233万股,实际认购198万股,公司总股本变更为3 700万股。

1988年11月,经董事会决议通过,向职工赠送劳动股100.9万股,公司总股本变更为3 800.9万股。

1990年8月根据当时有关协议并经公司董事会同意,中国汽车工业投资开发公司抽回资金200万元,相应的公司股本变更为3 600.9万股。

1990年底,公司股东北京市司达旅行车有限公司以历年从北京市旅行车股份有限公司分得的红利共计1 205万元资金作为国家股投入公司,公司总股本变更为4 805.9万股。

1991年5月,北京汽车工业联合公司以京汽联规字〔1991〕215号文批复,将北京市汽车桥厂成建制并入公司,原北京市汽车桥厂各投资方投资额共计431万元全部转作对公司投资,公司总股本变更为5 236.9万股。

1992年5月至6月,北京汽车工业总公司分两次以现金形式投资入股共计1 500万元,公司总股本变更为7 736.9万股。

1992年8月,北京市经济委员会以京经调字〔1992〕391号文批复,兴京工厂并入公司,经北京市国有资产管理局(简称"国资局")以京国资估字〔1992〕434号文确认的原兴京工厂净资产3 001万元转作股本投入公司,公司总股本变更为10 737.9万股。

1992年10月,经北京市经济体制办公室以京体改办字〔1992〕16号、中国人民银行北京市分行以京银复〔1992〕100号批复,同意公司定向募集法人股4 500万股,但公司实际募集1 270.1万股,公司总股本变更为12 008万股。

1994年4月25日,北旅汽车首次公开发行股票并上市,发行股票4 000万股,发行价格3.00元每股,发行后总股本由12 008万股变更为16 008万股。

1995年4月11日和1995年10月17日,公司内部职工股共1 298.9万股股票开始上市流通。

2000年6月1日,由于公司1997年度、1998年度、1999年度连续三年亏损,公司暂停上市。

2000年11月16日,公司与长峰科技工业集团公司及中国航天机电集团第二研究院二〇四所、二〇六所、七〇六所进行股份转让和资产置换,重组完成后公司控股股东变更为长峰集团。

2002年4月18日,重组后经公司申请,公司股票恢复在上交所挂牌交易,股票简称变更为"航天长峰"。

2009年5月20日,长峰集团与其上级单位中国航天科工防御技术研究院签订了《股权转让协议》,长峰集团将其所持公司19.62%股权(57 399 000股)无偿划转给中国航天科工防御技术研究院,公司实际控制人未发生变化。

截至2018年12月31日,公司总股本3.52亿股,第一大股东中国航天科工防御技术研究院占比27.39%。

票幅规格
215 mm×118 mm

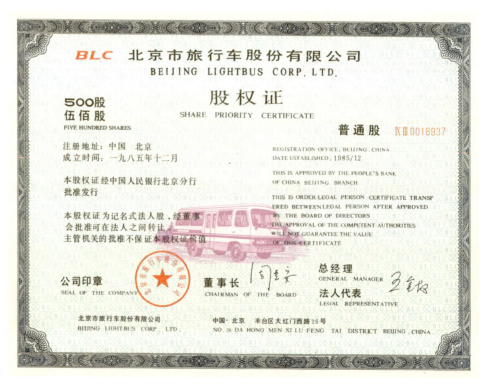

票幅规格
225 mm×175 mm

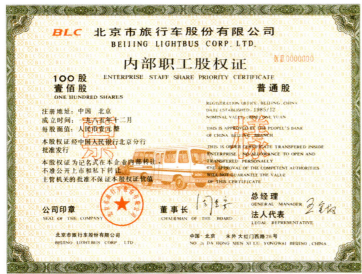

票幅规格均为 225 mm×175 mm

注：样票图片来源于《中国上市公司实物股票图册》(中国证券业协会、中国钱币学会编)。

北京东方电子集团股份有限公司股权证

一、首次发行概况

发行时间	发行股数	发行价格	上市时间	上市地点	股票简称	现股票简称	股票代码
1993.4	925万	1元/股	2001.1.12	深交所	京东方A	—	000725
1997.5.29	11 500万	3.08港元/股	1997.6.1	深交所	京东方B	—	200725

二、历史沿革介绍

　　北京东方电子集团股份有限公司前身为国营北京电子管厂,始建于1952年,1956年正式投产,为国家"一五"计划期间重点工程之一。1956年开始生产集成电路,成为中国第一家能批量生产集成电路的企业;1978年,生产了中国第一支十八英寸彩色显像管;1987年起开始和外商合资,建立了多家生产电子产品的合资企业。

　　1993年4月,经北京市体改委以京体改办字〔1992〕22号文批准,由北京电子管厂作为主要发起人,以定向募集方式设立北京东方电子集团股份有限公司。1996年,公司依据《中华人民共和国公司法》及其他有关法律法规要求重新登记,重新登记后的公司总股本为26 158万股,股本结构为:发起人股25 233万股;其他法人股275万股;内部职工股650万股。

　　1997年6月1日,京东方发行境内上市外资股(B股)11 500万股,发行价格为3.2998港元每股,发行后总股本由26,158万股变更为37 658万股。2000年5月22日,公司第一大股东北京电子管厂与第二大股东中国工商银行北京亚运村支行签订《股权转让协议》,中国工商银行北京亚运村支行将其所持公司13.291%的股份(6 506.5万股)协议转让给北京电子管厂,转让金额为7 111.1万元。转让后北京电子管厂合计持有公司66.48%股份,仍为公司第一大股东。2001年1月12日,京东方首次公开发行股票并上市,发行股票6 000万股,发行价格为16.80元每股,发行后总股本由48 955.4万股变更为54 955.4万股。2001年11月10日,因公司股东北京电子管厂债转股,原北京电子管厂持有公司的59.22%股份分别划转给北京京东方投资发展有限公司和北京东电实业开发公司,划转后京东方投资持有公司53.15%的股份,东电实业持有公司6.07%的股份。2004年1月15日,公司以6.32港元每股的价格发行B股31 640万股,发行后公司总股本变更为97 586.48万股。2005年11月30日,公司实施股权分置改革,原非流通股股东向流通股股东支付7 762.23万股对价后获得上市流通权。后经历次非公开发行股票及转增股本,至2014年4月8日,公司总股本变更为35 289 637 574股。2015年8月18日,公司注销第一期股份回购计划回购的B股136 569 831股,注销回购股份后公司总股本变更为35 153 067 743股。2017年8月25日,公司注销股份回购计划回购的A股88 692 299股和B股265 976 681股,注销回购股份后公司总股本变更为34 798 398 763股。

截至2018年12月31日,公司总股本347.98亿股,第一大股东北京国有资本经营管理中心占比11.68%。

票幅规格
220 mm×120 mm

重庆市

重庆，简称"渝"或"巴"，是中华人民共和国中西部唯一的直辖市、国家中心城市、超大城市、国际大都市，长江上游地区经济、金融、科创、航运和商贸物流中心，西部大开发重要的战略支点，"一带一路"和长江经济带重要联结点以及内陆开放高地；既以江城、雾都著称，又以山城扬名。重庆地处中国内陆西南部，东邻湖北、湖南，南靠贵州，西接四川，北连陕西。总面积8.24万平方千米，辖38个区县（自治县）；2018年，全市常住人口3 101.79万人。

重庆是国家历史文化名城，重庆古名为渝州，至宋徽宗年间改名为恭州。1189年，宋光宗赵惇先封恭王再即帝位，自诩"双重喜庆"，重庆由此得名。重庆既是"红岩精神"起源地，又是巴渝文化发祥地，"火锅""吊脚楼"等影响深远；在3000余年历史中，曾三为国都，四次筑城，史称"巴渝"；抗战时期为国民政府陪都。

2018年，重庆GDP为20 363.19亿元，首次突破2万亿元大关。分产业看，第一产业实现增加值1 378.27亿元，增长4.4%；第二产业实现增加值8 328.79亿元，增长3.0%；第三产业实现增加值10 656.13亿元，增长9.1%。重庆的支柱产业分别是汽车摩托车、装备制造业、天然气石油化工、材料工业、电子信息业、轻纺劳动密集型产业和能源工业。

截至2018年年底，重庆市共有上市公司50家，总股本717.83亿股，总市值4 771.98亿元，累计募集资金1 596.91亿元。市值超过100亿元的公司有13家，分别是智飞生物、巨人网络、金科股份、长安汽车、重庆水务、西南证券、重庆钢铁、涪陵榨菜、小康股份、重庆啤酒、国城矿业、重庆百货、重庆燃气。

重庆万里蓄电池股份有限公司股权证书

一、首次发行概况

发行时间	发行股数	发行价格	上市时间	上市地点	股票简称	现股票简称	股票代码
1994.2.16~3.4	1 550万	4.00元/股	1994.3.24	上交所	万里电池	万里股份	600847

二、历史沿革介绍

重庆万里蓄电池股份有限公司前身为重庆蓄电池厂,1982年经批准以该厂为主体组建重庆蓄电池总厂。1992年6月,经批准在原公司基础上改组设立重庆万里蓄电池股份有限公司。1993年12月,公司经批准转为社会募集公司。1994年2月16日至3月4日,公司首次向社会公开发行公众股1 550万股,并于上交所挂牌上市,股票简称"万里电池"。

2000年7月,公司控股股东重庆市财政局将其持有的4 876.3万股国家股中的2 600万股(29.33%)转让给北京新富投资有限公司,转让价格为2 683.98万元。2001年7月,北京新富投资有限公司将持有的2 600万股国家股转让给北京科技园置业股份有限公司,转让价格为3 900万元。2004年11月,北京科技园置业股份有限公司将持有的2 600万股股份转让给深圳市南方同正投资有限公司,转让价格为2 600万元。该次交易后,南方同正成为公司控股股东。

2006年6月,公司实施股权分置改革。南方同正等三家非流通股股东向流通股股东每10股支付2.5股股票对价。

2013年9月,公司以每股11.01元向社会非公开发行6 357.84万股。

截至2018年12月31日,公司总股本为1.53亿股,第一大股东深圳市南方同正投资有限公司占比10%。

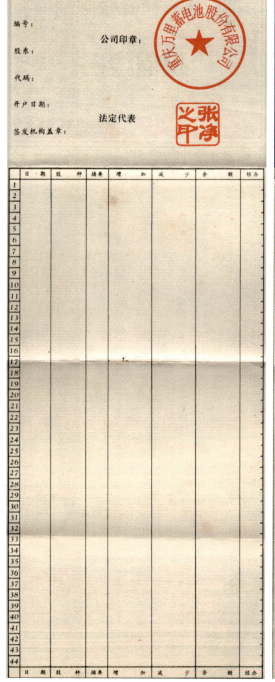

票幅规格均为 124 mm×320 mm

重庆百货大楼股份有限公司股权证书

一、首次发行概况

发行时间	发行股数	发行价格	上市时间	上市地点	股票简称	现股票简称	股票代码
1992.6.25～7.10	3 000万	1.50元/股	1996.7.2	上交所	重庆百货	—	600729

二、历史沿革介绍

　　1992年6月23日,重庆百货大楼股份有限公司由重庆百货大楼独家发起,以募集方式设立。将评估确认后的公司大楼生产性资产净值5 435.82万元中的4 200.00万元折为4 200.00万股,作为国家股进入股份公司,剩余部分进入资本公积,另以每股1.50元的价格定向募集法人股4 800.00万股,内部职工股3 000.00万股,总股本为12 000.00万股。1996年6月17日,经中国证监会批复同意,公司原内部职工股3 000.00万股转为社会公众持股。1996年7月2日,公司3 000.00万股社会公众股在上交所上市交易,股票简称"重庆百货",公司是重庆市第一家商业上市公司。

　　2005年2月2日,经重庆市政府、国务院国资委批复同意,商社集团受让重庆路桥股份有限公司持有的公司3 468.00万股股份,重庆华贸国有资产经营有限公司将持有的公司3 867.50万股股份无偿划转至商社集团。上述股权转让完成后,商社集团持有公司股份增至7 335.50万股,占公司总股本的35.96%,成为公司的控股股东。

　　2013年8月28日,经中国证监会核准,公司以18.43元每股向商社集团发行3 343.51万股,募资61 641.52万元,用于补充营运资金。

　　截至2018年12月31日,公司总股本为4.07亿股,第一大股东重庆商社(集团)有限公司占比45.05%。

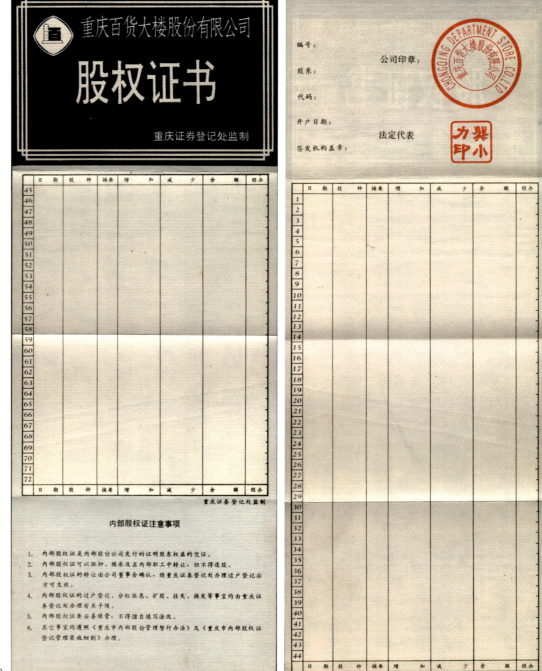

票幅规格均为 124 mm×320 mm

重庆三峡油漆股份有限公司股权证

一、首次发行概况

发行时间	发行股数	发行价格	上市时间	上市地点	股票简称	现股票简称	股票代码
1994.2.16~3.4	1 450万	3.70元/股	1994.4.8	深交所	渝三峡A	—	000565

二、历史沿革介绍

  重庆三峡油漆股份有限公司前身为成立于1931年的重庆油漆厂。1992年5月10日，重庆市体改委向重庆油漆厂核准同意其以定向募集方式改制组建为重庆三峡油漆股份有限公司。重庆油漆厂将全部生产性净资产4 615.35万元按1:1折为国家股4 615.35万股，同时发行内部职工股1 060.00万股（每股1元），公司股本总额为5 675.35万股。1993年7月29日，经重庆市国资局确认了公司国有股本进行重新核定，将净资产3 285.00万元折合为国家股3 285.00万股。公司总股本调整为4 345.00万股。1993年12月20日，经中国证监会批准，公司向社会公开发行人民币普通股1 450.00万股，发行价格为3.70元/股，公司总股本增至5 795.00万股，并于1994年4月8日在深交所上市交易。1996年1月16日，经中国证监会批准，公司向全体股东配售1 619.37万股，配股价格为3.00元/股，公司总股本增至8 660.12万股。1998年12月，重庆市政府和国资局批准同意以渝三峡1998年中期报告公告的每股净资产2.20元作价12 369.34万元，作为重庆市政府投入重庆三峡涂料工业（集团）有限公司（简称"三峡涂料集团"）的国有资本金，并授权三峡涂料集团持有5 622.43万股渝三峡股票，公司控股股东变更为三峡涂料集团，公司的实际控制人仍为重庆市国资局。1999年12月28日，经中国证监会批准，公司向全体股东配售1 625.57万股，配股价格为7.00元每股，公司总股本增至17 343.69万股。2002年，财政部和重庆市政府批准同意将三峡涂料集团所持有的公司8 602.31万股股票转由重庆化医控股（集团）公司（简称"化医集团"）持有，公司控股股东由三峡涂料集团变更为化医集团，公司的实际控制人仍为重庆市国资局。2006年4月，非流通股股东化医集团向股权分置改革方案实施之股权登记日登记在册的流通股股东每10股送1.8股。

  截至2018年12月31日，公司总股本为4.34亿股，第一大股东重庆化医控股（集团）有限公司占比40.55%。

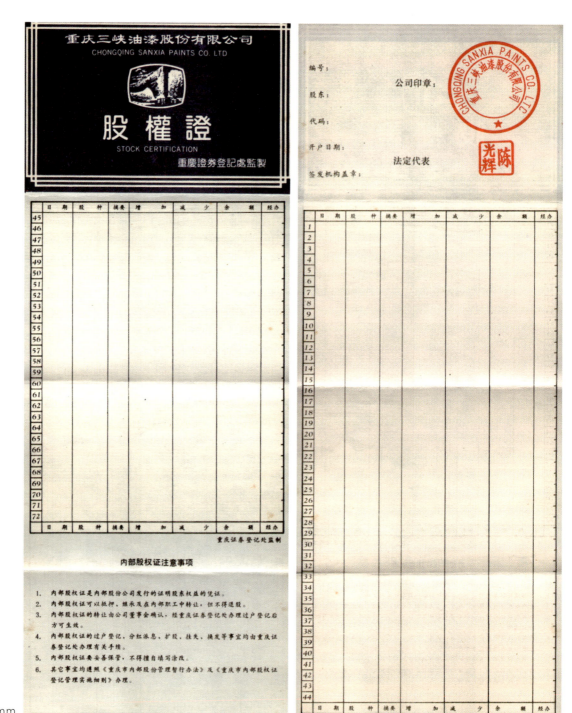

票幅规格均为
125 mm×325 mm

西南药业股份有限公司股票存折

一、首次发行概况

发行时间	发行股数	发行价格	上市时间	上市地点	股票简称	现股票简称	股票代码
1992.6.1	1 820万	1.00元/股	1993.7.12	上交所	西南药业	奥瑞德	600666

二、历史沿革介绍

西南药业股份有限公司前身为西南制药三厂,1992年5月13日经重庆市体改委批准,正式改制为西南药业股份有限公司。1992年5月,重庆市财政局以经评估的国有资产以1∶1的折股比例认购4 741.38万股,同时向社会公众公开发行股票1 820万股,其中法人股100万股,个人股1 720万股。经中国证监会和上交所审核批准,公司股票于1993年7月12日在上交所挂牌交易。

1993年9月,公司定向向老股东中的普通个人股股东按每10股配6股的比例实施配股,配股价格为3.30元每股,共计配股1 032万股,配股后公司的股本总额为7 593.38万股。

1997年3月,公司以10∶2.7272比例向全体股东配售新股,实际配售1 566.81万股,配股价格为3元每股。

2000年7月,经财政部同意,重庆市财政局将所持公司8 394.92万股股份分别转让给太极有限1 994.92万股、太极集团6 400万股。

2006年4月12日,公司实施股权分置改革方案。该方案为流通股股东每10股获送3股。

2015年4月14日,中国证监会以证监许可〔2015〕612号文《关于核准西南药业股份有限公司重大资产重组及向左洪波等发行股份购买资产并募集配套资金的批复》,对西南药业该次重组事项予以核准,并核准西南药业向奥瑞德45名股东共发行449 915 173股股份购买资产,核准西南药业非公开发行不超过138 814 000股新股,募集该次发行股份购买资产的配套资金。方案实施后西南药业主业由医药行业变更为蓝宝石和单晶炉设备业。2015年7月6日,公司更名为奥瑞德光电股份有限公司,股票简称变更为"奥瑞德"。

截至2018年9月30日,公司总股本为12.27亿股,第一大股东自然人左洪波、褚淑霞夫妇占比31.83%。

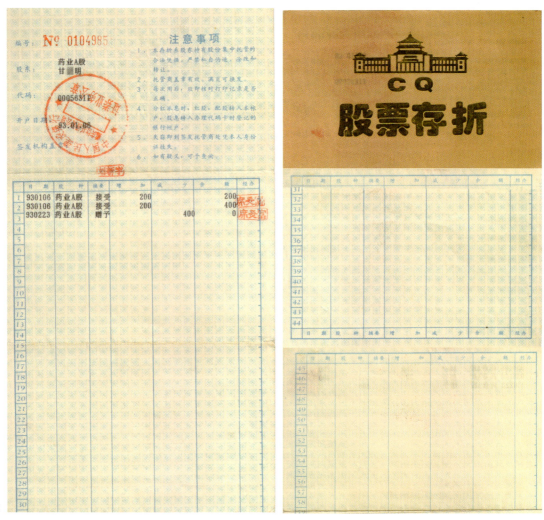

票幅规格
124 mm×320 mm

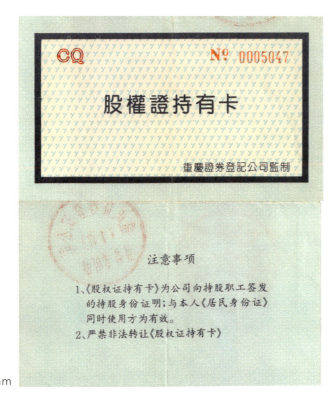

票幅规格
118 mm×148 mm

重庆渝开发股份有限公司股票存折

一、首次发行概况

发行时间	发行股数	发行价格	上市时间	上市地点	股票简称	现股票简称	股票代码
1992.6.1~7.31	1 800万	1.00元/股	1993.7.12	深交所	渝开发A	渝开发	000514

二、历史沿革介绍

重庆渝开发股份有限公司前身系经重庆市政府批准成立的重庆市房屋开发建设公司,成立于1984年10月。1992年5月12日,经重庆市体改委批准,改组为重庆市房地产开发股份有限公司。1992年5月15日,经中国人民银行重庆市分行批准,公司向社会发行普通股1 800万股。1993年7月12日,在深圳证券交易所挂牌交易。公司上市时总股本为5 382万股,其中国有股3 582万股,由重庆市国资局持有,社会公众股1 800万股。

1993年9月26日,公司按3.5元每股的价格向全体股东实施10股配3股,其中国有股的配股权由公司向企业法人及职工内部发售。

1998年10月16日,经重庆市政府批准,重庆市国资局将持有的国家股转由重庆市城市建设投资公司持有。

1999年12月24日,公司更名为重庆渝开发股份有限公司。

2005年11月18日,经重庆市国资委批准,公司进行了股权分置改革,全体非流通股股东向公司注入1.022 6亿元现金,相应增加的公司资本公积金向全体股东按每10股转增5股的比例转增股份。

截至2018年12月31日,公司总股本为8.44亿股,第一大股东重庆市城市建设投资(集团)有限公司占比63.19%。

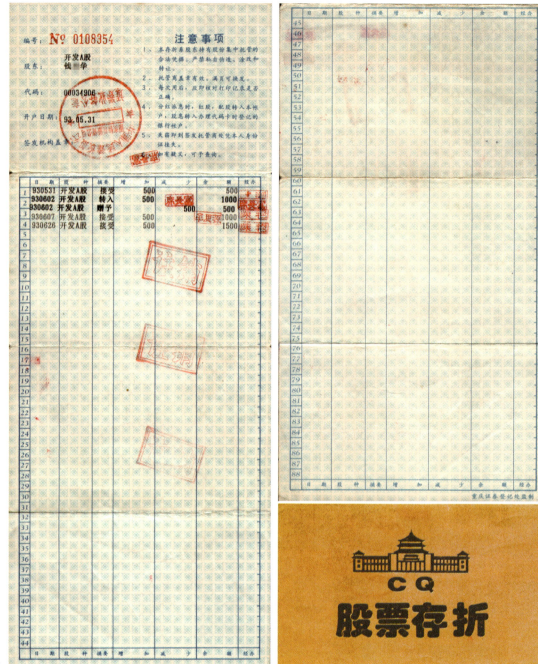

长江天府游轮股份有限公司股权证/股权证持有卡

一、首次发行概况

发行时间	发行股数	发行价格	上市时间	上市地点	股票简称	现股票简称	股票代码
1993.6	836.25万	1元/股	2001.1.9	上交所	长运股份	西南证券	600369

二、历史沿革介绍

1993年12月21日,经四川省体改委以川体改〔1993〕216号文批准,长江天府旅游轮船股份有限公司,由国营四川涪陵轮船总公司、四川蜀海交通投资有限公司、四川省轮船公司三家企业共同发起,并向社会法人和内部职工定向募集股份设立的股份有限公司。

公司主要发起人国营四川涪陵轮船总公司的前身为武原实业股份有限公司,成立于1948年,1950年更名为新原航运公司,1954年更名为地方国营涪陵轮船公司,1971年更名为四川省涪陵乌江轮船公司,1978年更名为四川省涪陵地区轮船公司,1987年更名为国营四川涪陵轮船总公司。

1996年7月,公司根据国务院《关于原有有限责任公司和股份公司依照〈中华人民共和国公司法〉进行规范的通知》(国发〔1995〕17号)和四川省政府《关于原股份规范工作若干问题处理意见的补充通知》(川府发〔1996〕14号)的精神,认真对照检查和规范,并将结果上报涪陵市体改委,涪陵市体改委以涪经体改发〔1996〕39号《关于同意长江天府旅游轮船股份有限公司自我规范结果的批复》对公司规范工作予以肯定。公司据此批复,重新办理了工商登记手续。

1998年7月,公司经重庆市体改委以渝改委〔1998〕61号文批准,更名为重庆长江水运股份有限公司。

2009年2月,经中国证监会以证监许可〔2009〕62号文批复,重庆长江水运股份有限公司重大资产重组并以新增1 658 997 062股人民币普通股吸收合并西南证券有限责任公司,并依法承继西南证券有限责任公司的各项证券业务资格。2009年2月17日,公司名称变更为西南证券股份有限公司。

西南证券有限责任公司是1999年12月28日经中国证监会以证监机构字〔1999〕32号文、证监机构字〔1999〕114号文和证监机构字〔1999〕159号文批复,以原重庆国际信托投资有限公司证券部、原重庆市证券公司、原重庆有价证券公司和原重庆证券登记有限责任公司的全部净资产为基础,联合其他股东(均以现金出资)共同发起设立的有限责任公司。

截至2018年12月31日,公司总股本56.45亿股,第一大股东重庆渝富资产经营管理集团有限公司占比26.99%。

票幅规格
169 mm×84 mm

票幅规格
145 mm×220 mm

福建省

福建，简称"闽"，是中华人民共和国省级行政区，省会福州。福建省位于中国东南沿海，东北与浙江毗邻，西北与江西接界，西南与广东相连，东南隔台湾海峡与台湾相望，全省陆地总面积为12.14万平方千米。福建在上古时代原为越族人的属地。汉高祖五年（前202年），汉朝刘邦封越王勾践的后代无诸为闽越王，封福建为闽越国，其形式仍为藩属国，都城设于东冶。余善在武夷山城村修建闽越王城。清朝时福州是与古琉球国首里（现日本冲绳县那霸市）通航贸易的指定口岸。

福建省下辖9个省辖市，12个县级市，44个县，29个市辖区。福建省常住人口3 911万人。2018年福建省实现生产总值35 804.04亿元，按可比价格计算，比上年增长8.3%，增幅比上年提高0.2个百分点。分产业看，第一产业增加值2 379.82亿元，增长3.5%；第二产业增加值17 232.36亿元，增长8.5%；第三产业增加值16 191.86亿元，增长8.8%，人均地区生产总值实现91 794元。电子信息、石油化工、机械装备制造是福建省三大支柱产业。

截至2018年年底，福建省共有上市公司132家，总股本1 518.64亿股，总市值1.45万亿元，累计募集资金3 590.72亿元。市值超过100亿元的有25家，超过1 000亿的有兴业银行、宁德时代两家。

福建石狮新发股份有限公司股票

一、首次发行概况

发行时间	发行股数	发行价格	上市时间	上市地点	股票简称	现股票简称	股票代码
1991.3.1	1 385.95万	1.00元/股	1996.12.18	深交所	石狮新发	阳光城	000671

二、历史沿革介绍

　　1991年8月,福建省石狮新发股份有限公司成立,由福建省新湖集团公司、石狮新湖工贸公司和石狮市开发企业(服装)有限公司三家乡镇企业联合发起,采用募集方式设立的股份制企业,设立时总股本为800万股,注册资本800万元。经过1992年的增资扩股及配股、1993年的增资扩股及股权转让、1994年的资本公积金转增股本及吸收合并、1995年的配股后,公司总股本增加为5 318.58万股。1996年12月18日,公司在深交所上市(可流通股占26.06%,非流通股占73.94%)。

　　2002年4月12日,石狮新发第一大股东福建省新湖集团公司与阳光投资签订《股权转让协议》,将持有的石狮新发法人股26 369 280股转让给阳光集团。之后阳光集团占总股本的比例为27.71%,成为石狮新发第一大股东。2004年3月19日,股票简称

票幅规格
185 mm×120 mm

由"石狮新发"变更为"阳光发展"。2006年5月19日,杭州哲慧以每股3.3元的转让价格将其持有的5 316 337股非流通股转让给阳光集团。

2006年7月17日,阳光发展实施了股权分置改革方案:由非流通股股东向流通股股东按每10股送1股,原非流通股股东向流通股股东共执行2 910 499股的对价安排,原非流通股股东持有的非流通股股份性质变更为有限售条件的流通股。2009年6月1日,股票简称变更为"阳光城"。截至2018年12月31日,公司总股本40.50亿股,第一大股东上海嘉闻投资管理有限公司占比18.04%。

厦门海洋实业集团股份有限公司股权证书

一、首次发行概况

发行时间	发行股数	发行价格	上市时间	上市地点	股票简称	现股票简称	股票代码
1992.11	5 000万	3元/股	1996.12.18	深交所	.ST海洋	已退市	000658

二、历史沿革介绍

公司前身系厦门海洋实业总公司,始创于1953年,并历经高级渔业生产合作社、海洋渔捞公社、厦门市第二海洋渔业公司、厦门海洋实业总公司的延伸拓展过程。1992年5月28日厦门市水产局以厦水字〔1992〕64号文批准同意将"厦门市第二海洋渔业公司"更名为"厦门海洋实业总公司";同年11月30日厦门市体改委以厦体改〔1992〕25号文批准厦门海洋实业总公司进行股份制改组。1993年7月2日厦门海洋实业总公司完成改组,组建股份公司。1996年10月18日,原股份公司派生分立成为"厦门海洋实业(集团)股份有限公司"(存续公司)和"厦门兴洋实业股份有限公司"(新设公司)。

1996年12月2日通过深交所上网公开发行新股1100万股(发行价为每股6.99元)。1996年12月18日,公司1 650万股股票(其中包括原定向募集发行的550万股内部职工股)在深交所挂牌上市(股票简称"海洋集团",股票代码为000658)。

2002年9月20日,因连续多年亏损且未能在限期内实现盈利,公司股票被深圳证券交易所决定终止上市。

票幅规格 190 mm×106 mm

福建省永安县林业股票

一、首次发行概况

发行时间	发行股数	发行价格	上市时间	上市地点	股票简称	现股票简称	股票代码
1993.10	953万	1.5元/股	1996.12.6	深交所	永安林业	—	000663

二、历史沿革介绍

1994年1月6日,由永安林业(集团)总公司、永安市林产化工厂和三明市林业总公司共同发起,吸收其他法人和内部职工入股定向募集设立福建省永安林业(集团)股份有限公司,总股本为4 353万股。1996年11月29日,向社会公众公开发行人民币普通股1 950万股,其中公司职工股89万股。1996年12月6日,公司社会公众股1 950万股在深圳证券交易所挂牌上市。公司首次公开发行完毕后,总股本为6 303万股。

2006年8月31日实施了股权分置改革,即以资本公积金向全体流通股股东(即社会公众股股东)定向转增3 552.768万股。定向转增后,公司总股本增加至20 276.03万股。

截至2018年12月31日,公司总股本3.41亿股,第一大股东福建省永安林业(集团)总公司占比19.03%。

票幅规格
150 mm×75 mm

票幅规格
158 mm×79 mm

福建九州集团股份有限公司股份证

一、首次发行概况

发行时间	发行股数	发行价格	上市时间	上市地点	股票简称	现股票简称	股票代码
1992.10	8 436万	1元/股	1996.11.26	深交所	九州集团、ST九州	已退市	000653

二、历史沿革介绍

福建九州集团股份有限公司前身福建九州经济联发集团,系1985年经福建省政府办公厅批准成立的公司。1988年,经福建省经济委员会同意,福建九州经济联发集团更名为福建省九州集团公司。

1992年10月20日,经福建省体改委以闽体改〔1992〕94号文批准,福建省九州集团公司改制为福建九州集团股份有限公司,其以经厦门大学资产评估事务所评估并经福建省国资局确认的净资产8 432万元投资入股,折合国家股8 432万股。公司总股本为16 868万股。1993年11月,经股东大会决议,并经福建省国资局以闽国资〔1993〕299号文、福建省体改委以闽体改委〔1993〕159号文批准,国家股按定向募集时的股份发行价格折为5 160万股。至此公司总股本为13 596万元。

1995年12月,为尽快形成福建省政府拟组建的福建九州综合商社的构架,根据股东大会决议、福建省国资局闽国资〔1995〕280号文及福建省体改委以闽体改〔1995〕109号文,公司下属的福建省九州集团公司福州公司、厦门华湖综合食品加工厂和福建九州集团厦门综合加工厂从公司分离到福建九州综合商社,相应减少国家股2 305万股,至此,公司股本总额为11 291万股。

1996年11月,经中国证监会批准,向社会公开发行3 248万股股票并在深圳证券交易所上市流通,公司名称为福建九州集团股份有限公司。1998年11月4日,经中国证监会批准配股36 875 400股,配股后公司总股本为29 671.14万股,流通股为21 704.64万股。

由于经营不善,连续三年亏损,公司于2002年4月16日起暂停上市,并于2002年9月13日起终止上市。

票幅规格
175 mm×109 mm

福建省福联纺织股份有限公司股票

一、首次发行概况

发行时间	发行股数	发行价格	上市时间	上市地点	股票简称	现股票简称	股票代码
1991.11.21	2 200万	1.00元/股	1993.5.28	上交所	福联股份、ST花雕	已退市	600659

二、历史沿革介绍

　　1984年8月8日,福建省福联纺织股份有限公司由中国纺织物资总公司等68家法人股东共同投资组建,经福建省政府有关部门批准成立,并经福州市工商行政管理局注册登记(注册号为15439348-3-2号),具有中华人民共和国企业法人资格的全民所有制与全民所有制联营的股份有限公司。

　　1991年10月12日,公司经福建省体改委、福建省国资局以闽体改〔1991〕29号文批准股份制规范化,对外新增发行社会公众股份,总股本6 388万股,其中发起法人单位占总股本81.12%,内部职工股占总股本18.88%。

　　1993年5月28日,公司在上交所挂牌上市。

　　后经历次送股及转增,截至2004年12月31日,公司总股本变更为17 342.177 2万股。

　　因公司2002年、2003年连续两年亏损,2004年盈利,中国证监会于2005年9月5日因该公司涉嫌违反证券法律法规,对2004年度财务报告进行立案检查,而受检查时长影响,该公司2005年上半年经审计的半年报无法在规定时间内披露。因此,上交所根据《上海证券交易所股票上市规则》的有关规定,于2006年1月5日,对公司作出了《关于对福建闽越花雕股份有限公司股票实施暂停上市的决定》(上证上字〔2006〕8号)根据该规定,公司股票自2006年1月10日起暂停上市,在暂停上市期间按规定,公司仍未能按规定披露经审计的2005年上半年财务报告,上交所根据《上海证券交易所股票上市规则》有关规定,对公司作出了《关于决定福建闽越花雕股份有限公司股票终止上市的通知》(上证上字〔2006〕161号),公司股票自2006年3月23日起终止上市。

054　中国证券典藏大系

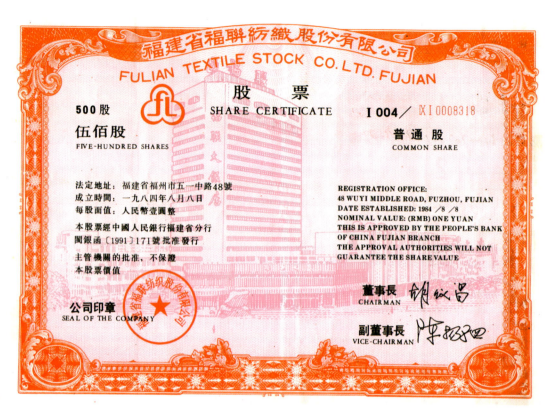

票幅规格
224 mm×175 mm

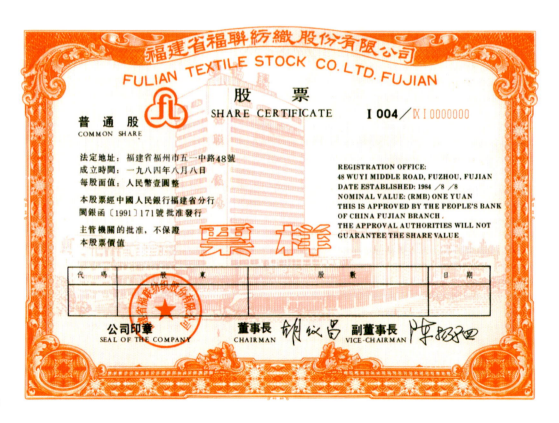

票幅规格
225 mm×175 mm

注：样票图片来源于《中国上市公司实物股票图册》（中国证券业协会、中国钱币学会编）。

福建福州通用电气股份有限公司股金收据

一、首次发行概况

发行时间	发行股数	发行价格	上市时间	上市地点	股票简称	现股票简称	股票代码
1992.10	2 500万	1元/股	1997.5.15	深交所	天宇电气	美锦能源	000723

二、历史沿革介绍

　　福建福州通用电气股份有限公司原名为福州通用电气股份有限公司,前身为福州第二开关厂,建于1951年,1970年开始转轨生产电器元件与成套开关控制设备。1992年10月,福建省体改委以闽体改〔1992〕96号文批准福州第二天关厂改制为股份有限公司,成立时公司总股本4 700万股,其中国家股2 200万股,占总股本的46.81%;法人股757.87万股,占总股本的16.12%;内部职工股1 742.13万股,占总股本的37.07%。1994年4月,经批准国家股调整为1 490万股,总股本变为3 990万股。

　　1995年11月,经福建省体改委以闽体改〔1996〕64号文批准公司进行增资扩股,由福州天宇电气集团有限公司将授权其经营的福州一开关厂、福州变压器厂的经营性净资产折股6 590万股认购新增股份,注入福州通用电气股份有限公司,国家股增至8 080万股,公司股本总额增为10 580万元,同时更名为福州天宇电气股份有限公司。1997年1月,公司临时股东大会决议,按1:0.5的比例缩股。公司缩股后股本总额变为5 290万元。

票幅规格
158 mm×105 mm

1997年4月23日,经中国证监会以证监发字〔1997〕128号文批准,首次向社会公众发行人民币普通股3 000万股,并于1997年5月15日在深圳证券交易所上市。

2003年5月,经中国证监会和财政部批准,公司股东福州天宇电气集团有限公司将其持有的公司46.01%全部股份转让给许继集团有限公司。2004年8月,经中国证监会和国有资产管理监督委员会批复,公司股东许继集团有限公司将其持有的股份分别转让给美锦能源集团有限公司与山西明坤科工贸集团有限公司。2007年9月20日起,公司全称变更为"山西美锦能源股份有限公司",公司股票简称由"天宇电气"变更为"美锦能源",股票代码维持"000723"不变。

截至2018年12月31日,公司总股本40.91亿股,其中第一大股东美锦能源集团有限公司占比76.97%。

福建青山纸业股份有限公司定额股金收据

一、首次发行概况

发行时间	发行股数	发行价格	上市时间	上市地点	股票简称	现股票简称	股票代码
1993.4	9 373万	1元/股	1997.7.3	上交所	青山纸业	—	600103

二、历史沿革介绍

福建省青山纸业股份有限公司是经福建省体改委以闽体改〔1993〕37号文批准,由福建省青州造纸厂牵头,同时约请国家机电轻纺投资公司、福建华兴信托投资公司作为共同发起人,于1993年4月1日,以定向募集方式设立的股份有限公司。主要发起人福建省青州造纸厂筹建于1958年,1971年10月全面建成投产,隶属于福建省轻工业厅,是国家大型骨干企业,也是福建省重要支柱企业,经过多年发展青州造纸厂发展成国家大型一档制浆造纸企业。

公司于1997年6月4日经中国证监会批准,首次向社会公众发行人民币普通股8 000万股,于1997年6月27日在福建省工商行政管理局办理了注册资本的变更登记手续,并于1997年7月3日在上交所挂牌上市。公司于2006年12月18日经2006年第二次临时股东大会暨股权分置改革相关股东会审议通过,利用公司资本公积金转增股本进行股权分置改革,即以公司总股本70 630万股为基数,向流通股股东实施每10股转增4股,非流通股股东所持股份以此获得上市流通权,流通股转增股份17 856.8万股于2006年12月27日上市流通。对价执行后公司总股本为88 486.8万股。

截至2018年12月31日,公司总股本17.74亿股,第一大股东福建省能源集团有限责任公司占比9.56%。

票幅规格
250 mm×120 mm

福州自动化仪表股份有限公司股票

一、首次发行概况

发行时间	发行股数	发行价格	上市时间	上市地点	股票简称	现股票简称	股票代码
1988.2.1	38 000	100元/股	1997.5.8	上交所	福州自仪	冠城大通	600067

二、历史沿革介绍

福州自动化仪表股份有限公司前身福州水表厂是于1978年成立的集体所有制企业，持有福州市工商行政管理局核发的榕工商字1591号营业执照，由福州市机械工业局归口管理。1986年11月以福州水表厂（集体所有制企业）为主体，吸收社会群众和部分小集体企业入股成立福州自动化仪表股份有限公司。资金总额为2 686 793.17元。1993年3月，公司吸收合并福州变压器厂。1994年4月15日，国家体改委以体改生〔1994〕48号《关于同意福州自动化仪表股份有限公司规范化股份制企业试点的批复》，同意该公司进行规范化的股份制企业试点。1994年6月，福州变压器厂进行分立，分立后福州自仪总股本为1 357.53万股（社会公众股）；福州自仪吸收合并福州大通机电股份有限公司，吸收合并后总股本为5 185.53万股。1997年5月8日，发行人1 357.53万股已公开发行的社会公众股在上交所上市交易，上市时股票简称"福州自仪"。

1997年12月3日，公司发行人名称变更为福州大通机电股份有限公司，公司股票简称自1997年12月8日起变更为"福州大通"。2002年9月20日，因连续多年亏损且未能在限期内实现盈利，公司股票被深圳证券交易所决定终止上市。2002年国有股转让，盈榕投资占总股本的26.28%，成为公司第一大股东。2003年7月16日，发行人名称变更为"冠城大通股份有限公司"，公司股票简称自2003年7月25日起变更为"冠城大通"。2006年，发行人实施股权分置改革。

截至2018年12月31日，公司总股本为14.92亿股，第一大股东福建丰榕投资有限公司占比33.61%。

票幅规格
175 mm×170 mm

福建日立电视机有限公司股票（上市公司核心企业）

一、首次发行概况

发行时间	发行股数	发行价格	上市时间	上市地点	股票简称	现股票简称	股票代码
1999.4.19	7 000万	3.81元/股	1999.5.14	上交所	福日电子	—	600203

二、历史沿革介绍

福建日立电视机有限公司发起人——福日集团的前身为福建福日家用电器集团公司，于1988年8月6日经福建省体改委以闽经体〔1988〕443号文同意设立，并在福建省工商行政管理局注册登记；1993年2月3日，经福建省体改委以闽经体〔1993〕263号文批准，福建福日家用电器集团公司更名为福建福日集团公司。

1998年6月18日，公司经福建省政府以闽政体股〔1998〕9号文批准，由福建福日集团公司作为独家发起人，按照产、供、销一体化的原则进行资产重组，以其部分优质资产、土地使用权及其对福建日立电视机有限公司、福建福强精密印制线路板有限公司和福建福顺微电子有限公司所拥有的权益作为投资，以募集方式设立的股份有限公司。公司股本总额25 640万股。1999年4

票幅规格
257 mm×181 mm

月14日，公司股票在上交所上市，共发行股票7 000万股。2006年7月24日，股权分置改革完成后，总股本为30 169万股，其中福日集团持有国家股18 640万股，具有流通权。2006年12月8日，福日电子以股抵债，解决福日集团及其关联方占用福日电子资金，定向回购实施后，公司总股本减至24 054.41万股。2014年3月31日止，福日电子非公开发行人民币普通股（A股）43 234 836股。总股本为283 778 936股。

截至2018年12月31日，公司总股本4.56亿股，第一大股东福建福日集团有限公司占比20.65%。

厦门经济特区国际贸易信托公司内部股票

一、首次发行概况

发行时间	发行股数	发行价格	上市时间	上市地点	股票简称	现股票简称	股票代码
1993.2.19	10 000万	2元/股	1996.10.3	上交所	厦门国贸	—	600755

二、历史沿革介绍

厦门经济特区国际贸易信托公司前身为成立于1980年12月的厦门经济特区国际贸易信托公司,该公司是厦门市最早成立的地方外贸企业,主营进出口业务。

1993年2月19日,厦门经济特区国际贸易信托公司改制更名为厦门经济特区国际贸易信托(集团)股份有限公司。股份公司设立时,总股本为17 000万股,其中,国家股占41.18%;内部职工股占58.82%。1994年,公司更名为厦门国贸集团股份有限公司。1996年4月,公司回购每个股东持有公司股份数的60%部分,并予以注销,公司总股本减至6 800万股。1996年9月,公司向社会公开发行人民币普通股1 000万股,原内部职工股1 000万股同时在上交所上市。该次发行后,公司总股本增至7 800万股,后经送配股及转增股本,至2004年4月,公司总股本增至35 661.5998万股。2006年6月,股权分置改革:向全体流通股股东以10:4.5的比例转增股本10 287万股,公司总股本增至45 948.5998万股。2007年8月至2018年3月,公司通过公开增发、配股、转增及债转股,公司总股本变更为18.16亿股。

截至2018年12月31日,公司总股本18.16亿股,第一大股东厦门国贸控股集团有限公司占比32.23%。

票幅规格
176 mm×93 mm

福建省耀华玻璃工业股份有限公司股票

一、首次发行概况

发行时间	发行股数	发行价格	上市时间	上市地点	股票简称	现股票简称	股票代码
1991.8.22	1 643万	1.5元/股	1993.6.10	上交所	福耀玻璃	—	600660

二、历史沿革介绍

　　福建省耀华玻璃工业股份有限公司前身福建省耀华玻璃工业有限公司创建于1987年6月,是经福建省政府以〔1987〕204号文批准成立中外合资公司,注册资本710万元。1991年6月6日,经福建省体改委以闽体改〔1991〕22号文批准改制,更名为福建省耀华玻璃工业股份有限公司,并在福州市工商行政管理局办理变更登记。经中国人民银行福建省分行(闽银函〔1991〕131号文)批准,公司发行内部股票及定向招股,该次发行之全部股本为5 718万股,每股面值1元。其中,原公司股东以其在原公司的权益折价认购4 085万股,该次发行内部股票和向其他法人招股1 643万股。

　　公司股票上市经中国证监会以证监发审字〔1993〕8号文复审同意和上交所以上证〔93〕字2037号文审核批准,于1993年6月10日在上海证券交易所挂牌交易。

　　截至2018年12月31日,公司总股本25.09亿股,其中第一大股东HKSCC NOMINMEES LIMITED占比19.60%。

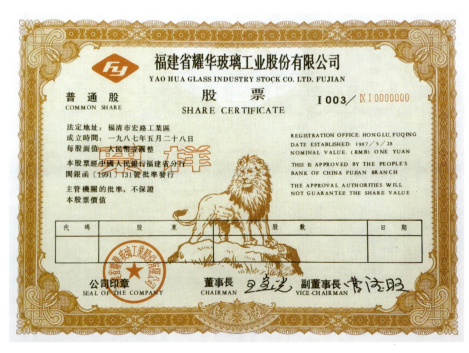

票幅规格
171 mm×93 mm

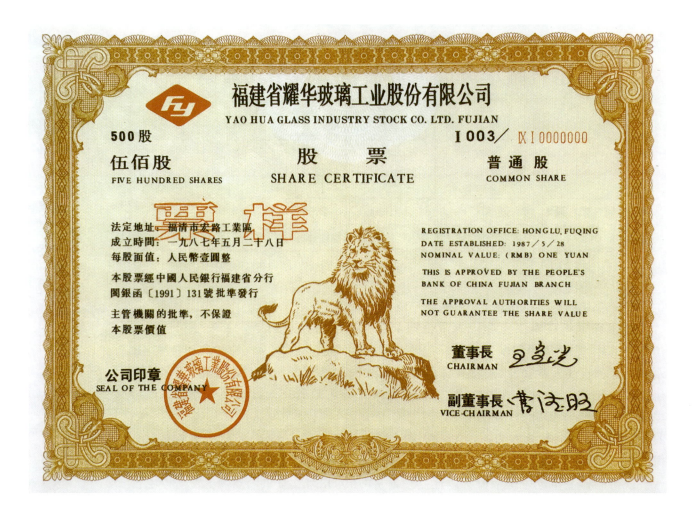

票幅规格均为
225 mm×175 mm

注：样票图片来源于《中国上市公司实物股票图册》（中国证券业协会、中国钱币学会编）。

福建省三农化学股份有限公司社团法人股权证

一、首次发行概况

发行时间	发行股数	发行价格	上市时间	上市地点	股票简称	现股票简称	股票代码
1992.12.29	3 679万	1.3元/股	—	—	—	—	—
1997.6.18	4 000万	4.30元/股	1997.7.4	深交所	福建三农	泰禾集团	000732

二、历史沿革介绍

福建省三农化学股份有限公司是经福建省体改委以闽体改〔1992〕103号文和闽体改〔1992〕130号文批准,于1992年12月29日,由原福建省三明农药厂为发起人,以定向募集方式设立的股份有限公司。公司前身福建省三明农药厂,始建于1959年,于1965年由厦门市迁至福建省三明市。1991年国家经贸委授予公司自营进出口权,成为福建省第一家拥有自营进出口权的化工企业。

经中国证监会以证监发字〔1997〕291号和证监发字〔1997〕319号文批准,公司向社会公开发行人民币普通股4 000万股,每股发行价为4.30元。根据国家有关规定,公司原有内部职工股2 335万股将于该次上市日起3年后上市。该公司股票上市申请经深交所以深证发字〔1997〕265号《上市通知书》审核同意,于1997年7月4日在深交所上市挂牌交易。2011年8月,公司中文名称变更为泰禾集团股份有限公司。

截至2018年12月31日,公司总股本12.44亿股,公司第一大股东泰禾投资集团有限公司占比48.97%。

票幅规格
165 mm×80 mm

豪盛(福建)股份有限公司股权持股证明书

一、首次公开发行概况

发行时间	发行股数	发行价格	上市时间	上市地点	股票简称	现股票简称	股票代码
1993.10.13	3 500万	6.00元/股	1993.12.6	上交所	福建豪盛、利嘉股份、多伦股份、匹凸匹	ST岩石	600696

二、历史沿革介绍

豪盛(福建)股份有限公司前身豪盛(福建)有限公司创办于1989年3月,系中外合资企业,由泉州市区经济发展公司、泉州市投资开发公司(现更名为泉州市经济开发公司)、豪盛石琳(香港)有限公司合资经营。公司总投资1 150万美元,注册资本1 000万美元,生产与经营高级挂釉石质墙地砖、马赛克及其原材料和窑业机械等产品。

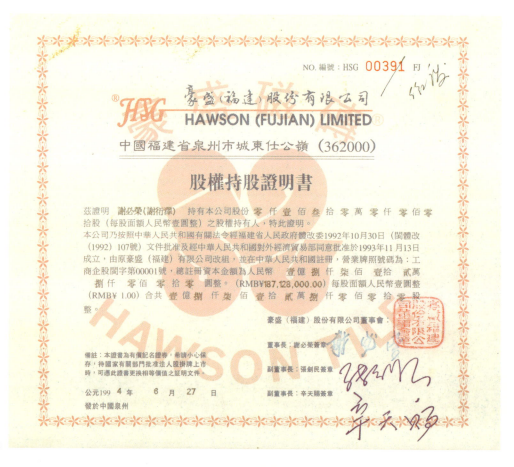

1992年10月30日,经福建省政府以闽体改〔1992〕107号文批准设立该公司。1993年8月10日,经国家外经贸部正式批准股份制改制。1993年10月,经中国证券管理委员会以证监发审字〔1993〕38号文、福建省政府以闽政综167号文、闽体改〔1993〕106号文和中华人民共和国对外贸易经济合作部外经贸资综〔1993〕544号文批准,豪盛(福建)股份有限公司发行股票13 856万元,每股面值1元,计13 856万股。其中原豪盛(福建)有限公司以其净资产10 356万元折股,计10 356万股(包括:外资股豪盛石琳(香港)有限公司6 213.6万股,泉州市经济开发公司股份2 071.2万股,泉州市区经济发展公司股份2 071.2万股),向社会个人公开发行人民币普通股(A股)3 500万股(包括公司内部职工股272万股),并于同年12月6日在上交所上市,成为国内首家发行A股股票并上市的台资企业和建筑陶瓷企业。

2000年10月,福州利嘉房地产有限公司成功收购了福建豪盛43%的股份,并变更公司名称为利嘉(福建)股份有限公司。2002年10月,利嘉(福建)股份有限公司正式迁址上海,并更名为利嘉(上海)股份有限公司。2006年6月,利嘉(上海)股份有限公司通过股改,并更名为上海多伦实业股份有限公司。2015年6月18日,公司名称变更为匹凸匹金融信息服务(上海)股份有限公司。2017年8月,公司名称变更为上海岩石企业发展股份有限公司。

截至2018年12月31日,公司总股本3.34亿股,其中第一大股东上海存硕实业有限公司占比17.05%。

甘肃省

甘肃，简称"甘"或"陇"，是中华人民共和国省级行政区，省会兰州。甘肃省位于中国西北内陆，东通陕西，西达新疆，南瞰四川、青海，北扼宁夏、内蒙古，西北端与蒙古国接壤。全省总面积42.59万平方千米。甘肃省历史悠久、文化底蕴厚重。商周之际，周秦部族先后在今甘肃东部崛起并向东发展，对国家政治生活产生过重大影响。汉武帝至昭帝间陆续设武威、张掖、敦煌、天水、安定、武都、金城诸郡。至元，全国创设省制，甘肃正式设省。至清朝乾隆年间，甘肃辖区除今省境外，尚辖西宁府、宁夏府及新疆东境一部。

甘肃省下辖12个地级市，2个自治州，17个市辖区，5个县级市，57个县，7个自治县，常住人口2 637.26万人。2018年，甘肃省实现地区生产总值(GDP)8 246.1亿元，其中，第一产业增加值921.3亿元，第二产业增加值2 794.7亿元，第三产业增加值4 530.1亿元，三次产业结构比为11.2∶33.9∶54.9。按常住人口计算，人均地区生产总值31 336元。蔬菜、马铃薯、草食畜牧业、中药材、优质林果、制种和酿酒原料，是甘肃农业特色产业的六大支柱。

截至2018年年底，甘肃省共有上市公司33家，总股本421.24亿股，总市值1 796.62亿元，累计募集资金909.52亿元。市值超过100亿元的有4家，分别是方大炭素、白银有色、银亿股份、酒钢宏兴。

铜城商厦股份有限公司股票

一、首次发行概况

发行时间	发行股数	发行价格	上市时间	上市地点	股票简称	现股票简称	股票代码
1992.5.21	2 000万	1.00元/股	1996.12.18	深交所	铜城集团	上峰水泥	000672

二、历史沿革介绍

铜城集团的前身为白银市白银区五金交电化工公司,1992年5月经甘肃省白银市政府批准设立,白银市白银区以现金600万元折股1 200万股,其他法人股1 800万股,职工股2 000万股,总股本5 000万股。1996年1月,公司更名为白银铜城商厦(集团)股份有限公司。1996年1月,白银区国资局通过协议方式受让发起人法人股105万股,使得国家股增加至1 305万股1996年11月26日公司股票在深交所上市。1997年3月公司每10股送3股。1998年12月16日,白银区国资局将持有的1 696.5万股国家股转让给甘肃省经济合作总公司。1999年12月21日,经深交所同意,公司840.68万股内部职工股在深交所上市流通。2000年8月20日,铜城集团股东深圳市金瑞丰实业发展有限公司将持有的铜城集团法人股股权1 560万股转让给海淀区国有资产投资经营公司。2000年公司向全体股东每10股配售3股。2002年,公司向全体股东以资本公积每10股转增4股,另派0.2元现金(含税),转增后总股本共计15 196.999 5万股。2005年8月17日,第一大股东北京市海淀区国有资产投资经营公司将持有的上市公司国有法人股39 453 746股转让给北京大地花园酒店。

2007年3月19日,铜城集团以现有流通股本7 055.750 3万股为基数,以截至2005年12月31日经审计的资本公积金向该方案实施股权登记日登记在册的公司流通股股东转增股本,每10股流通股股份获得转增9股,非流通股股东以此获得上市流通权。2007年4月19日,公司完成股权分置改革,该次转增总股数是6 350.175 2万股,转增后公司总股本由15 196.999 5万股变更为21 547.174 7万股。

2009年10月23日,上市公司第一大股东北京大地花园酒店将其持有的公司限售流通股37 000 000股转让给北京兴业玉海投资有限公司。

2011年8月,金昌投资玉海投资共73%股权,加之其原持有的玉海投资25%股权,金昌投资共持有玉海投资98%的股权,成为玉海投资控股股东。铜城集团的实际控制人变更为潘政权。

因公司2004年、2005年、2006年连续三年亏损,深交所决定公司股票自2007年5月11日起暂停上市。2008年公司申请恢复上市,2012年深交所同意公司恢复上市。2012年8月至2013年4月,铜城集团与上峰控股、铜陵有色、南方水泥、浙江富润、白银坤阳、浙江富润进行重大资产重组,并获得了中国证监会的许可。重大资产重组完成后,公司简称变更为"上峰水泥",公司主业变更为水泥生产、销售。

截至2018年12月31日,公司总股本8.14亿股,第一大股东浙江上峰控股集团有限公司占比32.27%。

票幅规格
235 mm×125 mm

票幅规格
235 mm×125 mm

广东省

广东，简称"粤"，是中华人民共和国省级行政区，省会广州。广东省位于南岭以南，南海之滨，与香港、澳门、广西、湖南、江西及福建接壤，与海南隔海相望。广东省总面积为17.97万平方千米。广东历史悠久，《吕氏春秋》中称"百越"，《史记》中称"南越"，《汉书》称"南粤"，越与粤通，简称粤，泛指岭南一带地方。广东先民很早就在这片土地上生息、劳动、繁衍。在历史长河中，广州、广东等地名次第出现，逐渐演化成广东省及其辖境。

广东省下辖地级市21个，市辖区65个，县级市20个，县34个，自治县3个。常住人口11 346万人。自1989年起，广东国内生产总值连续居全国第一位，成为中国第一经济大省，经济总量占全国的1/8，已达到中上等收入国家水平、中等发达国家水平。广东省域经济综合竞争力居全国第一。2016年，广东高新技术企业数量达到19 857家，总量居全国第一；PCT国际专利申请量连续15年领跑全国。2018年，广东省的GDP达到了9.73万亿元，同比增长6.8%。第一产业增加值3 831.44亿元，比上年增长4.2%；第二产业增加值40 695.15亿元，增长5.9%；第三产业增加值52 751.18亿元，增长7.8%。房地产业、金融业、装修建材业、家具业、卫浴洁具业、食品饮料、化妆-装饰品、科技数码、鞋帽服装箱包和家电业是广东省十大支柱产业。目前，广东珠三角九市将联手港澳打造粤港澳大湾区，成为与纽约湾区、旧金山湾区、东京湾区并肩的世界四大湾区之一。

截至2018年年底，广东省共有上市公司587家，总股本6 950.70亿股，总市值8.47万亿元，累计募集资金1.58万亿元。市值超过100亿元的有119家，超过1 000亿元的有16家，主要有中国平安、招商银行、万科A、美的集团、工业富联、格力电器、中信证券、海天味业、平安银行、顺丰控股、保利地产、比亚迪、温氏股份、招商蛇口、迈瑞医疗、广汽集团。

深圳发展银行股东证/股票

一、首次发行概述

发行时间	发行股数	发行价格	上市时间	上市地点	股票简称	现股票简称	股票代码
1987.5.9	39.7万	40元/股	1991.4.3	深交所	深发展	平安银行	000001

二、历史沿革介绍

　　深圳发展银行系在对深圳经济特区原6家信用社改组的同时,经中国人民银行深圳经济特区分行以深人融管字〔1987〕39号文批准向社会公众发行股票,并经中国人民银行以银复〔1987〕365号文批准设立的股份有限公司。1987年5月9日,经中国人民银行深圳经济特区分行批准,首次向境内社会公众发行人民币普通股39.7万股,于1988年4月在深圳经济特区证券公司挂牌柜台交易。并于1991年4月3日在深交所上市。

　　2012年2月9日,公司召开的2012年第一次临时股东大会以及原平安银行召开的2012年第一次临时股东大会,分别审议通过了公司吸收合并原平安银行的方案的议案以及公司与原平安银行签署吸收合并协议的议案。

　　2012年4月24日,中国银行业监督管理委员会以《中国银监会关于深圳发展银行吸收合并平安银行的批复》(银监复〔2012〕192号)批准了该次吸收合并。

　　2012年7月,中国银行业监督管理委员会以《中国银监会关于深圳发展银行更名的批复》(银监复〔2012〕397号)批准了公司的名称变更。自2012年7月27日起,公司的中文名称变更为平安银行股份有限公司,英文名称变更为"PingAnBankCo.,Ltd."。完成吸收合并后,平安银行予以注销。

　　截至2018年12月31日,公司总股本171.70亿股,第一大股东中国平安保险(集团)股份有限公司占比49.56%。

票幅规格
160 mm×85 mm

票幅规格
160 mm×85 mm

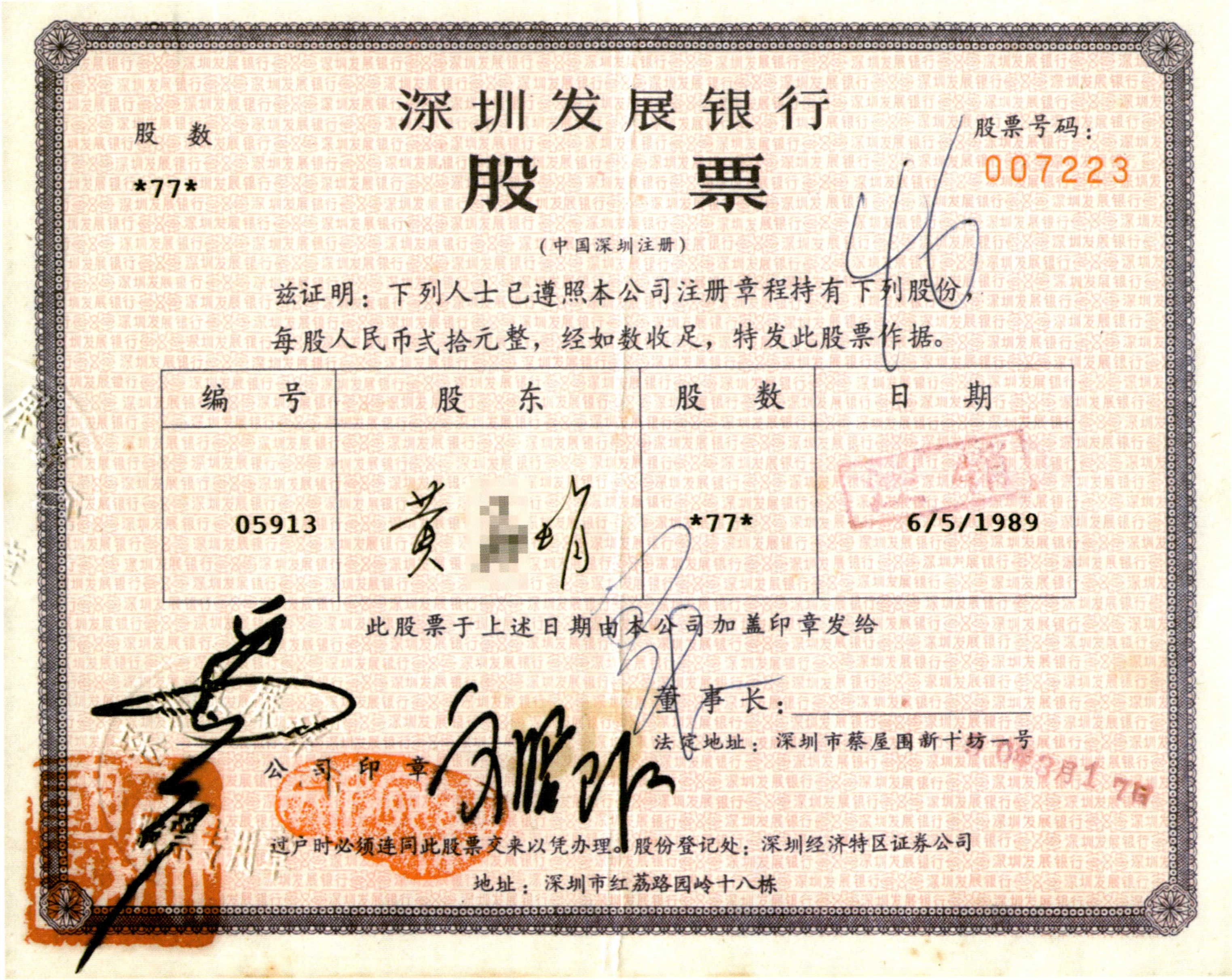

深圳发展银行 股票

（中国深圳注册）

股票号码：007223

编号：05913

股数：*77*

兹证明：下列人士已遵照本公司注册章程持有下列股份，每股人民币弍拾元整，经如数收足，特发此股票作据。

股东：（签名）

股数：*77*

日期：6/5/1989

此股票于上述日期由本公司加盖印章发给

董事长：

法定地址：深圳市蔡屋围新十坊一号 0#381.7#

股份登记处：深圳经济特区证券公司

地址：深圳市红荔路园岭十八栋

公司印章／过户时必须连同此股票一并来以凭办理。

票幅规格 187 mm×151 mm

072　中国证券典藏大系

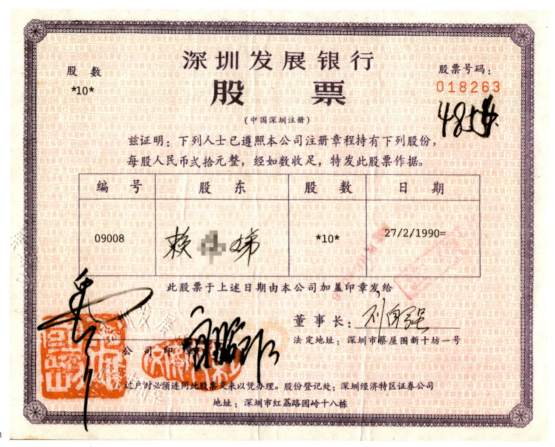

票幅规格
187 mm×151 mm

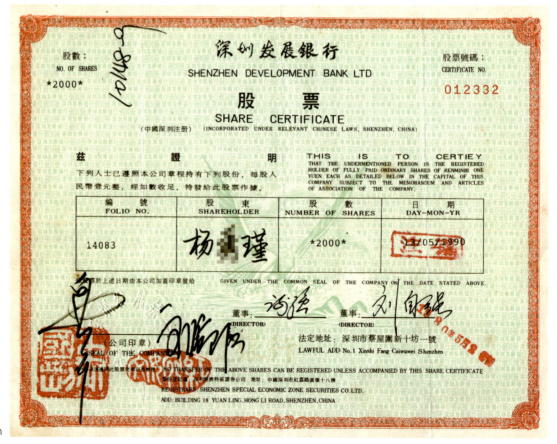

票幅规格
229 mm×181 mm

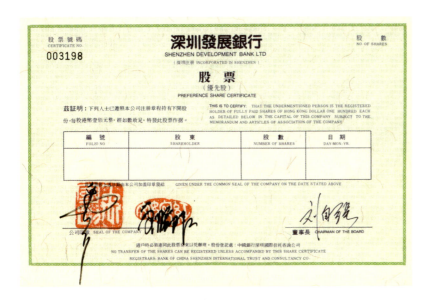

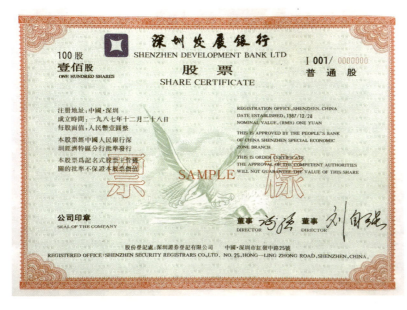

票幅规格均为 225 mm×175 mm

074　中国证券典藏大系

票幅规格均为
172 mm×75 mm

注：以上1988年股票及票样图片来源于《中国上市公司实物股票图册》（中国证券业协会、中国钱币学会编）。

深圳万科企业股份有限公司股票

一、首次发行概况

发行时间	发行股数	发行价格	上市时间	上市地点	股票简称	现股票简称	股票代码
1988.12.28	2 800万	1元/股	1991.1.29	深交所	万科A	—	000002
1993.4.6	4 500万	11元/股（10.53港元/股）	1993.5.28	深交所	万科B	万科企业（2014年6月25日B股转H股）	02202

二、历史沿革介绍

1983年5月,深圳经济特区发展公司下属的贸易部成立饲料科。1983年年底,深圳经济特区发展公司贸易部饲料科的全体员工转入贸易部的科仪科。1984年5月30日,深圳现代科教仪器展销中心(万科前身)在深圳市工商局正式注册。公司为国营性质,法人代表为王石,主营业务为自动化办公设备及专业影视器材的进口销售。1984年9月21日,深圳现代科教仪器展销中心正式对外营业。1987年6月,公司更名为深圳现代科仪中心。公司同香港业界广泛开展合作项目。1987年11月,公司更名为深圳现代企业有限公司。1988年11月18日,公司以2 000万元,通过公开竞标的方式获取了威登别墅地块。同年又与深圳市宝安县新安镇合作,投资第一个土地发展项目"深圳市宝安县新安镇固戍村皇岗岭万科工业区",从此公司进入房地产行业。

经深圳市政府办公厅以深府办〔1988〕1509号文、中国人民银行深圳市分行以深融管字〔1988〕123号文批准,1988年12月28日,公司向社会公开发行股票2 800万股,每股价格1元,募集资金2 800万元。上市后的公司定名为"深圳万科企业股份有限公司"。1993年4月,公司与以渣打(亚洲)有限公司、君安证券有限公司为主组成的承销团签署公开发售4 500万股B股的承销协议,每股发售价为10.53港元,共集资4.513 5亿港元。B股于5月28日在深圳证券交易所上市。11月10日,公司投资3 973万元买入上海申华实业股份有限公司普通股135万股,占总股本的5%,双方宣布就参股经营进行合作。此事被中国证券业称为"中国首宗以善意方式通过二级市场达到参股与经营的案例"。

2000年8月及12月,中国华润总公司(现华润(集团)有限公司)先后受让深圳经济特区发展(集团)公司及添发庆丰(常州)发展有限公司持有的万科股份,成为公司第一大股东。

2012年7月,万科完成收购香港上市公司南联地产控股有限公司75%股权,并在同年内将其更名为万科置业(海外)有限公司。自此,万科旗下拥有了一家香港上市公司,成为其拓展海外业务的重要平台。

2014年6月25日,公司完成B股转H股,在香港联交所挂牌上市。

截至2018年12月31日,公司总股本110.39亿股,深圳市地铁集团有限公司为其第一大股东,占比29.38%。

股票

VANKE 深圳萬科企業股份有限公司
SHENZHEN VANKE CO., LTD.
（中國深圳注册）
(INCORPORATED UNDER RELEVANT CHINESE LAWS, SHENZHEN, CHINA)

股票號碼 CERTIFICATE NO: 0001191

股數 NO OF SHARES: *200*

股票 SHARE CERTIFICATE

茲證明 THIS IS TO CERTIFY 下列人士已遵照本公司註册章程持有下列股份，每股人民幣壹元整，經如數收足，特發給此股票作據。
THAT THE UNDERMENTIONED PERSON IS THE REGISTERED HOLDER OF FULLY PAID SHARES OF RENMINBI ONE YUEN EACH AS DETAILED BELOW IN THE CAPITAL OF THIS COMPANY SUBJECT TO THE MEMORANDUM AND ARTICLES OF ASSOCIATION OF THE COMPANY.

股東 SHAREHOLDER

編號 FOLIO NO: 00962

日期 DAY — MON. — YR.: 29/4/1989

股數 NUMBER OF SHARES: *200*

GIVEN UNDER THE COMMON SEAL OF THE COMPANY ON THE DATE STATED ABOVE
（公司印章） (SEAL OF THE COMPANY)

董事長： CHAIRMAN OF THE BOARD

法定地址：深圳市和平路50號
LAWFUL ADD: NO. 50 HEPING ROAD, SHENZHEN.

股份登記處：深圳經濟特區證券公司 地址：中國深圳市紅荔路園嶺十八楝
REGISTRAR: SHENZHEN SPECIAL ECONOMIC ZONE SECURITIES CO. LTD ADD: BUILDING 18 YUAN LING, HONGLI ROAD, SHENZHEN, CHINA.

過戶年必須連同此股票交來以憑辦理
NO TRANSFER OF THE ABOVE SHARES CAN BE REGISTERED UNLESS ACCOMPANIED BY THIS SHARE CERTIFICATE

票幅規格 187 mm×179 mm

票幅规格
225 mm×175 mm

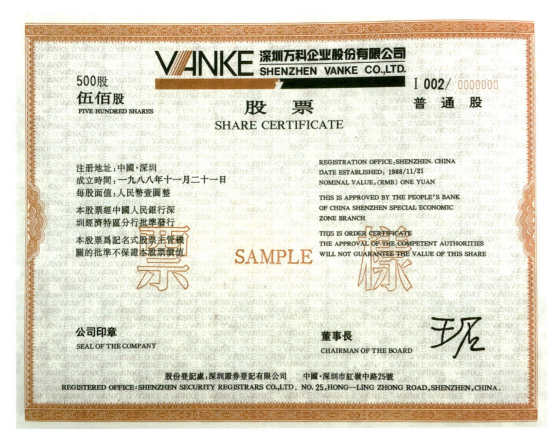

票幅规格
225 mm×175 mm

注：样票图片来源于《中国上市公司实物股票图册》（中国证券协会、中国货币学会编）。

深圳金田实业股份有限公司股票

一、首次发行概况

发行时间	发行股数	发行价格	上市时间	上市地点	股票简称	现股票简称	股票代码
1988.2.8	45.2万	7.5元/股	1991.7.3	深交所	深金田A	PT金田A	000003

二、历史沿革介绍

　　深圳金田实业股份有限公司前身为深圳市纺织工业供销公司。1988年2月8日，公司以220万元净资产实行股份制改造，并更名为深圳市金田轻纺工贸股份有限公司，其后又更名为深圳市金田实业股份有限公司。公司是深圳市首批国有企业实行股份制改造和公开向境内外人士发行公众股票的企业集团。1989年初公开向社会发行人民币普通股票（A股），并在深圳证券市场（当时深圳证券交易所未成立）挂牌交易，1991年7月3日，公司股票在深圳证券交易所上市交易，是首批深圳证券交易所"老五股"上市公司之一。1993年5月向境外投资者发行境内上市外资股（B股）并在深圳证券交易所挂牌上市，1994年12月12日，该公司由原深圳市金田实业股份有限公司更名为金田实业（集团）股份有限公司。

　　2000年5月9日，因最近两个会计年度的审计结果显示的净利润均为负值，且最近一个会计年度每股净资产低于股票面值，公司股票被ST处理。

　　2001年5月9日，因最近三年连续亏损，公司股票被暂停上市。

　　2001年5月11日，公司被取消ST，实施PT。

　　2002年6月14日，公司的恢复上市申请未被深交所接受，公司股票退市转入三板。

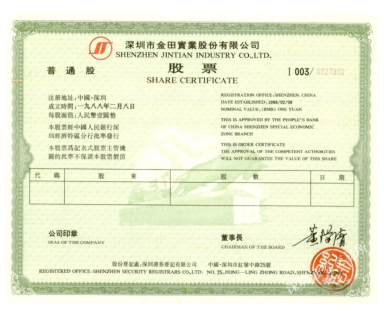

票幅规格
225 mm×175 mm

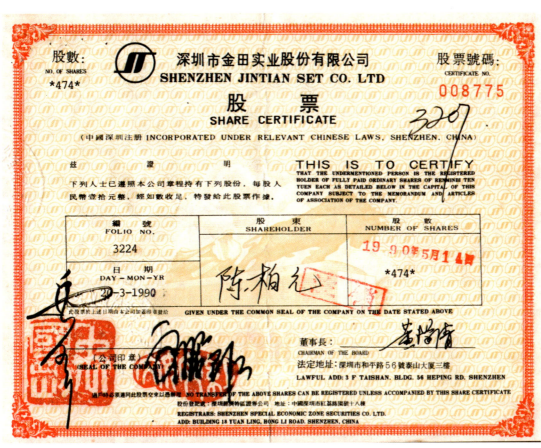

票幅规格
187 mm×148 mm

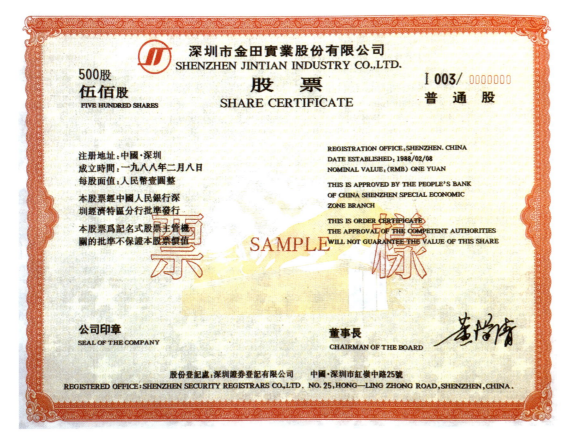

票幅规格
225 mm×175 mm

注：样票图片来源于《中国上市公司实物股票图册》(中国证券业协会、中国钱币学会编)。

蛇口安达运输股份有限公司股票

一、首次发行概况

发行时间	发行股数	发行价格	上市时间	上市地点	股票简称	现股票简称	股票代码
1989.12.23	500万	1元/股	1991.1.14	深交所	深安达A、北大高科	国农科技	000004

二、历史沿革介绍

蛇口安达运输股份有限公司系经深圳市政府以深府办〔1989〕1049号文批准,在原招商局蛇口工业区汽车运输公司基础上改组设立的股份有限公司。经中国人民银行深圳市分行以深人银复字〔1989〕149号文批准,公司于1989年12月23日向社会公开发行500万股股票,每股发行价格1元,1991年1月14日,公司股票获准在深圳证券交易所上市交易。1992年2月28日,经深圳市政府以深府内口复〔1992〕15号文批准,公司名称变更为深圳市蛇口安达实业股份有限公司。

根据招商局蛇口工业区有限公司与深圳中农大科技投资有限公司(原名为深圳市北大高科技投资有限公司)于2000年10月11日、2000年12月28日先后两次签订的两份《股权转让协议书》,深圳中农大科技投资有限公司以现金形式按每股1.31元的价格受让招商局蛇口工业区有限公司持有的该公司31 863 151股国有法人股(占该公司股本总数的37.94%)。自2001年4月18日起该公司股票简称由原"深安达A"修改为"北大高科"。2002年1月15日,中国证券登记结算有限公司深圳分公司办理完毕股权过户手续,至此深圳中农大科技投资有限公司持有该公司股份31 863 151股,占该公司总股本的37.94%,成为该公司第一大股东。

根据北京市第二中级人民法院下达的〔2004〕二中执字第00873-1民事裁定书,原北京北大未名生物工程集团有限公司持有该公司第一大股东深圳中农大科技投资有限公司的60%股权裁定转划到北京中农大科技企业孵化器有限公司,工商变更登记手续于2005年6月23日办理完毕。公司实际控制人变更为北京中农大科技企业孵化器有限公司。经深圳中国农大科技股份有限公司2004年年度股东大会审议通过,并报深圳工商行政管理局核准,于2005年7月20日已更名为深圳中国农大科技股份有限公司。经深圳证券交易所审定,将原A股股票简称"北大高科"变更为"国农科技",修改后的公司全称及A股股票简称从2005年8月18日起正式启用。

公司于2006年8月18日实施了股权分置改革。

截至2018年12月31日,公司总股本为8 397.07万股,第一大股东深圳中农大科技投资有限公司占比28.43%。

票幅规格
225 mm×175 mm

票幅规格
217 mm×178 mm

票幅规格
225 mm×175 mm

注：样票图片来源于《中国上市公司实物股票图册》（中国证券业协会、中国钱币学会编）。

深圳原野实业股份有限公司股票

一、首次发行概况

发行时间	发行股数	发行价格	上市时间	上市地点	股票简称	现股票简称	股票代码
1990.3.3	245万	10元/股	1990.12.10	深交所	深原野A	世纪星源	000005

二、历史沿革介绍

深圳原野实业股份有限公司前身深圳市原野纺织股份有限公司成立于1987年7月,注册资本150万元,公司主营纺织、印染、贸易和出租车经营。1988年公司变更注册资本为6 550万元。1990年公司股票在深圳证券交易所交易,并发行人民币普通股245万股,每股面值10元。公司股票同年在深交所正式挂牌交易,股本变为9 000万股。公司是经深圳市政府批准于1990年成立并在深圳证券交易所上市的中外合资股份制企业,是中国最早上市的公司之一。公司股票代码为000005。1992年,公司股票停止在深交所挂牌交易。1993年,深证市政府派出重整领导小组,进驻公司进行行政重整。1994年,公司重整后由新股东中国投资有限公司及深圳城建集团公司入股成控股股东,公司更名为深圳世纪星源股份有限公司,在深交所恢复挂牌交易。

2006年,公司实施股份分置改革方案,由非流通股东向流通股东每10股送1股,同时以资本公积金向流通股东每10股定向转增5.5股,股本变更为914 333 607股。

截至2018年12月31日,公司总股本10.59亿股,第一大股东中国投资有限公司占比17.41%。

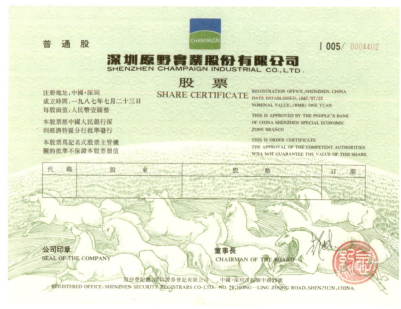

票幅规格
225 mm×175 mm

票幅规格
225 mm×175 mm

票幅规格
272 mm×216 mm

深圳市振业股份有限公司股票

一、首次发行概况

发行时间	发行股数	发行价格	上市时间	上市地点	股票简称	现股票简称	股票代码
1989.8.1	69万	10元/股	1992.4.27	深交所	深振业A	—	000006

二、历史沿革介绍

1989年5月25日，深圳市振业股份有限公司经深圳市政府以深府办〔1989〕360号文批准，以募集方式设立。1989年8月，经中国人民银行深圳经济特区分行以深人银复〔1989〕77号〕文和深人银复〔1990〕24号文批准，首次发行人民币普通股690 000股，其中，发起人法人认购265 000股(向发起人深圳市建设(集团)公司、深圳市长城房地产发展公司、深圳市建筑机械动力公司发行265 000万股，占该公司可发行普通股总数的38.41％)，社会公众认购425 000股。1992年4月27日，公司股票在深圳证券交易所上市。

1998年4月24日，经公司董事会决议，并经深圳市国有资产管理办公室以深国资办〔1997〕284号文审核批准和深圳市工商行政管理局核准同意，原深圳市振业股份有限公司更名为深圳市振业(集团)股份有限公司。

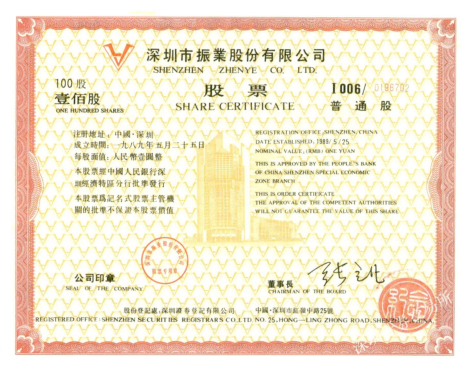

票幅规格
225 mm×175 mm

2006年1月11日，公司实施股权分置改革，以股份变更登记日的公司总股本为基础，由全体非流通股股东向方案实施股份变更登记日登记在册的全体流通股股东按比例安排股份对价，使流通股股东每10股获送2股股份对价。

截至2018年12月31日，公司总股本13.50亿股，第一大股东深圳市政府国有资产监督管理委员会占比21.93%。

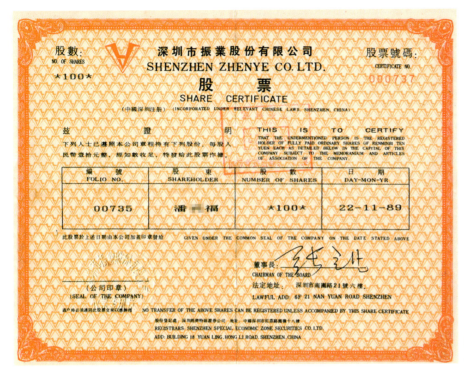

票幅规格
225 mm×175 mm

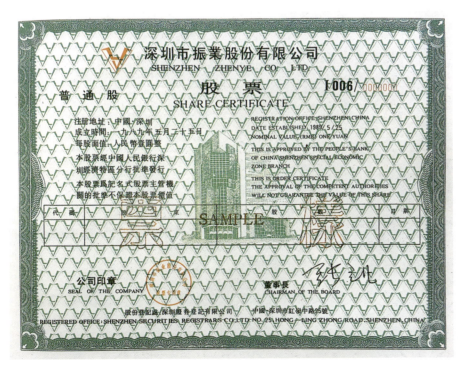

票幅规格
225 mm×175 mm

注：样票图片来源于《中国上市公司实物股票图册》（中国证券业协会、中国钱币学会编）。

深圳赛格达声股份有限公司股票

一、首次发行概况

发行时间	发行股数	发行价格	上市时间	上市地点	股票简称	现股票简称	股票代码
1988.11.23	300万	100元/股	1992.4.13	深交所	深达声A、零七股份	全新好	000007

二、历史沿革介绍

　　深圳赛格达声股份有限公司前身为深圳市达声电子公司,成立于1983年3月11日,1988年11月21日由深圳市政府以深府办〔1988〕1594号文批准进行股份制改制,以募集方式设立,经批准发行的普通股总数为300万股,全部为向境内投资人发行的以人民币认购的内资股。其中向发起人深圳赛格集团公司发行135万股,占总股本的45%,向深业赛格(香港)有限公司发行75万股,占总股本的25%。1992年4月13日经批准总数为123.35万股普通股在深交所挂牌上市交易,股票简称"深达声";股票代码为000007。

　　2010年1月26日,公司名称变更为深圳市零七股份有限公司,2016年2月17日,公司名称变更为深圳市全新好股份有限公司。

　　2016年6月22日,公司定向增发13 196.13万股。2018年4月26日,公司总股本变更为3.46亿股。

　　截至2018年12月31日,公司总股本3.46亿股,第一大股东汉富控股投资有限公司占比21.65%。

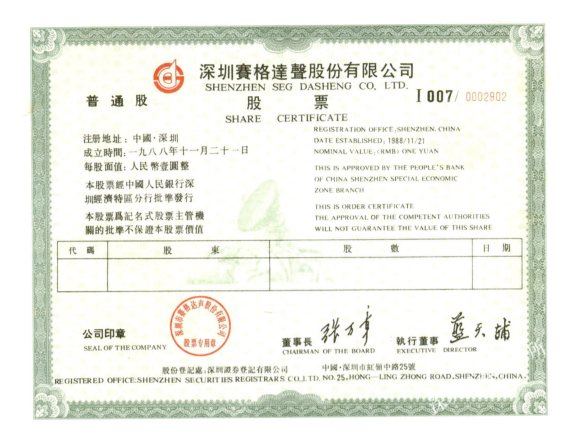

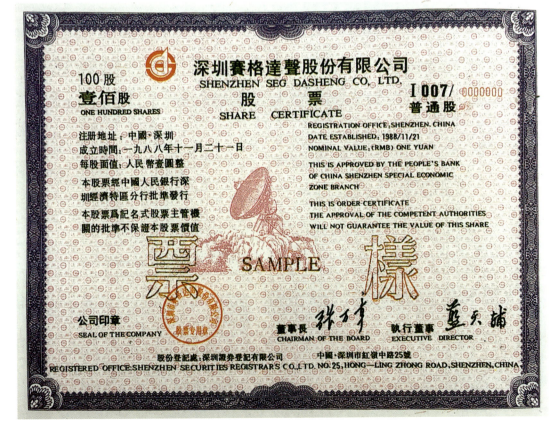

票幅规格均为
225 mm×175 mm

注：样票图片来源于《中国上市公司实物股票图册》（中国证券业协会、中国钱币学会编）。

深圳锦兴开发服务股份有限公司股票

一、首次发行概况

发行时间	发行股数	发行价格	上市时间	上市地点	股票简称	现股票简称	股票代码
1989.10.18	100万	10元/股	1992.5.7	深交所	深锦兴A、亿安科技、宝利来	神州高铁	000008

二、历史沿革介绍

1989年10月11日,深圳锦兴开发服务股份有限公司经深圳市政府以深府办〔1989〕570号文批准成立,以募集方式设立;1989年10月18日,经中国人民银行深圳经济特区分行以深人银复字〔1989〕122号文批准,以内部发行方式按每股面值10元发行普通股100万股,共计1 000万元,并以此为注册资本。深圳对外贸易(集团)粮油食品进出口公司(1993年改制后更名为深圳天俊实业股份有限公司)持有公司40%的股权,为公司第一大股东。1992年,经深交所以深证市字〔1992〕10号文批准,公司股票于1992年5月7日在深交所上市交易,股票简称"深锦兴A"。同年10月27日,经深圳市政府以深府办复〔1992〕1412号文批复,公司更名为深圳锦兴实业股份有限公司(1996年12月9日更名为深圳市锦兴实业股份有限公司),股票简称不变。

1999年3月2日,深圳市商贸投资控股公司将原持有的公司法人股1 922.846 2万股转让给广东亿安科技发展控股有限公司。同年7月5日,深圳国际信托投资公司将原

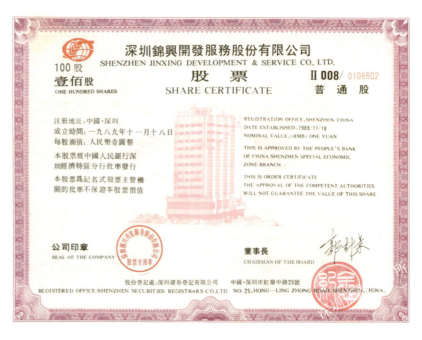

票幅规格
225 mm×175 mm

持有的公司法人股166.449万股协议转让给广东亿安科技发展控股有限公司。转让完成后,广东亿安科技发展控股有限公司共计持有公司股份2 089.295 2万股,占总股本的28.37%,成为公司第一大股东。1999年8月18日,公司名称变更为广东亿安科技股份有限公司,股票简称由"深锦兴A"变更为"亿安科技",股票代码不变。

2002年3月11日,广东亿安科技发展控股有限公司与宝利来实业签订股权转让协议,转让其原持有的公司法人股2 089.295 2万股。上述股权转让事项完成后,广东亿安科技发展控股有限公司不再持有公司股份;宝利来实业持有公司股份2 089.295 2万股,占总股本的28.37%,成为公司第一大股东。2005年5月17日,公司名称变更为广东宝利来投资股份有限公司。同年5月23日,公司股票简称由"亿安科技"变更为"宝利来",股票代码不变。

2005年11月21日,公司股权分置改革相关股东会议审议通过了《广东宝利来投资股份有限公司股权分置改革方案》。股权分置改革后,宝利来实业持有公司股份由2 089.295 2万股减少至1 634.340 2万股,持股比例由28.37%下降至22.19%,仍为公司第一大股东。

2015年2月5日,公司通过发行股份和支付现金的方式购买王志全等89名交易对方合计持有的新联铁100%股份的议案,并募集配套资金。该交易前,宝利来未持有新联铁的股份;交易完成后,宝利来将控制新联铁100%股份。

2015年3月10日,公司名称变更为神州高铁技术股份有限公司;公司股票简称则由"宝利来"正式变更为"神州高铁"。

截至2018年12月31日,公司总股本28.18亿股,第一大股东北京市海淀区国有资产投资经营有限公司占比20%。

票幅规格
230 mm×180 mm

票幅规格
225 mm×175 mm

注:样票图片来源于《中国上市公司实物股票图册》(中国证券业协会、中国钱币学会编)。

宝安县联合投资公司股金证
深圳市宝安企业（集团）股份有限公司股票

一、首次发行概况

发行时间	发行股数	发行价格	上市时间	上市地点	股票简称	现股票简称	股票代码
1983.7.25	100万	10元/股	—	—	—	—	—
1991.6.25	84 410万	1元/股	1991.6.25	深交所	深宝安A	中国宝安	000009

二、历史沿革介绍

中国宝安集团股份有限公司前身为宝安县联合投资公司，于1983年7月经宝安县政府批准成立，公司采用认购股份发行股票的方式筹集资金，从事房地产、农工商、林牧渔业等开发性经营。经宝安县编制委员会于1988年2月13日出具的（宝编〔1988〕4号）《关于将县联合投资总公司改称为深圳市宝安投资（集团）公司的批复》批准，宝安县联合投资总公司名称变更为深圳市宝安投资（集团）公司。1991年6月1日经深圳市政府以深府办复〔1991〕418号文批准，改组为深圳市宝安企业（集团）股份有限公司。1991年6月25日，宝安集团流通股票在深圳证券交易所挂牌交易，股票代码为000009，股票简称"深宝安A"。公司于1993年7月12日经国家工商行政管理局企业登记司以〔1993〕企名函字147号文批准，更名为中国宝安集团股份有限公司。

2002年6月26日，根据国家财政部以财企〔2002〕212号文批准，公司第一大股东深

票幅规格
225 mm×65 mm

圳市龙岗区投资管理有限公司将其持有的公司国家股111 622 689股划转给深圳市富安控股有限公司，其持股比例为11.64%。2002年7月13日股权划转过户手续办理完毕，该次股权变更公司总股本未发生变化。股权转让后的第一大股东为深圳富安控股有限公司，持股比例为11.64%；第二大股东为深圳市宝安区投资管理公司，持股比例为11.15%。

票幅规格
212 mm×62 mm

2007年12月6日，经国务院国有资产监督管理委员会《关于深圳市富安控股有限公司产权变动涉及中国宝安集团股份有限公司国有股性质变更有关问题的批复》（国资产权〔2007〕1501号）文批

准，深圳市富安控股有限公司所持该公司股份性质变更为非国有股。

截至2018年12月31日，公司总股本21.49亿股，第一大股东深圳市富安控股有限公司占比11.91％。

票幅规格
155 mm×72 mm

票幅规格
225 mm×175 mm

票幅规格
225 mm×175 mm

注：样票图片来源于《中国上市公司实物股票图册》（中国证券业协会、中国钱币学会编）。

深圳华新股份有限公司股票

一、首次发行概况

发行时间	发行股数	发行价格	上市时间	上市地点	股票简称	现股票简称	股票代码
1989.5.6	6 399	500元/股	1995.10.27	深交所	深华新A	美丽生态	000010

二、历史沿革介绍

1989年1月9日,深圳华新股份有限公司经深圳市政府办公厅以深府办〔1988〕1691号文批准,以募集方式设立;1989年5月,经中国人民银行深圳经济特区分行以深人银字〔1989〕41号文批准,首次向社会公众发行每股面额500元的人民币普通股6 399股。1995年3月9日,经中国证监会以证监发字〔1995〕31号文批准,公司内资股1699.87万股于1995年10月27日在深圳证券交易所上市。

2010年7月13日,经公司股东大会批准,公司名称变更为北京深华新股份有限公司。

2015年5月15日,公司召开第八届董事会第三十七次会议,审议并通过了《关于公司发行股份及支付现金购买资产并募集配套资金暨关联交易方案的议案》等议案:上市公司拟以发行股份及支付现金方式购买王仁年等47名江苏八达园林有限责任公司(简称"八达园林")股东合计持有的八达园林100%股权。2015年10月9日,公司收到中国证监会《关于核准北京深华新股份有限公司向王仁年等发行股份购买资产并募集配套资金》的批复。

2016年5月9日,公司名称变更为深圳美丽生态股份有限公司。

截至2018年12月31日,公司总股本8.20亿股,第一大股东深圳五岳乾坤投资有限公司占比13.51%。

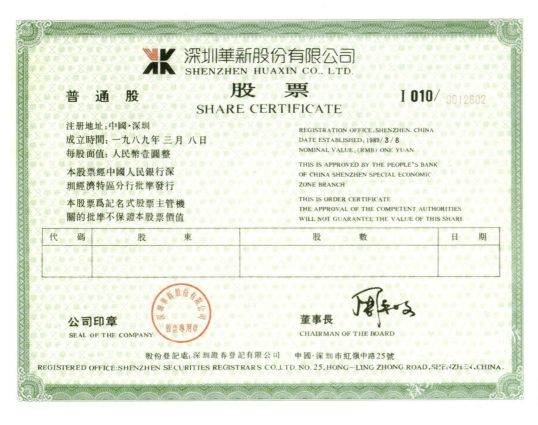

票幅规格
225 mm×175 mm

票幅规格
189 mm×180 mm

深圳市物业发展(集团)股份有限公司股票

一、首次发行概况

发行时间	发行股数	发行价格	上市时间	上市地点	股票简称	现股票简称	股票代码
1991.10.29	4 150万（A股）	3.60元/股	1992.3.30	深交所	深物业A	—	000011
1992.3.13	3 000万（B股）	5.30港元/股	1992.3.30	深交所	深物业B	—	200011

二、历史沿革介绍

　　深圳市物业发展(集团)股份有限公司前身为1982年11月成立的深圳市物业发展公司,1985年8月更名为深圳市物业发展总公司,1988年被深圳市确定为第二批国有企业股份制改造试点单位,1990年4月经市政府批准正式更名为深圳市物业发展(集团)股份有限公司。根据深府办复〔1991〕831号文《关于原深圳市物业发展总公司改组为股份有限公司的批复》、深人银复字〔1991〕93号文《关于深圳市物业发展(集团)股份有限公司申请公开发行股票的批复》,及深人银复字〔1992〕25号文《关于深圳市物业发展(集团)股份有限公司发行人民币特种股票的批复》,于1991年10月正式批准改组为股份有限公司,原公司净资产中18 601.189万元折为国家股,计18 601.189万股。同时向社会公开新增发行A股4 150万股,其中包括650万股内部职工股。每股面值1元,溢价3.6元,发行对象为中华人民共和国法人和自然人。1991年12月18日,公司新增发行B股3 000万股,每股面值1元,溢价5.3港元,配售给港澳台及外国专业投资机构。至1992年1月31日止,物业股票发行工作全部结束,实收股本25 751.189万股,包括原公司净资产折为国家股18 601.189万股和新增发行7,150万股。国家股占72.23％,社会公众股占25.24％(其中B股占11.65％),内部职工股占2.52％。溢价发行总收入为14 940万元和15 900万港元。1992年3月30日,"深物业A、B"股票在深圳证券交易所上市交易,股票代码分别为000011和200011。

　　2004年,深圳市政府将深圳市建设投资控股公司与另外两家市属资产经营公司深圳市投资管理公司、深圳市商贸控股公司合并,组建成立深圳市投资控股有限公司,公司的实际控股股东为深圳市投资控股有限公司。深圳市投资控股有限公司为国有独资有限责任公司,成立于2004年10月13日,深圳市政府国有资产监督管理委员会作为政府组成部门,代表深圳市政府对深圳市投资控股有限公司实施管理,因此公司的最终控制人为深圳市政府国有资产监督管理委员会。

　　2009年11月实施股权分置改革,深物业流通A股股东每持有10股流通A股将获得全体非流通股股东支付的3.9股股份的对价安排。2009年11月3日,公司股票恢复交易，对价股份上市流通，股票简称由"S深物业A"变更为"深物业A"。

　　截至2018年9月30日，公司总股本5.96亿股，第一大股东深圳市建设投资控股公司占比54.33%。

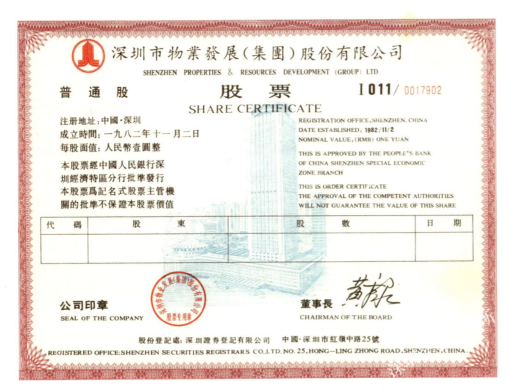

票幅规格
225 mm×175 mm

票幅规格
237 mm×188 mm

中国南方玻璃股份有限公司股票

一、首次发行概况

发行时间	发行股数	发行价格	上市时间	上市地点	股票简称	现股票简称	股票代码
1991.11.23	2 030万	3.38元/股	1992.2.28	深交所	南玻科控	南玻A	000012
1991.12.18	1 600万	5.30港元/股	1992.2.28	深交所	深南玻B	南玻B	200012

二、历史沿革介绍

中国南方玻璃股份有限公司前身中国南方玻璃有限公司,是经深圳市政府以深圳办〔1984〕14号文批准,由香港招商局轮船股份有限公司、深圳市建筑材料工业集团公司、中国北方工业公司深圳分公司以及广东国际信托投资公司于1984年9月共同投资兴办的中外合资企业。1991年10月,经深圳市政府以深圳办复〔1991〕828号文批准,改组为中国南方玻璃股份有限公司,将原公司净资产折为7 123.255万发起人股,同年12月至次年1月,经中国人民银行深圳经济特区分行以深人银复字〔1991〕87号文批准,向社会发行20 300 000股人民币普通股("A股")及16 000 000股外资股("B股"),发行后该公司总股本总额增至107 532 550元。1992年2月28日,公司发行的人民币普通股和境内上市外资股于深圳证券交易所挂牌交易上市。

截至2018年12月31日,公司总股本总额28.63亿元,其中A股占股本64.78%,B股占股本的35.22%,第一大股东前海人寿股份有限公司占比14.81%。

票幅规格
225 mm×175 mm

深圳市石油化工(集团)股份有限公司股票

一、首次发行概况

发行时间	发行股数	发行价格	上市时间	上市地点	股票简称	现股票简称	股票代码
1991.12.11	2 350万	2.80元/股	1992.5.6	深交所	*ST石化A	已退市	000013/400032
1992.2.13	1 500万	4.28元/股	1992.5.6	深交所	*ST石化B	已退市	200013/420032

二、历史沿革介绍

深圳市石油化工(集团)股份有限公司前身深圳市石油化工(集团)公司,系由原深圳石油化学工业公司和深圳市海湾石油化学工业公司合并而成。1991年11月,根据深圳市政府以深圳办复〔1991〕909号文批准改组为股份有限公司。公司于1991年11月29日和1992年4月8日经中国人民银行深圳经济特区分行以深人银复字〔1991〕103号文和深人银复字〔1992〕45号文分别批准,向境内外公开发行普通股新股共3 850万股。其中,向境内社会公众发行2 000万股,向该公司内部职工发行350万股,向境外投资者发行1 500万股,公司股票于1992年5月6日在深圳证券交易所上市。

因公司经营前三年连续亏损且经审计的2004年半年度财务报告显示为亏损,公司亦未在规定期限内向深交所提交公司股票恢复上市的申请,深交所决定公司股票自2004年9月20日起终止上市。公司与国信证券签署了《推荐恢复上市、委托代办股份转让协议书》,公司股票于深交所作出终止上市决定之日起45个工作日内进入代办股份转让系统交易。

票幅规格
225 mm×175 mm

深圳华源实业股份有限公司股票

一、首次发行概况

发行时间	发行股数	发行价格	上市时间	上市地点	股票简称	现股票简称	股票代码
1991.12.12	1 100万	2.38元/股	1992.6.2	深交所	华源实业	沙河股份	000014

二、历史沿革介绍

　　深圳华源实业股份公司系经深圳市政府于1991年11月30日以深府办复〔1991〕968号文批准,在原中外合资企业——深圳华源磁电有限公司基础上改组设立的股份有限公司,于1991年12月20日成立。1992年6月2日,在深交所上市,股份代码为000014。原名"深圳华源实业股份有限公司",后经国家工商行政管理局批准更名为"华源实业(集团)股份有限公司"。公司原第一大股东——华源电子科技有限公司(简称"华源电子")分别于2000年10月23日和2000年11月11日与深圳市沙河实业(集团)有限公司(简称"沙河集团")签署股权转让协议,华源电子将持有的公司法人股转让给沙河集团。经上述股权转让后沙河集团成为公司控股股东。

票幅规格
225 mm×175 mm

2000年11月27日,公司与沙河集团及深圳市沙河联发公司(简称"沙河联发")签署了《资产重组合同》,并于2001年2月7日签署了《资产重组补充协议》,合同和协议约定该公司将大部分资产出售给沙河集团,同时购入沙河集团所拥有的全资子公司——深圳市沙河房地产开发公司的经营性资产(含负债),且沙河集团承接了该公司部分债务。2001年2月28日,该公司临时股东大会审议通过《公司关于实施重大资产重组议案》。经上述重组后该公司属房地产行业,主营房地产开发和销售。2002年6月经国家工商行政管理局批准更名为"沙河实业股份有限公司"。

截至2018年12月31日,公司总股本2.02亿股,第一大股东深业沙河(集团)有限公司占比34.02%。

深圳中厨股份有限公司股票

一、首次发行概况

发行时间	发行股数	发行价格	上市时间	上市地点	股票简称	现股票简称	股票代码
1991.12.14	1440万	2.78元/股	1992.6.25	深交所	深中厨A、PT中浩A	已退市	000015
1992.4.7	1200万	4.16港元/股	1992.6.25	深交所	深中厨B、PT中浩B	已退市	200015

二、历史沿革介绍

深圳中厨股份有限公司前身中国电子厨具股份有限公司成立于1984年4月，由中国食品工业技术开发总公司、深圳市电子工业总公司、中国三联电子公司、新发企业有限公司及香港捷威利公司等共同发起设立，公司实收资本为410万美元，属中外合资企业。1988年3月，经深圳市政府以深府〔1988〕92号文批复，同意中国电子厨具股份有限公司以内联股份有限公司重新注册登记，更名为深圳中厨股份有限公司，注册资本

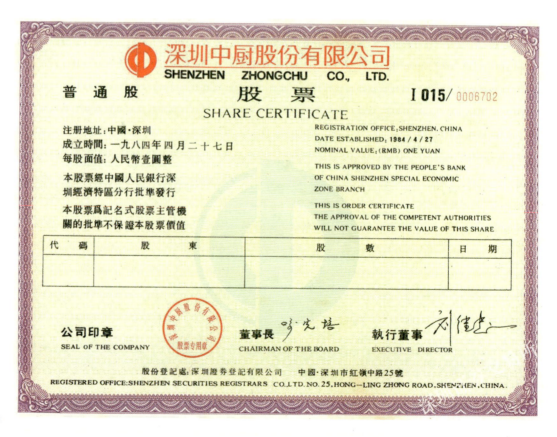

票幅规格
225 mm×175 mm

2 460万元,原中厨公司内联各方股东单位不变。经深圳市政府以深府办〔1989〕250号文的批复,公司股权重新调整,并吸收深圳市投资管理公司为新股东,公司注册资本为2 500万元,实收资本为2 500万元,其中深圳市投资管理公司和三联集团有限公司各占股份20%,深圳赛格集团公司和中国食品工业慕公司各占股份30%。1991年12月3日,经深圳市政府以深圳办〔1991〕992号文批准改组为股份有限公司,经中国人民银行以深圳经济特区分行深人银复字〔1991〕113号文和〔1992〕33号文批准,向社会公开发行股票2 640万股。1993年5月,公司更名为深圳中浩(集团)股份有限公司。

由于自1997年起连续四年亏损,2001年中期财务报告被注册会计师出具了拒绝表示意见的审计报告,公司于2001年10月23日接到中国证监会《关于深圳中浩(集团)股份有限公司股票终止上市的决定》,自2001年10月22日起,公司A、B股终止在深交所上市交易。

深圳康佳电子(集团)股份有限公司股票

一、首次发行概况

发行时间	发行股数	发行价格	上市时间	上市地点	股票简称	现股票简称	股票代码
1991.12.17	2 650万	3.90元/股	1992.3.27	深交所	深康佳A	—	000016
1991.12.18	1 000万	5.50港元/股	1992.3.27	深交所	深康佳B	—	200016

二、历史沿革介绍

深圳康佳电子(集团)股份有限公司前身为广东省光明华侨电子工业有限公司,经原国家外国投资管理委员会于1979年12月批准成立、1980年5月21日正式开业,系中外合资企业。由深圳特区华侨城经济发展总公司(投资比例为51%)和香港港华电子企业有限公司(投资比例为49%)合资经营,经国家工商行政管理部门批准,在广东省深圳市注册。1989年8月18日,公司获深府外复[1989]616号文批准,更名为深圳康佳电子有限公司。经深圳办复[1991]910号文批准,公司依照法定程序申报并进行股份制改组。经中国人民银行深圳经济特区分行以深人银复[1991]102文号和[1992]16号文分别批准,公司公开向社会发行普通股新股4 015万股,其中向境内社会公众发行2 650万股,向内部职工发行365万股,向境外投资者发行B股1 000万股。

经深交所以深圳所字[1992]31号文审查通过,中国人民银行深圳经济特区分行以深人银复字[1992]28号文批准,公司股票于1992年3月27日在深圳证券交易所上市交易。

截至2018年12月31日,公司总股本24.08亿股,其中第一大股东华侨城集团有限公司占比21.75%。

票幅规格
225 mm×175 mm

深圳中华自行车(集团)股份有限公司股票

一、首次发行概况

发行时间	发行股数	发行价格	上市时间	上市地点	股票简称	现股票简称	股票代码
1991.12.28	2 750万	3.75元/股	1992.3.31	深交所	深中华A	—	000017
1991.12.18	2 900万	5.30元/股	1992.3.31	深交所	深中华B	—	200017

二、历史沿革介绍

深圳中华自行车(集团)股份有限公司前身为中华自行车有限公司,由深圳莱英达集团公司、香港大环自行车有限公司经深圳市政府以深府复〔1984〕458号文批准,于1984年8月24日合资成立,注册资本680万元,中、港双方各占50%股权,并经深圳市政府以外复〔1988〕382号文批准为集团公司。

公司经中国人民银行深圳经济特区分行以深人银复字〔1991〕119号文和〔1992〕22号文批准,公开向社会发行新股6 180万股,其中向境内社会公众公开发行2 750万股,向内部职工发行530万股,向境外投资者发行人民币特种股2 900万股(包括向世界银行属下的国际金融公司定向配售的350万股)。

经深交所以深证所字〔1992〕35号文审查通过,中国人民银行深圳经济特区分行以深人银复字〔1992〕38号文批准,公司股票于1992年3月31日在深圳证券交易所上市。

截至2018年12月31日,公司总股本5.51亿股,其中第一大股东深圳市国晟能源投资发展有限公司占比11.52%。

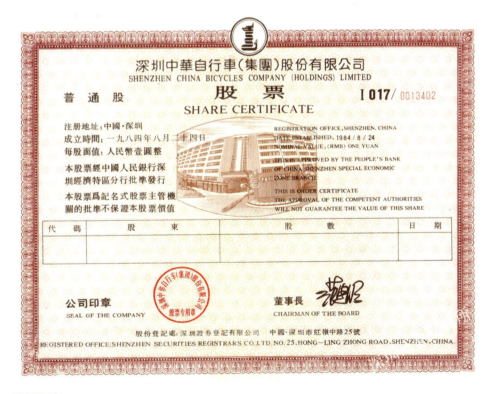

票幅规格
225 mm×175 mm

深圳中冠纺织印染股份有限公司股票

一、首次发行概况

发行时间	发行股数	发行价格	上市时间	上市地点	股票简称	现股票简称	股票代码
1991.12.28	1 200万	1.50元/股	1992.6.16	深交所	深中冠A/中冠A	神州长城	000018
1992.3.27	2 000万	2.50元/股	1992.6.16	深交所	深中冠B/中冠B	神州B	200018

二、历史沿革介绍

深圳中冠纺织印染股份有限公司前身是1980年经济特区建立后由香港罗氏美光集团在深圳创建的第一家外商独资企业——新南新染厂有限公司，1981年建成投产，1984年因主要股东经营房地产破产而被清盘，由华联纺织（集团）有限公司、深圳市纺织工业公目联合五泣香港投资者以2 500万港元购得产权，1984年4月改名为中冠印染有限公司，成为中外合资企业。1990年11月，经深圳市政府以深府办复〔1991〕940号文批准实行股份化改组。

票幅规格 225 mm×175 mm

经中国人民银行深圳经济特区分行以深人银复〔1991〕123号文和〔1992〕44号文分别批准,1991年12月,公司公开向社会发行普通股新投3 520万股,其中向境内社会公众发行1 200万股,向内部职工发行320万股,向境外投资者发行人民币特种股2 000万股。经深交所以深证所稽字〔1992〕96号文审查通过,中国人民银行深圳经济特区分行以深人银复字〔1992〕89号文批准,公司股票于1992年6月16日在深圳证券交易所上市交易。

2014年10月,公司以资产置换及发行股份的方式收购神州长城国际工程有限公司(简称"神州长城")100%股权。2015年12月4日,公司名称变更为"神州长城股份有限公司",自2015年12月7日起公司A股股票简称由"中冠A"变更为"神州长城",A股股票代码仍为"000018"。公司B股简称由"中冠B"变更为"神州B",B股股票代码仍为"200018"。

截至2018年12月31日,公司总股本16.98亿股,其中第一大股东自然人陈略占比34.36%。

深圳市深宝实业股份有限公司股票

一、首次发行概况

发行时间	发行股数	发行价格	上市时间	上市地点	股票简称	现股票简称	股票代码
1991.12.18	1 940万	2.10元/股	1992.10.12	深交所	深深宝A	深粮控股	000019
1992.6.10	1 800万	3.60元/股	1992.10.12	深交所	深深宝B	深粮B	200019

二、历史沿革介绍

深圳市深宝实业股份有限公司前身为宝安县罐头厂，于1974年建厂，1975年7月20日正式投产，1980年改名为深圳市罐头厂。1987年11月14日，经深圳市政府以深府办〔1987〕1003号文批准改名为深圳市深宝罐头食品公司，在深圳市工商行政管理局注册登记。经深圳市政府以深府办〔1991〕978号文批准改组为深圳市深宝实业股份有限公司。

公司分别于1991年12月、1992年6月经中国人民银行深圳经济特区分行以深人银复〔1991〕126号文和〔1992〕9号文分别批准，发行股份10 731万股，其中原公司截至1991年7月31日止，净资产中6 991万元折为国家股，计6 991万股，同时向社会公开新增发行A股1 940万股，其中包括340万股内部职工股，向境外投资者发行B股1 800万股。

经深交所以深证所字〔1992〕160号文审查通过，中国人民银行深圳经济特区分行以深人银发字〔1992〕187号文批准，公司股票于1992年10月12日在深交所上市交易。经公司申请，并经深交所核准，公司股票简称自2019年2月28日起由"深深宝A、深深宝B"变更为"深粮控股、深粮B"。

截至2018年12月31日，公司总股本11.53亿股，其中第一大股东深圳市福德国有资本运营有限公司占比63.79%。

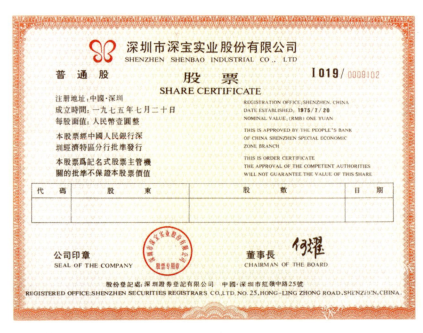

票幅规格
225 mm×175 mm

深圳华发电子股份有限公司股票

一、首次发行概况

发行时间	发行股数	发行价格	上市时间	上市地点	股票简称	现股票简称	股票代码
1991.12.14	2 963万	1.90元/股	1992.4.28	深交所	深华发A	—	000020
1992.1.16	2 350万	2.69港元/股	1992.4.28	深交所	深华发B	—	200020

二、历史沿革介绍

深圳华发电子股份有限公司于1981年11月经深圳市政府以深府办〔1981〕4号文批准成立,在广东省深圳市工商行政管理局注册登记,注册资本为292万美元,系中外合资企业。公司由中国振华电子工业公司、深圳赛格集团公司、香港陆氏实业有限公司三方合资经营,为国家彩电定点生产企业。1991年12月3日该公司经深圳市政府以深府办复〔1991〕1002号文批准改组为股份有限公司。

1991年12月14日,经中国人民银行深圳经济特区分行以深人银复字〔1991〕118号文批准,公开向社会发行人民币股(A股)2 963万股,其中向境内社会公众发行2 480万股,向内部职工发行483万股。1992年1月16日,经深人银复字〔1992〕40号文批准向境外投资者发行人民币特种股(B股)2 350万股。

截至2018年12月31日,公司总股本2.83亿股,其中第一大股东武汉中恒集团有限公司占比41.21%。

票幅规格
225 mm×175 mm

广州东华实业股份有限公司股票

一、首次发行概况

发行时间	发行股数	发行价格	上市时间	上市地点	股票简称	现股票简称	股票代码
1988.12.27	30万	100元/股	2001.3.19	上交所	东华实业	粤泰股份	600393

二、历史沿革介绍

广州东华实业股份有限公司前身是1983年6月15日成立的广州东华实业公司，1988年9月16日，经广州市东山区政府东府〔1988〕97号文、广州市体改委穗改〔1988〕3号文批准，在原公司基础上改组为股份有限公司。1988年12月，广州东华实业股份有限公司经中国人民银行广州分行批准开始向社会公开发行股票，成为广州市首家向社会公开发行股票的股份制试点企业。2001年3月，公司股票正式在上海证券交易所挂牌上市，公司股票简称为"东华实业"，代码为600393。

票幅规格均为 312 mm×101 mm

2004年9月，公司正式完成国有股股权向民营企业的转让，当时公司控股股东为广州粤泰集团股份有限公司。

2016年4月1日重组股份发行上市，房地产板块业务重组宣告完成。

2016年5月12日，公司股票简称正式更名为"粤泰股份"。

截至2018年12月31日，公司总股本25.36亿股，第一大股东广州城启集团有限公司占比20.24%。

票幅规格均为 312 mm×101 mm

广东开平涤纶企业集团股份有限公司募股收款收据

一、首次发行概况

发行时间	发行股数	发行价格	上市时间	上市地点	股票简称	现股票简称	股票代码
1993.1	9 109.45万	2元/股	2000.6.1	深交所	春晖股份	华铁股份	000976

二、历史沿革介绍

1993年1月18日,广东开平涤纶企业集团股份有限公司成立,系经广东省企业股份制试点联审小组和广东省体改委以粤股审〔1992〕53号文批复,以广东省开平涤纶企业集团公司(国有独资企业)作为独家发起人设立的股份有限公司,总股数为16 397万股,股本总额为163 970 000元。2000年4月25日至2000年5月8日,公司采用对法人配售和对一般投资者上网发行相结合的方式向社会公开发行人民币普通股7 000万股,发行后股本增至23 397万股。2000年6月1日,公司股票在深圳证券交易所上市(股票代码为000976)。2016年2月3日,经中国证监会核准,华铁股份通过非公开发行股票募集资金购买香港通达100%股权完成了交割手续,进入了轨道交通设备制造业,使华铁股份由传统的化纤产业向先进装备制造业转变。2017年9月29日,公司名称变更为广东华铁通达高铁装备股份有限公司。

截至2018年12月31日,公司总股本15.96亿股,第一大股东广州市鸿众投资合伙企业(有限合伙)占比18.88%。

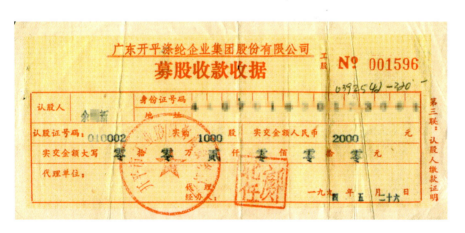

票幅规格均为
173 mm×80 mm

广州白云山制药厂基金会股票

一、首次发行概况

发行时间	发行股数	发行价格	上市时间	上市地点	股票简称	现股票简称	股票代码
1992.11	10 800万	1元/股	1993.11.8	深交所	白云山A	已退市	000522

二、历史沿革介绍

广州白云山制药厂前身系白云山农场综合制药车间,初创于1973年,经过多年发展,1986年改制为广州白云山制药总厂。1992年11月,经广州市政府以穗改股字〔1992〕11号文批准,由广州白云山制药总厂、中药厂、宝得药厂、化学制药厂及外用药厂等五家药厂合并改组设立广州白云山制药股份有限公司,以定向募集方式设立。经羊城会计师事务所进行资产评估,并经广州市国有资产管理办公室确认,核定五家药厂以其现有资产存量9 000万元,折为国家股9 000万股。经中国人民银行广州分行以穗银金字〔1992〕249号文批准,向内部职工募集1 800万股,总股本为10 800股。

1993年9月16日至1993年10月31日,经广州市政府以穗府函〔1993〕80号文和中国证监会以证监发审字〔1993〕31号文批复,向境内社会个人公开发售股票3 600万股,发售价格为6.8元/股。1993年11月8日,公司股票在深交所挂牌交易,其中人民币普通股简称"白云山A",股票编码为000522。

2013年4月,广州药业以新增A股股份换股吸收合并白云山A,以及发行股份购买资产实现医药主业的整体上市。其中,白云山A与广州药业的换股比例为1∶0.95,即每股白云山A股份换0.95股广州药业股份。白云山A股票于2013年4月26日起终止上市。

票幅规格
144 mm×70 mm

票幅规格
150 mm×71 mm

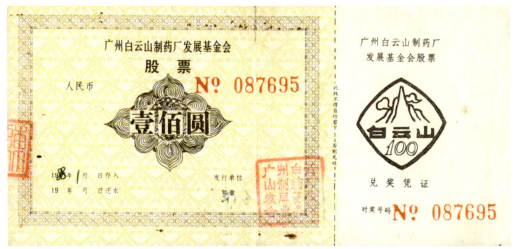

票幅规格
150 mm×71 mm

珠海华电股份有限公司股金收据

一、首次发行概况

发行时间	发行股数	发行价格	上市时间	上市地点	股票简称	现股票简称	股票代码
1993.10.12	2 470万	7.83元/股	1994.1.3	深交所	粤华电A、力合股份	华金资本	000532

二、历史沿革介绍

珠海华电股份有限公司前身为珠海经济特区电力开发(集团)公司前山发电厂,始建于1985年,总装机容量为65 380千瓦。1992年3月,经珠海市体改委以珠体改委[1992]21号文及广东省企业股份制试点联审小组、广东省体改委以粤股审[1992]75号文批准,对珠海经济特区电力开发(集团)公司前山发电厂进行改组设立该公司。

公司经广东省证券委员会于1993年8月12日以粤证委发[1993]8号文和中国证监会于1993年9月21日以证券监发审字[1993]60号文批准,向社会公开发行每股面值为1.00元的人民币普通股股票2 470万股。按照深交所以深证市字[1993]68号《上市通知书》,公司股票将于1994年1月3日在深交所挂牌交易,其中可流通股份2 470万股,股票简称"粤华电A"。2003年7月30日,经珠海市工商行政管理局批准,公司名称变更为力合股份有限公司。2017年4月14日,公司名称变更为珠海华金资本股份有限公司。

截至2018年12月31日,公司总股本3.45亿股,其中第一大股东珠海金控股权投资基金管理有限公司占比14.49%。

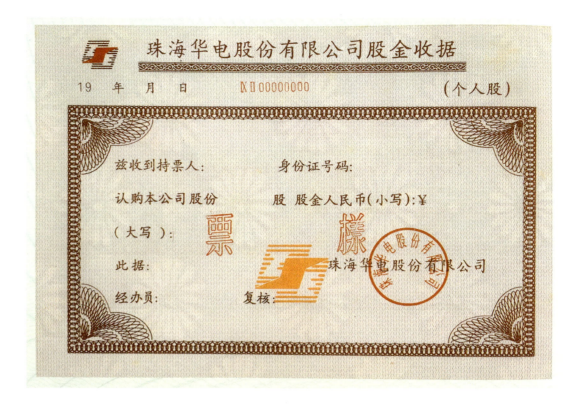

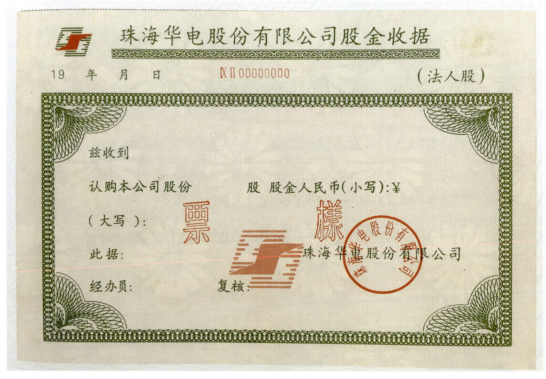

票幅规格均为 188 mm×128 mm

注：样票图片来源于《中国上市公司实物股票图册》（中国证券业协会、中国钱币学会编）。

珠海经济特区中富实业股份有限公司股票

一、首次发行概况

发行时间	发行股数	发行价格	上市时间	上市地点	股票简称	现股票简称	股票代码
1988.3	8.75万	10元/股	1996.12.3	深交所	珠海中富	—	000659

二、历史沿革介绍

珠海经济特区中富实业股份有限公司前身珠海市香洲区湾仔中富瓶厂，始建于1985年12月，是中国最早被美国"可口可乐""百事可乐"公司认可的PET饮料瓶生产厂家之一。1988年3月，经珠海市香洲区政府以珠香府办复〔1987〕169号文批准，对中富瓶厂进行农村股份合作制试点，公司总股份为20.75万股，每股面值100元，其中发起人湾仔工业公司以中富瓶厂的净资产1 200万元折价认购12万股，每股面值100元，占57.83%，社会个人以现金认股8.75万股，每股发行价10元，占42.17%。1990年3月，经珠海市体改委以珠体改委〔1990〕4号文及珠海市人行以珠人银金管字〔1990〕12号文批准，原农村股份合作制试点企业湾仔中富瓶厂改制为珠海经济特区中富实业股份有限公司，总股本50万股（每股面值100元）。1992年10月，广东省体改委、省企业股份制试点联审小组以粤股审〔1992〕68号文对公司进行了重审，确认公司为广东省股份制试点企业。1993年12月29日，国家体改委以体改生〔1993〕235号文批准该公司为规范化股份制试点企业。

经中国证监会以证监发字〔1996〕359号文审核批准，根据深交所以深证发字〔1996〕443号《上市通知书》，公司股票于1996年12月3日在深交所挂牌交易。公司总股本8 500万股，可流通股为2 887.5万股，人民币普通股简称"珠海中富"。

截至2018年12月31日，公司总股本12.86亿股，其中第一大股东深圳市捷安德实业有限公司占比11.39%。

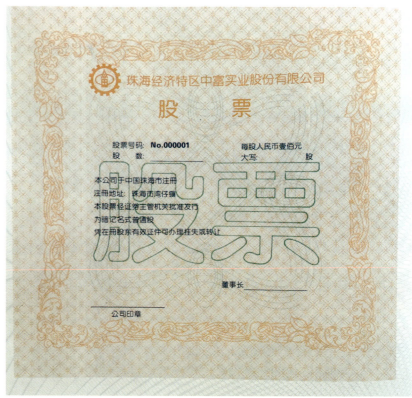

票幅规格均为
190 mm×190 mm

注：样票图片来源于《中国上市公司实物股票图册》（中国证券业协会、中国钱币学会编）。

广西壮族自治区

广西壮族自治区,简称"桂",又名八桂,是中华人民共和国省级行政区,首府南宁。广西位于中国华南地区,广西东连广东,南临北部湾并与海南隔海相望,西与云南毗邻,东北接湖南,西北靠贵州,西南与越南接壤。广西陆地面积23.76万平方千米,海域面积约4万平方千米。广西历史悠久,据考古发现,距今70万年以前,就有原始人类在此劳作生息。秦始皇统一岭南后,开凿灵渠,把长江与珠江两条水系连接起来,促进了广西与中原经济和文化的交流。宋代设置广南东路和广南西路。其中广南西路包括今日广西全境,以及雷州半岛和海南岛等地,"广西"之称由此而来。

广西壮族自治区下辖14个地级市,51个县,12个自治县,8个县级市,40个市辖区。广西壮族自治区常住人口4 885万人。2018年,广西壮族自治区生产总值(GDP)20 352.51亿元,按可比价格计算,比上年增长6.8%。分产业看,第一产业增加值增长5.6%;第二产业增加值增长4.3%;第三产业增加值增长9.4%。三次产业增加值占全区生产总值的比重分别为14.8%、39.7%和45.5%,三次产业对经济增长的贡献率分别为13.1%、25.4%、61.5%,人均地区生产总值实现41 658元。以制糖业为主要力量的食品产业、以炼油为主导的石化业、有色金属产业、钢铁冶金产业、汽车产业以及机械产业是广西壮族自治区支柱产业。

截至2018年年底,广西壮族自治区共有上市公司37家,总股本409.55亿股,总市值2 381.49亿元,累计募集资金1 021.51亿元。市值超过100亿元的有5家,分别为桂冠电力、恒逸石化、国海证券、柳钢股份、北部湾港。

广西虎威股份有限公司股权证

一、首次发行概况

发行时间	发行股数	发行价格	上市时间	上市地点	股票简称	现股票简称	股票代码
1993.4.28	4 720万	1元/股	1996.9.19	深交所	广西虎威	阳光股份	000608

二、历史沿革介绍

广西虎威股份有限公司前身是广西北流县水泥厂,始建于1970年。1992年10月25日,经北流县政府北政函〔1992〕118号文批准,原北流县水泥厂进行股份制改造。1993年1月16日,经广西壮族自治区体改委桂体改股字〔1993〕4号文批准,由原北流县水泥厂独家发起采取定向募集方式设立广西北流县虎头水泥股份有限公司。1993年2月15日,经广西体改委桂体改股字〔1993〕10号文批准,北流县虎头水泥股份有限公司更名为广西虎威股份有限公司。1993年5月25日,广西虎威股份有限公司正式成立。1993年,广西虎威股份有限公司成立。1996年,广西虎威在深交所挂牌上市,股票代码为000608。1997年,北京阳光房地产综合开发公司控股广西虎威,实现借壳上市。1998年,公司更名为广西阳光股份有限公司,主要从事房地产开发业务。

2007年,公司的非公开发行获证监会批准,公司第一大股东为Reco Shine Pte Ltd(中文译名为"新加坡瑞阳私人有限公司"),该公司的实际控制人为GICRE(新加坡政府产业投资公司)。

2008年,公司更名为阳光新业地产股份有限公司(YANGGUANG CO., LTD)。

截至2018年12月31日,公司总股本7.50亿股,第一大股东ETERNAL PROSPERITY DEVELOPMENT PTE.LTD占比29.12%。

票幅规格
221 mm×150 mm

票幅规格均为
221 mm×150 mm

广西桂冠电力股份有限公司股权证

一、首次发行概况

发行时间	发行股数	发行价格	上市时间	上市地点	股票简称	现股票简称	股票代码
1992.9	24 468.02万	1元/股	2000.3.23	上交所	桂冠电力	—	600236

二、历史沿革介绍

1992年,广西桂冠电力股份有限公司是经广西壮族自治区体改委以桂体改股字〔1992〕6号文批准,由广西电力工业局(现广西电力有限公司)、广西建设投资开发公司、中国工商银行广西分行信托投资公司、交通银行南宁分行作为发起人,以定向募集方式设立的股份有限公司,公司总股本为5.2亿股。

1998年4月,经广西壮族自治区体改委以桂体改股字〔1998〕8号文批准,广西电力有限公司协议受让发起人中国工商银行广西分行、交通银行南宁分行及募集法人中中国建设银行广西分行在公司中拥有的股权。经桂体改股字〔1998〕87号文批准,公司股份按照3:1同比例缩股,公司的总股本相应调整为565 363 033股。

2000年3月,经中国证监会批准,公司向国内社会公众公开发行新股11 000万股,发行价格为6.41元/股,发行后公司总股本变更为675 363 033股,公司的控股股东为广西电力有限公司,持股比例为53.68%。

2006年6月,公司原控股股东广西电力有限公司(现广西电网公司)将持有公司725 074 600股的股份(占公司总股本的53.68%)已过户至中国大唐集团公司,中国大唐集团公司成为公司控股股东。

截至2018年12月31日,公司总股本60.63亿股,第一大股东中国大唐集团有限公司,占比51.55%。

票幅规格
199 mm×119 mm

北海四川国际经济开发招商股份有限公司股票

一、首次发行概况

发行时间	发行股数	发行价格	上市时间	上市地点	股票简称	现股票简称	股票代码
1990.2.26	3 600万	1.00元/股	1997.3.28	深交所	招商股份	恒逸石化	000703

二、历史沿革介绍

　　1990年2月10日,经广西壮族自治区经济体改委批准,13家企业共同发起组建北海四川国际经济开发招商中心(股份)有限公司;1990年2月26日,经中国人民银行广西壮族自治区分行批准,公司向社会公众发行3 600万元股票,每股1元。1992年3月,公司更名为北海四川国际经济开发招商股份有限公司。1996年8月8日,经广西壮族自治区政府批准,公司采用派生分立方式从原公司分立出一个新公司,原公司存续并申请上市,分立出的公司为北海四川经济开发股份有限公司。经中国证监会批准,公司发行的3 600万股社会公众股于1997年3月28日在深交所挂牌交易,股票简称"招商股份"。该次上市流通股属历史遗留问题股票上市。1998年5月,四川高速公路建设开发总公司受让成都中银经济发展中心等6家企业持有的公司部分法人股。该次股权转让后,四川高速公路建设开发总公司成为公司第一大股东。2000年9月,四川高速公路建设开发总公司将持有的公司股份以协议方式转让给河南九龙水电集团有限公司。该次股权转让后,河南九龙水电集团有限公司成为公司第一大股东。2001年5月8日,公司更名为世纪光华科技股份有限公司,股票简称变更为"世纪光华"。2005年12月,河南九龙水电集团有限公司与汇诚投资签订《股份转让协议》,将持有的公司股份转让给汇诚投资,汇诚投资成为公司第一大股东,实际控制人变更为郭迎辉。2010年4月,公司进行资产出售并以发行股份购买资产的方式购买恒逸石化100%的股份;同时,汇诚投资以协议方式将其所持公司股份转让给恒逸集团,恒逸集团以现金支付对价。该次重组完成后,恒逸集团成为公司控股股东,实际控制人变更为邱建林。2011年5月,公司更名为恒逸石化股份有限公司,股票简称变更为"恒逸石化"。

　　截至2018年12月31日,公司总股本26.28亿股,第一大股东浙江恒逸集团有限公司占比44.40%。

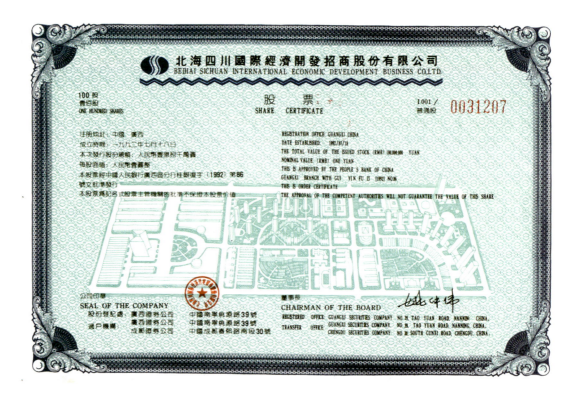
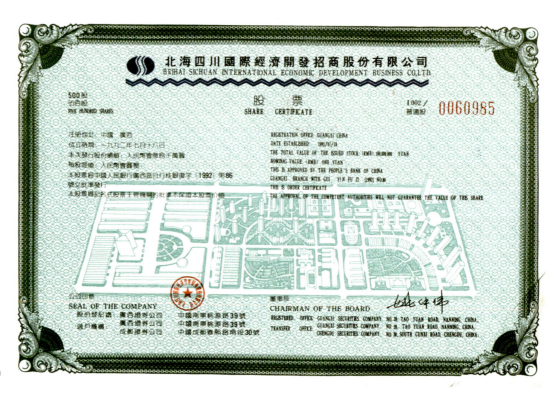

票幅规格均为
190 mm×130 mm

贵州省

贵州,简称"黔"或"贵",是中华人民共和国省级行政区,省会贵阳。贵州省地处中国西南内陆地区腹地,是中国西南地区交通枢纽,长江经济带重要组成部分。贵州省是全国首个国家级大数据综合试验区,世界知名山地旅游目的地和山地旅游大省,国家生态文明试验区,内陆开放型经济试验区。贵州东毗湖南、南邻广西、西连云南、北接四川和重庆。贵州省总面积17.62万平方千米。"贵州"名称,始于宋朝(960~1127年)。公元974年,土著首领普贵以控制的矩州归顺,宋朝在敕书中有"惟尔贵州,远在要荒"一语,这是以贵州之名称此地区的最早记载。明永乐十一年(1413年)设置贵州承宣布政史,正式建制为省,以贵州为省名。

贵州省下辖6个省辖市,3个自治州,52个县,11个自治县,9个县级市,15个市辖区,1特区,常住人口3 580万人。2018年全省地区生产总值14 806.45亿元,比上年增长9.1%,增速高于全国(6.6%)2.5个百分点,连续8年位居全国前列。其中,第一产业增加值2 159.54亿元,比上年增长6.9%;第二产业增加值5 755.54亿元,增长9.5%;第三产业增加值6 891.37亿元,增长9.5%。人均地区生产总值达到41 244元,比上年增加3 288元。其中,煤矿、电力、烟草、商业为贵州四大支柱产业。

截至2018年年底,贵州省共有上市公司29家,总股本276.45亿股,总市值9 391.48亿元,累计募集资金575.95亿元。市值超过100亿元的有5家,分别为贵州茅台、中天金融、贵阳银行、贵州燃气、贵州百灵。

贵州钢绳股份有限公司股票

一、首次发行概况

发行时间	发行股数	发行价格	上市时间	上市地点	股票简称	现股票简称	股票代码
2004.4.22	7 000万	7.40元/股	2004.5.14	上交所	贵绳股份	—	600992

二、历史沿革介绍

贵州钢绳股份有限公司是经贵州省政府以黔府函〔2000〕654号文批准,由贵州钢绳(集团)有限责任公司作为主发起人,联合水城钢铁(集团)有限责任公司、贵州长征电器股份有限公司、武汉人和置业有限公司、遵义南北铁合金经销有限责任公司4家共同发起设立的股份有限公司。公司成立日期为2000年10月19日,注册资本为9 437万元。公司主发起人为贵州钢绳(集团)有限责任公司,其前身为冶金部1966年筹建的"八七厂",1972年更名为遵义金属制品厂并下放给贵州省冶金局管辖,1981年更名为贵州钢绳厂。1999年6月11日经贵州省经济贸易委员会批准,改制为国有独资有限责任公司,同时更名为贵州钢绳(集团)有限责任公司。

经中国证监会以证监发行字〔2004〕43号文核准,公司于2004年4月22日在上海证券交易所以向二级市场投资者定价配售方式成功地发行了人民币普通股7 000万股,每股面值1.00元,每股发行价7.40元。经上交所以上证上字〔2004〕53号文批准,公司公开发行7 000万股社会公众股于2004年5月14日起在上海证券交易所挂牌交易。股票简称"贵绳股份",股票代码为600992。

截至2018年12月31日,公司总股本2.45亿股,公司第一大股东贵州钢绳(集团)有限责任公司占比23.46%。

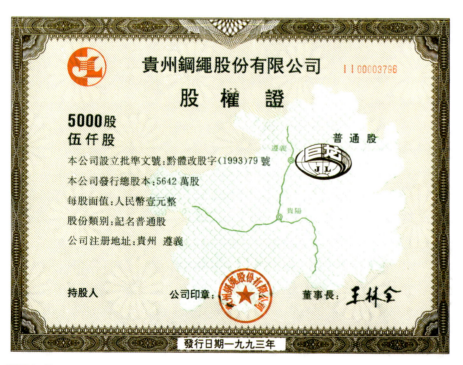

票幅规格
227 mm×175 mm

贵州黔源电力股份有限公司股权证

一、首次发行概况

发行时间	发行股数	发行价格	上市时间	上市地点	股票简称	现股票简称	股票代码
1993.6.29	2 525.6万	1.0元/股	—	—	—	—	—
2005.1.25	5 000万	5.97元/股	2005.3.3	深交所	黔源电力	—	002039

二、历史沿革介绍

1993年6月,经贵州省体改委以黔体改股字〔1993〕92号文批准,由贵州省电力投资公司、国能中型水电实业开发公司、贵州新能实业发展公司、贵州省普定县资源开发公司联合发起,以定向募集方式设立贵州黔源电力股份有限公司。公司前身系1988年由贵州省电力局和贵州省安顺地区行署共同开发建设的普定电站。

2000年7月,经贵州省国资局以黔国资企发〔2000〕36号文、贵州省体改委以体改字〔2000〕31号文批准,贵州省电力投资公司将其所持有的公司1 000万股国有法人股划转给贵州省基本建设投资公司持有。根据国家电力体制改革方案,贵州省电力公司持有的该公司股权将划转给中国华电集团公司。

2005年1月24日,经中国证监会以证监发行字〔2005〕4号文和深交所以深证上〔2005〕8号文核准,公司向社会公开发行人民币普通股(A股)5 000万股,并于2005年3月3日在深交所挂牌交易,股票简称"黔源电力",股票代码为002039。根据国家法律、法规规定中国证监会的核准批文,公司国有法人股及内部职工股中的646.733 8万股暂不上市流通。内部职工股中1 878.866 2万股待该次公开发行的社会公众股上市之日起3年后上市流通。

截至2018年12月31日,公司总股本3.05亿股,公司第一大股东中国华电集团公司占比13.58%。

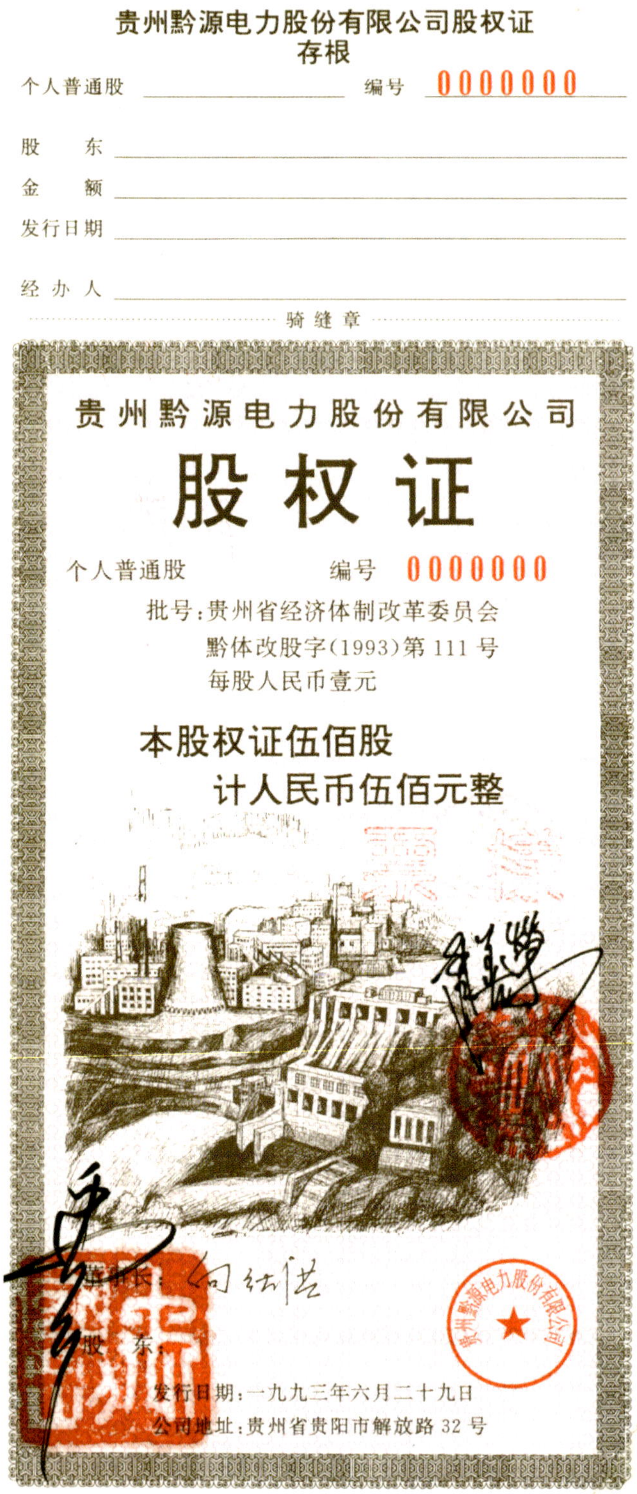

贵州黔源电力股份有限公司股权证
存根

个人普通股 _____　　编号 0000000

股　东 _____
金　额 _____
发行日期 _____
经办人 _____

———————— 骑缝章 ————————

贵州黔源电力股份有限公司

股 权 证

个人普通股　　　编号 0000000

批号：贵州省经济体制改革委员会
黔体改股字(1993)第 111 号
每股人民币壹元

本股权证伍佰股
计人民币伍佰元整

发行日期：一九九三年六月二十九日
公司地址：贵州省贵阳市解放路32号

票幅规格
105 mm×230 mm

贵州华联股份有限公司股权证

一、首次发行概况

发行时间	发行股数	发行价格	上市时间	上市地点	股票简称	现股票简称	股票代码
1993.7.12	1 000万	1.0元/股	—	—	—	—	—
1997.1.21	1 000万	4.02元/股	1997.1.30	上交所	贵州华联、贵华旅业、天创置业	京能置业	600791

二、历史沿革介绍

贵州华联股份有限公司原名贵州华联(集团)股份有限公司,1993年6月经贵州省体改委以黔体改字〔1993〕114号文批准设立,是由贵州省华侨友谊民贸公司、贵州水城钢铁集团公司、贵州赤天化(集团)有限责任公司、中国商业建设开发总公司、贵州省国际信托投资公司、贵州省技术改造投资公司共同发起设立的定向募集股份有限公司。

经中国证监会以证监发字〔1997〕20号和21号文批准,公司于1997年1月21日以"上网定价"的发行方式公开发行人民币普通股1 000万股,每股面值1.00元,发行价4.02元,发行市盈率15倍,认购中签率为0.734 4%。经上交所以沪证发〔1997〕5号文审核同意,公司于1997年1月21日发行的社会公众股1 000万股和占用该次发行额度的500万股职工股于1997年1月30日在上交所挂牌交易。

1997年12月,公司名称变更为贵州华联旅业(集团)股份有限公司,股票简称"贵华旅业"。2001年8月16日,公司名称变更为天创置业股份有限公司,股票简称变更为"天创置业"。2008年5月,公司名称变更为京能置业股份有限公司,股票简称变更为"京能置业"。

截至2018年12月31日,公司总股本4.53亿股,公司第一大股东北京能源集团有限责任公司占比45.26%。

票幅规格
180 mm×115 mm

票幅规格
205 mm×130 mm

贵州中国第七砂轮股份有限公司股权证

一、首次发行概况

发行时间	发行股数	发行价格	上市时间	上市地点	股票简称	现股票简称	股票代码
1993.6.30	2 453万	1.0元/股	1998.6.9	深交所	中国七砂	高鸿股份	000851
1998.4.27	4 500万	3.63元/股					

二、历史沿革介绍

1992年10月28日,经贵州省体改委以黔体改股字〔1992〕26号文批复,采用定向募集方式设立贵州中国七砂股份有限公司,公司资产主体是中国第七砂轮厂下属四分厂。中国第七砂轮厂始建于1967年5月,1972年竣工投产。

经中国证监会以证监发字〔1998〕75号文和76号文批准,公司于1998年4月27日以每股3.63元的价格向社会公众发行4 500万股社会公众股(其中,向证券投资基金配售450万股),占发行后公司总股本的26.01%。经深交所以深证发〔1998〕137号《上市通知书》批准,公司股票于1998年6月9日在深交所挂牌交易,股票代码为000851。

2003年9月15日,经公司2003年第三次临时股东大会审议通过,并报贵州省工商行政管理局核准,公司更名为大唐高鸿数据网络技术股份有限公司。公司原A股股票简称"ST七砂"更改为"ST鸿股",股票代码"000851"不变。

截至2018年12月31日,公司总股本9.08亿股,公司第一大股东电信科学技术研究院有限公司占比12.81%。

票幅规格
205 mm×135 mm

票幅规格
180 mm×115 mm

海南省

海南，简称"琼"，是中华人民共和国省级行政区、经济特区、自由贸易试验区（港），省会海口。海南省位于中国华南地区，北以琼州海峡与广东划界，西临北部湾与广西、越南相对，东濒南海与台湾对望，东南和南部在南海与菲律宾、文莱、马来西亚为邻，海南省海南岛总面积3.39万平方千米，海域面积约200万平方千米。据明代《正德琼台志》记载，海南岛在唐虞三代称为"南服荒缴"，在秦代称为"越郡外境"。1949年4月，海南特别行政区成立。1950年5月1日，海南特别行政区并入广东省。

海南省下辖4个省辖市，15个省直辖县级行政单位（含4个县、6个自治县、5个县级市），8个市辖区。海南省常住人口925.76万人。2018年，海南省实现地区生产总值4 832.05亿元，第一产业1 000.11亿元；第二产业1 095.79亿元；第三产业2 736.15亿元，人均地区生产总值51 955元。旅游、热带高效农业、互联网、医疗健康、现代服务、会展、现代物流、油气等组成了海南省支柱产业。

截至2018年年底，海南省共有上市公司31家，总股本494.19亿股，总市值2 037.32亿元，累计募集资金1 376.44亿元。市值超过100亿元的有5家，分别是海航控股、海南橡胶、海航基础、国新健康、罗牛山。

海南省航空公司法人股权证

一、首次发行概况

发行时间	发行股数	发行价格	上市时间	上市地点	股票简称	现股票简称	股票代码
1992.11	23 000万	1元/股	1999.11.25	上交所	海航控股	—	600221
1997.6.16	7 100万	0.47美元/股	1997.6.26	上交所	海航B	—	900945

二、历史沿革介绍

1992年9月,经海南省股份制试点领导小组办公室琼股办字〔1992〕18号文批准,海南航空股份有限公司是以原全民所有制的海南省航空公司为主体,与中国光大国际信托投资公司、交通银行海南分行、海南省航空进出口贸易公司等24家法人单位作为发起人,以定向募集方式改组成立的股份有限公司。公司于1993年1月8日在海南省工商行政管理局注册登记,注册名称为"海南省航空公司"。

1993年1月,海航首航,海口至北京正式开航运营。

1995年,成功发行外资股,成为国内第一家中外合资航空公司。

1997年,海南省航空公司更名为海南航空股份有限公司。

1999年,海南航空A股在上海证券交易所正式挂牌交易。

2017年5月16日,公司名称变更为海南航空控股股份有限公司;英文名称由"Hainan Airlines Co.,Ltd."变更为"Hainan Airlines Holding Co.,Ltd."。

截至2018年12月31日,公司总股本168.06亿股,第一大股东大新华航空有限公司占比24.33%。

票幅规格均为 215 mm×167 mm

海南海德纺织实业股份有限公司法人股权证

一、首次发行概况

发行时间	发行股数	发行价格	上市时间	上市地点	股票简称	现股票简称	股票代码
1992.11	13 500万	1元/股	1994.5.25	深交所	琼海德A	海德股份	000567

二、历史沿革介绍

海南海德纺织实业股份有限公司前身为海德涤纶厂,1992年11月2日,经海南省股份制试点领导小组办公室以琼股办字〔1992〕37号文批准,改组设立为海南海德纺织实业股份有限公司。1993年12月29日,公司经中国证监会以证监发审字〔1993〕116号文批准,首次向社会公众发行境内上市人民币普通股1 500万股。1994年5月25日,"琼海德A"在深交所上市交易。2002年8月,浙江省耀江实业集团有限公司通过控股公司第一大股东海南祥源投资有限公司,成为公司实际控制人。2002年9月,公司第三届董事会第十八次会议审议通过了重大资产、债务重组事项,经公司股东大会审议通过,在获得中国证监会核准后于2002年年底实施完毕。经公司2002年年度股东大会审议通过,并经海南省工商行政管理局核准,公司于2003年于7月8日更名为海南海德实业股份有限公司,股票简称"海德股份"。

截至2018年12月31日,公司总股本4.42亿股,第一大股东永泰集团有限公司占比65.80%。

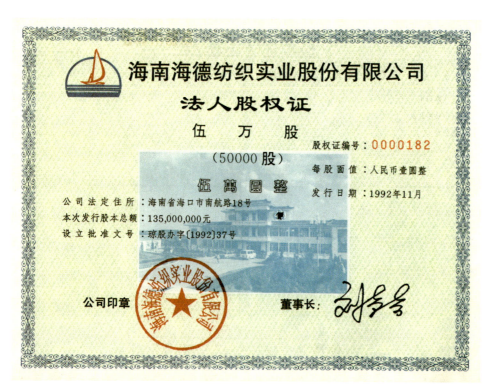

票幅规格
215 mm×167 mm

海南石化煤气股份有限公司法人股权证
海口管道燃气股份有限公司法人股权证

一、首次发行概况

发行时间	发行股数	发行价格	上市时间	上市地点	股票简称	现股票简称	股票代码
1992.11	3 667.425 7万	1元/股	1997.7.29	深交所	燃气股份	华闻传媒	000793

二、历史沿革介绍

　　1992年,在对原海南石化煤气公司进行整体改组的基础上,由海南省石油化工工业总公司等5家作为发起人,另有部分法人股东和内部职工股东加入,以募集方式设立海南石化煤气股份有限公司,设立时的注册资本为36 674 257元。1993年7月公司进行了增资扩股,注册资本增加至154 010 257元,公司更名为海口管道燃气股份有限公司。1997年7月,经中国证监会批准,公司向社会公开发行5 000万股A股股票,并于7月29日在深交所上市。首次公开发行后注册资本为127 005 129元。2006年11月1日,公司名称变更为华闻传媒投资股份有限公司。2008年2月20日,公司名称变更为华闻传媒投资集团股份有限公司。2013年12月,经中国证监会核准,该公司通过定向增发合计发行486 130 401股,每股发行价格为6.48元,注册资本变更为1 846 262 977元。2014年7月,公司无偿回购股份4 531 236股并予以注销,共计4 531 236元,注册资本变更为1 841 731 741元。2014年11月,经中国证监会核准,该公司非公开发行合计发行134 760 955股,每股发行价格为13.68元,注册资本变更为1 976 492 696元。2015年3月,经中国证监核准,公司通过非公开发行合计发行74 735 987股新股,注册资本变更为2 051 228 683元。2016年6月,公司无偿回购股份33 862 718股并予以注销,共计33 862 718元,公司申请减少注册资本33 862 718元,注册资本变更为2 017 365 965元。

　　截至2018年12月31日,公司总股本19.97亿股,第一大股东国广环球资产管理有限公司占比8.20%。

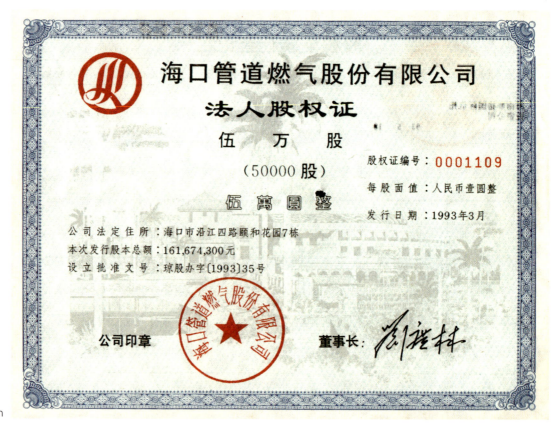

票幅规格均为
215 mm×167 mm

海南南洋船务实业股份有限公司法人股权证

一、首次发行概况

发行时间	发行股数	发行价格	上市时间	上市地点	股票简称	现股票简称	股票代码
1992.10.18	10 000万	1元/股	1994.5.25	深交所	琼南洋、南洋3、南洋5、PG南洋	已退市	000556

二、历史沿革介绍

1989年1月27日,海南南洋船务实业股份有限公司前身为海南省南洋船务有限公司。1992年公司改组为定向募集股份有限公司。1993年11月23日经中国证监会以证监审字〔1993〕98号文批准,同意公司向社会公开发行人民币普通股2 500万股,并于1994年5月25日在深交所挂牌交易,股票代码为000556。

2002年5月9日,公司被深交所宣布为暂停上市公司。

2004年4月20日,公司根据中国证监会以证监公司字〔2004〕6号文的要求,与国信证券股份有限公司签订了委托代办股份转让协议书,公司股票简称"南洋3",股票代码为400023。2012年5月2日,公司股票简称由"南洋3"变为"南洋5"。

2013年10月,公司实际控制人海南大唐投资集团有限公司将该公司旗下子公司海南大唐实业有限公司所持公司4 236.7万股法人股协议转让给旗下另一全资子公司洋浦大唐资源集团有限公司,至此洋浦大唐资源集团有限公司成为公司的主要控股股东。大唐实业将原质押的公司非流通股4 000万股在中国证券登记结算有限责任公司深圳分公司办理了解除手续。

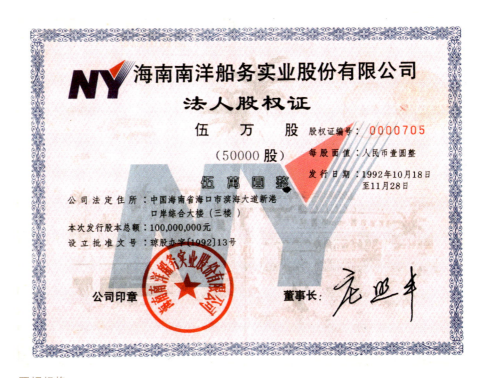

票幅规格
215 mm×167 mm

海南海盛船务股份有限公司法人股股权证

一、首次发行概况

发行时间	发行股数	发行价格	上市时间	上市地点	股票简称	现股票简称	股票代码
1993.1	125 000万	1元/股	1996.5.3	上交所	海盛船务	览海投资	600896

二、历史沿革介绍

览海医疗产业投资股份有限公司原名中海(海南)海盛船务股份有限公司,于1993年4月经批准设立。1996年3月26日,中国证监会批准海盛船务向社会公开发行人民币普通股4 170万股。公司于1996年5月3日在上交所挂牌交易,成为公开上市的股份制公司。2006年,公司实施股权分置改革,其后公司的注册资本变更为447 165 979.00元。

2015年12月18日,中国证监会核准公司非公开发行普通股291 970 802股,投资方上海览海投资有限公司于2016年3月9日通过非公开发行的方式增持291 970 802股,占总股本的33.43%,变更后公司的总股本为873 286 575股,上海览海及其一致行动人览海上寿、上海人寿合计持有该公司股份394 949 521股,占公司非公开发行后总股本的45.22%,上海览海成为公司控股股东,密春雷成为公司实际控制人。2016年11月24日,公司名称变更为览海医疗产业投资股份有限公司,并完成工商变更登记。2016年11月28日,览海医疗产业投资股份有限公司(股份简称"览海投资",股份代码为600896)在上交所上市仪式。

截至2018年9月30日,公司总股本8.69亿股,第一大股东上海览海投资有限公司占比35%。

票幅规格
215 mm×167 mm

海南海药股份有限公司法人股权证

一、首次发行概况

发行时间	发行股数	发行价格	上市时间	上市地点	股票简称	现股票简称	股票代码
1992.10	19 150.39万	1元/股	1994.5.25	深交所	琼海药	海南海药	000566

二、历史沿革介绍

　　1965年,海南海药股份有限公司前身"国营海口市制药厂"创立。1992年12月30日,公司经海南省股份制试点领导小组办公室以琼股办字〔1992〕10号文批准,以定向募集方式设立,并改制为海南海药实业股份有限公司,在海南省工商行政管理局登记注册,总部位于海南省海口市。公司股票于1994年5月在深交所挂牌交易,股票简称"琼海药"。1998年,公司实施资产重组,中国轻骑集团入主海药。2002年,资产二次重组,南方同正入主海药。2004年,启用新公司名称"海南海药股份有限公司"。2005年成为海南首家通过股权分置改革的上市公司。2011年,海药通过定向增发、发行企业债券,公司注册资本为545 340 432.00元,股份总数545 340 432股。

　　截至2018年12月31日,公司总股本13.36亿股,第一大股东深圳市南方同正投资有限公司占比24.99%。

票幅规格
215 mm×167 mm

海口农工贸股份有限公司股权证

一、首次发行概况

发行时间	发行股数	发行价格	上市时间	上市地点	股票简称	现股票简称	股票代码
1993.10	3 743.44万	1元/股	1997.6.11	深交所	罗牛山	—	000735

二、历史沿革介绍

1993年3月,海口市农工贸股份有限公司,是经海南省证券委员会琼证字〔1993〕2号文批准,由海口市农工贸企业总公司牵头,与海南兴华农业财务公司、海南省国营桂林洋农场、海口天星实业公司共同发起,在对原海口市农工贸企业总公司进行股份制规范化改组的基础上采取定向募集方式设立的股份有限公司。2006年3月30日,公司以资本公积转增股本决议,注册资本变更为88 013.20万元,并于2006年8月16日向海南省工商行政管理局办理了变更注册登记。2013年7月2日,公司名称变更为罗牛山股份有限公司。2015年,经中国证监会核准,公司向罗牛山集团有限公司、深圳市创新投资集团有限公司、鹏华资产管理(深圳)有限公司、财通基金管理有限公司、东海基金管理有限责任公司、华安未来资产管理(上海)有限公司6家特定投资者非公开发行人民币普通股股票271 381 578股(每股面值1元),增加注册资本271 381 578元,增加股本271 381 578元,变更后注册资本(股本)为1 151 513 578元。

截至2018年9月30日,公司总股本11.52亿股,第一大股东罗牛山集团有限公司占比17.14%。

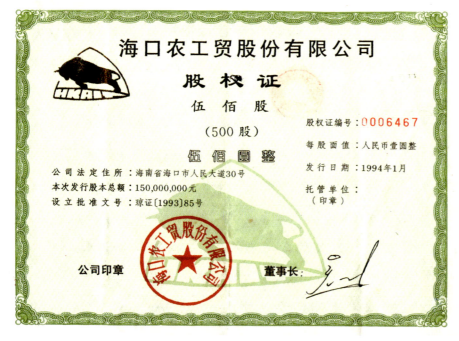

票幅规格
215 mm×167 mm

海南化纤工业股份有限公司股票

一、首次发行概况

发行时间	发行股数	发行价格	上市时间	上市地点	股票简称	现股票简称	股票代码
1991.10.5	31 035 081	1.00元/股	1992.11.30	深交所	琼化纤、海虹控股	国新健康	000503

二、历史沿革介绍

1986年4月,海南化纤工业股份有限公司前身为海南化学纤维厂。1991年11月30日,经海南省政府以琼府办函〔1991〕86号文批准,原海南化学纤维厂股份制规范化改组为海南化纤工业股份有限公司。公司于1991年9月经中国人民银行海南省分行以琼银管字〔1991〕130号文批准,首批向社会公众发行人民币普通股共19 835 000股,于1992年11月30日在深交所上市,股票代码为000503。1996年公司重组,中海恒实业发展有限公司入主成为第一大股东,开始进军互联网产业,并陆续收购、设立了20余家互联网公司。2002年,公司名称正式变更为海虹企业(控股)股份有限公司。2003年,公司经中国证监会批准增发不超过4 000万股A股。后经询价等程序,增发获得成功,新增股份32 222 058股于2003年4月3日起上市流通。2017年11月9日,国风投基金与中海恒、中恒实业、海南策易签署了《关于中海恒实业发展有限公司之增资协议》,增资完成后,国风投基金对中海恒的持股比例为75.00%,成为中海恒的控股股东。国风投基金通过控制中海恒,实现对上市公司的间接控制。2018年5月23日,公司名称变更为国新健康保障服务集团股份有限公司,股票简称变更为"国新健康"。

截至2018年12月31日,公司总股本8.99亿股,第一大股东中海恒实业发展有限公司占比26.22%。

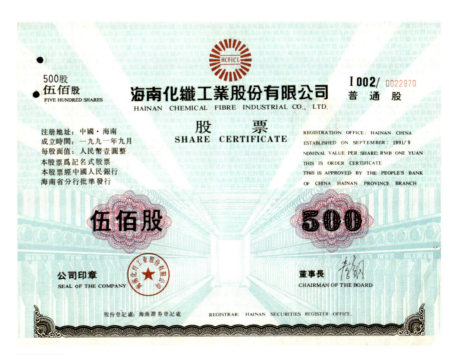

票幅规格
225 mm×176 mm

海南港澳实业股份有限公司股票

一、首次发行概况

发行时间	发行股数	发行价格	上市时间	上市地点	股票简称	现股票简称	股票代码
1991.10.28	30 000万	1.00元/股	1992.12.8	深交所	港澳实业	南华生物	000504

二、历史沿革介绍

海南港澳实业股份有限公司前身为海南国际房地产发展有限公司，于1988年11月经海南省经济合作厅〔1988〕1700号文批准成立。1991年10月，经海南省政府琼府办函〔1991〕100号文批准将公司改组为股份有限公司。1992年12月8日，公司A股股票在深交所挂牌交易，股票简称"港澳实业"。1997年7月，国邦集团有限公司受让海南港澳实业法人股90 346 274股，成为该公司第一大股东。1999年7月，海南港澳实业迁址北京并更名为北京港澳实业股份有限公司。2000年9月27日，工业和信息化部计算机与微电子发展研究中心受让国邦集团有限公司持有的海南港澳实业法人股90 346 274股，成为该公司第一大股东。2000年，公司名称变更为北京赛迪传媒投资股份有限公司，并于2000年12月25日经北京市工商行政管理局变更登记注册。北京赛迪传媒股权分置改革方案于2007年1月15日实施，研究中心仍为公司第一大股东。2010年7月，研究中心将所持有的北京赛迪传媒所有股份协议转让给湖南省信托有限公司。该股权转让行为已于2011年1月20日完成过户手续。股份转让后，湖南信托为公司第一大股东。2014年，公司名称变更为湖南赛迪传媒投资股份有限公司，同时总部从北京迁往长沙，并于2014年12月9日经湖南省工商行政管理局变更登记注册。经公司2015年第一次临时股东大会决议批准公司名称变更为南华生物医药股份有限公司，并于2015年3月26日经湖南省工商行政管理局变更登记注册。

截至2018年12月31日，公司总股本3.12亿股，第一大股东湖南省信托有限公司责任公司占比25.58%。

票幅规格
225 mm×175 mm

海南民源现代农业发展股份有限公司股票

一、首次发行概况

发行时间	发行股数	发行价格	上市时间	上市地点	股票简称	现股票简称	股票代码
1992.1.28	4 235万	1元/股	1993.4.30	深交所	琼民源A	已退市	000508

二、历史沿革介绍

　　海南民源现代农业发展股份有限公司前身民源公司是经海南省工商行政管理局登记注册的全民所有制企业,始创于1988年7月。1991年海南省体制改革办公室以琼体改办函〔1991〕57号文同意以民源公司为主筹建该公司,并按海南省政府〔1991〕39、40号文所规定的程序,进行规范化股份制试点,成为海南省股份制改革首批试点单位。海南民源是以美亭农业科技开发试验区为项目组织筹建的。1991年9月,海南省政府体制改革办公室以琼体改办函〔1991〕57号文批准以试验区为项目筹建成为海南民源现代农业发展股份有限公司。经海南省股份制试点领导小组办公室以琼股办字〔1992〕4号文批准,公司于1992年9月2日至9月15日在全国证券交易自动报价(STAQ)系统定向募集法人股3 000万股,每股面值1元,溢价发行每股3.99元。截至1992年11月28日,经海南中华会计师事务所验资,该公司实有股本为13 285万股,其中法人股9 906.5万股,占总股份的74.57%;个人股3 378.5万股,占总股份的25.43%。1993年4月30日,琼民源A股在深交所上市流通。

　　1997年2月28日,琼民源的股票被深圳交易所停牌。1997年3月5日,公司由于涉嫌虚报利润、虚增资本公积金、操纵市场被有关部门调查。1998年3月19日,中国证监会召开关于琼民源问题的听证会。1998年6月10日,海南民源现代农业股份有限公司董事长马玉和等涉嫌提供虚假财务报告案在北京正式开庭。1998年12月4日,北京的"中关村"宣布入主"琼民源";1999年1月5日琼民源临时股东大会授权董事会进行资产核查和公司重组,同年6月8日,股东大会通过了"发起设立、定向发行、等量置换、新增发行"重组方案。1999年6月19日,琼民源的18 742.34万股社会公众股与中关村科技发展股份有限公司18 742.34万股股份进行了等量置换,1999年7月12日,"中关村"上市,琼民源终止上市资格。

票幅规格
390 mm×115 mm

票幅规格
390 mm×115 mm

票幅规格
225 mm×175 mm

票幅规格
225 mm×175 mm

海南侨联企业股份有限公司股权证

一、首次发行概况

发行时间	发行股数	发行价格	上市时间	上市地点	股票简称	现股票简称	股票代码
1984.9~1990.12.31	2 183.08万	200元/股 100美元/股	1996.10.8	上交所	华侨投资、华侨股份、正和股份	洲际油气	600759

二、历史沿革介绍

海南华侨联投资股份有限公司原名海南侨联企业股份有限公司,成立于1984年8月8日,是由一批知名归侨、侨眷发起组建,经原海南行政区公署以海行函〔1984〕964号文批准设立,并经原人民银行海南行政区分行、国家外汇管理局批准向社会公众发行人民币股票和美元股票,是海南省最早进行公开发行股票的股份制试点企业。至1990年年底,公司累计发行股票21 830 800元,全部股东均为社会个人。1991~1992年,为壮大公司实力,海南新产业投资有限公司(原海南孚德高技术有限公司)、海南亚太工贸有限公司、海南正闪投资发展有限公司、香港亚太奔德有限公司、正大国际财务有限公司和海南证大资产管理公司等6家法人单位先后向公司投入资金42 000 000元,公司总股本变更为63 682 802元。

1992年12月4日,公司经过股份制规范化重组后,由原海南省股份制试点领导小组办公室以琼股办字〔1992〕32号文确认为规范化社会公众公司,并批准公司名称变更为海南华侨投资股份有限公司。

1993年5月,公司经海南省证券委员会办公室以琼证办函〔1993〕1号文批准,按2:1的比例向法人股东和个人股东配股31 915 400股,配股价格为4元每股,配股后公司总股本变更为98 746 200元,公司第一大股东为海南新产业投资有限公司持有2 200万股,占比22.28%。

经中国证监会以证监发字〔1996〕226号文批准,1996年10月8日,公司股票在上交所挂牌交易。

2002年,北方发展受让公司原第一大股东海南新产业投资公司所持公司法人股4 646.40万股、第二大股东海南物业投资公司所持公司法人股1 584.00万股后成为公司第一大股东,占比29.88%。

2007年11月,经中国证监会核准,公司向广西正和发行7.3亿股收购其持有的"谷埠街国际商城",收购后公司总股本变更为938 551 974元,公司控股股东变更为广西正和实业集团有限公司,持股占比77.89%。公司注册名称变更为海南正和实业集团股份有限公司。2014年8月,公司名称变更为洲际油气股份有限公司。

截至2018年12月31日，公司总股本22.64亿股，第一大股东广西正和实业集团有限公司，占比29.38%。

票幅规格均为
178 mm×106 mm

河北省

河北，简称"冀"，是中华人民共和国省级行政区，省会石家庄。河北省位于中国华北地区，环抱首都北京，东与天津毗连并紧傍渤海，东南部、南部衔山东、河南两省，西倚太行山与山西为邻，西北部、北部与内蒙古交界，东北部与辽宁接壤，河北省总面积18.88万平方千米。河北地区历史悠久，舜分置十二州，河北为幽州；《禹贡》亦为冀州；《周礼·职方》曰幽州。在河北全省各地，遍布着早期人类的遗址，远在200多万年以前，就繁衍、生息着古老的人类，河北地区经历了原始人群、母系氏族社会、父系氏族社会诸阶段。河北省是中国一个古老的文明发源地，据说当年伏羲就是在邢台一带生活，黄帝曾在涿鹿大战蚩尤。

河北省是中国唯一兼有高原、山地、丘陵、平原、湖泊和海滨的省份，是中国重要粮棉产区。截至2018年，河北省下辖11个省辖市，2个省直管市，共有1 970个乡镇，50 201个村。常住人口7 556.30万人。2018年，河北省生产总值实现36 010.3亿元，比上年增长6.6%。其中，第一产业增加值3 338.0亿元，增长3.0%；第二产业增加值16 040.1亿元，增长4.3%；第三产业增加值16 632.2亿元，增长9.8%。2016年，河北省经济结构中装备制造业比重超过钢铁工业，成为工业中的第一大支柱产业，改写了钢铁工业一直是河北省第一大产业的历史。

截至2018年12月31日，河北省共有上市公司54家，总股本930.03亿股，总市值6 000.70亿元，累计募集资金2 292.68亿元。市值超过100亿元的有华夏幸福、长城汽车、中国动力、荣盛发展、养元饮品、河钢股份、东旭光电、秦港股份、紫光国微、新兴铸管、冀东水泥、唐山港、冀中能源、以岭药业、新奥股份、三友化工等，涉及房地产、汽车、化工、港口、医药等多个领域。

承德钢铁股份有限公司职工股权证

一、首次发行概况

发行时间	发行股数	发行价格	上市时间	上市地点	股票简称	现股票简称	股票代码
1994.6	19 483.38万	1元/股	2002.9.6	上海	承德钒钛	河钢股份	000709

二、历史沿革介绍

承德钢铁股份有限公司于1994年6月18日由承德钢铁集团有限公司独家发起,以定向募集方式设立的股份有限公司。1999年7月公司更名为承德新新钒钛股份有限公司。经中国证监会以证监发行字〔2002〕84号文核准,公司于2002年8月22日以全部向二级市场投资者定价配售的发行方式向社会公开发行人民币普通股股票10亿股。公司股票于2002年9月6日在上交所上市交易。公司于2005年11月3日实施了股权分置改革。流通股股东每持有10股流通股获得非流通股股东支付的3股股票。

根据2009年12月29日上交所公告,承德钒钛及邯郸钢铁实际控制人河北钢铁集团拟采取唐钢股份以换股方式吸收合并两家公司,换股实施后,承德钒钛及邯郸钢铁将解散并不再具备独立法人资格。根据上交所上市规则,交易所自2009年12月29日起依法终止两公司股票上市交易。

该次换股吸收合并完成后,唐钢股份作为存续公司,将成为河北钢铁集团下属唯一的钢铁主业上市公司,邯郸钢铁和该公司将注销法人资格,全部资产、负债、权益、业务和人员将并入存续公司,唐钢股份变更公司名称为河北钢铁股份有限公司,并将注册地址迁至石家庄市。

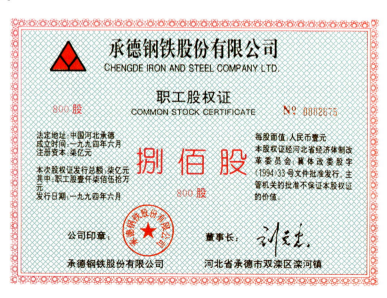

票幅规格
228 mm×168 mm

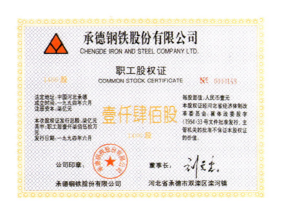

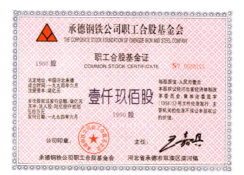
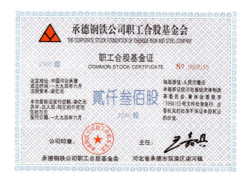

票幅规格均为
228 mm×168 mm

河北威远实业股份有限公司股票
河北威远建材股份有限公司股权证

一、首次发行概况

发行时间	发行股数	发行价格	上市时间	上市地点	股票简称	现股票简称	股票代码
1992.6	7万	100元/股	1994.1.3	上交所	河北威远、威远生化	新奥股份	600803

二、历史沿革介绍

　　1992年2月10日,由石家庄地区建筑材料一厂、石家庄地区建筑材料二厂和石家庄地区高压开关厂发起组建河北威远建材股份有限公司。1992年2月15日,石家庄地区经委以石政经人〔1992〕29号文《关于成立河北威远建材股份有限公司的批复》,同意三家发起人于1992年2月20日签署了发起协议。1992年6月25日河北省体制改革委员会以冀体改委股字〔1992〕1号文《关于同意组建河北威远建材股份有限公司的批复》批准设立,公司于1992年7月14日办理了工商注册。1992年10月18日,经河北省体制改革委员会以冀体改委股字〔1992〕40号文批复同意公司更名为河北威远实业股份有限公司。

　　公司于1993年9月13日经中国证监会批准,首次向社会公众发行人民币普通股2 000万股,1994年1月3日在上海证券交易所上市,为河北省第一家上市公司。

　　1999年3月公司更名为河北威远生物化工股份有限公司。2014年12月24日,公司名称变更为新奥生态控股股份有限公司,公司股票简称自2015年1月16日起由"威远生化"变更为"新奥股份",公司股票代码保持不变,仍为600803。

　　截至2018年12月31日,公司总股本12.29亿股,其中第一大股东新奥控股投资有限公司占比31.44%。

票幅规格
180 mm×90 mm

票幅规格
180 mm×158 mm

石家庄宝石电子玻璃股份有限公司股权证

一、首次发行概况

发行时间	发行股数	发行价格	上市时间	上市地点	股票简称	现股票简称	股票代码
1996.9.11	2 620万	6.28元/股	1996.9.25	深圳	宝石A	东旭光电	000413

二、历史沿革介绍

石家庄宝石电子玻璃股份有限公司是1992年由石家庄显像管总厂（后改制成为石家庄宝石电子集团有限责任公司）、中国电子进出口总公司、中化河北进出口公司以定向募集方式共同发起设立的股份有限公司，设立时公司股份总数为2 568万股，股本总额为25 680万元。

1993年7月17日，公司将每股面值10元的股权证拆细为每股面值1元，公司股份总数变更为25 680万股，股本总额为25 680万元。

1996年6月11日，公司发行境内上市外资股（B股）10 000万股，同年8月30日，公司向社会公开发行人民币普通股2 620万股。

2013年4月3日，公司以非公开发行股票的方式向特定投资者发行52 000万股人民币普通股（A股），公司注册资本变更为90 300万元，公司的控股股东由石家庄宝石电子集团有限责任公司变为东旭集团有限公司，直接持股比例为14.40%，通过石家庄宝石电子集团有限责任公司间接持股比例为12.27%。2013年，公司名称变更为东旭光电科技股份有限公司。2014年，公司向全体股东每10股转增20股，共计转增180 600万股，公司申请增加注册资本180 600万元，由资本公积转增股本，变更后注册资本为270 900万元。2014年，公司实施股权激励共计向41人授予308万股限制性股票。公司增加股本3 080 000元，增加资本公积8 870 400元。

2014年，公司回购公司发行在外B股49 999 999股，回购的股份予以注销并相应减少公司注册资本。公司减少股本49 999 999元，减少资本公积218 024 376.60元。

2015年，公司发行股份1 173 020 525股，变更后的股本为3 835 100 526元。2015年10月29日，公司拟回购注销限制性股票激励计划，已离职股权激励对象所持有的已获授但尚未解锁的限制性股票共计100 000股。

2016年，公司非公开发行1 104 928 457股。截至2016年12月31日，公司注册资本为4 939 928 983元。

截至2018年12月31日，公司总股本57.30亿股，第一大股东东旭集团有限公司占比15.97%。

票幅规格
180 mm×90 mm

石家庄劝业场股份有限公司股票

一、首次发行概况

发行时间	发行股数	发行价格	上市时间	上市地点	股票简称	现股票简称	股票代码
1986.11	1 500万	1.00元/股	1996.3.15	上海	石劝业、湖大科教、宝诚股份	大晟文化	600892

二、历史沿革介绍

　　石家庄劝业场股份有限公司于1986年11月25日经石家庄市政府以市政〔1986〕131号文批准组建,并经中国人民银行河北省分行以冀银发字〔1986〕284号文批准向社会公开招股而设立,是河北省第一家向社会公开募集股份设立的股份公司。1996年3月,公司1 530.97万社会个人股获准在上交所上市交易。2001年6月7日,公司更名为河北湖大科技教育发展股份有限公司。公司原总股本为5 050.00万股,2009年实施股权分置改革时,变更后总股本为6 312.50万股。2003年,中国华星汽车贸易(集团)公司(现更名为"中国华星氟化学投资集团有限公司")通过收购公司原第一大股东深圳市百泉科技发展有限责任公司所持有的全部股权,成为公司第一大股东。2010年6月17日,深圳市钜盛华股份有限公司(简称"钜盛华股份")通过股权收购成为公司第一大股东,持有1 190.414 2万股,占总股本的18.86%;2010年6月30日,公司更名为宝诚投资股份有限公司。2013年12月31日,深圳市钜盛华股份有限公司持有公司股份为12 615 878股,占总股本的19.99%,股东中国华星氟化学投资集团有限公司因减持公司无限售条件流通股,持有该公司股票占公司总股本的比例减少至5%以下。2014年10月8日,钜盛华股份将其持有的公司全部股份及收回股改代垫股的权利转让给深圳市大晟资产管理有限公司,大晟资产为公司第一大股东。

　　2015年12月8日,公司向特定对象非公开发行人民币普通股(A股)76 741 047新股,公司总股本变更为139 866 047.00元,周镇科通过直接和间接持有公司总股本的48.95%,成为公司的第一大股东。2016年2月26日,沈阳大旭商务酒店管理有限公司向深圳市大晟资产管理有限公司归还了19 060股股改代垫股份。该次归还后,周镇科通过直接和间接持有公司总股本的48.96%,仍为公司的第一大股东。2016年4月22日,公司中文名称变更为大晟时代文化投资股份有限公司。

　　截至2018年12月31日,公司总股本5.59亿股,第一大股东自然人周镇科占比39.93%。

票幅规格
180 mm×90 mm

票幅规格
168 mm×106 mm

票幅规格
173 mm×104 mm

石油管道龙昌实业股份有限公司股权证

一、首次发行概况

发行时间	发行股数	发行价格	上市时间	上市地点	股票简称	现股票简称	股票代码
1993.4.20	2 800万	3元/股	1996.11.4	上海	石油龙昌、ST龙昌	已退市	600772

二、历史沿革介绍

石油管道龙昌实业股份有限公司是1993年3月29日经河北省体改委以冀体改委股字〔1993〕6号批准,由中国石油天然气管道局、中油管道多种经营总公司、中油管道河北石油天然气销售总公司、中国工商银行河北省信托投资公司共同发起,采用定向募集方式设立的股份有限公司。

经中国证监会以证监发字〔1996〕242号批复批准,公司于1996年10月21日至1996年10月23日在上交所公开发行人民币普通股1 020万股,发行后该公司股本为5 820万股。后经送股、转增及配股,公司股本总额增至23 961.60万股。

经财政部以财企〔2002〕644号文批复,公司原第一大股东中国石油天然气股份有限公司2002年将其所持有的中油龙昌8 601.884 1万股国有法人股中的6 469.632万股转让给西安飞天科工贸集团有限责任公司,2 132.252 1万股转让给武汉绿洲企业(集团)有限公司。

公司于2006年11月24日收到上交所有关通知,因公司未按规定披露2005年年度报告,根据有关规定,上交所决定自2006年11月30日起终止公司股票上市。

票幅规格
200 mm×100 mm

票幅规格
200 mm×100 mm

秦皇岛商城股份有限公司股权证
秦皇岛华联商厦股份有限公司股权证

一、首次发行概况

发行时间	发行股数	发行价格	上市时间	上市地点	股票简称	现股票简称	股票代码
1993.3（华联商厦）	1 187.6万	1.6元/股	1997.12.18	深圳	华联商城、渤海物流、G渤海、茂业物流、茂业通信	中嘉博创	000889
1993.3（商城股份）	2 484万	1元/股					

二、历史沿革介绍

秦皇岛华联商城股份有限公司是经河北省政府冀股办〔1997〕18号文批准，由秦皇岛华联商厦股份有限公司和秦皇岛商城股份有限公司采用合并方式设立的股份有限公司。秦皇岛华联商厦股份有限公司是1993年3月经河北省体改委冀体改委股字〔1993〕22号文批准，以秦皇岛华联商厦为主体，与中国糖业酒类集团总公司、中国商业对外贸易总公司共同发起，以定向募集方式设立的从事商业零售、批发业务的股份有限公司。秦皇岛商城股份有限公司是1993年3月经河北省体改委冀体改委股字〔1993〕23号文批准，以秦皇岛商城为主体，与秦皇岛市银河物资经销公司、中信（秦皇岛）有限责任公司、中国耀华玻璃集团公司共同发起，以定向募集方式设立的从事商业零售、批发业务的股份有限公司。公司于1997年10月30日在深交所上网发行人民币普通股3 000万股，发行后股本11 005万股。2002年10月，财政部同意公司股东秦皇岛华联商厦集团有限公司将其持有的公司股份64 379 250股国家股股权转让给安徽新长江投资股份有限公司，转让价格为每股2.9592元，转让价款总计为190 512 262元。安徽新长江受让股份后将持有公司股权65 001 963股，占公司总股本的22.07%，成为公司第一大股东；华联集团仍持有公司国家股35 013 969股，占公司总股本的11.89%，成为公司第二大股东。2004年4月，华联集团将持有的渤海物流的11.89%的股份划转由国资委持有。后经送股、转增和配股，公司总股本增至338 707 568.00元。2012年10月，公司向第一大股东中兆投资管理有限增发106 813 996股，公司总股本增加至445 521 564.00元。2014年12月，公司向孝昌鹰溪谷投资中心（有限合伙）发行148 360 844股股份、向北京博升优势科技发展有限公司发行1 498 595股股份购买资产，向特定对象上海峰幽投资管理中心（普通合伙）非公开发行26 445 784股新股募集发行股份购买资产的配套资金。该次股份发行完成后，公司总股本变更为621 826 786股。2018年12月7日，公司名称变更为中嘉博创信息技术股份有限公司，12月11日，股票简称由"茂业通信"变更为"中嘉博创"。

截至2018年12月31日，公司总股本为6.69亿股，第一大股东孝昌鹰溪谷投资中心（有限合伙）占比22.17％。

票幅规格
238 mm×128 mm

票幅规格
150 mm×85 mm

票幅规格
150 mm×85 mm

河北太行水泥股份有限公司内部职工股权证书

一、首次发行概况

发行时间	发行股数	发行价格	上市时间	上市地点	股票简称	现股票简称	股票代码
1993.2	2 000万股	1.26元/股	2002.8.22	上交所	太行水泥	已退市	600553

二、历史沿革介绍

　　河北太行水泥股份有限公司前身河北省邯郸水泥厂是我国国民经济第二个五年计划兴建的重点项目之一，1969年建成投产。1993年2月27日经河北省体改委以冀体改委股字〔1993〕8-1号文《关于同意河北省邯郸水泥厂设立河北太行水泥股份有限公司的批复》批准，由河北省邯郸水泥厂以独家发起、定向募集方式设立该公司。河北省邯郸水泥厂将其经评估确认的10 118万元经营性资产投入该公司，按1.26∶1的比例折为8 000万股，占总股本的80%，同时以1.26元/股的价格发行内部职工股2 000万股，占总股本的20%。

　　1993年6月15日，经河北省体改委以冀体改委股字〔1993〕43号文《关于同意河北太行水泥股份有限公司募集法人股并挂牌上市的批复》批准，该公司以1.98元每股的价格定向募集社会法人股4 000万股，后因证券监管机关对法人股市场政策发生变化，公司法人股未挂牌上市交易。

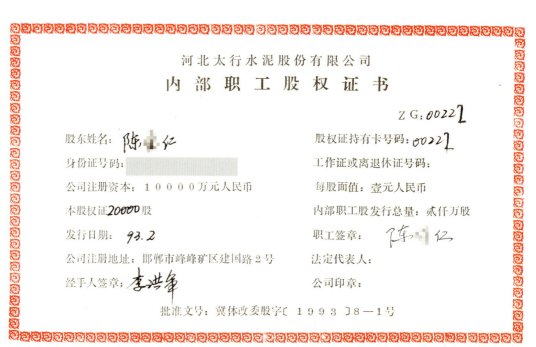

票幅规格
262 mm×192 mm

1996年12月4日,经河北省政府股份制领导小组办公室以冀股办〔1996〕80号文《关于同意河北太行水泥股份有限公司规范和重新登记的批复》批准,确认该公司为规范运作的股份公司,同意按募集设立方式办理重新登记手续。

1996年12月31日,经国务院证券委以证券发〔1996〕80号文批准,该公司被选定为第四批境外上市预选企业。为保证国有股东在太行股份境外发行后仍然占控股地位,经原太行集团〔1997〕43号文申请,邯郸市体改委以邯政体改〔1997〕14号文及邯郸市国资局以邯国资企字〔1997〕20号文批准并经省财政厅确认,原太行集团以协议转让方式与33家社会法人股股东分别签订了"股份转让协议",转让价格为1.98元每股至2.20元每股不等,并办理完毕股权过户手续,合计共受让该公司社会法人股1 686万股。后因亚洲金融危机影响,公司境外发行股票事宜暂停至今。

经中国证监会以证监发行字〔2002〕78号文批准,公司A股股票5 000万股于2002年8月7日通过上交所交易系统上网公开发行,2002年8月22日,公司股票在上交所上市交易。

公司于2011年2月15日收到上交所《关于河北太行水泥股票终止上市的决定》(上证公字〔2011〕3号),自2011年2月18日起终止公司股票上市交易。

河南省

河南，简称"豫"，是中华人民共和国省级行政区，省会郑州。河南省位于中国中部，东接安徽、山东，北接河北、山西，西连陕西，南临湖北，河南省总面积16.7万平方千米。河南是华夏文明的发源地。在古代河南一直是中国政治、经济、文化中心，是人类历史上的璀璨明珠。古时候河南有很多称呼，中原、中州、豫州都是它的名字，又因为基本地处我们的母亲河黄河以南，故名河南。我国古代历史上四大发明中的指南针、造纸术、火药都是在河南发明并投入使用的。

河南省下辖17个省辖市，济源1个省直管市，21个县级市，85个县，52个市辖区。河南省常住人口9 605万人。2018年，河南省实现地区生产总值48 055.86亿元，同比增长7.6%，第一产业增加值4 289.38亿元，同比增长3.3%；第二产业增加值22 034.83亿元，同比增长7.2%；第三产业增加值21 731.65亿元，同比增长9.2%。河南支柱产业包括：食品产业，铝产业，煤化产业，汽车及零部件产业，装备制造业，纺织服装业。装备制造业主要集中在洛阳，如一拖（东方红）、洛玻集团；煤化产业，如平煤、永煤、南阳油田、濮阳油田；食品产业，如双汇、南街村、十三香、春都、金丝猴、科迪、华龙、三全等。

截至2018年年底，河南省共有上市公司79家，总股本1 080.09亿股，总市值7 151.98亿元，累计募集资金2 448.62亿元。市值超过100亿元的有13家，主要有洛阳钼业、双汇发展、牧原股份、华兰生物、郑州银行、中航光电、宇通客车、龙蟒佰利、安图生物、森源电气、中原证券、中信重工、平高电气。

焦作市碱业股份有限公司股票

一、首次发行概况

发行时间	发行股数	发行价格	上市时间	上市地点	股票简称	现股票简称	股票代码
1989.2	5万	100元/股	1997.3.31	深交所	焦作碱业、焦作鑫安、大地传媒	中原传媒	000719

二、历史沿革介绍

焦作市碱业股份有限公司系经中国人民银行焦作分行以焦银发字〔1988〕216号文和焦作市政府以焦政文〔1989〕13号文批准，由原焦作市化工三厂于1989年整体改组并向社会公开募集股份而设立的股份有限公司。经中国证监会1997年3月19日批准，公司向社会公众发行的1477.5万股，于1997年3月31日在深交所上市。

2001年6月11日，经焦作碱业2000年度股东大会审议通过并报河南省工商行政管理局核准同意，公司名称变更为焦作鑫安科技股份有限公司（股票简称"焦作鑫安"），股票代码"000719"不变。

2011年5月27日，公司收到中国证监会《关于核准焦作鑫安科技股份有限公司重大资产重组及向中原出版传媒投资控股集团有限公司发行股份购买资产的批复》（证监许可〔2011〕801号），2011年7月25日，公司名称变更为中原大地传媒股份有限公司。2011年11月24日，公司A股股票获准于2011年12月2日起在深交所恢复上市交易，公司股票简称"中原传媒"，公司所属行业变更为出版业，公司股票代码仍为"000719"。公司系中原出版传媒集团将资产注入ST鑫安后获得传媒资产。

截至2018年12月31日，公司总股本10.23亿股，第一大股东中原出版传媒投资控股有限公司占比62.96%。

票幅规格
254 mm×130 mm

漯河制浆造纸股份有限公司股票

一、首次发行概况

发行时间	发行股数	发行价格	上市时间	上市地点	股票简称	现股票简称	股票代码
1997.4	4 000万	4.62元/股	1997.4.30	上交所	漯河银鸽	银鸽投资	600069

二、历史沿革介绍

1993年4月,漯河制浆造纸股份有限公司是由原漯河市第一造纸厂、舞阳冠军集团公司、舞阳县明宇盐化集团公司、舞阳云鹏集团公司、河南省漯河市彩色造纸有限公司共同发起,并向内部职工定向募集设立的股份有限公司。

1997年4月,经中国证监会以证监发字第〔1997〕117号、118号文批准,公司首次公开发行股票4 000万股并在上交所挂牌上市,公司股本总额变更为16 000万股,其中发起人股10 400万股,内部职工股1 600万股,社会公众股4 000万股。

2002年10月8日,经漯河市政府以漯政〔2002〕51号、河南省政府以豫政文〔2002〕173号及国务院国有资产监督管理委员会以国资产权函〔2003〕151号文批准,漯河市财政局将其持有的公司39.26%的国家股无偿划转给漯河银鸽创新发展有限公司。

2011年7月,公司控股股东漯河银鸽实业集团有限公司将100%股权无偿划转给河南能源,该项划转获得国务院国有资产监督管理委员会以国资产权〔2011〕653号文的批准。河南能源通过漯河银鸽实业集团有限公司持有公司20.32%的股权,通过永城煤电控股集团上海有限公司持有公司4.96%的股权,共计持有公司25.28%的股份,成为公司的实际控制人。

2017年度,公司间接控股股东河南能源化工集团有限公司将持有银鸽集团100%股权转让给深圳市鳌迎投资管理有限公司,并于2017年3月15日在河南省漯河市工商行政管理局完成股权的工商变更登记手续。此次变更登记后,深圳市鳌迎投资管理有限公司持有控股股东银鸽集团100%的股权,成为公司间接控股股东,持有公司47.35%股份,公司实际控制人变更为自然人孟平。

截至2018年12月31日,公司总股本16.24亿股,第一大股东漯河银鸽实业集团有限公司占比47.35%。

票幅规格均为 157 mm×72 mm

郑州百货文化用品股份有限公司股权证

一、首次发行概况

发行时间	发行股数	发行价格	上市时间	上市地点	股票简称	现股票简称	股票代码
1988.12.27	2万	200元/股	1996.4.18	上交所	郑百文、三联商社	国美通讯	600898

二、历史沿革介绍

  国美通讯设备股份有限公司(以下简称"公司")原名三联商社股份有限公司,前身为郑州市百货文化用品公司。1989年9月,在合并郑州市百货公司和郑州市钟表文化用品公司,并向社会公开发行股票的基础上组建成立郑州百货文化用品股份有限公司。1992年6月公司增资扩股后,更名为郑州百文股份有限公司(集团)。公司的前身郑州市百货文化用品公司系1987年6月在郑州市百货公司和郑州市钟表文化用品公司合并的基础上组建成立的,并于1988年12月组建为股份制试点企业,改制后的公司定名为郑州市百货文化用品股份有限公司,并向社会公开发行股票400万元,每股面值200元,共20 000股。1992年7月,公司更名为郑州百文股份有限公司(集团)。1992年12月,公司进行增资扩股。1996年4月,郑州百文股份有限公司(集团)的社会公众股股票在上交所挂牌交易,股票简称"郑州百文"。2001年,三联集团公司(后更名为山东三联集团有限责任公司)对公司进行重大资产、债务重组,成为公司第一大股东。2003年8月,公司更名为三联商社股份有限公司,股票简称变更为"三联商社"。2003年6月,公司回购注销重大资产重组过程中所涉及的111 362股已流通股份。2007年,公司进行股权分置改革:以现有流通股117 686 622股为基数,以未分配利润向2007年7月10日登记在册的流通股股东每10股送3股。2008年2月,山东龙脊岛建设有限公司竞拍获得公司股份2 700万股,成为公司第一大股东,公司实际控制人为黄光裕。2017年6月,公司名称变更为"国美通讯设备股份有限公司",股票简称变更为"国美通讯"。

  截至2018年12月31日,公司总股本2.53亿股,第一大股东山东龙脊岛建设有限公司占比19.99%。

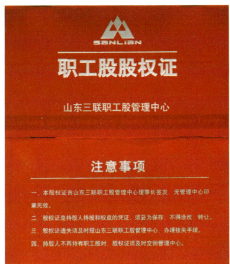
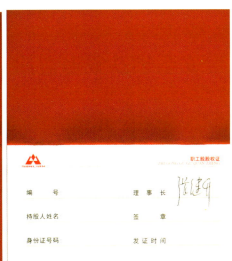

票幅规格
126 mm×152 mm

票幅规格
180 mm×126 mm

票幅规格
220 mm×88 mm

票幅规格
220 mm×88 mm

安阳钢铁股份有限公司股权证

一、首次公开发行概况

发行时间	发行股数	发行价格	上市时间	上市地点	股票简称	现股票简称	股票代码
1993.2	20 000万	1.00元/股	2001.8.20	上交所	安阳钢铁	—	600569

二、历史沿革介绍

　　公司为河南省首批股份制试点企业之一,是1993年经河南省体改委豫体改字〔1993〕13号文批准,由安阳钢铁公司独家发起,以钢铁主体厂、辅助厂和相应的供销、管理处室的经营性净资产作为出资,以定向募集方式设立的股份有限公司。1996年经河南省体改委豫股批字〔1996〕88号文重新确认为依据《公司法》规范运作的股份有限公司。经批准,公司27 500万股(其中首次公开发行25 000万股,国有股存量发行2 500万股)社会公众股已于2001年8月1日在上交所上网定价发行成功,每股面值1.00元,发行价格每股6.80元,并于2001年8月20日在上交所挂牌上市,股票简称为"安阳钢铁",股票代码为"600569"。

　　截至2018年12月31日,公司总股本23.94亿股,其中第一大股东安阳钢铁集团有限责任公司占比60.14%。

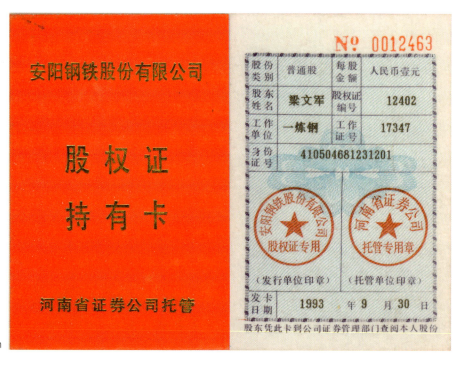

票幅规格
105 mm×69 mm

黑龙江省

黑龙江,简称"黑",是中华人民共和国省级行政区,省会哈尔滨。黑龙江省位于中国东北地区北部,北、东部与俄罗斯相望,西部与内蒙古相邻,南部与吉林接壤,总面积47.3万平方千米。黑龙江,古称黑水,14世纪成书的《辽史》始称黑龙江。鲜卑、女真、蒙古族和满族这4个少数民族,都以黑龙江为发源地,先后入主中原。清朝的祖先满族,也以黑龙江为"龙兴之地"。黑龙江古代史在东北地区、乃至全国历史中具有重要地位。

黑龙江省下辖12个地级市,1个地区,65个市辖区,20个县级市,42个县,1个自治县。黑龙江省常住人口3 788.7万人。2018年全省实现地区生产总值(GDP)16 361.6亿元,比上年增长4.7%。从三次产业看,第一产业增加值3 001亿元,增长3.7%;第二产业增加值4 030.9亿元,增长2.1%;第三产业增加值9 329.7亿元,增长6.4%。其中,化工、食品、医药、建材、机械是黑龙江支柱产业。

截至2018年年底,黑龙江省共有上市公司36家,总股本498.39亿股,总市值2 443.37亿元,累计募集资金1 211.50亿元。市值超过100亿元的有中航资本、中直股份、中国一重、北大荒、东方集团、珍宝岛、哈药股份。

东方企业集团股票

一、首次发行概况

发行时间	发行股数	发行价格	上市时间	上市地点	股票简称	现股票简称	股票代码
1990.3.15	3 500万	1元/股	1994.1.6	上海	东方集团	—	600811

二、历史沿革介绍

东方企业集团成立于1978年，1989年4月经国家体改委同意、黑龙江省体改委批准成为股份制试点企业，是全国最先试行的股份制企业之一。1990年经中国人民银行黑龙江省分行银黑金管字〔1990〕37号文批准，于1990年3月15日至4月15日，向社会发行了股票3 500万股，其中公司职工股310万股。东方集团股份有限公司是1992年12月经黑龙江省体改委批准，由原东方企业集团改组设立的股份有限公司，改组后总股本6 500万股，其中东方企业集团3 000万股，社会公众股3 500万股。1994年1月6日，公司在上交所上市，总股本10 500万股，其中法人股3 000万股，社会流通股7 500万股（其中400万股为内部职工股）。2006年8月14日，公司实施股权分置方案，以现有流通股股份530 371 903股为基数，以资本公积金向股权登记日登记在册的全体流通股股东定向转增132 592 976股（每10股获得2.5股的转增股份），非流通股股东获得所持非流通股份的上市流通权。公司总股本变更为89 038.75万股。2011年发行人法人股全部流通。截至2018年4月17日，公司总股本3 714 576 124股，其中东方集团投资控股有限公司及其一致行动人合计持有1 072 888 716股，占28.88%。

截至2018年12月31日，公司总股本37.15亿股，第一大股东西藏东方润澜投资有限公司占比16.39%。

票幅规格
275 mm×175 mm

湖北省

湖北，简称"鄂"，是中华人民共和国省级行政区，省会武汉。湖北省位于中国中部地区，东邻安徽，西连重庆，西北与陕西接壤，南接江西、湖南，北与河南毗邻，东西长约740千米，南北宽约470千米，总面积18.59万平方千米。湖北历史源远流长。夏商以前，南方民族长期在这里劳动和生活。公元前221年，秦朝分天下为四十郡，湖北大部属南郡，西北、北、西南各一部分属汉中、南阳、长沙和黔中等郡。西汉划天下为十三部（州），湖北以汉水为界，西为南郡，东为江夏，均隶属于荆州。三国时，吴魏分治湖北，都称荆州。经两晋至南北朝，刘宋置荆州、郢州，又侨置雍州，萧齐继承了刘宋建制。梁以后建制紊乱，至隋统一，仍称荆州，一度称鄂州，故湖北简称鄂。

湖北省下辖12个地级市，1个自治州，25个县级市，36个县，2个自治县，1个林区，常住人口5 917万人。2018年，实现地区生产总值（GDP）39 366.55亿元，其中第一产业完成增加值3 547.51亿元，第二产业完成增加值17 088.95亿元，第三产业完成增加值18 730.09亿元。汽车、钢铁、石化、电子信息、纺织、食品是湖北省支柱产业。

截至2018年年底，湖北省共有上市公司101家，总股本1 032.72亿股，总市值8 476.54亿元，累计募集资金3 073.64亿元。市值超过100亿元的有26家，主要有三安光电、烽火通信、天风证券、长飞光纤、葛洲坝、长江证券、天茂集团、九州通、济川药业、华新水泥、湖北能源、中航机电、安道麦A、安琪酵母、锐科激光、光迅科技、人福医药等。

湖北天发企业(集团)股份有限公司股票

一、首次发行概况

发行时间	发行股数	发行价格	上市时间	上市地点	股票简称	现股票简称	股票代码
1989.2	1 000万	1元/股	1996.12.17	深交所	天发股份、天发石油、ST盈方、舜元实业	盈方微	000670

二、历史沿革介绍

湖北天发企业(集团)股份有限公司前身为荆州地区物资开发公司,于1989年5月向社会募集个人股后成立。1992年经湖北省体改委以鄂改〔1992〕6号文批准,公司更名为湖北天发企业(集团)股份有限公司。根据湖北省体改委1993年2月16日作出的《关于湖北荆州天发企业(集团)股份有限公司更名的批复》(鄂改〔1993〕7号),公司更名为湖北天发企业(集团)股份有限公司。经公司第九次股东大会审议,于1997年4月22日公司更名为湖北天发股份有限公司,2003年12月26日,经公司2003年第一次临时股东大会审议通过,并经国家工商行政管理总局核准,公司名称变更为天发石油股份有限公司。

公司于1996年11月28日经中国证监会(证监发字〔1996〕372号文)核准,首次向社会公众发行人民币普通股2 856.2万股,于1996年12月17日在深交所上市。

2007年11月10日,上海舜元企业投资发展有限公司通过拍卖成为天发石油第一大股东,于2007年12月10日完成过户,上海舜元企业投资发展有限公司实际控制人为陈炎表。2008年8月14日,S*ST天发在湖北省工商行政管理局办理完成了相关的工商变更登记手续,公司名称变更为舜元地产发展股份有限公司。2012年12月31日,经公司申请及深交所核准,公司A股股票自2013年2月8日起在深交所恢复上市交易。公司股票简称由"S*ST天发"变更为"S舜元",股票代码不变。

2014年5月5日,上海舜元企业投资发展有限公司与上海盈方微电子技术有限公司签订股权转让协议,上海舜元投资将其持有公司的10万股转让给上海盈方微电子技术有限公司。2014年7月15日,公司《股权分置改革方案》实施完毕,上海盈方微电子技术有限公司成为公司第一大股东。同时,公司股票简称由"S舜元"变更为"舜元实业",股票代码"000670"保持不变。

2014年7月,经公司申请,并经深圳证券交易所核准,自2014年8月18日起,公司股票简称由"舜元实业"变更为"盈方微"。2014年7月31日,舜元实业在荆州市工商行政管理局办理完成了相关的工商变更登记手续。公司名称变更为盈方微电子股份有限公司。

截至2018年12月31日,公司总股本8.17亿股,第一大股东上海盈方微电子技术有限公司占比12.91%。

票幅规格均为
170 mm×90 mm

荆门兴化股份有限公司股票

一、首次发行概况

发行时间	发行股数	发行价格	上市时间	上市地点	股票简称	现股票简称	股票代码
1989.3.25	1 346.21万	1元/股	1996.1.18	上交所	湖北兴化、G华靖	国投电力	600886

二、历史沿革介绍

　　荆门兴化股份有限公司是由中国石化集团荆门石油化工总厂于1989年2月发起设立。1996年1月18日，公司股票在上交所挂牌交易，股票代码为600886。湖北兴化上市日注册资本为58 332 469元。2000年2月28日，中国石化集团荆门石化总厂将其所持有的16 223.44万股股份（占公司总股份57.58%）转由中国石油化工股份有限公司持有，中国石油化工股份有限公司成为湖北兴化的第一大股东。2002年4月28日，湖北兴化与国开投公司签订《资产置换协议》，至此，国开投公司成为湖北兴化第一大股东，湖北兴化的经营范围由石油行业转为电力行业。

　　2005年6月，国开投公司协议收购其他股东持有的国投电力17 500 836股社会法人股，国开投公司持股比例增至60.69%。2006年7月，国投电力增发25 000万股流通股。该次增发完成后，国开投公司持股比例由50.98%减至44.14%。2009年6月24日，国投电力获准向国开投公司非公开发行股票940 472 766股，发行价格为每股8.18元，用以购买国开投公司持有的电力公司100%的股权。2011年1月25日，公开发行了3 400万张可转换公司债券。上述债券于2011年2月15日起在上交所挂牌交易，债券简称"国投转债"，债券代码为110013。2011年11月公司向社会公开发行人民币普通股（A股）35 000万股，此次增发完成后，再加上"国投转债"转股1 649万股，国投电力总股本增加至2 345 102 751股，注册资本变更为2 345 102 751元。

票幅规格
231 mm×90 mm

代理发行单位：湖北证券公司　　法定地址：湖北省荆门市
代理印制单位：

2012年2月28日,公司名称变更为国投电力控股股份有限公司。

2012年度,有12 521 000元"国投转债"转为该公司A股股票,转股股数为2 641 412股。

截至2018年12月31日,公司总股本67.86亿股,第一大股东国家开发投资集团有限公司占比49.18%。

票幅规格均为172 mm×90 mm

注:样票图片来源于《中国上市公司实物股票图册》(中国证券业协会、中国钱币学会编)。

湖北车桥股份有限公司股票

一、首次发行概况

发行时间	发行股数	发行价格	上市时间	上市地点	股票简称	现股票简称	股票代码
1988.2	550万	1元/股	1997.6.27	深交所	湖北车桥	斯太尔	000760

二、历史沿革介绍

湖北车桥股份有限公司前身湖北车桥厂成立于1978年9月,后经湖北省政府经济体制改革办公室以〔1988〕6号文批准,以募集方式成立,并于1997年6月19日经中国证监会以中证发〔1997〕358号文批准,公司总股本5 380万股,其中2 215万股社会流通股在深交所于1997年6月27日挂牌上市(股票简称"湖北车桥",股票代码为000760)。2013年经中国证监会核准,公司向特定对象非公开发行人民币普通股(A股)314 465 300股,发行价格为4.77元/股,出资方式为货币。2013年11月26日完成非公开定向增发,公司总股本变更为55 131.759 2万股,东营市英达钢结构有限公司(已更名为山东英达钢结构有限公司)持有公司8 385.74万股,占公司总股本的15.21%,成为该公司的第一大股东。2013年12月31日,公司收购武汉梧桐硅谷天堂投资有限公司[已更名为斯太尔动力(江苏)投资有限公司]。2015年6月4日,公司名称变更为斯太尔动力股份有限公司。

截至2018年12月31日,公司总股本7.72亿股,第一大股东山东英达钢结构有限公司占比15.23%。

票幅规格
219 mm×159 mm

票幅规格
219 mm×159 mm

票幅规格
190 mm×150 mm

黄石康赛时装股份有限公司股权证

一、首次发行概况

发行时间	发行股数	发行价格	上市时间	上市地点	股票简称	现股票简称	股票代码
1990.2.1	165万	1元/股	1996.8.28	上交所	康赛集团、天华股份、中茵股份	闻泰科技	600745

二、历史沿革介绍

1990年1月,公司经湖北省政府经济体制改革办公室以鄂改办〔1990〕4号《关于同意成立黄石服装股份有限公司的批复》和中国人民银行湖北省分行以鄂银发〔1990〕21号《关于同意黄石服装股份有限公司发行股票的批复》文的批准,以募集方式设立,由黄石服装厂作为独家发起人,1990年2月1日至4月1日首次向社会公众发行人民币普通股165万股,总股本300万股。经过近7年的发展,公司向境内投资人发行的以人民币认购的内资股为17 984 400股,于1996年8月28日在上交所上市,股票代码为600745,股票简称"康赛集团"。1999年5月,经公司股东大会审议通过,公司更名为黄石康赛股份有限公司。2003年3月,经公司2003年度第一次临时股东大会审议通过,公司名称更名为湖北天华股份有限公司。

2007年4月26日,该公司股东河南戴克实业有限公司将其所持有的该公司股份2 050万股中的1 537.5万股、上海晋乾工贸有限公司将其所持有的该公司股份746万股中的529.66万股、上海肇达投资咨询有限公司和上海步欣工贸有限公司分别将其持有的公司股份607万股中的430.97万股共同转让给苏州中茵集团有限公司,苏州中茵集团有限公司成为公司第一大股东。2008年2月20日,公司名称变更为中茵股份有限公司,公司股票代码及简称不变。2008年7月,公司完成股权分置改革。

2016年12月5日,公司原控股股东中茵集团通过协议转让的方式减持公司无限售流通股37 000 000股。公司董事、总裁张学政通过协议转让的方式增持公司无限售流通股37 000 000股,同时张学政与公司原股东拉萨经济技术开发区闻天下投资有限公司(简称"闻天下",持有公司153 946 037股,占公司总股本24.157 3%)为一致行动人。该次增持后,张学政及闻天下合计持有公司190 946 037股,占公司总股本29.963 3%。该次股份变动完成后导致公司第一大股东、实际控制人发生变化,公司实际控制人由高建荣变更为张学政;闻天下成为公司第一大股东。2017年7月14日,公司名称变更为闻泰科技股份有限公司,公司简称变更为"闻泰科技"。

截至2018年12月31日,公司总股本6.37亿股,第一大股东拉萨经济技术开发区闻天下投资有限公司占比24.16%。

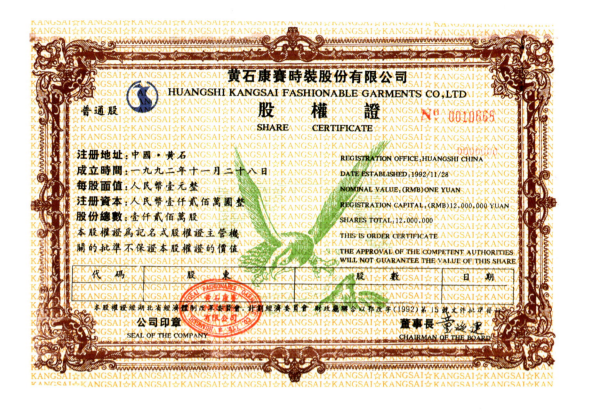

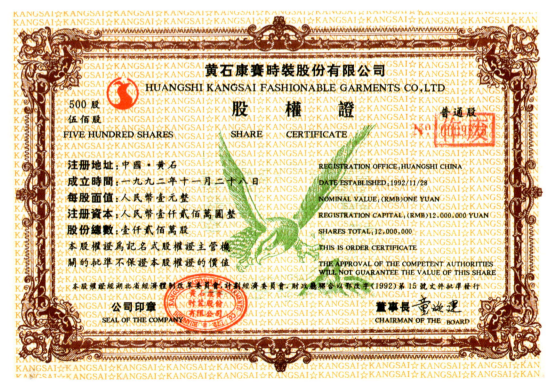

票幅规格均为
224 mm×156 mm

猴王股份有限公司股权证持有卡/转配股股权证

一、首次发行概况

发行时间	发行股数	发行价格	上市时间	上市地点	股票简称	现股票简称	股票代码
1992.8	3 990万	1元/股	1993.11.30	深交所	猴王A、*ST猴王	已退市	000535

二、历史沿革介绍

　　1992年8月28日,猴王股份有限公司成立,公司总股本为8 246万股。公司前身追溯到1958年成立的宜昌市七一拉丝厂。1990年2月28日,经国家机械电子部第一装备司批准同意在宜昌市电焊条厂的基础上成立猴王焊接公司,1993年6月29日经湖北省政府以鄂政函〔1993〕55号文与1993年9月29日中国证监会以证监发审字〔1993〕75号文批准,同意公司向社会公众公开发行人民币普通股A股3 000万股。1993年12月,公司社会公众股通过深交所挂牌交易,发行后公司总股本为11 246万股。因2002年、2003年、2004年连续三年亏损,公司股票自2005年5月18日起暂停上市。公司未经审计的2005年半年度报告显示继续亏损,公司股票自2005年9月21日起终止上市。

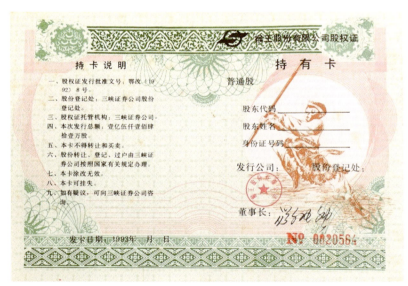

票幅规格
171 mm×100 mm

票幅规格
180 mm×130 mm

武汉商场股份有限公司（集团）股票

一、首次发行概况

发行时间	发行股数	发行价格	上市时间	上市地点	股票简称	现股票简称	股票代码
1986.12.25	6.22万	100元/股	1992.11.20	深交所	鄂武商A	—	000501

二、历史沿革介绍

武汉商场股份有限公司前身武汉商场创建于1959年，是全国十大百货商店之一。1986年12月25日，以武汉商场、中国工商银行武汉市信托投资公司、中国农业银行武汉市信托投资公司、中国人民建设银行武汉市信托投资公司、中国人民保险公司武汉市分公司、武汉针织一厂为发起人，经市政府七单位以武体改〔1986〕12号文、中国人民银行武汉市分行以武银办字〔1986〕63号文批准，改组设立武汉武商集团股份有限公司。经中国人民银行武汉分行批准，公司分别于1988年、1989年、1992年发行股票590万元、118.35万元、6 500万元。1992年11月20日，公司股票在深交所上市。2006年4月3日，公司完成股权分置改革。2009年6月16日，经武汉市国资委同意，武汉商联（集团）股份有限公司进行股权结构调整。武商联将成立时由武汉商贸国有控股集团有限公司划入的1.06亿元资产形成的国家独享资本公积转增资本，转增后按武商联成立时的每股净资产3.424元折成3 089.65万股，由武商联股东武汉国有资产经营公司（简称"国资公司"）和武汉经济发展投资（集团）有限公司（简称"经发投"）按持股比例分享，其中国资公司增加股份2162.14万股，经发投增加股份927.15万股。

截至2018年12月31日，公司总股本为7.69亿股，第一大股东武汉商联（集团）股份有限公司占比21.55%。

票幅规格
188 mm×93 mm

湖北原宜经济发展(集团)股份有限公司股权证

一、首次发行概况

发行时间	发行股数	发行价格	上市时间	上市地点	股票简称	现股票简称	股票代码
1993.3	1 500万	1元/股	1998.2.25	深交所	国投原宜	启迪桑德	000826

二、历史沿革介绍

　　1993年3月26日,经湖北省体改委鄂改〔1993〕30号文批准,由宜昌原宜经济发展(集团)有限公司以定向募集方式改组成立湖北原宜经济发展(集团)股份有限公司,1997年6月19日,公司更名为国投原宜磷化股份有限公司。1998年1月15日,经中国证监会批准,公司在深交所发行3 500万股普通股,并于同年2月25日挂牌上市,股票简称为"国投原宜",股票代码为000826,发行后注册资本为13 961万元。2015年9月,公司原股东桑德集团有限公司以69.90亿元的价格将其所持公司股份252 179 937股转让给清华控股有限公司(简称"清华控股")及其一致行动人,转让股份占公司全部股份比例为29.80%。该次股份过户手续完成后,公司实际控制人变更为清华控股。启迪桑德2017年度经过中国证监会同意非公开发行股票167 544 409股,发行价格为27.39元每股,新增股份上市时间为2017年8月。股份发行成功后,公司的注册资本变更为1 021 841 989元。

　　截至2018年12月31日,公司总股本14.31亿股,第一大股东启迪科技服务有限公司占比16.56%。

票幅规格
167 mm×89 mm

湖北金环股份有限公司内部职工股持有账户

一、首次发行概况

发行时间	发行股数	发行价格	上市时间	上市地点	股票简称	现股票简称	股票代码
1993.6	1 281.02万	1元/股	1996.10.16	深交所	湖北金环	京汉股份	000615

二、历史沿革介绍

湖北金环股份有限公司是1993年6月依照湖北省体改委以鄂改〔1993〕49号批复文件,以湖北化纤集团有限公司(原"湖北化纤总公司")为主发起人,与湖北化纤集团有限公司综合经营公司(原"湖北化纤总公司综合经营公司")、襄樊市第一棉纺织厂、襄樊市供电局电力实业总公司共同发起并采用定向募集的方式设立的股份有限公司,1993年6月8日在湖北省工商行政管理局登记注册,公司总股本为4 066.00万股,注册资本为4 066.00万元,其中发起法人股2 784.98万股,占总股本的68.50%,社会法人股445.02万股,占总股本的10.94%,内部职工股836.00万股,占总股本的20.56%。

1996年9月26日,经中国证监会以证监发字〔1996〕231号文批准,公司向社会公开发行A股1 132.80万股,原内部职工股167.20万股流通上市,并于1996年10月16日在深交所挂牌交易。该次上市后,公司总股本为5 198.80万股。

2015年9月28日,公司向京汉控股集团有限公司等发行股份并购买发行对象持有的京汉置业集团有限责任公司100%的股份,该项工作完成后,公司名称变更为京汉实业投资集团股份有限公司,股票简称变更为"京汉股份"。

截至2018年12月31日,公司总股本7.83亿股,第一大股东京汉控股集团有限公司占比42.97%。

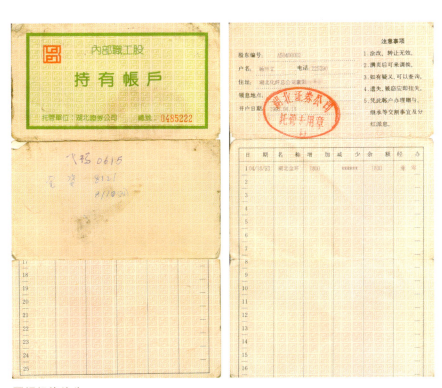

票幅规格均为
305 mm×130 mm

襄阳汽车轴承(集团)股份有限公司股权证

一、首次发行概况

发行时间	发行股数	发行价格	上市时间	上市地点	股票简称	现股票简称	股票代码
1993.5	5 584万	1.15元/股	1997.1.6	深交所	襄阳轴承	—	000678

二、历史沿革介绍

1993年5月,襄阳汽车轴承(集团)股份有限公司经湖北省体改委以鄂改〔1992〕57号文批准,以定向募集方式设立,发起人为襄阳汽车轴承集团公司,将经评估确认的经营性国有资产净值194 27.49万元折股作为国有法人股15 233.24万股,同时向其他法人以每股1.15元的现金募集1504.4万股,并向内部职工以每股1.15元的现金募集4 080.6万股。公司设立时总股本为20 818.24万股。

1996年12月24日,襄阳轴承公开发行股票。1997年1月6日,公司在深交所挂牌交易,股票简称"襄阳轴承",股票代码为000678。

1999年原湖北省证监局以鄂证监函〔1999〕8号文初审批准并获得中国证监会证监公司字〔2000〕5号文核准通过,向国有法人股股东配售1 366 400股,向社会公众股股东配售18 208 050股,配售工作于2000年3月底完成,配售后公司总股本140 440 018股。

2009年4月,三环集团通过非公开发行认购襄阳轴承29.83%股份,通过该次认购,襄阳轴承与三环集团实现了战略重组,湖北三环集团成为上市公司实际控制人。

2012年,经中国证监会以证监许可〔2012〕1662号文核准,公司向特定投资者非公开发行不超过16 000万股A股股票。

截至2018年12月31日,公司总股本为4.6亿股,第一大股东三环集团有限公司占比27.94%。

票幅规格
162 mm×88 mm

武汉电线股份公司股票

一、首次发行概况

发行时间	发行股数	发行价格	上市时间	上市地点	股票简称	现股票简称	股票代码
1986.12	5.5万	100元/股	1995.11.15	上交所	武汉电缆	航天电子	600879

二、历史沿革介绍

公司前身武汉电线股份公司是由武汉电线厂、武汉电线四厂、武汉长江电缆电气成套工程公司共同发起,1986年11月经武汉市体改委以武体改〔1986〕10号文和武汉市机械局以〔1986〕54号文批准,以社会募集方式设立的股份有限公司,是武汉市首家工业股份制试点企业。1990年6月,公司更名为武汉电缆股份公司,1993年5月公司更名为武汉电缆(集团)股份有限公司。1993年11月,国家体改委以〔1993〕202号文批准武汉电缆(集团)股份有限公司为继续进行股份制试点的股份制公司。

公司于1986年12月经中国人民银行武汉市分行批准,首次向社会公众发行人民币普通股550万股,于1989年在中国人民银行武汉市分行以武银管〔1989〕19号文批准,发行个人股1 950万股,两项合计2 500万股,该公司股票发行经中国证监会证监发审字〔1995〕62号文复审通过,股票上市申请经上交所以上证上〔1995〕19号文审核批准,于1995年11月15日在上交所上市。

1999年中国运载火箭技术研究院通过受让股权的方式成为公司第一大股东,并于同年11月及2000年12月对其所拥有的航天类资产与公司电缆类资产进行了两次资产置换。2006年公司,公司向特定对象非公开发行股票,增发价格为22元每股。2007年6月4日公司收到该次非公开发行股票募集资金1 084 820 000.00元,新增注册资本49 310 000.00元,增资后公司注册资本为540 693 856.00元。2009年,公司注册的名称由"长征火箭技术股份有限公司"正式变更为"航天时代电子技术股份有限公司"。

2017年2月16日,公司通过非公开发行人民币普通股137 093 465股新股用于募集发行股票购买资产的配套资金,由10名投资者以现金16.47元每股认购,募集资金净额为2 224 060 428.02元,其中增加注册资本(股本)137 093 465.00元。

截至2018年12月31日,公司总股本27.19亿股,第一大股东中国航天时代电子有限公司占比21.57%。

票幅规格
200 mm×100 mm

票幅规格
65 mm×100 mm

湖北沙隆达股份有限公司股票

一、首次发行概况

发行时间	发行股数	发行价格	上市时间	上市地点	股票简称	现股票简称	股票代码
1992.9	7 576.49万	1元/股	1993.12.3	深交所	沙隆达A	安道麦A	000553
1997.4.29	10 000万	3.48港元/股	1997.5.15	深交所	沙隆达B	安道麦B	200553

二、历史沿革介绍

湖北沙隆达股份有限公司前身为沙市农药厂,始建于1958年,1962年4月暂时停建,1965年根据化工部有关指示精神,湖北省计委以鄂计基干字〔1965〕115号文批准予以复建。企业从此采用沙市农药厂名称,并成为湖北省化工厅直属企业。1983年为配合国家经济体制改革的需要,原企业下放由沙市市政府领导。

1992年8月,经湖北省体改委等四个部门下达的鄂政〔1992〕2号文批准改组为股份有限公司,成为湖北省首家获准进行股份制试点的大型国营工业企业。1992年9月30日,在原企业改组基础上,湖北沙隆达股份有限公司正式成立。

经湖北省政府以鄂政函〔1993〕54号文批准,并经中国证监会以证监发审字〔1993〕70号文复审通过,公司于1993年10月24日至1993年11月20日向社会公众新增发行人民币普通股3 000万股,每股面值1元,每股发行价3.10元。

票幅规格
170 mm×90 mm

经中国证监会以证监发审字〔1993〕70号文复审通过和深交所以深证所字〔1993〕301号文审核批准,根据深交所以深圳市字〔1993〕61号上市通知书,公司股票于1993年12月3日在深交所挂牌交易。公司总股本为104 933 900股,全部为人民币普通股,可流通股份为3 000万股,简称"沙隆达A",股票编码为000553。

1997年4月,经国务院证券委员会以证委发〔1997〕23号文批准,公司成功地向境外发行境内上市外资股(B股)10 000万股(未含超额配售部分),每股面值人民币1元,发行价格为每股人民币3.73元,折合港币每股3.48元。经深交所以深证发〔1997〕169号《上市通知书》批准,公司B股于1997年5月15日在深交所挂牌交易。2019年1月10日,经公司申请并经深交所核准,公司名称变更为安道麦股份有限公司,股票简称由"沙隆达A""沙隆达B"变更为"安道麦A""安道麦B"。

截至2018年12月31日,公司总股本24.47亿股,第一大股东中国化工农化有限公司占比74.02%。

武汉祥龙电业股份有限公司认股通知单

一、首次发行概况

发行时间	发行股数	发行价格	上市时间	上市地点	股票简称	现股票简称	股票代码
1993.6	7 000万	1元/股	1996.11.1	上交所	祥龙电业	—	600769

二、历史沿革介绍

武汉祥龙电业股份有限公司前身为武汉葛化工业集团公司热电厂,经1993年4月1日武汉市体改委以武体改〔1993〕56号文批准,由武汉葛化工业集团公司、武汉市电力开发公司、武汉建设投资公司、武汉市汉口建银房地产开发公司、武汉华原能源物资开发公司共同发起设立,发起人共认购股本6 185万股。

1993年6月10日,经武汉市证券管理领导小组办公室以武证办〔1993〕31号文批准,公司定向募集人民币普通股股票7 000万股,每股面值1元,按面值1元发行。

1996年,经中国证监会批准向社会公开发行新股1 385万股,发行价格为5.88元每股,同时包括前次募集内部职工股715万股,合计上市流通2 100万股,发行后总股本由7 000万股变更为8 385万股。

2002年4月9日,中国信达资产管理公司与宏源证券股份有限公司签订股权转让协议,将所持有公司股份计112 837 796股转让给宏源证券股份有限公司,该项股权转让完成后宏源证券股份有限公司成为公司的第一大股东。

2005年11月29日,宏源证券与武汉工业国有投资有限公司签订了《股权转让协议》,宏源证券将持有的该公司81 200 000股法人股(占该公司总股本23.28%)转让给武汉工业国有投资有限公司,公司实控人变更为武汉经济发展投资(集团)有限公司。

2006年9月12日,依据宏源证券股份有限公司与武汉葛化集团有限公司签订的《武汉祥龙电业股份有限公司股权转让协议》,公司股东宏源证券股份有限公司将其持有的法人股29 637 796股(占该公司总股本的8.50%)转让给武汉葛化集团有限公司,由于武汉葛化集团有限公司与武汉经济发展投资(集团)有限公司同属武汉市国资委下的国有独资公司,因此公司实际控人变更为武汉市国资委。

截至2018年12月31日,公司总股本3.75亿股,第一大股东武汉葛化集团有限公司占比20.08%。

票幅规格均为 254 mm×85 mm

华新水泥股份有限公司职工持股会持股权证

一、首次公开发行概况

发行时间	发行股数	发行价格	上市时间	上市地点	股票简称	现股票简称	股票代码
1993.11.6	6 072万（A股）	3.80元/股	1994.1.3	上交所	湖北华新	华新水泥	600801
1994.11.28	8 700万（B股）	0.233美元/股	1994.12.9	上交所	华新B股	—	900933

二、历史沿革介绍

华新水泥股份有限公司是在原华新水泥厂基础上经股份制改组并采用社会募集方式设立的股份有限公司。华新水泥厂的前身是由"华中""昆明"两家水泥公司于1943年合并而成立的大冶水泥厂，该厂于1946年9月开工建设，1949年2月正式投产。1992年12月15日，经湖北省体改委《关于同意华新水泥厂进行社会募集股份有限公司改组的批复》（鄂改〔1992〕60号）批准，原华新水泥厂改制为华新水泥股份有限公司。公司发起人除华新水泥厂外，还包括中国人民建设银行湖北省信托投资公司、中国工商银行湖北省信托投资公司、华新生活服务公司、上海中农信房地产公司、华新公共事业公司、中国房地产业协会信息咨询中心、湖北资产评估公司。

经中国证监会以证监发审字〔1993〕63号文复审通过，1993年11月6日至11月24日，公司发行人民币普通股6 072.76万股，其中个人股4 000万股（含内部职工股400万股），法人股2 072.76万股，另国有资产折价入股形成7 627.24万股国家股，股本总额为13 700万元。公司股票上市申请经上交所上证字〔1993〕2105号文审核批准，3 600万个人股于1994年1月3日在上海证券交易所挂牌交易。1994年11月26日，经上海市证券管理办公室以沪证办〔1994〕133号文批准，华新水泥公开发行B股8 700万股，并于1994年12月9日在上交所上市交易。

截至2018年12月31日，公司总股本20.97亿股，其中第一大股东HOLCHIN B.V.占比39.85%。

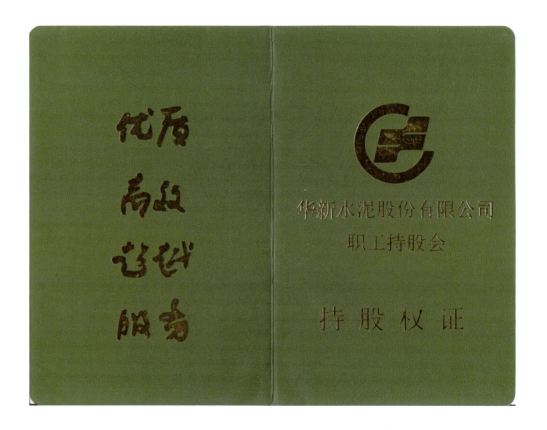

票幅规格均为 168 mm×128 mm

湖南省

湖南，简称"湘"，是中华人民共和国省级行政区，省会长沙。湖南省位于中国中部，东临江西，西接重庆、贵州，南毗广东、广西，北连湖北，全省总面积21.18万平方千米。湖南历史悠久，旧石器时代有人类活动，古为苗人、越人和楚人的生活地区。西周时期为楚国南部。唐广德二年（764年）首置湖南观察使，至此中国行政区划上开始出现湖南之名。

湖南省下辖13个省辖市，1个自治州，17个县级市，62个县，7个自治县，36个市辖区。湖南省常住人口6 860.2万人。2018年，全省实现地区生产总值36 425.78亿元，同比增长7.8%，高于全国平均水平1.2个百分点。其中，第一产业增加值3 083.59亿元，增长3.5%；第二产业增加值14 453.54亿元，增长7.2%；第三产业增加值18 888.65亿元，增长9.2%，人均地区生产总值实现52 769元。目前，文化产业、电子信息产业、高新技术产业、汽车产业、物流产业是湖南省五大支柱产业。

截至2018年年底，湖南省共有上市公司104家，总股本971.79亿股，总市值7 112.55亿元，累计募集资金2 625.09亿元。市值超过100亿元的有15家，分别为爱尔眼科、方正证券、芒果超媒、长沙银行、中联重科、五矿资本、蓝思科技、中南传媒、隆平高科、华菱钢铁、益丰药房、绝味食品、老百姓、景嘉微、旗滨集团。

大庸市房地产开发股份有限公司股权证

一、首次发行概况

发行时间	发行股数	发行价格	上市时间	上市地点	股票简称	现股票简称	股票代码
1992.12	2 550万	1元/股	1996.8.29	深交所	ST张家界	张家界	000430

二、历史沿革介绍

　　1992年12月19日,张家界旅游开发股份有限公司(原名大庸市房地产开发股份有限公司、张家界万众旅游开发股份有限公司)经湖南省股份制改革试点领导小组以湘股改字〔1992〕16号文批准,由张家界旅游经济开发总公司、张家界土地房产开发公司、张家界市湘银实业公司(原大庸市湘报实业公司)、张家界市华发房地产综合开发公司(原大庸市华发房地产综合开发公司)、张家界市金龙房地产开发公司(原大庸市金龙房地产开发公司)、张家界市中兴房地产实业公司(原大庸市中共房地产实业公司)、中国工商银行张家界旅游经济开发区房地产公司(原中国工商银行大庸市旅游经济开发区房地产公司)等7家法人共同发起,以定向募集方式设立的股份有限公司。1996年8月13日,公司向社会公开发行人民币普通股1 000万股,连同原内部职工股500万股,共计1 500万股于1996年8月29日开始在深交所上市交易,股票代码为000430。公司为中国旅游版块第一家上市公司,被誉为"山水旅游第一股"。

　　2011年6月7日,公司办理注册资本变更登记手续,公司全称变更为张家界旅游集团股份有限公司,公司注册资本由22 003.54万元变更为32 083.51万元。

　　2017年7月4日,经中国证监会以证监许可〔2017〕88号文核准,公司向张家界市经济发展投资集团有限公司等不超过10名特定对象非公开发行人民币普通股83 982 537股。该次发行的股份于2017年7月13日完成股份登记,2017年7月14日上市,总股本增加至404 817 686股。

　　截至2018年12月31日,公司总股本4.05亿股,第一大股东张家界市经济发展投资集团有限公司占比27.83%。

票幅规格
143 mm×80 mm

长炼聚丙烯股份有限公司股票

一、首次发行概况

发行时间	发行股数	发行价格	上市时间	上市地点	股票简称	现股票简称	股票代码
1989.3.17	8.5万	100元/股	1997.6.25	深交所	S岳兴长	岳阳兴长	000819

二、历史沿革介绍

1989年1月30日,长炼聚丙烯股份有限公司系经岳阳市体改办批准由长岭炼油化工总厂劳动服务公司独家发起设立的股份有限公司。1989年3月经中国人民银行湖南省分行以湘银字〔1989〕55号文批准公开发行首期股票850万元。1993年8月23日,公司更名为岳阳兴长石化股份有限公司,同年12月,国家体改委确认公司为继续进行股份制试点的社会募集股份有限公司。1997年,经中国证监会以证监发字〔1997〕357号文批准,该公司社会公众股1 447.31万股于1997年6月25日在深圳证券交易所上市流通。

2007年3月12日,公司以现有流通股总数52 103 160股为基数,用资本公积金定向转增28 578 583股。股权分置改革完成后公司股份为193 712 443股。

经历次送股及转增股本,至2017年4月20日,公司总股本变更为271 338 100股。

截至2018年12月31日,公司总股本为2.71亿股,第一大股东中国石化集团资产经营管理有限公司占比23.46%。

票幅规格
262 mm×162 mm

衡阳市飞龙再生资源股份有限公司股票

一、首次发行概况

发行时间	发行股数	发行价格	上市时间	上市地点	股票简称	现股票简称	股票代码
1989.1~1989.8	77 279万	100元/股	1996.10.25	上交所	ST金荔	已退市	600762

二、历史沿革介绍

衡阳市金荔科技农业股份有限公司前身为衡阳市飞龙实业股份有限公司。衡阳市飞龙实业股份有限公司前身为衡阳市物资回收利用公司。1988年,经衡阳市经济体制改革办公室以衡改字〔1988〕6号文批准,衡阳市物资回收利用公司改制为衡阳市物资回收股份有限公司。1992年,经衡阳市体改办以衡体改字〔1992〕33号文批准更名为衡阳市飞龙再生资源股份有限公司。1993年,湖南省体改委以湘体改字〔1993〕199号文批准前公司更名为衡阳市飞龙实业股份有限公司。1996年10月,该公司20 800 000股A股获准在上交所上市。

1999年股权重组后,经衡阳市体改委以衡体改字〔1999〕9号文批准,更名为衡阳市金荔科技农业股份有限公司。

2001年4月13日,公司以2000年12月31日股本66 040 000股为基数用资本公积每10股转增6股。截至2006年12月31日止,公司注册资本为105 664 000元。因公司2003年至2005连续三年经审计的净利润为负数,上交所做出《关于对衡阳市金荔科技农业股份有限公司股票暂停上市的决定》,决定自2006年7月24日起暂停公司股票上市。

公司在规定期限内披露了2006年年度报告,并提交了恢复上市申请,但上述恢复上市申请未获上海证券交易所上市委员会同意。上交所决定自2007年11月20日起终止公司股票上市。

票幅规格
168 mm×105 mm

湖南华银电力股份有限公司股权证

一、首次发行概况

发行时间	发行股数	发行价格	上市时间	上市地点	股票简称	现股票简称	股票代码
1993.1	6 800万	1元/股	1996.9.5	上交所	华银电力	—	600744

二、历史沿革介绍

大唐华银电力股份有限公司系1993年1月16日湘体改字〔1993〕10号文《关于同意成立湖南华银电力股份有限公司的批复》批准，以定向募集方式设立的股份有限公司，公司发起人为湖南省电力公司、中国工商银行湖南省信托投资公司、中国建设银行湖南省信托投资公司、湖南省华厦房地产开发公司、中国湖南国际经济技术合作煤炭公司，公司主营业务为电力生产。公司于1996年8月22日经中国证监会批准，首次向社会公众发行人民币普通股4 800万股，于1996年9月5日在上交所上市。

2005年5月，因国家电力体制改革，湖南省电力公司持有的公司股份被全部行政划转给中国大唐集团公司。2006年7月，公司完成股权分置改革，公司法人治理结构进一步完善。公司成立之初的总股为19 200万股。

截至2018年12月31日，公司总股本17.81亿股，第一大股东中国大唐集团有限公司占比34.18%。

票幅规格
180 mm×114 mm

湖南五一文实业股份有限公司内部股份存折

一、首次发行概况

发行时间	发行股数	发行价格	上市时间	上市地点	股票简称	现股票简称	股票代码
1993.3	3 300万	1元/股	1997.6.26	深交所	五一文、*ST创智	已退市	000787

二、历史沿革介绍

湖南五一文实业股份有限公司前身长沙五一文化用品商场，是在长沙市文化用品公司下属综合服务总店的基础上发展起来的，于1980年成立，当时称为"五一文化用品商店"，1985年正式更名为"五一文化用品商场"。

1993年3月，经湖南省政府以湘体改〔1993〕70号文批准，由主要发起人长沙五一文化用品商场与长沙市工矿综合商业公司、长沙市调料食品公司、中国工商银行长沙市信托投资公司和中国农业银行湖南省信托投资公司，通过定向募集方式成立了湖南五一文实业股份有限公司。

公司于1997年6月26日在深交所上市交易。1998年4月15日，公司控股股东由原长沙五一文化用品商场集体资产管理协会变更为湖南创智科技有限公司，1999年10月，经湖南省工商行政管理局批准公司更名为湖南创智信息科技股份有限公司。2001年3月，经国家工商行政管理局批准和深圳市工商行政管理局核准，公司更名为创智信息科技股份有限公司。2007年12月12日，大地集团通过股权拍卖方式获得创智科技11.79%的股份，公司控股股东由湖南创智集团有限公司变更为四川大地实业集团有限公司。2013年2月8日，公司在深交所终止上市，并与2013年4月22日在全国中小企业股份转让系统开始转让。

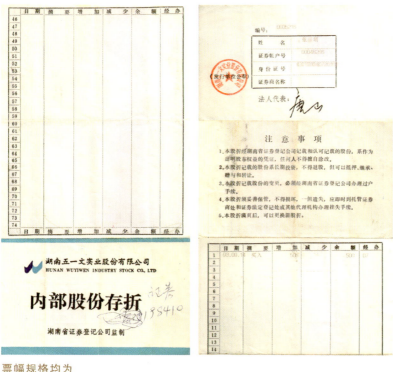

票幅规格均为
130 mm×320 mm

吉林省

  吉林,简称"吉",是中华人民共和国省级行政区,省会长春。吉林省地处中国东北地区中部,南邻辽宁,西接内蒙古,北与黑龙江相连,东与俄罗斯接壤,东南与朝鲜相望,全省总面积18.74万平方千米。早在远古时期,就有人类在吉林这块土地上繁衍生息。距今10 000~5 000年前出现的"榆树人""安图人""青山头人",是吉林古人类文明形成的重要标志。从先秦开始,吉林就被历代中央政权划入行政区域管辖之下。汉朝时设置郡县,唐朝的渤海及后来的辽、金、元各代也都设立府、州、县,明朝设立都司、卫所。公元1653年(清顺治十年),清政府设置宁古塔昂邦章京,是吉林省建置之始。公元1907年(光绪三十三年)5月吉林省正式建制,省会设在吉林,辖区跨今吉、黑两省大部分地区。

  吉林省下辖8个省辖市、1个自治州,20个县级市,16个县,3个自治县,21个市辖区。吉林省常住人口2 717.43万人。2018年全年全省实现地区生产总值(GDP)15 074.62亿元,按可比价格计算,比上年增长4.5%,人均地区生产总值实现56 102元。汽车、石化、农产品加工是吉林省三大支柱产业。

  截至2018年年底,吉林省共有上市公司41家,总股本440.81亿股,总市值2 543.64亿元,累计募集资金1 092.44亿元。市值超过100亿元的有长春高新、通化东宝、吉林敖东、东北证券、一汽轿车、亚泰集团。

吉林制药股份有限公司股权证

一、首次发行概况

发行时间	发行股数	发行价格	上市时间	上市地点	股票简称	现股票简称	股票代码
1992.6	1 460万	1元/股	1993.12.15	深圳	吉制药A	金浦钛业	000545

二、历史沿革介绍

　　1992年,吉林制药股份有限公司由吉林市制药厂、深圳经济特区房地产总公司、深圳投资基金管理公司三家企业法人单位以定向募集方式发起设立。1993年12月,经中国证监会批准上市,首次公开发行人民币普通股(A股)3 000万股,股票代码为000545。1999年6月,吉林市国资局将持有的公司股权转让给吉林省恒和企业集团有限公司。2003年6月,吉林省恒和企业集团有限公司将持有的公司股权转让给吉林金泉宝山药业集团股份有限公司。2010年1月,吉林金泉宝山药业集团股份有限公司将持有的公司股权转让给广州无线电集团有限公司。因2009年、2010年、2011年连续三年亏损,*ST吉药被深交所勒令暂停上市。2012年11月,公司开始筹划重大资产重组,此次重组分两步进行:(1) *ST吉药将截至2012年9月30日持有的全部资产和负债出售给金泉药业集团;(2) *ST吉药向金浦集团、王小江和南京钛白发行股份购买南京钛白100%股权。南京钛白100%股权作价为97 957.46万元。2013年4月,南京钛白过户置入公司,公司的主营业务从原料药、医药中间体、中西药制剂变更为钛白粉的生产和销售。2013年6月,公司以换股方式进行重大资产重组收购了南京钛白100%股权,收购价格9.7亿元,重组完成后第一大股东变成江苏金浦集团有限公司(现名称为金浦投资控股集团有限公司),比例为46.16%。

　　截至2018年12月31日,公司总股本9.87亿股,第一大股东金浦投资控股集团有限公司占比37.30%。

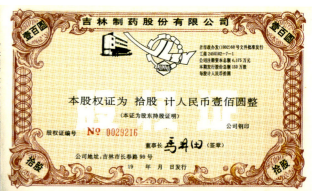

票幅规格
348 mm×120 mm

长春高新技术产业股份有限(集团)公司股权证书

一、首次发行概况

发行时间	发行股数	发行价格	上市时间	上市地点	股票简称	现股票简称	股票代码
1993.3	3 280万	1元/股	1996.12.18	深交所	长春高新	—	000661

二、历史沿革介绍

1993年3月,经长春市体改委以长体改[1993]33号文批准,由长春高新技术产业发展总公司独家发起,以定向募集方式设立了长春高新技术产业股份有限(集团)公司。1996年12月,经中国证监会批准上市,首次公开发行人民币普通股(A股)1 364万股,股票代码为000661。

2006年9月,公司开始进行股权分置改革,至2007年1月公告实施公告,同时控股股东由长春高新技术产业发展总公司变更为长春高新超达投资有限公司。

2015年8月,长春高新技术产业开发区管理委员会将长春高新技术产业发展总公司及长春创业科技发展有限公司合计持有的全部超达投资国有股权无偿划转给龙翔投资控股集团有限公司。至此,公司的实际控制人变更为龙翔投资控股集团有限公司;公司的最终实际控制人仍为长春市国资委,未发生变更。

截至2018年12月31日,公司总股本为1.70亿股,第一大股东长春高新超达投资有限公司占比22.36%。

票幅规格

172 mm×106 mm

东北制药总厂个人股票
东北制药集团股份有限公司股权证

一、首次发行概况

发行时间	发行股数	发行价格	上市时间	上市地点	股票简称	现股票简称	股票代码
1993.6	3 275万	2元/股	1996.5.23	深交所	东北药	东北制药	000597

二、历史沿革介绍

　　1993年6月,东北制药集团股份有限公司是经沈阳市体改委以沈体改发〔1993〕76号文批准,由东北制药集团有限责任公司为独家发起人定向募集方式设立的股份有限公司。集团公司以其所属的截至1992年12月31日经评估确认的东北制药总厂、沈阳第一制药厂和东北制药集团公司供销公司的生产经营性资产以及所占用的土地使用权折成国家股11 700万股,同时向社会法人和内部职工以每股2.00元的价格发行了800万股法人股和2 475万股个人股。1996年5月3日,经中国证监会以证监发字〔1996〕42号文批准上市,向社会公开发行4 500万股A股。2005年12月公司开始进行股权分置改革,至2006年2月公布股权分置改革实施。

　　经国务院国有资产监督管理委员会以国资产权〔2010〕309号《关于东北制药集团股份有限公司国有股东转让所持部分股份有关问题的批复》批准,控股股东东药集团将所持该公司6 411.15万流通股转让给中国华融资产管理公司。2010年8月2日完成过户。经国务院国有资产监督管理委员会以国资产权〔2012〕13号《关于东北制药集团股份有限公司国有股东转让所持股份有关问题的批复》批准,控股股东东药集团将所

票幅规格
278 mm×180 mm

持该公司3 338.10万流通股转让给辽宁方大集团实业有限公司。2012年11月9日完成过户。

截至2018年12月31日,公司总股本5.70亿股,第一大股东辽宁方大集团实业有限公司占比26.02%。

票幅规格
390 mm×180 mm

票幅规格均为
195 mm×120 mm

注:东北制药总厂社会法人股票图片由陈连会提供。

票幅规格
195 mm×120 mm

票幅规格均为
165 mm×104 mm

票幅规格
180 mm×119 mm

吉诺尔股份有限公司股权证

一、首次发行概况

发行时间	发行股数	发行价格	上市时间	上市地点	股票简称	现股票简称	股票代码
1992.8	3 880万	1元/股	1996.12.10	深交所	吉诺尔	金鸿控股	000669

二、历史沿革介绍

吉诺尔股份有限公司发展历史可以追溯至1986年,当时由三线军工企业国营9214厂和吉林市钢窗厂合并组建吉林市电冰箱总厂。1989年,经吉林市经济委员会以吉市经联字〔1989〕235号文批准,由吉林市电冰箱总厂、吉林市激光材料厂、吉林市无线电机械厂等企业为核心,组建吉林吉诺尔电器(集团)公司。1992年,经吉林省体改委和吉林省国资局以吉改联批〔1992〕31号文批准,吉林吉诺尔电器(集团)公司以其所属的吉林市电冰箱总厂的经营性资产投资入股,与深圳金圣实业有限公司和广东万宝集团冷机制作工业公司共同发起,并以定向募集方式组建吉林吉诺尔股份有限公司。

1996年11月,经中国证监会以证监发字〔1996〕343号文和344号文审核批准,公司向社会公开发行股票1 367万股,同年12月10日,公司股票在深交所挂牌上市。

1999年,经吉林省政府以吉政函〔1999〕3号文和财政部财管字〔1999〕26号文的批准,将吉林吉诺尔股份有限公司30.99%的国有股股权转让给吉林中讯新技术有限公司(原吉林万德莱通讯设备有限公司)。1999年12月,公司进行资产置换,完成资产重组后的吉林吉诺尔股份有限公司更名为吉林中讯科技发展股份有限公司。2003年6月28日,公司名称变更为吉林领先科技发展股份有限公司,股票简称变更为"领先科技"。2013年5月9日,公司名称变更为中油金鸿能源投资股份有限公司。2017年9月,公司名称更名为金鸿控股集团股份有限公司,股票简称变更为"金鸿控股"。

截至2018年12月31日,公司总股本6.8亿股,第一大股东新能国际投资有限公司占比23.41%。

票幅规格均为 200 mm×118 mm

注：以上图片由周春喜提供。

长春百货大楼股份有限公司股权证(法人股)

一、首次发行概况

发行时间	发行股数	发行价格	上市时间	上市地点	股票简称	现股票简称	股票代码
1992.10.30	4 473.6万	1元/股	1994.4.25	上交所	长百集团	中天能源	600856

二、历史沿革介绍

长春百货大楼股份有限公司前身为长春市百货大楼,1992年经长春市体改委以长体改〔1992〕22号文批准,由长春市国资局作为发起人,以定向募集方式设立。1994年4月25日,经中国证监会批准上市,首次公开发行人民币普通股(A股)3 000万股,股票代码为600856,发行后股本为11 100万股。

2003年,公司原大股东净月潭旅游经济开发区管委会将其持有的公司5 300万国有股分别转让给合涌源发展及合涌源投资。

2015年11月12日,公司名称变更为长春中天能源股份有限公司。公司的股票简称自2015年11月24日起由"长百集团"变更为"中天能源",股票代码"600856"不变。

截至2018年12月31日,公司总股本为13.67亿股,第一大股东青岛中天资产管理有限公司占比16.04%。

票幅规格
290 mm×129 mm

长春汽车城百货股份有限公司股权证

一、首次公开发行概况

发行时间	发行股数	发行价格	上市时间	上市地点	股票简称	现股票简称	股票代码
1992.7	2 793.86万	1元/股	1993.12.6	上交所	长春东百	欧亚集团	600697

二、历史沿革介绍

长春汽车城百货股份有限公司前身长春市汽车城百货大楼始建于1953年,原名为长春市百货公司第四百货商店,为全民所有制企业,隶属长春市百货公司,1985年1月更名为长春市汽车城百货大楼,隶属关系改为长春市第一商业局。1992年3月,经长春市体改委以长体改〔1992〕37号批准,公司定向募集股票58 263 353元,其中国家股以资产折股,法人股及个人股均以现金按面值每股1元认购。1992年8月8日,公司正式更名为长春市汽车城百货股份有限公司,并在长春市工商行政管理局注册登记。

1993年,经中国证监会以证监发审字〔1993〕49号文复审通过,公司向社会公开发行个人股2 000万元,每股溢价4.20元。股票上市申请经上交所以上证上〔1993〕2095号文审核批准,并于1993年12月6日在上海证券交易所挂牌交易。

1996年5月29日,经1995年度股东大会审议通过,公司更名为长春欧亚集团股份有限公司。股票简称由"长春东百"变更为"欧亚集团"。

截至2018年12月31日,公司总股本1.59亿股,其中第一大股东长春市汽车城商业有限公司占比24.52%。

票幅规格均为
175 mm×110 mm

注:图片由陈连会提供。

东北华联贸易大厦股份有限公司股权证
四平金龙企业集团股份有限公司股权证

一、首次公开发行概况

发行时间	发行股数	发行价格	上市时间	上市地点	股票简称	现股票简称	股票代码
1988.12.25	500万	1.00元/股	1993.8.9	上交所	东北华联、高斯达	*ST斯达	600670

二、历史沿革介绍

　　东北华联贸易大厦股份有限公司前身为浑江市百货大楼,经吉林省体改委(吉改发〔1988〕38号文)和浑江市政府(浑政发〔1988〕119号文)批准,1988年12月在浑江市百货大楼基础上改组设立。1988年12月13日,经浑江市经济体制改革办公室和中国人民银行浑江市分行以浑改联发〔1988〕1号文《关于同意浑江市百货大楼股份有限公司发行股票的批复》,首次募集股份500万股。1990年3月15日,经浑江市经济体制改革办公室和中国人民银行浑江市分行以浑改联发〔1990〕5号文《关于对浑江市百货大楼股份有限公司申请增发股票的批复》,再次募集股份4 000万股。1991年11月,经吉林省体改委批准(吉改发〔1991〕40号文),公司更名为东北华联贸易大厦股份有限公司,注册地址长春市。1992年11月10日,吉林省体改委和中国人民银行吉林省分行以吉改联批〔1992〕31号文《关于东北华联贸易大厦股份有限公司增加国有股和募集法人股》的批复,第三次募集股份2 303万股。1993年1月,经吉林省体改委(吉改发〔1993〕5号文)批准,公司更名为东北华联股份有限公司。1993年2月25日,经国家体改委(体改生〔1993〕41号文)批准,继续进行公开发行股票的股份制试点,并经中国证监会以证监发审字〔1993〕20号文复审通过,股票上市申请经上海证券交易所审核批准,于1993年8月9日在上交所挂牌交易。1993年10月28日,经吉林省体改委和吉林省计经委以〔1993〕35号文批准成立东北华联集团股份有限公司。

　　四平金龙企业集团股份有限公司(四平金龙)是经四平市体改委以四改发〔1992〕48号文批准设立的,以房地产开发为主业。经吉林省体改委以吉改批〔1993〕114号文批准,并报中国证监会备案,从1994年1月1日起,上市公司东北华联吸收合并四平金龙等三家企业,实现资产经营一体化。

　　1994年,海南万通企业(集团)有限公司协议受让公司股份19 237 269股,成为公司第一大股东,占比16.40%。

　　1998年,长春高斯达生化药业集团股份有限公司先后受让万通实业集团有限公司和吉林省国际信托投资有限责任公司合计所持公司23 199 132股,成为第一大股东,占总股本的16.54%。由于公司实施资产重组,经1998年度股东大会批准更名为长春高斯达生物科技集团股份有限公司。

2004年,经司法拍卖,原第一大股东长春高斯达生化药业集团股份有限公司持有的公司23 199 132股中的20 199 132股由深圳广新投资发展有限公司竞得,深圳广新投资发展有限公司成为公司第一大股东。

由于公司2001年、2002年、2003年连续亏损,2004年9月21日,上海证券交易所作出了《关于决定长春高斯达生物科技集团股份有限公司股票终止上市的通知》(上证上字〔2004〕140号),公司股票从2004年9月24日起终止上市。公司股票于2004年12月1日起在全国代办股份转让系统中进行代办转让,并纳入非上市公众公司监管。

截至2018年12月31日,公司总股本1.40亿元,其中第一大股东深圳市广新投资发展有限公司占比14.39%。

票幅规格均为
175 mm×110 mm

注:图片由陈连会提供。

票幅规格均为 207 mm×129 mm

江苏省

江苏,简称"苏",是中华人民共和国省级行政区,省会南京。江苏省位于中国大陆东部沿海,北接山东,东濒黄海,东南与浙江和上海毗邻,西接安徽,全省总面积10.72万平方千米。江苏建省始于清代初年,取江宁、苏州两府的首字而得名。溯流求源,江苏是《尚书·禹贡》所载九州中的徐、扬两州的一部分。

江苏地处长江经济带,下辖13个设区市,22个县级市,19个县,55个市辖区。13个设区市全部进入百强,是唯一所有地级市都跻身百强的省份。江苏人均GDP、综合竞争力、地区发展与民生指数(DLI)均居中国各省第一,成为中国综合发展水平最高的省份,已步入"中上等"发达国家水平,江苏省常住人口8 050.7万人。2018年,江苏省实现地区生产总值92 595.4亿元,比上年增长6.7%。其中,第一产业增加值4 141.7亿元,增长1.8%;第二产业增加值41 248.5亿元,增长5.8%;第三产业增加值47205.2亿元,增长7.9%。人均地区生产总值115 168元,比上年增长6.3%。电子信息、轨道交通、新能源、智能制造装备、新材料、节能环保产业、航空航天、生产性服务业、医药、汽车是江苏省支柱产业。

截至2018年年底,江苏省共有上市公司404家,总股本3 703.79亿股,总市值3.16万亿元,累计募集资金9 121.05亿元。市值超过100亿元的有51家,超过1 000亿的有4家,分别是恒瑞医药、洋河股份、三六零、华泰证券。

江阴钢绳股份有限公司股权证

一、首次发行概况

发行时间	发行股数	发行价格	上市时间	上市地点	股票简称	现股票简称	股票代码
1993.3	1 320万	2元/股	1999.1.19	深交所	法尔胜	—	000890

二、历史沿革介绍

江苏法尔胜股份有限公司原名江阴钢绳股份有限公司,系于1993年3月18日经江苏省体改委批准,由法尔胜集团公司(原江苏钢绳集团公司,其前身为江阴钢绳厂)为主要发起人,联合中国冶金进出口江苏公司、青岛橡胶六厂、山东安泰橡胶有限公司(原枣庄橡胶厂)、辽宁省五金矿产进出口公司等5家单位共同发起,以定向募集方式设立的股份有限公司,设立时的股本总额为6 000万元。1998年4月25日,经公司临时股东大会审议通过,并经江苏省工商行政管理局批准,公司更名为江苏法尔胜股份有限公司。1999年起公司在深交所上市交易,股票代码为000890。2010年1月,公司控股股东江阴泓昇有限公司更名为江苏法尔胜泓昇集团有限公司,江苏法尔胜泓昇集团有限公司因收购了法尔胜集团公司,法尔胜集团公司成为江苏法尔胜泓昇集团有限公司全资子公司,法尔胜集团公司更名为法尔胜集团有限公司。

截至2018年12月31日,公司总股本3.80亿股,第一大股东法尔胜泓昇集团有限公司占比21.34%。

票幅规格均为
163 mm×123 mm

无锡威孚股份有限公司股权证

一、首次发行概况

发行时间	发行股数	发行价格	上市时间	上市地点	股票简称	现股票简称	股票代码
1992.10	2 300万	1元/股	1998.9.24	深交所	苏威孚A	威孚高科	000581
1995.8	6 800万	2.46港元/股	1995.9.11	深交所	苏威孚B	—	200581

二、历史沿革介绍

无锡威孚股份有限公司前身无锡油泵油嘴厂,于1958年在江苏省无锡市成立,生产柴油油泵油嘴设备。1962年无锡油泵油嘴厂拨归农业机械部管理。1970年,无锡油泵油嘴厂拨归江苏省机械工业厅管理。1988年4月,以无锡油泵油嘴厂为主要核心企业组建无锡油泵油嘴集团公司。1992年10月,经江苏省体改委苏体改生〔1992〕130号文批准,无锡油泵油嘴集团公司整体改制设立公司。公司接手原无锡油泵油嘴集团公司的所有业务,原无锡油泵油嘴集团公司的非经营性资产由无锡市国有资产管理办公室委托该公司管理,无锡油泵油嘴集团公司在公司成立后即终止营业。公司成立时总股本总额为11 543.55万元。1994年12月,经无锡市体改委和无锡市国有资产管理办公室以锡体改委发〔1994〕62号文批准,成立无锡威孚集团有限公司(简称"威孚集团"),并将公司管理的非经营性资产转为由威孚集团公司管理。威孚集团主要经营普通机械的加工、制造及销售,以及仪器仪表、五金交电的销售和机械技术咨询服务。1995年,经江苏省政府以苏政复〔1995〕97号文授权威孚集团为国有资产投资主体,并经无锡市国有资产管理办公室和无锡市体改委以锡国资财〔1995〕7号文批准,公司的国有股权界定为国有法人股,由威孚集团持有。

1995年8月,经江苏省体改委以苏体改生〔1995〕75号文及深圳市证券管理办公室〔1995〕82号文批复,公司向境外投资者配售6 800万元B股并于同年9月在深交所上市流通。该次配售完成后,公司总股本总额为18 343.55万元。

1998年6月,经中国证监会批准,公司在深交所采用上网定价发行方式,发行人民币普通股(A股)12 000万股,发行后股本总额为30 343.55万元。

2010年5月27日,经公司2009年度股东大会审议批准,公司名称变更为无锡威孚高科技集团股份有限公司。

截至2018年12月31日,公司总股本10.09亿股,第一大股东无锡产业发展集团有限公司占比20.22%。

江苏省 211

票幅规格均为
210 mm×168 mm

常州市金狮经济发展公司股权证券

一、首次发行概况

发行时间	发行股数	发行价格	上市时间	上市地点	股票简称	现股票简称	股票代码
1987.5.28	1 164万	1元/股	1998.5.29	深交所	金狮股份、炎黄在线、炎黄物流	高能1	000805、400060

二、历史沿革介绍

江苏炎黄在线物流股份有限公司原名常州市金狮股份有限公司,系1987年3月21日经常州市计委常计〔1987〕44号文批准成立的股份有限公司。公司股票于1998年5月29日在深交所挂牌交易,股票代码为000805。

由于2003年、2004年、2005年连续三年亏损,*ST炎黄于2006年被深交所暂停上市。而在此之后,*ST炎黄不断抛出重组计划,但全部流产。

2012年12月25日,*ST炎黄公告称,恢复上市申请事项未获通过。

2013年3月25日,*ST炎黄(000805)发布股票终止上市公告,并于3月27日摘牌。公司原流通股份将于股票摘牌后45个工作日内进入全国中小企业股份转让系统交易(股票简称"炎黄5",股票代码为400060)。

2013年6月4日,其因筹划重大资产重组事项申请暂停转让,直到2016年9月5日复牌。

2015年8月,公司名称变更为江苏高能时代在线股份有限公司,英文名称变更为JIANGSU GORAL TIMES ONLINE CO.,LTD。公司股票简称由"炎黄5"变更为"高能1"。

票幅规格
153 mm×80 mm

南京天龙股份有限公司股权证

一、首次发行概况

发行时间	发行股数	发行价格	上市时间	上市地点	股票简称	现股票简称	股票代码
1992.5.13~5.29	33万	10元/股	1993.10.28	深交所	G红太阳，宁天龙A	红太阳	000525

二、历史沿革介绍

南京天龙股份有限公司前身南京造漆厂创建于1958年7月，1992年3月经宁体改字〔1992〕36号文批准进行股份制改组，南京造漆厂名称变更为南京天龙股份有限公司。

1993年9月10日，经中国证监会以证监发审字〔1993〕43号文批准发行社会公众股2 000万股股票，并于1993年10月28日在深交所上市交易，股票简称"宁天龙"，股票代码为000525。

2000年1月18日，经1999年度临时股东大会审议通过，公司更名为南京红太阳股份有限公司。同年1月20日，公司股票简称由"宁天龙"变更为"红太阳"。公司后经多次实施送配股及非公开发行，至2011年9月21日，公司注册资本由280 238 842元变更为507 246 849元。

截至2018年12月31日，公司总股本5.81亿股，第一大股东南京第一农药集团有限公司占比51.75%。

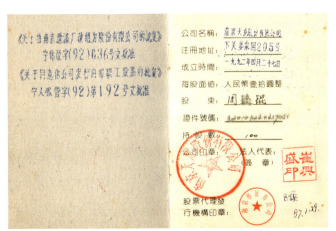

票幅规格均为
194 mm×136 mm

武进柴油机厂股票

一、首次发行概况

发行时间	发行股数	发行价格	上市时间	上市地点	股票简称	现股票简称	股票代码
1997.9.25	10 145万	0.52美元/股	1997.10.16	上交所	五菱B	新城B	900950

二、历史沿革介绍

1997年10月,武进柴油机厂(始建于1956年)把生产柴油机的主要经营性资产,经评估确认为2.2亿元,折成1.48亿股,经国家国资局界定为国家股并由武进市国资局委托武进柴油机厂持有,采用募集设立方式组建江苏五菱柴油机股份有限公司(简称"五菱股份"),经国务院证券委员会以证委发〔1997〕60号文和上海市证券管理办公室以沪证市〔1997〕24号文批准,发行10 145万股五菱B股,并可行使不超过该次发行额度15%的超额配售权,每股面值1.00元,发行价格为每股4.31元,折合每股0.52美元。经上交所上证上〔1997〕87号文审核批准,公司B股于1997年10月16日在上交所挂牌交易。武进柴油机厂持有五菱股份58.86%的股权。五菱股份设立后,武进柴油机厂生产经营柴油机的业务转到五菱股份,自身不再生产柴油机,所拥有的五菱商标独家许可五菱股份使用。

2001年12月11日起,公司名称变更为江苏新城房产股份有限公司,股票简称由原来的"五菱B股"变更为"新城B股",股票代码不变。

票幅规格
175 mm×94 mm

2002年9月,经财政部财企〔2002〕350号文批准,公司原第一大股东武柴厂将持有公司58.86%的国家股股权分别转让予新城集团29.36%、环球房产22%及泛华投资7.5%,并于2002年10月办妥股权过户手续。公司实际控制人为新城集团。2009年,公司控股股东由江苏新城实业集团有限公司变更为新城控股集团有限公司。

2015年5月25日,公司召开股东大会审议通过了《关于新城控股集团股份有限公司换股吸收合并江苏新城地产股份有限公司方案的议案》,并于2015年9月18日经中国证监会证监许可〔2015〕2144号文核准。新城控股向新城B除新城控股以外的全体股东发行A股股票,并以换股方式吸收合并新城B。合并完成后,新城控股将作为存续公司承继及承接江苏新城的全部资产、负债、业务、人员、合同及其他一切权利与义务,新城B终止上市并注销法人资格;同时,新城控股的A股股票将申请在上交所上市流通。

公司于2015年11月18日收到上交所《关于江苏新城地产股份有限公司股票终止上市的决定》,自11月23日起终止公司股票上市交易。

2015年12月4日,新城控股吸收合并新城地产并在A股上市,这是继2013年浙能控股吸收合并东南电力并在A股上市之后的第二个"B转A"案例。股票简称"新城控股",股票代码为601155。

江阴兴澄冶金实业股份有限公司股票

一、首次发行概况

发行时间	发行股数	发行价格	上市时间	上市地点	股票简称	现股票简称	股票代码
1988.7.1	5万	100元/股	1997.2.28	深交所	兴澄股份	模塑科技	000700

二、历史沿革介绍

江阴兴澄冶金实业股份有限公司是经江阴市政府以澄政复〔1988〕37号文及无锡市体改委锡体改委发〔1988〕38号文批准，以募集方式设立，由江阴钢厂作为发起人改组设立的股份有限公司。公司于1988年7月经中国人民银行无锡分行以锡银管〔1988〕6号文批准，委托江阴市工商银行，以及无锡市崇安、南长、北塘合作银行，向社会公开发行股票500万元，同时将原江阴钢厂职工的291.66万元集资款经首次董事会讨论通过并报经人民银行批准转为公司个人股本，全部股本到位后，公司股本为35.3937万股，每股面值100元，计3539.37万元。其中，法人股本27.4771万股，计2747.71万元（原钢厂2747.71万元净资产折股），占总股本的77.63%；个人股本7.9166万股，计791.66万元，占总股本的22.37%。1997年2月28日，公司向境内投资人发行的以人民币认购的内资股1481.87万股在深交所上市交易，股票简称"兴澄股份"，股票代码为000700。

1999年，公司以1998年末总股本11192.75万股为基数，向全体股东按10:3的比例配股。配股后公司总股本增至12452.18万股。2000年，公司更名为江南模塑科技股份有限公司，简称"模塑科技"。2002年9月，公司增发3000万股（A股）新股。2015年2月，完成非公开发行股票49560351股。2015年3月，完成公司注册资本工商变更登记，公司注册资本由30904.36万元变更为35860.3951万元。

截至2018年12月31日，公司总股本8.27亿股，第一大股东江阴模塑集团有限公司占比35.78%。

江苏省

票幅规格均为
175 mm×161 mm

江山农化股权证

一、首次发行概况

发行时间	发行股数	发行价格	上市时间	上市地点	股票简称	现股票简称	股票代码
2000.12.25	4 000万	7.00元/股	2001.1.10	上交所	江山股份	—	600389

二、历史沿革介绍

　　南通江山农药化工股份有限公司是1997年12月31日经江苏省政府以苏政复〔1997〕173号文批准,由工贸公司(原南通精华集团有限公司)联合天津市绿保农用化学科技开发有限公司、沈阳化工研究院、江苏省农业生产资料(集团)公司、南通农药厂工会(现南通江山农药化工股份有限公司工会)四家法人单位共同发起设立。1998年1月21日,公司注册资本为11 000万元。2000年12月26日,经中国证监会以证监发行字〔2000〕182号文批准,公司向社会公众发行人民币普通股(A股)4 000万股,并于2001年1月10日在上交所挂牌上市。2007年8月23日,原控股股东南通产业控股集团有限公司将持有公司11 174.4万股股份中的5 544万股股份转让给中化国际(控股)股份有限公司。

　　截至2018年12月31日,公司总股本2.97亿股,第一大股东中化国际(控股)有限公司占比29.12%。

票幅规格均为 277 mm×94 mm

连云港如意集团股份有限公司股权证

一、首次发行概况

发行时间	发行股数	发行价格	上市时间	上市地点	股票简称	现股票简称	股票代码
1994.6	1 013万	1元/股	1996.11.28	深交所	如意集团	远大控股	000626

二、历史沿革介绍

连云港如意集团股份有限公司是1994年6月27日经江苏省体改委以苏体改生〔1994〕72号文批准,在连云港开发区农副食品有限公司改制基础上,以连云港开发区农副食品有限公司为主要发起人,联合连云港农业开发公司、连云港兴农农业有限公司共同发起,以定向募集方式设立的股份有限公司。公司于1996年10月22日经中国证监会以证监发字〔1996〕282号文和证监发字〔1996〕283号文批准,首次向社会公众发行人民币普通股1 250万股,1996年11月6日首次上网定价发行股票,于1996年11月28日在深交所上市。

2016年5月11日,公司收到中国证监会《关于核准连云港如意集团股份有限公司向宁波至正投资管理有限公司等发行股份购买资产并募集配套资金的批复》(证监许可〔2016〕1001号),2016年10月25日,公司名称变更为远大产业控股股份有限公司,公司股票代码"000626"不变。

截至2018年12月31日,公司总股本5.50亿股,第一大股东中国远大集团有限责任公司占比38.09%。

票幅规格
268 mm×120 mm

徐州工程机械股份有限公司股权证持有卡

一、首次发行概况

发行时间	发行股数	发行价格	上市时间	上市地点	股票简称	现股票简称	股票代码
1993.6	4 880.42万	1元/股	1996.8.28	深交所	徐工科技	徐工机械	000425

二、历史沿革介绍

徐工集团工程机械股份有限公司系1993年6月15日经江苏省体改委以苏体改生〔1993〕230号文批准,由徐州工程机械集团有限公司以其所属的工程机械厂、装载机厂和营销公司,经评估确认后1993年4月30日的净资产出资组建的定向募集股份有限公司,1996年8月首次发行公众股份上市。2009年9月4日,公司名称变更为徐工集团工程机械股份有限公司。

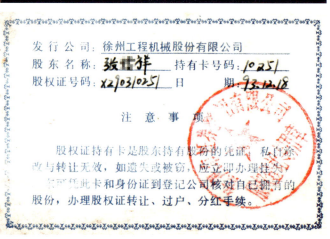

票幅规格
124 mm×158 mm

后经历次股本变更(含送转股及公开和非公开发行人民币普通股A股)注册资本变更为2 062 758 154元。截至2015年2月6日,可转换公司债券原持有人共转股298 671 080股。

根据公司董事会和股东会决议,公司回购部分社会公众股。截至2016年6月12日,公司回购股份共计76 560 047股,且予以注销。至此,公司的注册资本为7 007 727 655元。

截至2018年12月31日,公司总股本为78.34亿股,第一大股东徐工集团工程机械有限公司占比38.11%。

南通机床股份有限公司个人/法人股票

一、首次发行概况

发行时间	发行股数	发行价格	上市时间	上市地点	股票简称	现股票简称	股票代码
1989.1.1~5.1	16 555万	100元/股	1994.5.20	上交所	南通机床	中航高科	600862

二、历史沿革介绍

南通机床股份有限公司(简称"南通机床"),系经南通市政府以通政复〔1988〕48号文批准,将南通机床厂的有效资产(不含非经营性资产)以及第三机床厂、锻造厂、第四机床厂中的国有资产作为国家股投入;将原第三机床厂、锻造厂中属于芦泾乡经联会(现更名为芦泾实业有限公司)所享有的资产折股2 827 481.82元作为法人股投入;将第四机床厂中属于八厂乡经联会(现更名为文峰经济开发总公司)所享有的资产折股3 791 122.37元作为法人股投入,于1988年12月21日成立的股份公司。南通科技设立时的总股本为36 264 140.22股。1989年,经中国人民银行南通分行通银管〔1988〕108号文批准向社会发行面值100元的个人股股票16 555股,实收165.55万元。

1994年4月,南通机床向社会公众公开发行人民币普通股股票2 000万股。该次公开发行股票后南通机床的总股本为6 195.99万股,其中控股股东南通市国资局持有3 024.72万股,占南通机床总股本的48.82%。1994年5月20日,南通机床股票在上交所上市交易,股票代码为600862,股票简称"南通机床"。

1996年5月,南通机床向全体股东按每10股送2股的比例分配利润,该次利润分配完成后,南通机床总股本由6 195.99万股增至7 435.20万股。

1998年8月,南通市国资局将其持有的南通机床2 800万股股份转让给江苏省技术进出口公司(简称"江苏技术"),同时南通市国资局分别受让南通市文峰经济开发总公司、南通市芦荃实业公司、南通市闸东实业总公司持有的709.023 6万股、393.207 8万股、104.640 5万股。该次股权转让完成后,江苏技术持有南通机床总股本的37.66%股份,成为公司控股股东。

1999年9月,南通机床向全体股东按每10股送2.5股转增7.5股的比例分配利润。该次中期利润分配完成后,南通机床总股本由7 435.20万股增至14 870.40万股。

2000年5月,南通机床通过向社会公众公开募集方式增发人民币普通股5 000万股,每股发行价格13.88元。该次增发完成后,南通机床总股本由14 870.40万股增至19 870.40万股。

2000年7月3日,南通机床名称变更为南通纵横国际股份有限公司(简称"纵横国际")。

2001年4月,纵横国际向全体股东按每10股转增2股进行资本公积转增股本,共计转增3 974.08万股。该次转增实施后,纵横国际总股本由19 870.40万股增至23 844.48万股。

2001年11月,南通市国资委将其持有的纵横国际4 887.69万股股票转由江苏华容集团有限公司(简称"江苏华容")持有。该次国家股持股单位变更后,纵横国际的总股本仍为23 844.48万股。

2008年1月,江苏华容将其持有的纵横国际4 887.6924万股(占纵横国际总股本20.50%)的国有股份无偿划转给南通工贸国有资产经营有限公司(后更名为南通产业控股集团有限公司,即"南通产控"),江苏技术将其持有的纵横国际6 720万股(占纵横国际总股本28.18%)转让给南通产控的控股子公司——南通工贸。南通产控成为纵横国际的实际控制人。

2007年2月1日,纵横国际更名为"南通科技投资集团股份有限公司"。

2010年4月,南通科技向特定对象非公开发行股份8 051.95万股。该次非公开发行股份完成后,公司总股本由23 844.48万股变更为31 896.42万股。

票幅规格均为
152 mm×103 mm

2011年11月,南通科技按每10股转增10股进行资本公积金转增股本,该次转增实施后,公司总股本由31 896.4244万股增至63 792.8488万股。

2015年,公司向中航高科技发展有限公司等7家法人发行566 340 463股股份,购买其合计持有的中航复合材料有限责任公司等100%股权,同时公司募集配套资金。变更后注册资本为1 393 049 107元。

2016年3月,公司名称变更为中航航空高科技股份有限公司。

截至2018年12月31日,公司总股本13.93亿股,第一大股东中航高科技发展有限公司持股占比42.86%。

南京医药股份有限公司股权证

一、首次发行概况

发行时间	发行股数	发行价格	上市时间	上市地点	股票简称	现股票简称	股票代码
1993.12	3 150万	1.3元/股	1996.7.1	上交所	南京医药	—	600713

二、历史沿革介绍

南京医药股份有限公司的主要发起人南京医药(集团)公司(原南京市医药公司),始建于1951年,是经南京市政府以一秘办〔1951〕674号批复及华东军政委员会卫生部以卫药字第555号批示成立,性质为公营企业,又名南京市公营医药公司,行政隶属于南京市卫生局。1994年,南京医药(集团)公司以其主要的经营性资产与原中国人民建设银行江苏省信托投资公司、南京市国有资产经营公司、南京天宇医疗器械总公司共同作为发起人,采用定向募集方式成立该公司。1993年12月,经南京市体改委批准,分别向社会法人和内部职工定向募集3 000万股和150万股,发行价为每股1.30元。

1996年6月7日,公司经中国证监会批准向社会公开发行人民币普通股2 076万股,并于同年7月1日在上交所挂牌交易。

2012年9月起,公司与世界500强之一联合博姿公司开始战略合作项目(其现为全球第一家以药店为主导的世界级医药保健企业沃博联公司),该项目于2014年末完成,公司成为中国医药流通业首家中外合作上市企业(国有控股27.18%,外资持股12%,为公司第二大股东)。

截至2018年12月31日,公司总股本10.42亿股,第一大股东南京医药集团有限责任公司占比23.22%。

票幅规格均为
162 mm×121 mm

黄海股份有限公司(集团)股票

一、首次发行概况

发行时间	发行股数	发行价格	上市时间	上市地点	股票简称	现股票简称	股票代码
1988.4.2	3.5万	100元/股	1994.1.3	上交所	江苏悦达	悦达投资	600805
1993.11.24	1 700万	6.6元/股	1994.1.3	上交所	江苏悦达	悦达投资	600805

二、历史沿革介绍

黄海股份有限公司(集团)系经盐城市计经委以盐市计经〔1988〕65号文批复,于1998年3月18日在盐城市拖拉机厂基础上经股份制改组而设立的股份制企业,1988年4月2日,经中国人民银行盐城分行以盐人银管〔1988〕25号文批准,向社会公众发行股票350万元,每股面值100元。同年12月,根据国家体改委办公厅以厅字〔1988〕8号文通知,"黄海"与"金杯""飞乐"等9家企业被国家体改委列为全国十家股份制试点企业信息跟踪单位。

票幅规格
178 mm×90 mm

票幅规格
195 mm×100 mm

1992年12月,经江苏省政府批准,江苏黄海股份有限公司(集团)与江苏悦达实业集团公司所属5家企业改组合并为江苏黄海股份有限公司(集团)。江苏悦达实业集团公司成立于1992年5月,其前身是盐城市物资实业总公司。经国家体改委以体改生〔1993〕28号文批准,江苏省体改委以苏体改生〔1993〕30号文、盐城市体改委以盐体改〔1993〕6号文逐级转批,合并后的江苏黄海股份有限公司(集团)继续进行股份制试点。1993年2月25日,公司更名为江苏悦达股份有限公司,原江苏黄海股份有限公司(集团)注销。1993年11月,经中国证监会以证监发审字〔1993〕91号文复审通过,公司向社会公开发行股票,经上交所〔1993〕2109号文审核批准,公司股票于1994年1月3日在上交所挂牌交易。2001年1月,公司更名为江苏悦达投资股份有限公司。

截至2018年12月31日,公司总股本8.51亿股,其中第一大股东江苏悦达集团有限公司占比28.99%。

注:股票图片来源于《中国上市公司实物股票图册》(中国证券业协会、中国钱币学会编)。

江西省

江西，简称"赣"，是中华人民共和国省级行政区，省会南昌。江西省位于中国东南部，东邻浙江、福建，南连广东，西靠湖南，北毗湖北、安徽而共接长江。江西为长江三角洲经济区、珠江三角洲经济区和海峡西岸经济区的中心腹地，资源丰富，有"世界钨都""稀土王国""中国铜都""有色金属之乡"的美誉。

江西辖11个地级市，27个市辖区，11个县级市，62个县，合计100个县级区划，常住人口4 622.1万人。2018年全省生产总值（GDP）21 984.8亿元，建立了汽车、机械、电子、化工、冶金、建材、食品、纺织、医药等多门类工业体系，其中有色金属冶炼、机械制造、制瓷等居全国前列。

截至2018年年底，江西省共有上市公司42家，总市值排名前十的企业为江西铜业、赣锋锂业、中文传媒、新钢股份、诚志股份、方大特钢、正邦科技、博雅生物、江铃汽车、九鼎投资。市值超过百亿元的有11家，其中市值第一的为江西铜业，市值达455.7亿元。

江西长运股份有限公司股权证/股权证持有卡

一、首次公开发行概况

发行时间	发行股数	发行价格	上市时间	上市地点	股票简称	现股票简称	股票代码
1993.4	900万	1元/股	2002.7.16	上交所	江西长运	—	600561

二、历史沿革介绍

江西长运股份有限公司前身为国有企业江西长途汽车运输公司，经江西省股份制改革联审小组赣股〔1992〕3号文《关于"江西长运股份有限公司"设立的批复》和赣股字〔1993〕3号文《关于江西长运股份有限公司组建中若干问题的批复》批准，由江西长途汽车运输公司和中国银行江西信托咨询公司共同发起，并向泰金发展有限公司、江西省投资公司、职工个人定向募集，于1993年4月3日采取定向募集方式设立的股份有限公司。

2002年6月12日，经中国证监会以证监发行字〔2002〕61号文批准，公司于2002年7月1日在上交所以向二级市场投资者定价配售方式成功发行了人民币普通股3 000万股，每股面值1.00元，每股发行价格4.78元。经上交所以上证上字〔2002〕123号《关于江西长运股份有限公司人民币普通股股票上市交易的通知》批准，公司公开发行3 000万股社会公众股于2002年7月16日起在上交所挂牌交易，股票简称"江西长运"，股票代码为600561。

截至2018年12月31日，公司总股本2.37亿股，其中第一大股东江西长运集团有限公司占比27.70%。

票幅规格
130 mm×164 mm

票幅规格
88 mm×60 mm

辽宁省

辽宁，简称"辽"，是中华人民共和国省级行政区，省会沈阳。辽宁省位于中国东北，南濒黄海、渤海二海，西南与河北接壤，西北与内蒙古毗连，东北与吉林为邻，东南以鸭绿江为界与朝鲜隔江相望，辽宁省总面积14.8万平方千米。辽宁省历史悠久，古文化源远流长。早在远古时代，辽宁地区就有人类劳动、繁衍、生息活动。在营口出土的金牛山文化就表明早在28万年前就有人类在此栖息。根据中国最早的史书《禹贡》记载，辽宁地区最早为冀、青二州之城。

辽宁省下辖14个地级市，16个县级市，17个县，8个自治县，59个市辖区，辽宁省常住人口4 368.9万人。2018年辽宁省全年实现生产总值2.53万亿元，比上年同期增长5.7%，GDP增速位居东北三省之首，人均地区生产总值实现54 745元。其中装备制造业、石化工业、冶金工业、农产品加工业是辽宁省支柱产业。

截至2018年年底，辽宁省共有上市公司75家，总股本1 178.85亿股，总市值5 757.29亿元，累计募集资金3 008.89亿元。市值超过100亿元的有恒力股份、国电电力、鞍钢股份、广汇汽车、圆通速递、大连港、桃李面包、机器人、辽宁成大、联美控股、营口港、东软集团、本钢板材。

鞍钢冷轧薄板公司股票(1988)
鞍钢线材股份有限公司股票(1987)

一、首次发行概况

发行时间	发行股数	发行价格	上市时间	上市地点	股票简称	现股票简称	股票代码
1997.11.17	30 000万	3.90元/股	1997.12.25	深交所	鞍钢新轧	鞍钢股份	000898
1997.7.24	89 000万	1.63港元/股	1997.7.24	港交所	鞍钢新轧	鞍钢股份	00347

三、历史沿革介绍

　　鞍钢新轧钢股份有限公司是经国家体改委以体改生〔1997〕62号文批准,由鞍钢集团公司作为发起人于1997年5月8日以发起设立方式成立的股份有限公司。根据重组方案,鞍钢集团公司将下属的冷轧厂、线材厂和厚板厂的资产和负债评估后经国家国资局确认投入该公司,净资产为202 881.76万元,折为国有法人股131 900万股。

　　公司H股1997年7月24日在港交所挂牌交易,股票代码为00347。

　　公司于1997年11月16日在境内发行了30 000万股A股,按每股3.9元溢价发行,其中利用深交所系统上网公开发行数量28 550.54万股,配售公司职工股1 449.46万股。

　　2005年10月公司开始进行股权分置改革,至2005年12月公布股权分置改革实施公告。

　　2006年1月,鞍钢新轧钢股份有限公司成功收购鞍钢集团新钢铁有限责任公司100%股权,实现了鞍钢钢铁主业的整体上市,股票简称由"鞍钢新轧"变更为"鞍钢股份"。

　　2010年5月20日,国务院国资委正式同意鞍钢与攀钢实行联合重组。

　　2017年11月23日,鞍钢集团将其通过其全资子公司鞍山钢铁集团有限公司持有的该公司65 000万股A股股份无偿划转给中国石油天然气集团公司。

　　截至2018年12月31日,公司总股本72.35亿股,第一大股东鞍山钢铁集团有限公司占比53.33%。

票幅规格
203 mm×125 mm

票幅规格均为
175 mm×75 mm

票幅规格均为
175 mm×75 mm

注：鞍钢冷轧股票票样图片由陈连会提供。

沈阳物资开发股份有限公司股票

一、首次发行概况

发行时间	发行股数	发行价格	上市时间	上市地点	股票简称	现股票简称	股票代码
1989.2.21	1 550万	1元/股	1993.5.18	深交所	辽物资、*ST烯碳	已退市	000511

二、历史沿革介绍

沈阳物资开发股份有限公司系经沈阳市大中型企业股份制试点联合办公室以沈股办发〔1988〕3号文批准,在沈阳市物资回收总公司的基础上于1988年9月改制组建的股份制企业。经中国证监会批准,公司股票于1993年5月18日在深交所挂牌上市流通。

1998年8月1日,沈阳银基集团股份有限公司与沈阳物资开发股份有限公司签署了资产置换协议书:沈阳银基集团股份有限公司以其拥有的沈阳皇城商务酒店有限公司、沈阳银基置业装饰工程有限公司和沈阳市海外旅游总公司三家子公司经评估后的全部净资产,与沈阳物资开发股份有限公司经评估后的全部净资产进行100%的资产置换,并变更了主营业务。

2013年,公司与海城市镁和贸易有限公司、鑫宇密封材料有限公司签署资产置换协议。2014年1月10日,公司变更了主营业务,转型进入烯碳新材料领域。

2017年12月15日,上市公司控股股东未发生变化,仍为沈阳银基,上市公司实际控制人由刘成文变更为黄远成。

因2014年、2015年、2016年连续三个会计年度经审计的净利润为负值,深交所决定公司股票自2017年7月6日起暂停上市。

票幅规格
310 mm×145 mm

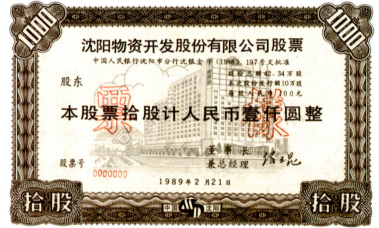

票幅规格均为 310 mm×145 mm

沈阳第一机床厂(内部)股票

一、首次发行概况

发行时间	发行股数	发行价格	上市时间	上市地点	股票简称	现股票简称	股票代码
1993.5	4 585.8万	1元/股	1996.7.18	深交所	沈阳机床	—	000410

二、历史沿革介绍

  沈阳机床股份有限公司是由沈阳第一机床厂、中捷友谊厂和辽宁精密仪器厂三家联合发起,于1993年5月成立,经沈阳市体改委以沈体改〔1992〕31号文批准设立的股份制企业。1996年7月,经中国证监会以证监发审字〔1996〕111号文批准,向社会公开发行人民币普通股5 400万股,发行后公司总股本为215 823 518股并在深交所上市交易。1997年6月28日,按年末股本总额21 582.35万股,每10股送红股2股;资本公积转增股本,每10股转增1股。实施配股方案后股本总额为28 057.04万股。1998年2月,经中国证监会以证监上字〔1998〕14号文批准,该公司实施了每10股配2.3股的方案。实施配股方案后股本总额为34 091.93万股。

  2006年2月14日,开始股权分置改革。股权分置改革后,总股本仍为34 091.93万股。

  根据沈阳机床(集团)有限责任公司与沈阳工业国有资产经营有限公司于2006年12月12日签署的《股权划转协议》,辽宁省政府《关于同意划转沈阳机床股份有限公司国有股权的批复》(辽政〔2006〕108号),沈阳机床(集团)有限责任公司以行政划转方式受让沈阳工业国有资产经营有限公司持有的沈阳机床14 240.74万股国家股及沈阳机床股权分置改革中工业公司垫付对价281.12万股的追索权,以上两项合计股份14 521.86万股。

  2017年12月,国家启动东北地区国有企业综合改革试点,国务院八部委支持《沈阳机床厂综合改革方案》,该方案重点包括:重组整合打造三大产业集群、市场化债转股、发展混合所有制经济等,这三大核心部分均与沈阳机床有关。

  截至2018年12月31日,公司总股本7.65亿股,第一大股东沈阳机床(集团)有限责任公司占比30.13%。

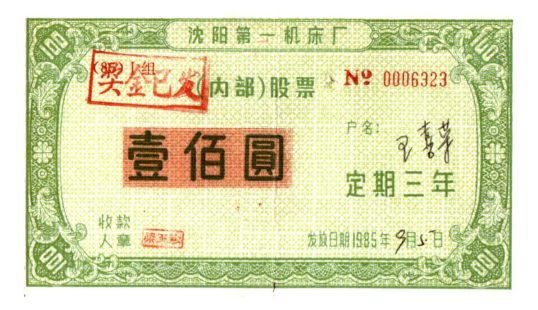

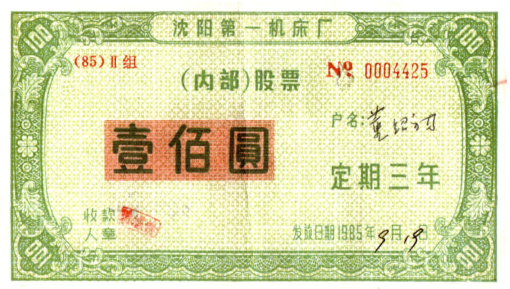

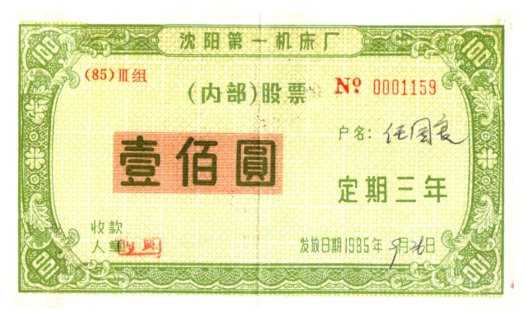

票幅规格均为
156 mm×96 mm

大连龙泉酿酒股份有限公司股票

一、首次发行概况

发行时间	发行股数	发行价格	上市时间	上市地点	股票简称	现股票简称	股票代码
1989.3.1	11.5万	100元/股	1998.10.16	深交所	大龙泉、长兴实业、ST长兴、长兴1	已退市	000827 400043

二、历史沿革介绍

大连龙泉酿酒股份有限公司是1988年10月经大连市体改委以大体改委发〔1988〕25号文批准由大连龙泉酒厂（创建于1957年7月13日，隶属于瓦房店市乡镇工业局）和瓦房店非标准轴承厂共同发起设立向社会公开发行股票的股份制试点企业。1988年12月，发起人双方成立筹备委员会，1989年1月29日，大连龙泉酿酒股份有限公司登记注册。1989年2月，中国人民银行大连市分行以大银金字〔1989〕41号文批准，公司发行股票1 150万元，每股面值100元，其中发起人大连龙泉酒厂以资产入股形式认购430万元（由瓦房店横山乡政府工业办持有），瓦房店非标准轴承厂以资产入股形式认购200万元（1989年6月由瓦房店非标准轴承设计制造公司持有），向社会集团和城乡居民公开发行520万元。该次股票发行公布了《大连龙泉酿酒股份有限公司发行股票说明书》，并在1989年2月27日《大连日报》刊登了发行公告，1989年3月1日开始公开发售至同年6月1日股本金全部到位。至此，股份公司开始正式运作。股本总额为1 150万元，其中，发起人法人股630万元，占54.78%；社会公众股520万元，占45.22%。1990年、1991年和1992年分别按5股送1股、5股送1股和4股送1股的比例向全体股东送红股，使公司股本总额扩大为2 070万元。

1993年11月，大连市体改委以大体改委发〔1993〕165号文批准公司股票面值由每股100元拆细为每股1元和将公司公积金按1股送1股的比例转增股本，同时批准公司增扩定向法人股860万元。该次定向法人股按溢价发行，每股发行价1.96元。至此，公司股本总额达到5 000万元，其中法人股3 128万元，占62.56%；社会公众股1 872万元，占37.44%。

1993年12月，国家体改委以体改生〔1993〕222号文批准公司继续进行规范化股份制企业试点。1994年11月，经大连市体改委以大体改委发〔1994〕30号文批准，公司更名为大连龙泉股份有限公司。

经中国证监会证监发字〔1998〕260号文批准，根据深交所以深证发261号《上市通知书》，公司股票于1998年10月16日在深交所挂牌交易。公司总股本为5 000万股，此次可流通股为1 872万股,均为1989年3月1日至1989年6月1日向社会公开发行和分红派息增加的属于历史遗留问题的股票。

由于公司连续三年亏损,根据《亏损上市公司暂停上市和终止上市实施办法》和《深圳证券交易所股票上市规则》的规定,公司股票于2005年5月9日被深交所暂停上市,2005年9月21日被深交所终止上市。

票幅规格
248 mm×143 mm

中国大杨企业集团股份有限公司股票

一、首次公开发行概况

发行时间	发行股数	发行价格	上市时间	上市地点	股票简称	现股票简称	股票代码
1992.12	3 000万	1元/股	2000.6.8	上交所	大杨创世	圆通速递	600233

二、历史沿革介绍

1992年,经大连市股份制改革试点领导小组办公室大股办发〔1992〕5号文批准,大杨服装集团公司将其部分资产折股,以定向募集方式设立中国大杨企业集团股份有限公司。发行总股本为4 300万股,其中发起人法人股1 300万股,内部职工股3 000万股。1993年,经大连市体改委以大体改委函字〔1993〕30号文批准,公司的法人股股东以增投资产的方式认购公司新增股本10 700万股,增资扩股后股本总额为15 000万股,其中,法人股为12 000万股,占总股本的80%;内部职工股3 000万股,占总股本的20%。1997年6月25日,经公司第六次股东大会审议通过,并经大连市政府以大政〔1997〕30号文和大连市体改委以大体改委发〔1997〕40号文批准,原股份公司采取派生分立方式进行资产重组,将非服装主营业务及非经营性资产分离出去,成立一新设公

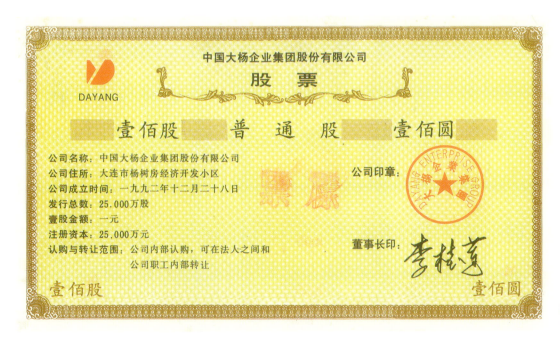

票幅规格
251 mm×150 mm

注:图片由陈连会提供。

司。服装主营业务由原股份公司承继,更名为大连大杨股份有限公司,新设公司为大连华普有限公司。原股份公司的股本采取对等分立的方式,即原法人股12 000万股中6 000万股进入大连大杨股份有限公司,6 000万股进入大连华普有限公司;内部职工股3 000万股中1 500万股进入大连大杨股份有限公司,另1 500万股组成职工持股会进入大连华普有限公司。这样,大连大杨股份有限公司的总股本为7 500万股,其中,法人股6 000万股,由大杨企业集团公司持有,占总股本80%;内部职工股1 500万股,由公司职工持有,占总股本的20%。1998年6月公司更名为大连大杨创世股份有限公司。

经中国证监会以证监发行字〔2000〕44号文批准,2000年4月24日,公司在上交所以上网定价方式向社会公众成功发行了3 500万股人民币普通股。经上交所上证上〔2000〕29号《上市通知书》批准,公司上网定价发行的3 500万股社会公众股于2000年6月8日在上交所上市交易。

2016年10月17日,由于公司被借壳重组上市,名称变更为圆通速递股份有限公司,股票简称由"大杨创世"变更为"圆通速递"。

截至2018年12月31日,公司总股本28.29亿股,其中第一大股东上海圆通蛟龙投资发展(集团)有限公司占比51.01%。

沈阳蓝田股份有限公司股权证

一、首次发行概况

发行时间	发行股数	发行价格	上市时间	上市地点	股票简称	现股票简称	股票代码
1992.12	1 342.4万	1.25元/股	1996.6.18	上交所	蓝田股份	ST生态	600709

二、历史沿革介绍

公司的历史追溯于1987年成立的沈阳市新北副食商场、1988年成立的沈阳市新北制药厂以及1991年成立的沈阳莲花大酒店,三家企业隶属沈阳行政学院。1992年10月,经沈阳市体改委以沈体改发〔1992〕65号文批准,由上述三家企业作为发起人,以定向募集方式设立沈阳蓝田股份有限公司。1996年6月,经中国证监会以证监发审字〔1996〕55号、56号文批准,公司向社会公开发行社会公众股。1996年6月18日,公司股票在上交所挂牌交易,股票代码为600709。

1999年12月15日,公司变更名称为湖北蓝田股份有限公司。2001年11月29日,经公司股东大会通过,公司名称变更为湖北江湖生态农业股份有限公司。

2010年12月,湖北省荆州市中级人民法院受理湖北江湖生态农业股份有限公司提出的破产重整申请,2013年9月重整工作结束。2013年12月11日,公司变更为湖北洪湖生态农业股份有限公司。

因公司三年连续亏损,2002年5月13日被上交所依照《上市规则》做暂停上市处理。2003年5月22日,上交所做出了《关于湖北江湖生态农业股份有限公司股票终止上市的决定》(上证上字〔2003〕45号),洪湖生态从2003年5月23日起终止上市。2004年3月19日,国泰君安证券股份有限公司与洪湖生态签订《委托代办股份转让协议书》,国泰君安证券股份有限公司于2004年5月28日起为公司提供代办股份转让服务。

 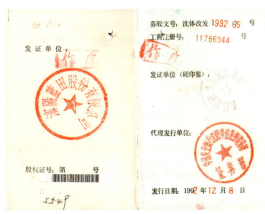

票幅规格均为 180 mm×140 mm

中国辽宁国际合作(集团)股份有限公司股权证

一、首次发行概况

发行时间	发行股数	发行价格	上市时间	上市地点	股票简称	现股票简称	股票代码
1993.5	2 000万	1元/股	1996.11.26	深交所	中辽国际	万方发展	000638

二、历史沿革介绍

1993年5月,经辽宁省体改委以辽体改发〔1993〕27号文批准,中国辽宁国际经济技术公司以定向募集方式设立中国辽宁国际合作(集团)股份有限公司。1996年8月,经辽宁省政府以辽政〔1996〕133号文《关于同意中国辽宁国际合作(集团)股份有限公司分立的批复》批准,以1996年6月30日为基准日实行派生分立,分立出中国辽宁国际合作有限责任公司以及续存的中国辽宁国际合作(集团)股份有限公司。1996年11月,经中国证监会批准上市,首次公开发行人民币普通股(A股)1 500万股,股票代码为000638。

1999年,辽宁省国资局将其持有的公司国有股权划转至辽宁省国际经济技术合作集团有限责任公司。2003年辽宁省国际经济技术合作集团有限责任公司将其持有的公司股权转让给巨田投资,2004年公司暂停上市。2006年3月,巨田证券与北京万方源房地产开发有限公司签署股权转让协议,并在2008年9月26日获得中国证监会豁免要约义务,2008年10月23日,公司控股股东变更为万方源。2009年6月5日,万方地产发布了关于股票恢复上市的提示性公告。公司从2009年6月5日起正式更名为万方地产股份有限公司,股票简称变更为"万方地产",股票代码不变。2013年4月9日,公司名称变更为万方城镇投资发展股份有限公司,公司简称变更为"万方发展",股票代码不变。

截至2018年12月31日,公司总股本为3.09亿股,第一大股东北京万方源房地产开发有限公司占比37.69%。

票幅规格均为 180 mm×130 mm

鞍山第一工程机械股份有限公司股权证书

一、首次发行概况

发行时间	发行股数	发行价格	上市时间	上市地点	股票简称	现股票简称	股票代码
1993.11.22	5 000万	4元/股	1994.1.14	上交所	鞍一工、ST鞍一工	已退市	600813

二、历史沿革介绍

鞍山第一工程机械股份有限公司是于1992年7月经辽宁省体改委以辽体改发〔1992〕76号文批准,由鞍山红旗拖拉机制造厂的主体净资产折为国家股6 688.6万股,定向募集法人股6 511.4万股,内部职工股3 300万股,发行社会公众股5 000万股,总股份21 500万股,改制为股份有限公司。公司股票经上交所以上证上〔1993〕2117号文审核批准,于1994年1月14日在上交所挂牌交易。

1996年6月,经公司股东大会决议通过以股票股利方式,增加注册资本金,增资后公司总股本增至25 800万股。其中,国家股8 026.32万股,法人股7 813.68万股,普通股9 960万股,每股面值1元。

由于公司连续三年亏损,根据《亏损上市公司暂停上市和终止上市实施办法》和《上海证券交易所股票上市规则》的规定,公司股票于2002年9月16日被上交所终止上市。

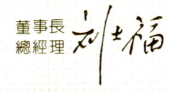

票幅规格
180 mm×125 mm

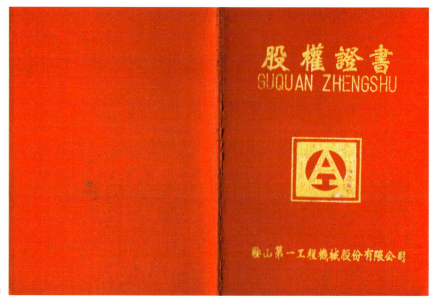

票幅规格
180 mm×125 mm

票幅规格
195 mm×87 mm

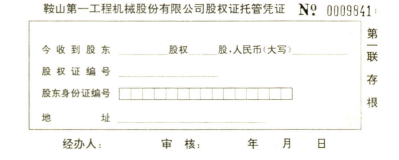

票幅规格
195 mm×87 mm

金杯汽车股份有限公司股票

一、首次发行概况

发行时间	发行股数	发行价格	上市时间	上市地点	股票简称	现股票简称	股票代码
1988.7.15	100万	100元/股	1992.7.24	上交所	一汽金杯	金杯汽车	600609

二、历史沿革介绍

金杯汽车股份有限公司是于1988年3月25日经沈阳市体制改革委员会和沈阳市经济技术协作办公室以沈体改发〔1988〕45号和沈经协审字〔1988〕43号文批准,由沈阳汽车工业公司与建设银行沈阳分行信托投资公司共同发起,以沈阳汽车工业公司所属企业资产整体投入,采用社会募集方式设立的股份有限公司。1988年7月11日,经中国人民银行沈阳市分行以沈银金字〔1988〕103号文同意向社会公众公开发行境内上市内资股(A股)股票1亿元,并于1992年7月23日经中国人民银行(证管办)以证管办〔1992〕37号文同意该公司股票到上交所挂牌上市。1995年2月,公司股东资产经营公司将持有的公司股权转让给一汽集团,2001年5月,公司股东工业股权投资将持有的公司股权转让给上海华晨集团股份有限公司,2002年12月,一汽集团汽车资产公司将持有公司股权转让给新金杯投资。2004年3月,资产经营公司将持有的公司股份划转给工业国有公司。2006年7月,公司实施股权分置改革,公司全体流通股股东每持有10股流通股将获得非流通股股东支付的3.7股对价股份。实施上述送股对价后,公司股份总数不变。2006年8月10日,股权分置改革方案实施完成。

截至2018年12月31日,公司总股本为10.93亿股,第一大股东沈阳市汽车工业资产经营有限公司占比24.38%。

票幅规格
365 mm×160 mm

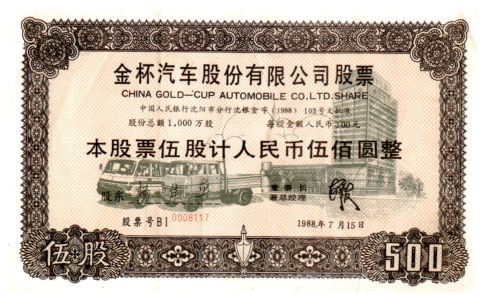

票幅规格
258 mm×160 mm

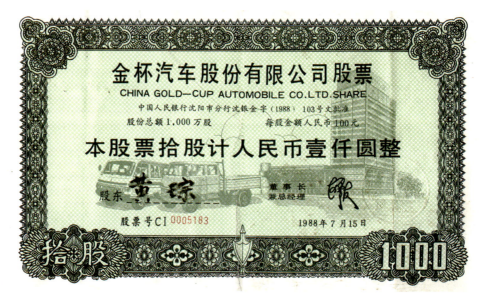

票幅规格
258 mm×160 mm

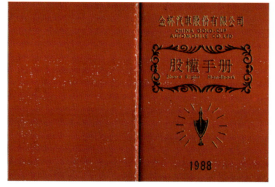

票幅规格
180 mm×123 mm

沈阳变压器厂股票

一、首次发行概况

发行时间	发行股数	发行价格	上市时间	上市地点	股票简称	现股票简称	股票代码
1995.11.29	3 000万（A股）	5.2元/股	1995.12.13	深交所	东北电A	*ST东电	000585
1995.7.3	25 795万（H股）	1.8港元/股	1995.7.6	港交所	东北电气	—	00042

二、历史沿革介绍

1992年12月3日，经沈阳市体改委以沈体改发〔1992〕81号文批准，东北输变电设备公司及6家紧密层企业——沈阳电缆厂、沈阳变压器厂、沈阳高压开关厂、抚顺电瓷厂、锦州电力电容器厂、阜新封闭母线厂作为共同发起人，以定向募集方式改组设立东北输变电设备集团股份有限公司。公司设立时的股本总额为82 454万元，其中发起人以经评估界定的国有资产63 454万元，向社会法人和内部职工募集19 000万元，全部划分为面值1.00元的等额股份即82 454万股投入该公司。1993年11月25日，公司特别股东大会通过决议，将公司股本同比例调减为41 227万股。1994年3月，国务院证券委、国家体改委、国家经贸委和国家计委审查批准公司向境外发行H股股票。根据海外市场上市的要求，公司进行了资产重组，沈阳变压、沈阳高开、锦州电容、阜新封线以其全部的经营性净资产折股全部留在公司内，成为公司的全资子公司。东北电公司作为国有资产的授权经营者，成为公司的控股公司。公司的名称变更为东北输变电机械制造股份有限公司。

公司于1995年在香港发行H股25 795万股，并于当年7月6日在港交所有限公司上市交易。同年公司向国内社会公众公开发行A股3 000万股，并于1995年12月13日在深交所上市交易。2002年第一大股东变更为新东北电气投资有限公司。2016年第一大股东变更为常州青创实业投资集团有限公司。2017年第一大股东变更为北京海鸿源投资管理有限公司，实际控制人为海南省慈航公益基金会。

截至2018年12月31日，公司总股本8.73亿股，第一大股东香港中央结算（代理人）有限公司占比29.43%。

票幅规格
202 mm×112 mm

松辽汽车股份有限公司股权证

一、首次发行概况

发行时间	发行股数	发行价格	上市时间	上市地点	股票简称	现股票简称	股票代码
1993.3	1 800万	1元/股	1996.7.1	上交所	松辽汽车	文投控股	600715

二、历史沿革介绍

　　松辽汽车是经1993年3月中国人民解放军总后勤部《批准七四一六工厂(松辽汽车厂)实行股份制试点》(后生字〔1993〕121号)和辽宁省体改委《关于同意成立松辽汽车股份有限公司的批复》(辽体改发〔1993〕24号)批准,按照国家体改委颁发的《股份有限公司规范意见》的要求,将原中国人民解放军七四一六工厂(国营松辽汽车厂)改组并定向募集设立的股份有限公司。1996年7月,松辽汽车股票在上交所挂牌上市,股票简称"松辽汽车",股票代码为600715。

　　1999年,公司第一大股东沈阳军区联勤部工厂管理局将其持有的公司股权变更为沈阳松辽企业(集团)有限公司持有,2006年上海华汇中顺汽车销售有限公司成为第一大股东。2010年天宝汽车销售有限公司(上海华汇中顺汽车销售有限公司于2008年12月更名为天宝汽车销售有限公司)股权转让给北京亦庄国际投资发展有限公司。2015年公司非公开发行股票,北京文资控股通过认购公司182 464 700股股票,持有公司22.13%的股权,成为公司控股股东,实际控制人相应变更为北京市文资办。2016年公司更名为文投控股股份有限公司。

　　截至2018年12月31日,公司总股本18.55亿股,第一大股东文资控股有限公司占比20.35%。

票幅规格均为 192 mm×130 mm

鞍山市信托投资公司股票

一、首次发行概况

发行时间	发行股数	发行价格	上市时间	上市地点	股票简称	现股票简称	股票代码
1993.8	800万	1元/股	1994.1.28	上交所	鞍山信托	安信信托	600816

二、历史沿革介绍

安信信托前身系鞍山市信托投资公司,是由鞍山市政府决定、经中国人民银行辽宁省分行以辽银金宁〔1987〕13号文批准,于1987年设立的地方非银行金融机构;1992年经辽宁省体改委以辽体改发〔1992〕18号文批准改制为股份有限公司,同时更名为鞍山市信托投资股份有限公司。

经中国人民银行辽宁省分行以辽银金字〔1992〕148号文批准,中国证监会以证监发审字〔1994〕2号文复审通过,公司于1992年向社会公众公开发行股票。经上交所以上证上〔1994〕2004号文审核批准,公司于1994年在上交所挂牌交易。2002年10月,上海国之杰投资发展有限公司受让鞍山市财政局持有之公司20%非流通股,成为安信信托第一大股东。2004年8月,经中国银行业监督管理委员会以银监办发〔2004〕124号文批准、上海市政府以沪府办函〔2004〕2号文批准迁址上海,经国家工商行政管理总局以(国)名称变核内字〔2004〕277号文核准更名为安信信托。2006年1月9日,公司召开重大资产重组暨股权分置改革相关股东会议审议并通过了公司《重大资产置换暨股权分置改革方案的议案》。

2007年,安信信托拟与中信信托重组,拟通过定向增发的方式吸收中信信托全部股权,从而实现中信信托借壳上市。2008年重组获得有条件通过,但是,2012年2月16日更新后的重组方案被中国证监会否决。

截至2018年12月31日,公司总股本54.69亿股,第一大股东上海国之杰投资发展有限公司占比52.44%。

票幅规格
262 mm×160 mm

锦州市经济技术开发区六陆实业股份有限公司股权证

一、首次发行概况

发行时间	发行股数	发行价格	上市时间	上市地点	股票简称	现股票简称	股票代码
1996.12.24	1 400万	6.38元/股	1997.2.27	深交所	锦州六陆	东北证券	000686

二、历史沿革介绍

1992年7月,经锦州市体改委以锦体改发〔1992〕38号文批准,由中国石化锦州石油化工公司、交通银行锦州分行、锦州市城市信用联社发展总公司、锦州市财务发展股份有限公司、锦州市商业房屋开发公司,共同投资成立锦州经济技术开发区六陆实业股份有限公司,注册资本1 000万元。1993年8月,经发起人协商同意并经辽宁省体改委以辽体改发〔1993〕41号批准,由原5家发起人作为发起人,以定向募集方式成立锦州经济技术开发区六陆实业股份有限公司。

1996年12月,经中国证监会批准向社会公开发行新股1 180万股,发行价格为6.38元/股,原定向募集的内部职工股220万股占用额度一并上市流通,合计上市流通1 400万股,发行后总股本由4 400万股变更为5 580万股。

2007年8月27日,锦州六陆吸收合并东北证券,原东北证券注销。锦州六陆更名为东北证券股份有限公司。2007年11月22日公告,经深交所核准,同意公司名称变更为东北证券股份有限公司。吸收合并后,吉林亚泰(集团)股份有限公司为公司第一大股东。

截至2018年12月31日,公司总股本23.40亿股,第一大股东吉林亚泰(集团)股份有限公司占比30.81%。

票幅规格
179 mm×105 mm

票幅规格
193 mm×85 mm

金城造纸股份有限公司股权证

一、首次发行概况

发行时间	发行股数	发行价格	上市时间	上市地点	股票简称	现股票简称	股票代码
1993.3	7 404.1万	1元/股	1998.6.30	深交所	金城股份	神雾节能	000820

二、历史沿革介绍

1993年3月,经辽宁省体改委以辽体改发〔1993〕129号文批准,金城造纸总厂经整体改制,独家发起,以定向募集方式设立了金城造纸股份有限公司,公司于1993年4月2日注册成立,注册资本为23 129.6万元。

1996年2月,根据现代企业制度试点的要求,并经辽宁省政府以辽政〔1995〕103号文和辽政〔1995〕109号文批准,公司进行分立重组。

1998年5月,经中国证监会批准,公司向社会公众发行新股4 500万股,发行价格为4.29元每股,公司总股本由13 118万股变更为17 618万股,公司控股股东为金城造纸(集团)有限责任公司。

2006年6月,依据锦州市中级人民法院〔2006〕锦执一字86号和87号民事裁定书,公司第一大股东金城造纸(集团)公司所持有的6 565.04万股国有法人股过户给锦州鑫天纸业有限公司。锦州鑫天纸业有限公司成为公司的控股股东,占股份总数的29.76%。2012年4月24日,宝地集团分别与鑫泰苇业、欧阳步慈、华明国际签署《股权

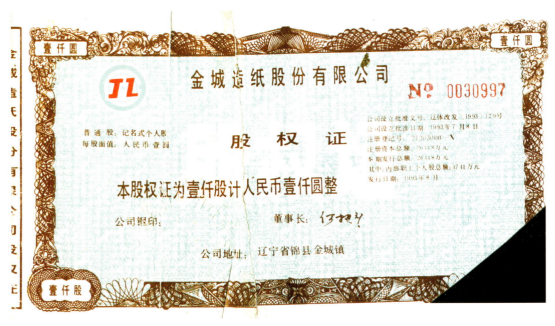

票幅规格
185 mm×165 mm

转让协议》,股权转让完成后宝地集团直接持有锦州鑫天33%的股权,通过栢生公司持有锦州鑫天28.5%的股权,合计持有锦州鑫天61.5%的股权,取得公司的控制权,徐国瑞持有宝地集团99.11%的股权,徐国瑞成为公司实际控制人。

2012年10月,根据法院批准的《重整计划》,金城股份第一大股东鑫天纸业按照30%的比例、其他股东按照22%的比例将其持有的金城股份股票让渡给朱祖国及一致行动人,公司控股股东变更为朱祖国及其一致行动人。

2016年8月,经中国证监会核准,公司以除货币资金、其他应收款、长期股权投资之外的所有资产及负债与神雾科技集团股份有限公司持有的江苏省冶金设计院有限公司100%股权进行置换,置换资产价格差额部分由公司发行股份购买。公司以9.29元/股价格发行股票349 410 462股,发行完成后,神雾集团占有该公司54.83%股份,成为上市公司控股股东。

截至2018年12月31日,公司总股本6.37亿股,第一大股东神雾科技集团股份有限公司占比54.83%。

葫芦岛锌业股份有限公司股票

一、首次发行概况

发行时间	发行股数	发行价格	上市时间	上市地点	股票简称	现股票简称	股票代码
1992.8	32 000万	1.5元/股	1997.6.26	深交所	锌业股份	—	000751

二、历史沿革介绍

1992年8月,经辽宁省体改委以辽体改发〔1992〕44号文批准,公司是由葫芦岛锌厂、葫芦岛锌厂工贸实业总公司、葫芦岛锌厂工程总公司作为发起人募集设立的股份有限公司。1993年7月15日,公司正式在锦西市葫芦岛区工商行政管理局登记注册。公司主要发起人葫芦岛锌厂,是国家重点扶持的300家企业之一,始建于1937年,至1992年已发展成为亚洲最大的锌生产厂家和国有特大型企业。

公司设立时总股本为32 000万股,其中葫芦岛锌厂投入的生产经营性净资产,经辽宁金信会计师事务所以金信〔1993〕1号文评估,并经辽宁省国资局以辽国资工字〔1993〕169号确认为30 675万元,投入的现金8 325万元,按1.5元每股折成国有法人股26 000万股;葫芦岛锌厂工贸实业总公司按1.5元每股的价格认购120万股;葫芦岛锌厂工程总公司按1.5元/股认购50万股;同时按1.5元每股的价格定向募集内部职工股5 830万股。1996年12月,辽宁省体改委以辽体改发〔1996〕84号文确认该公司总股本为32 000万股,其中,法人股26 170万股,占81.78%;内部职工股5 830万股,占18.22%。

经中国证监会以证监发字〔1997〕298号和299号文批准,公司1997年6月11日至1997年6月18日,向社会公众发行9 000万股A股股票,每股面值1元,每股发行价7.42元每股。

截至2018年12月31日,公司总股本14.1亿股,第一大股东中冶葫芦岛有色金属集团有限公司占比23.59%。

票幅规格
212 mm×100 mm

锦州港务(集团)股份有限公司股票

一、首次公开发行概况

发行时间	发行股数	发行价格	上市时间	上市地点	股票简称	现股票简称	股票代码
1992.12	23 600万（A股）	1元/股	1999.6.9	上交所	锦州港	—	600190
1998.5.5	11 100万（B股）	0.21美元/股	1998.5.19	上交所	锦港B股	—	900952

二、历史沿革介绍

锦州港始建于1986年10月，1990年10月正式开港，当时拥有一个油泊位和一个杂货泊位。1990年12月，锦州港被国务院口岸办批准为国家一类开放港口。

1992年12月30日，经辽宁省体改委以辽体改发〔1992〕93号文批准，由锦州港务局、中国石化大庆石油化工总厂及锦州石化联合发起，采用定向募集方式设立锦州港务(集团)股份有限公司。

1998年4月29日，国务院证券委员会以证委发〔1998〕2号文批准公司发行B股股票，并于1998年5月19日在上交所挂牌上市交易；1999年4月30日，中国证监会以证监发行字〔1999〕46号文批准公司发行A股股票，并于1999年6月9日在上交所挂牌上市交易。

截至2018年12月31日，公司总股本20.02亿股，其中第一大股东大连港投融资控股集团有限公司占比19.08%。

票幅规格
330 mm×110 mm

注：股票图片由陈连会提供。

辽宁(金帝)建设集团股份有限公司股权证

一、首次公开发行概况

发行时间	发行股数	发行价格	上市时间	上市地点	股票简称	现股票简称	股票代码
1993.3	2 227.5万	2元/股	1996.10.29	上交所	金帝建设	红阳能源	600758

二、历史沿革介绍

1991年11月21日,根据辽宁省政府办公厅以辽政办发〔1992〕79号文《关于组建辽宁省建设集团公司的通知》,并经辽宁省计划委员会批准,由辽宁省第一建筑工程公司、辽宁省第二建筑工程公司等5家大型施工企业组建设立辽宁省建设集团公司。1993年3月31日,经辽宁省体改委以辽体改发〔1993〕68号文批准,由辽宁省建设集团公司作为独家发起人,采用定向募集方式,吸收其他社会法人和内部职工现金入股设立辽宁建设集团股份有限公司。辽宁省建设集团公司以主要经营性资产投入该公司形成国家股,由辽宁省国资局持有。该公司设立后,辽宁省建设集团公司仍旧存续。1996年9月25日,经辽宁省计划委员会、辽宁省证券委员会以辽计发〔1996〕328号文,建设部以建法〔1996〕122号文,中国证监会以证监发字〔1996〕237号文和证监发字〔1996〕238号文批准,公司向社会公开发行2 000万股A股。1996年10月29日,公司股票在上交所正式挂牌上市交易。

2007年4月,公司实施股权分置改革,以沈煤集团持有的红阳热电100%的股权与金帝建设所拥有的全部资产和部分负债进行置换作为股改对价。公司股改方案全面实施完成后,沈煤集团成为金帝建设的控股股东。2007年6月21日,公司名称由辽宁金帝建设集团股份有限公司变更为辽宁红阳能源投资股份有限公司;股票简称由"ST金帝"变更为"ST红阳";股票代码,仍为600758。

截至2018年12月31日,公司总股本13.31亿股,其中第一大股东沈阳煤业(集团)有限责任公司占比47.07%。

票幅规格
170 mm×110 mm

注:股票图片由陈连会提供。

内蒙古自治区

内蒙古自治区，简称"内蒙古"，是中华人民共和国省级行政区，首府呼和浩特。内蒙古位于中国华北地区，东北部与黑龙江、吉林、辽宁、河北交界，南部与山西、陕西、宁夏相邻，西南部与甘肃毗连，北部与俄罗斯、蒙古国接壤，内蒙古总面积118.3万平方千米。内蒙古以漠南蒙古得名。唐为突厥地；宋时出现蒙古部落；后建元朝，其地直属中书省及岭北行省；明分达靼鞑及瓦剌；清统一蒙古，以漠南蒙古居内地称内蒙古，漠北蒙古居边外称外蒙古，并属理藩院。民国初期分属热河、察哈尔、绥远等特别区，后均改省；中华人民共和国成立前中国共产党以今内蒙古东部设内蒙古自治区。

内蒙古自治区下辖9个地级市，3个盟，17个县，49个旗，3个自治旗，11个县级市，23个市辖区，常住人口2 528.6万人。2018年，内蒙古自治区实现地区生产总值17 289.2亿元，按可比价格计算，比上年增长5.3%。其中，第一产业增加值1 753.8亿元，增长3.2%；第二产业增加值6 807.3亿元，增长5.1%；第三产业增加值8 728.1亿元，增长6.0%；三次产业比例为10.1∶39.4∶50.5。第一、第二、第三产业对生产总值增长的贡献率分别为6.7%、37.2%和56.1%。人均生产总值达到68 302元，比上年增长5.0%。近年来，内蒙古培育形成了一批以现代煤化工、生物化工、稀土新材料等为主的世界领先特色产业集群。未来，内蒙古产业发展方向是培育非煤产业、非资源型产业和高新技术产业。

截至2018年年底，内蒙古共有上市公司25家，总股本940.05亿股，总市值4 296.45亿元，累计募集资金1 463.01亿元。市值超过100亿元的有伊利股份、包钢股份、北方稀土、君正集团、银泰资源、生物股份、内蒙一机、亿利洁能、内蒙华电、露天煤业、西水股份，其中市值超1 000亿元的只有伊利股份。

包头糖厂职工集资股票

一、首次发行概况

发行时间	发行股数	发行价格	上市时间	上市地点	股票简称	现股票简称	股票代码
1998.11.2	7 000万	4.30元/股	1998.12.10	上交所	华资实业、G华资	华资实业	600191

二、历史沿革介绍

包头糖厂为包头草原糖业(集团)有限责任公司的前身。该公司于1988年7月29日作为主发起人与包头创业经济技术开发公司、包头市北普实业有限公司共同发起,采取社会募集方式设立了包头华资实业股份有限公司。经中国证监会以证监发字〔1998〕276、277号文批准,公司向社会公开发行A股股票7 000万股,于1998年11月30日在内蒙古自治区工商行政管理局注册成立。公司注册资本为24 000万元。1998年12月10日公司股票在上交所正式挂牌交易。上市后,公司股本总额为24 000万元,其中,国家股9 837.42万元,法人股7 162.58万元,社会公众股7 000万元。2000年,经中国证监会以证监公司字〔2000〕131号文批准,配股增资2 355万元。公司的股本总额变为26 355万元,其中,国家股9 984.98万元,法人股7 270.02万元,社会公众股9 100万元。后经历次送股、转增,至2008年5月30日,公司股本总额变为48 493.20万元,股权结构未发生变化,其中,国家股15 271.80万元,法人股11 119.32万元,社会公众股22 102.08万元。

2012年8月,经包头市政府研究,决定将包头市国资委持有公司大股东包头草原糖业(集团)有限责任公司100%的国有产权进行公开挂牌整体转让,经内蒙古产权交易中心的资格审核,受让方为潍坊创科实业有限公司,并于2013年6月15日获得国资产权〔2013〕359号文批复。整体转让完成后,包头草原糖业(集团)有限责任公司持有该公司股权15 271.80万元的国有股权变更为非国有法人股。期末公司总股本总额为48 493.20万元,其中非国有法人股26 391.12万元,社会公众股22 102.08万元。

截至2018年12月31日,公司总股本4.85亿股,第一大股东包头草原糖业(集团)有限责任公司占比31.49%。

票幅规格
152 mm×90 mm

山东省

山东，简称"鲁"，是中华人民共和国省级行政区，省会济南。山东省位于中国东部沿海，自北而南与河北、河南、安徽、江苏4省接壤，全省总面积15.71万平方千米。山东乃孔孟之乡，历来有着悠久的文化历史。唐代末年，山东专指齐鲁之地。到了金代大定八年（1168年）置山东东、西路统军司，山东遂成为正式行政区划名称。明代山东布政司（又称行省）管辖6府、104县，大致奠定了今山东省行政区域范围。清朝初年，设置山东省，山东基本沿袭明代山东的版图，称山东省。

山东省辖16个地级市，县级单位137个，乡镇级行政单位1 824个。全省常住人口10 047.24万人。2018年山东省国内生产总值（GDP）76 469.70亿元，比上年同口径增长6.4%。其中，第一产业增加值4 950.5亿元，增长2.6%；第二产业增加值33 641.7亿元，增长5.1%；第三产业增加值37 877.4亿元，增长8.3%。人均GDP达到76 267元，增长5.9%。山东工业发展迅速，基本形成了以能源、化工、冶金、建材、机械、纺织、食品等支柱产业为主体的工业体系。全省有大中型工业企业2 628家，省重点企业集团136个。

截至2018年年底，山东省共有上市公司197家，总股本2 170.63亿股，总市值1.55万亿元，累计募集资金4 233.49亿元。市值超过100亿元的有39家，主要有青岛海尔、万华化学、山东黄金、潍柴动力、青岛啤酒、华电国际、兖州煤业、中航沈飞、东阿阿胶、南山铝业、步长制药等。

山东泰安润滑油调配厂股票

一、首次发行概况

发行时间	发行股数	发行价格	上市时间	上市地点	股票简称	现股票简称	股票代码
1988.11.10~12.21	4.008 4万	200元/股	1998.5.13	上交所	鲁润股份	永泰能源	600157

二、历史沿革介绍

　　1988年11月,经泰安市体改委以泰经改发〔1988〕96号文批准,原泰安润滑油调配厂进行股份制改造,原泰安润滑油调配厂以其净资产340万元和职工集资61.68万元,按每股200元的价格分别转为企业法人股1.7万股和社会个人股3 084股,同时向社会以每股200元的价格公开发行股票400万元,共计2万股(每股面值200元),设立了泰安润滑油股份制公司。1990年3月,经中国人民银行泰安市分行以泰人银字〔1990〕36号文批准,公司再次向社会公开发行股票1 500万元,计7.5万股(每股面值200元),此次发行后,泰安润滑油股份总额为115 084股,股本金2 301.7万元。1992年4月,经泰安市体改委批准,公司向股东按10:3的比例以每股240元的价格配售股票(企业法人股放弃),所配股29 425.2票股全部被泰安鲁浩贸易公司认购,列作法人股。同年6月,公司对股票进行了拆细,由原每股面值200元拆细为每股面值1元。拆细后,泰安润滑油股份制公司股本总额2 890.184万股,其中法人股928.504万股,个人股1 961.68万股。同年7月,公司更名为泰安润滑油股份有限公司。1993年8月,经股东大会审议通过,并报经泰安市体改委批准,泰安润滑油股份有限公司吸收合并泰

票幅规格
165 mm×78 mm

安鲁浩贸易公司所属装饰装潢等12家集团企业,同时,公司更名为泰安鲁润股份有限公司。

经中国证券督管理委员会以证监发字〔1998〕95号审核通过,上交所"上证上〔1998〕022号"《上市通知书》批准,公司股票于1998年5月13日在上交所上市挂牌交易。公司股本总额5 260.684万股,证券编码为600157。该次上市流通股票为历史遗留问题的社会个人股1 961.68万股。

2007年1月30日,永泰地产分别与泰山石油及泰安鲁浩签订的《股份转让协议》,永泰地产受让泰山石油持有的鲁润股份50 280 000股法人股(占总股本的29.5%)及泰安鲁浩持有的鲁润股份43 761 730股法人股(占总股本的25.68%),股权转让后,永泰地产持有鲁润股份55.18%的股权,成为鲁润股份控股股东。

2007年11月30日,公司已经获得中国证监会《关于同意江苏永泰地产集团有限公司公告泰安鲁润股份有限公司收购报告书并豁免其要约收购义务的意见》(证监公司字〔2007〕193号)的批复;2010年10月22日,公司名称变更为永泰能源股份有限公司。

截至2018年12月31日,公司总股本124.26亿股,第一大股东永泰集团有限公司占比32.41%。

鲁泰纺织股份有限公司股票

一、首次发行概况

发行时间	发行股数	发行价格	上市时间	上市地点	股票简称	现股票简称	股票代码
1993.2	2 000万	17.80元/股	2000.12.25	深交所	鲁泰A	—	000726
1997.7.31	8 000万	1.93港元/股	1997.8.19	深交所	鲁泰B	—	200726

二、历史沿革介绍

鲁泰纺织股份有限公司的前身鲁泰纺织有限公司是于1988年10月18日由原淄博第七棉纺厂(已于1998年改制为淄博鲁诚纺织有限公司)和泰国泰纶纺织有限公司共同设立的中外合资公司。鲁泰纺织有限公司于1990年3月正式开业投产。1993年2月3日,改制为股份制企业,注册资本7 830元,其中发起人5 830万股,内部职工股2 000万股。1997年7月,公司发行B股8 000万股,发行价格1.93港币每股,募集资金净额14 005.2万港币,于1997年8月19日在深交所挂牌上市,股票代码为200726。2000年11月24日,公司发行A股5 000万股,并于2000年12月25日在深交所挂牌上市。2006年6月12日,公司实施股权分置改革方案(流通A股股东每持有10股流通股将获得非流通A股股东支付的0.7股对价股份),原非流通A股股东持有的非流通股股份性质变更为有限售条件的流通股。2012年和2015年,公司分别回购B股4 883.73万股和3 315.62万股。

截至2018年12月31日,公司总股本9.23亿股,第一大股东淄博鲁诚纺织投资有限公司占比15.21%。

票幅规格
370 mm×121 mm

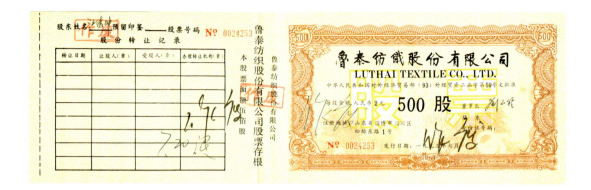

票幅规格均为
370 mm×121 mm

山东金泰集团股份有限公司股票

一、首次发行概况

发行时间	发行股数	发行价格	上市时间	上市地点	股票简称	现股票简称	股票代码
1989.3.18	1.2万	100元/股	2001.7.23	上交所	山东金泰	—	600385

注：山东金泰于2001年7月23日上市，属历史遗留问题上市公司，上市时没有进行公开发行。

二、历史沿革介绍

　　山东金泰集团股份有限公司发起人山东省医药工业研究所实验厂是一家以制药化工生产为主的集体企业，始建于1958年。1989年2月进行股份制试点。1989年3月18日，公司平价向社会公开发行面值为100元的普通股股票1.2万股。1990年2月20日，公司平价向社会公开发行面值为100元的普通股股票8.279 5万股。1992年2月，公司将发起人净资产2 430.211 8万元(其中1 000万元进入资本公积金)折为发起人法人股14.302 118万股。届时，总股本23 781 618元，其中发起人股14 302 118元，个人股9 479 500元。1992年3月4日，公司以山东省医药工业研究所实验厂为发起人以募集设立方式成立"济南金泰集团股份有限公司"。1992年3月14日，公司将山东省医药工业研究所实验厂股票由每股面值100元拆细为每股面值1元。1992年4月16日，公司以2.6元每股的价格向社会公开发行面值为1元的普通股1 770万股。公司更名为山东金泰集团股份有限公司，并列为全省股份制试点企业。1993年1月20日，公司每3股送1股并配售2股(配股价2.6元每股)，实际送股1 382.720 7万股，配售1 535.299 9万股，送配后总股本7 066.182 4万股。1998年6月，公司增加浙江乐穗电子股份有限公司为股东，由其按10:1.294的比例以每股3元的价格从社会个人股东中购买504.15万股。公司总股本7 066.182 4万股，其中法人股3 674.432 4万股，社会个人股3 391.75万股。2001年7月23日，公司股票在上交所上市，股本总额7 066.182 4万股，上市流通股为历史遗留问题的社会个人股3 391.75万股。2001年7月，公司10送5并转增5股。

　　2002年，公司第一大股东由山东省医药工业研究所试验厂青年化工厂变更为济南金泰投资管理有限公司；第二大股东浙江乐穗电子股份有限公司和第五大股东北京游子制衣有限公司将持有公司法人股股票1 448.3万股转让给北京盈泽科技投资有限公司。

　　济南金泰投资管理有限公司于2003年1月7日注销，其所持公司股份38 138 982股由其股东北京新恒基投资管理集团有限公司(占75%)和北京新恒基房地产集团有限公司(占25%)按出资比例承继，北京新恒基投资管理集团有限公司持股28 604 237股，成为公司的第一大股东,占20.24%,北京新恒基房地产集团有限公司持股9 534 745股,成为公司的第三大股东,占6.75%。2006年9月8日,公司实施股权分置改革,以向流通股股东每10股定向转增股本1股;同时非流通股股东以原持有的7 348 865股作为对价安排一部分支付给流通股股东,流通股股东每10股获送1.083股,至此流通股股东每10股获得股票为2.083股。实施后,公司总股本为148 107 148股,其中无限售条件的流通股74 618 500股,有限售条件的流通股73 488 648股。

　　截至2018年12月31日,公司总股本1.48亿股,第一大股东北京新恒基投资管理集团有限公司占比17.38%。

票幅规格均为 190 mm×125 mm

山东胜利股份有限公司股票

一、首次发行概况

发行时间	发行股数	发行价格	上市时间	上市地点	股票简称	现股票简称	股票代码
1994.2	3 250万	1.5元/股	1996.7.3	深交所	胜利股份	—	000407

二、历史沿革介绍

山东胜利股份有限公司是由山东省胜利集团公司独家发起,于1994年2月8日设立,并于1994年4月26日正式创立的股份有限公司。1994年2月,经评估公司资产总值49 049 168.10元,净资产38 940 131.79元,同时经山东省国资局将确认的净资产3 894万元中的经营性国有资产2 625万元以其中的1 750万元折为1 750万股国家股,再经定向募集法人股和内部职工股3 250万股形成公司发行前股本。公司对股本结构进行规范,经山东省政府批准,总股本5 000万股,其中国家股1 750万股,社会法人股1 425万股,内部职工股1 825万股。1996年6月19日,公司以6元每股向社会公众公开发行1 050万股,公司所获得的其余700万股发行额度用于解决内部职工股上市流通。公司总股本6 050万股。1996年7月3日,公司股票在深交所挂牌上市,总股份6 050万股,可流通股1 750万股。

2006年,公司实施股权分置改革,以股权分置改革时流通股股份173 035 989股为基数,以资本公积金向股份变更股权登记日登记在册的全体流通股股东转增69 214 395股,即流通股股东每10股获得4股的转增股份。股权分置改革完成后,公司股本总额增至356 720 904元。

截至2018年12月31日,公司总股本8.80亿股,第一大股东广州润铠胜有限责任公司占比9.33%。

票幅规格
165 mm×77 mm

烟台冷冻机总厂股份有限公司股票

一、首次发行概况

发行时间	发行股数	发行价格	上市时间	上市地点	股票简称	现股票简称	股票代码
1988.12	16万	100元/股	1998.5.28	深交所	烟台冰轮	冰轮环境	000811

二、历史沿革介绍

1988年11月,烟台冷冻机总厂进行股份制试点。1988年12月,由烟台冷冻机总厂独家发起,以账面生产性存量净资产3 148万元折为31.48万股,其中国家历年来对该厂的投资和税前还贷应纳所得税、调节税部分1 585万元折为15.85万国家股,第二步利改税后企业留利部分564万元折为5.64万国有企业股,烟台制冷空调实业公司(集体企业)与烟台冷冻机总厂1986年联营时投入的资产及两年来此项资产的增值部分999万元折为9.99万集体企业股,每股面值100元。1988年12月,公司分两期向社会公开发行面值100元股票16万股,总股本达47.48万股。1992年6月,公司将国有企业股转为国家股,集体企业股更名为法人股。1993年5月,公司将原股票每股拆细为100股,每股面值1元。1993年7月,烟台市国资局委托烟台会计师事务所和烟台市土地管理局,以1988年12月31日为基准日,对公司生产经营性固定资产和1988年经营性用地进行评估,评估结果为生产经营性固定资产23 553 912.11元,比账面值增加5 415 679.36元,其中国家股3 951 368.8元,法人股1 464 310.56元;土地使用权为995万元,计入国家股。股本变更为6 284.55万股,其中国家股3 539.23万元,法人股股本1 145.32万元,社会公众股1 600.00万股。

1998年5月28日,公司股票在深交所挂牌交易,总股本6 284.55万股,其中流通股份1 600万股。

2006年5月22日,公司进行股权分置改革,2006年5月31日登记在册的流通股股东每持有10股流通股将获得3股股份的对价股份,非流通股股东向流通股股东执行对价安排总计18 982 080股。2006年6月1日,原非流通股股东持有的非流通股股份变更为有限售条件的流通股。

2015年,公司向冰轮集团有限公司非公开发行32 121 498股(9.68元每股),用于收购其持有的烟台冰轮集团(香港)有限公司100%股权和办公楼资产,发行8 650 519股(11.56元每股)募集配套资金。

2017年,公司以资本公积转增股本(10转5),股本增至653 054 151.00元,其中烟台冰轮集团有限公司持股190 337 929.50,占比29.15%,为公司的第一大股东。2017年,公司名称变更为冰轮环境技术股份有限公司,股票简称自2017年10月13日起变更为"冰轮环境"。

截至2018年12月31日,公司总股本为6.53亿股,第一大股东烟台冰轮集团有限公司占比29.15%。

附券 2000
附券 1999
附券 1998
附券 1997
附券 1996
附券 1995
附券 1994
附券 1993

票幅规格
241 mm×125 mm

山东寿光造纸印刷包装(集团)股份有限公司股权证

一、首次发行概况

发行时间	发行股数	发行价格	上市时间	上市地点	股票简称	现股票简称	股票代码
1993.4	2 015万	1.2元/股	2000.11.20	深交所	晨鸣纸业	—	000488
1997.5.8	11 500万	4.43港元/股	1997.5.26	深交所	晨鸣B	—	200488
2008.6.4	39 127万	9港元/股	2008.6.18	港交所	晨鸣纸业	—	01812

二、历史沿革介绍

山东晨鸣纸业集团股份有限公司的前身山东寿光造纸总厂成立于1958年,并于1993年将其主要生产经营性资产及相关负债折价入股,同时向社会法人和内部职工发行股份,组建设立定向募集的山东寿光纸业股份有限公司。1993年,公司名称变更为山东寿光造纸印刷包装(集团)股份有限公司,股本总额66 647 400股,其中国家股

票幅规格
224 mm×176 mm

46 497 400股,境内法人股1 558 500股,境内个人股(内部职工股)18 591 500股。1993年10月,公司名称变更为山东寿光造纸(集团)股份有限公司。

1996年,公司每10股送3股转增0.5股。公司将改制前占用价税前利润还款及新产品减免税本息11 014 565.54元按2.16元折5 099 000股转增国家股;将1994年国家股分红9 299 479.96元及1995年度的资金占用费100万元,按2.16元折4 768 000股转增国家股;共转增国家股9 867 000股。公司名称变更为山东晨鸣纸业集团股份有限公司。该次送转股及折股转增国家股完成后,公司股本增至99 840 990股。

1997年,公司吸收合并寿光永立纸业有限公司,作为对价,其股东取得公司股份13 627 342股。随后,公司实施10股送2.5股转增1.5股,总股本增至158 855 665股。

2006年,公司实施A股股权分置改革,2006年3月28日登记在册的全体流通A股股东每持有10股流通A股将获得公司非流通股东支付的2.6股对价股份;公司A股股票、可转换公司债券于2006年3月29日恢复交易,A股股票变更为"G晨鸣"。

2008年,公司以9.00元港币发行H股35 570万股(其中香港公开发售3 557万股H股,其余32 013万股H股为国际发售),以及公司相关国有法人股东为进行国有股减持而划拨给社保基金并转为H股3 557万股,合计H股39 127万股,已于2008年6月18日在港交所主板挂牌交易,股票简称"晨鸣纸业",股票代码为01812。

2013年,公司回购注销B股86 573 974股。2014年,公司回购注销H股为390 665万股。公司分别于2016年3月17日、8月17日、9月22日发行优先股2 250万股、1 000万股、1 250万股。

截至2018年12月31日,公司总股本29.05亿股,第一大股东晨鸣控股有限公司占比15.29%。

鲁银(股份)实业集团股权证

一、首次公开发行概况

发行时间	发行股数	发行价格	上市时间	上市地点	股票简称	现股票简称	股票代码
1993.3	6 380万	3元/股	1996.12.25	上交所	鲁银集团	鲁银投资	600784

二、历史沿革介绍

　　1993年2月1日,山东省国资局(后改为山东省经济开发投资公司)、山东黄金集团有限公司(原名山东黄金工业总公司)、莱芜钢铁总厂、潍坊新立克(集团)公司、山东省高密纺织总厂五家单位签订发起人协议,共同发起设立鲁银实业(集团)股份有限公司。1993年3月10日,山东省体改委以鲁体改生字〔1993〕110号文批准成立该公司,总股本为6 886万股,其中发起人占股占35%,社会法人占股占45%,内部职工占股占20%。1993年4月10日,公司筹委会决定自办发行股票,成立股票发行领导小组。1993年8月20日,公司在济南市省工商银行招待所召开创立大会。1993年9月11日,公司在山东省工商行政管理局正式注册成立,注册资本8 800万元,总股本8 800万股,其中发起人股2 420万股,占27.5%;内部职工股6 380万股,占72.5%。

　　1996年12月,经中国证监会以证监发字〔1996〕370号文和证监发字〔1996〕871号文批准,公司向社会公开发行股票1 000.45万股,并经上交所以上证〔1996〕115号文审核同意,公司股票于1996年12月25日在上交所挂牌交易。公司总股本7 600.45万股,该次上市流通股2 101万股,其中1996年12月10日向社会公开发行新股1 000.45万股,原定向募集的内部职工股占额度上市1 100.55万股,尚余内部职工股3 684.45万股于1999年12月后上市。

票幅规格
181 mm×84 mm

　　1997年7月,公司根据股东大会决议并经山东省工商行政管理局〔1997〕企名函字89号文批准,将公司名称鲁银实业(集团)股份有限公司变更为鲁银投资集团股份有限公司。

　　截至2018年12月31日,公司总股本5.68亿股,其中第一大股东山东国惠投资有限公司占比23.73%。

山东环宇(集团)股份有限公司股票

一、首次发行概况

发行时间	发行股数	发行价格	上市时间	上市地点	股票简称	现股票简称	股票代码
1988.10.25~1989.2.25	2 808.15万	1.00元/股	1996.7.26	上交所	环宇股份	新华锦	600735

二、历史沿革介绍

　　山东新华锦国际股份有限公司,原名山东省临沂鲁南大厦股份有限公司,于1987年设立,1988年向社会公众发行股票,1988年10月至1989年2月,临沂纺织品站认购公司20万股,社会公众认购公司18.721万股,1989年3月,公司正式成立,总股份38.721万股,计3 872.1万元。1992年,公司更名为山东环宇(集团)股份有限公司。1992年10月,公司将股票面值拆细为每股1元。1992年12月,临沂地区国资局核定,国家股股本为3 030万元,股本变更为5 838.15万股。1993年3月,临沂纺织品站投入国有资产2 030万元,转增国家股2 030万股。1993年11月,公司交还2 030万元国有资产并调减国家股。1996年7月26日,山东环宇(集团)股份有限公司上市,公司总股本5 838.15万股,其中国家股3 030万股,个人股2 808.15万股。

　　1997年,环宇股份转让所属鲁南大厦、人民商场和国贸公司给山东兰陵企业(集团)总公司,同时受让山东兰陵企业(集团)总公司平邑酒厂、郯城酒厂的资产和山东兰陵美酒股份有限公司20.6%的股权。至此主营业务从商品零售转向酒类生产和销售。1998年,环宇股份更名为山东兰陵陈香酒业股份有限公司,简称变更为"兰陵陈香"。

　　2007年,兰陵陈香与鲁锦集团重大资产重组,并于2007年5月更名为山东新华锦国际股份有限公司,简称变更为"S*ST锦股"。山东鲁锦进出口集团有限公司持有71 351 406股,占公司总股本46.09%,为公司第一大股东。

　　截至2018年12月31日,公司总股本3.76亿股,第一大股东山东鲁锦进出口集团有限公司占比49.34%。

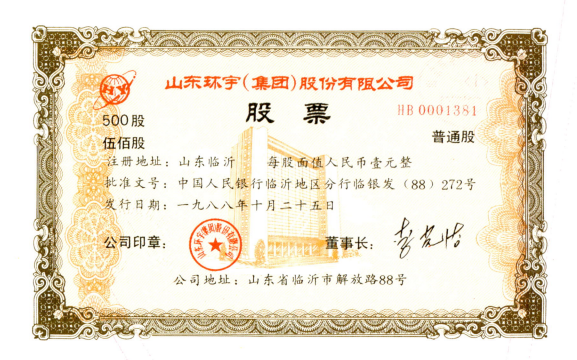

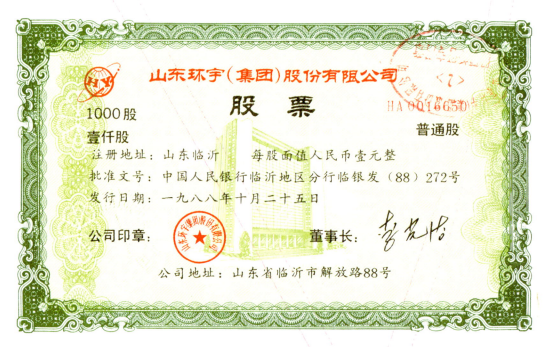

票幅规格均为 187 mm×117 mm

山东农药工业股份有限公司股票

一、首次发行概况

发行时间	发行股数	发行价格	上市时间	上市地点	股票简称	现股票简称	股票代码
1988.12.15	413.92万	1元/股	1995.12.6	上交所	山东农药、华联矿业	广泽股份	600882

二、历史沿革介绍

山东农药工业股份有限公司前身山东农药厂于1949年建于青岛市，1952年迁至淄博市。1988年11月10日，经山东省体改委以鲁体改生字〔1988〕56号文批准，公司由山东农药厂发起，采取社会募集方式组建的股份制企业，原山东农药厂国有资产折股2057.63万元，企业留利形成的资产折股528.45万元，1988年12月15日，经中国人民银行淄博市分行以淄银字〔1988〕230号文批准，向社会个人公开发行股票413.92万元。1988年12月经淄博市工商行政管理局批准正式成立山东农药工业股份有限公司。

1993年3月，山东省体改委以鲁体改生字〔1993〕111号文向国家体改委转报了公司申请列入全国公开向社会发行股票的股份制试点企业的报告。国家体改委以体改生〔1993〕59号文批准山东农药工业股份有限公司为继续进行规范化的股份制试点企业。

经中国证监会证监发审字〔1995〕71号文复审通过，并经上交所以上证上〔1995〕22号文审核批准，公司股票于1995年12月6日在上交所上市挂牌交易。

2000年10月18日，公司正式更名为山东大成农药股份有限公司。

2007年11月淄博市政府以〔2007〕97号文正式批复淄博市财政局，同意淄博市财政局将所持有的占总股本30.54%的大成股份国有股无偿划转给中国化工农化总公司。2008年11月，经中国证监会批准，淄博市财政局持有的大成股份国有股划拨给中国化工农化总公司的过户手续办理完毕。中国化工农化总公司正式成为山东大成农药股份有限公司的第一大股东。

2012年6月15日，经中国证监会上市公司并购重组审核委员会2012年第十次并购重组委工作会议审核，公司重大资产置换、发行股份购买资产暨关联交易的申请获有条件审核通过，山东华联矿业股份有限公司借壳大成股份上市。2012年9月20日，公司名称变更为山东华联矿业控股股份有限公司。

2016年8月12日，公司由于控股权转让及实施重大资产置换暨关联交易，公司名称变更为上海广泽食品科技股份有限公司。2019年3月5日，公司名称变更为上海妙可蓝多食品科技股份有限公司，股票简称由"广泽股份"变更为"妙可蓝多"。

截至2018年12月31日，公司总股本4.11亿股，第一大股东自然人柴琇占比18.22%。

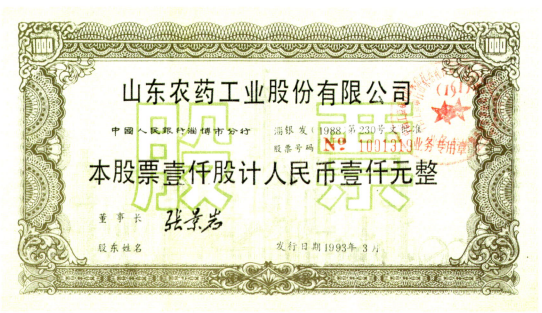

票幅规格均为
198 mm×120 mm

济南百货大楼股份有限公司股权证

一、首次发行概况

发行时间	发行股数	发行价格	上市时间	上市地点	股票简称	现股票简称	股票代码
1992.7.28~8.28	3 062万	4.00元/股	1994.1.3	上交所	济南百货	*ST天业	600807

二、历史沿革介绍

济南百货大楼股份有限公司是在原济南百货大楼基础上改组设立而成,公司前身济南百货大楼创立于1955年。1992年7月26日,经山东省体改委以鲁体改生字〔1992〕90号文批准,由济南百货大楼作为独家发起人设立了济南百货大楼股份有限公司,隶属济南市第一商业局行业管理。根据山东省体改委和中国人民银行山东省分行以鲁体改生字〔1992〕90号文的批复,以公开募集的形式向社会发行了总额为3 062万股的普通股记名式股票,根据山东省政府有关文件批示,该次股票发行占用1993年股票发行额度。公司股票发行经中国证监会以证签发审字〔1993〕105号文复审通过,经上交所以上证上〔1993〕2111号文审核批准,将于1994年1月3日在上交所挂牌交易。

2006年年底,公司由山东天业房地产开发集团有限公司成功重组,并于2007年5月28日更名为山东天业恒基股份有限公司。

截至2018年12月31日,公司总股本8.85亿股,第一大股东山东天业房地产开发集团有限公司占比29.45%。

票幅规格
190 mm×261 mm

山东电缆电器(集团)股份有限公司股权证

一、首次发行概况

发行时间	发行股数	发行价格	上市时间	上市地点	股票简称	现股票简称	股票代码
1994.3	3 894万	1元/股	1997.5.9	深交所	山东电缆、鲁能泰山	新能泰山	000720

二、历史沿革介绍

1993年3月18日,经山东省泰安市体改委以泰经改发〔1993〕015号文批准,公司由山东电缆电器集团总公司和中国成套设备进出口(集团)总公司共同发起,以定向募集方式设立,并于1994年3月在泰安市工商行政管理局注册登记。1996年12月31日,依照《公司法》的规定,重新进行了规范,经山东省政府以鲁政股字〔1996〕120号重新登记为山东电缆电器股份有限公司,1999年11月3日,公司名称更改为山东鲁能泰山电缆股份有限公司,2009年10月13日,公司名称更改为山东新能泰山发电股份有限公司。

公司于1997年4月8日,以中国证监会以证监发〔1997〕130号文和证监发字〔1997〕131号文批准,于1997年4月22日至27日,首次向社会公众发行人民币普通股4 000万股,于1997年5月9日在深交所上市。

截至2018年12月31日,公司总股本12.90亿股,第一大股东华能能源交通产业控股有限公司占比23.26%。

票幅规格
171 mm×86 mm

山东泰山石化股份有限公司股票托管回执

一、首次发行概况

发行时间	发行股数	发行价格	上市时间	上市地点	股票简称	现股票简称	股票代码
1992.12.8	4 680万	5元/股	1993.12.15	深交所	鲁石化A	泰山石油	000554

二、历史沿革介绍

中国石化山东泰山石油股份有限公司(以下简称"公司"),原名山东泰山石化股份有限公司,1992年9月23日,山东泰山石油化工(集团)总公司被确定为股份制试点企业之一,并于1992年10月进行资产评估和财务审计。同年11月,山东省国资局确认上述资产评估结果,山东省国资局确认国家股股权设置。1992年12月2日,山东省体改委和中国人民银行山东省分行批准设立公司。1992年11月,山东泰山石化(集团)股份有限公司的发起人将其所属参加股份制改组的企业的经营性国有资产5 466万元按1:5折为国家股5 466万股。1992年12月至1993年1月,公司以1:5溢价向社会公开发行股票4 680万股,向内部职工发行520万股,共发行5 200万股。截至1993年1月31日,公司总股本10 666万股,其中国家股5 466万股,社会公众股5 200万股(其中内部职工股520万股)。1993年12月15日公司股票在深交所上市,其中可流通股份4 680万股。2000年,山东省国资局将持有的国家股划转给中国石油化工股份有限公司。同年,公司更名为中国石化山东泰山石油股份有限公司,公司简称更为"泰山石油"。

2007年3月,公司实施股权分置改革,流通股股东每持有10股流通股股份将获得非流通股股东支付的2.3股对价股份。

截至2018年12月31日,公司总股本4.81亿股,第一大股东中国石油化工股份有限公司占比24.57%。

票幅规格
191 mm×158 mm

山东泰山磨料磨具股份有限公司股票

一、首次发行概况

发行时间	发行股数	发行价格	上市时间	上市地点	股票简称	现股票简称	股票代码
1988.11.30	2万	100元/股	1996.12.25	上交所	四砂股份	鲁信创投	600783

二、历史沿革介绍

山东泰山磨料磨具股份有限公司是经山东省体改委以鲁体改字〔1988〕57号文批复同意,以社会募集方式设立的股份公司。

1993年11月20日,在山东省工商行政管理局注册登记,注册资本为8 682.20万元。1995年7月7日公司名称变更为四砂股份有限公司。

1996年12月,经中国证监会《关于四砂股份有限公司申请股票上市的批复》(证监发字〔1996〕387号文)的批准,公司共发行人民币普通股2 560万股,发行后总股本8 682.2万股。经上交所《关于四砂股份有限公司人民币股票上市交易的通知》(上证上〔1996〕114号文)的同意,该公司在上交所上市,股票代码为600783,公司股票简称"四砂股份"。1996年12月25日经中国证监会批准在上海证券交易所挂牌交易。

2005年1月20日,公司名称变更为山东鲁信高新技术产业股份有限公司。2010年1月11日,经中国证监会以证监许可〔2010〕3号文批准,公司向山东省鲁信投资控股集团有限公司发行169 900 747股普通股购买其持有的山东省高新技术投资有限公司100%股权。

2011年3月15日,公司注册名称变更为鲁信创业投资集团股份有限公司,公司简称"鲁信创投"。

截至2018年12月31日,公司总股本为7.44亿股,其中第一大股东山东省鲁信投资控股集团有限公司占比69.57%。

票幅规格
196 mm×120 mm

青岛双星鞋业股份有限公司出资证明书

一、首次发行概况

发行时间	发行股数	发行价格	上市时间	上市地点	股票简称	现股票简称	股票代码
1996.04.10	3 200万	4.90元/股	1996.4.30	深交所	青岛双星	—	000599

二、历史沿革介绍

1995年11月22日,青岛市体改委会下发青体改发〔1995〕77号《关于同意双星集团公司以募集方式筹建青岛双星鞋业股份有限公司的批复》同意双星集团公司作为发起人,采取募集设立方式,按发行A股股票3 200万股的额度进行股份有限公司筹建;同意双星集团公司以紧密层企业(青岛双星集团高档鞋厂、青岛双星集团运动鞋厂、天星运动鞋厂)重新改组设立青岛双星鞋业股份有限公司。1995年12月12日,青岛市政府下发青政字〔1995〕64号《关于设立青岛双星鞋业股份有限公司的批复》同意青岛双星集团作为发起人,采取募集设立方式组建青岛双星鞋业股份有限公司;青岛双星鞋业股份有限公司的股权结构由国有法人股和社会大众股组成,其中社会大众股(A股)为3 200万股。"双星集团作为独家发起人,以经评估后的生产经营性净资产9 077.66万元折成6 800万股,以社会募集方式设立青岛双星鞋业股份有限公司。

1996年4月10日,经中国证监会以证监发审字〔1996〕22号文批准,发行人首次向社会公众发行普通股3 200万股,发行价4.90元每股,实际募集资金151 143 600.00元,其中119 143 600.00元计入资本公积。该次发行3 200万股股票于1996年4月30日在深交所上市交易,发行后公司总股本10 000万股。

截至2018年12月31日,公司总股本为8.36亿股,其中第一大股东双星集团有限责任公司占比25.74%。

票幅规格
170 mm×170 mm

烟台华联商厦股份有限公司股票

一、首次发行概况

发行时间	发行股数	发行价格	上市时间	上市地点	股票简称	现股票简称	股票代码
1988.10	21.3万	100元/股	1996.10.28	上交所	烟台华联	园城黄金	600766

二、历史沿革介绍

1988年10月,中国人民银行烟台市分行以烟人银字〔1988〕299号文批复同意烟台华联商厦组织股份资金2 500万元,烟台华联商厦委托中国人民建设银行山东省信托投资公司烟台办事处向社会公开发行股票,实际募集股份2 130万元。

1989年2月18日,烟台华联商厦正式设立成为烟台华联商厦股份有限公司,股本为2 130万元。

1990年2月,经烟台市体改委以烟体改〔1990〕34号文和中国人民银行烟台市分行以烟人银字〔1990〕35号文批复同意,烟台华联商厦向社会公众增资发行股票。1993年2月6日,烟台华联商厦股份有限公司总股本增加为5 340万元。

1996年10月28日,经中国证监会以证监字〔1996〕255号文批准,公司在上交所上市。

经公司2013年2月20日第十届董事会第十次会议决议及2013年3月11日2013年第一次临时股东大会决议,公司名称变更为烟台园城黄金股份有限公司。2013年3月28日,公司收到山东省工商行政管理局核准换发的370000018010192号营业执照。

截至2018年12月31日,公司总股本为2.24亿股,其中第一大股东自然人徐诚东占比28.83%。

票幅规格
210 mm×128 mm

青岛国货集团股份有限公司股权证

一、首次发行概况

发行时间	发行股数	发行价格	上市时间	上市地点	股票简称	现股票简称	股票代码
1993.6.3	2 428万	2.2元/股	1996.7.19	深交所	青岛国货、健特生物、华馨实业、民生投资	民生控股	000416

二、历史沿革介绍

青岛国货集团股份有限公司,是1992年12月30日经青岛市体改委以青体改发〔1992〕60号文批准,在对青岛国货公司整体改组基础上,由青岛国货公司、中国工商银行青岛市信托投资股份有限公司、青岛市益青房地产开发公司共同发起,采取定向募集方式于1993年6月12日设立的股份有限公司。公司前身青岛国货公司始建于1933年,1936年加入中国国货联合会营业股份有限公司,更名为青岛中国国货股份有限公

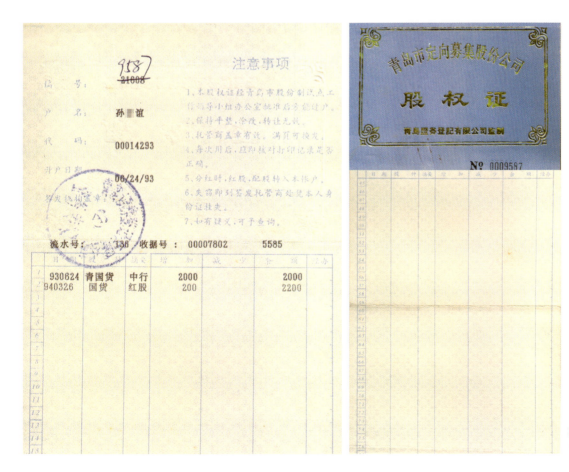

票幅规格均为
125 mm×320 mm

司。1950年成为青岛市首批公私合营单位,更名为公私合营青岛国货股份有限公司,1966年更名为国营青岛国货公司,同年又改名为东方红百货商店,1972年更名为中山路百货商店,1979年恢复青岛国货公司的名称。

经中国证监会以证监发审字〔1996〕102号文批准,1996年6月,公司向社会公开发行1 800万股股票,并于1996年7月19日在深交所上市。

2000年9月29日,青岛国货第一大股东青岛市商业总公司与上海华馨投资有限公司签署《股权转让协议》,将青岛市商业总公司持有的2 811万股青岛国货国有法人股转让给上海华馨。2001年7月4日,青岛市商业总公司与上海华馨签订了《股权委托管理协议》,协议约定将其拥有的2 811万股青岛国货国有法人股委托给上海华馨管理。通过此次重组,青岛国货集团股份有限公司更名为青岛健特生物投资股份有限公司,公司股票简称变更为"健特生物"。2008年1月16日起,公司名称变更为青岛华馨实业股份有限公司,股票简称变更为"华馨实业",公司股票代码"000416"不变。2008年10月24日,公司名称变更为民生投资管理股份有限公司,股票简称变更为"民生投资"。2014年4月10日,公司全称变更为民生控股股份有限公司,股票简称变更为"民生控股"。

截至2018年12月31日,公司总股本为5.32亿股,其中第一大股东中国泛海控股集团有限公司占比22.56%。

青岛利群百货股份有限公司股权证

一、首次发行概况

发行时间	发行股数	发行价格	上市时间	上市地点	股票简称	现股票简称	股票代码
1992.12.2	2 000万	1元/股	2017.4.12	上交所	利群股份	—	601366

二、历史沿革介绍

青岛利群百货股份有限公司前身为青岛市百货公司利群百货商店，工商登记设立于1980年，为全民所有制企业。1988年3月，经批准改制为青岛市利群百货股份有限

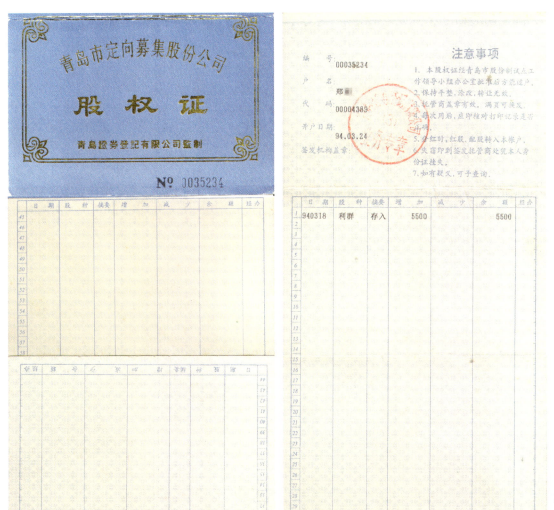

票幅规格均为
125 mm×320 mm

公司,为青岛市的股份制试点企业。1996年8月6日,青岛市体改委向利群集团下发《关于对青岛利群股份有限公司规范工作予以确认的通知》(青体改发〔1996〕60号),确认公司为募集方式设立的股份有限公司。1996年8月8日,利群集团获发《青岛市股份有限公司设立批准证书》(青股改字〔1996〕9号)。

1997年12月19日,青岛市经济体制发展改革委员会下发青体改发〔1997〕246号《关于青岛长江商厦股份有限公司获准设立的通知》,同意青岛利群股份有限公司作为主要发起人,联合其他5家发起人采取发起方式设立青岛长江商厦股份有限公司。同日,青岛市政府正式签发青股改字〔1997〕61号青岛市股份有限公司设立批准证书,批准青岛长江商厦股份有限公司设立。1998年1月22日,公司领取了青岛市工商局核发的企业法人营业执照。

2007年4月24日,公司名称变更为青岛利群百货股份有限公司。2011年9月14日,公司名称变更为青岛利群百货集团股份有限公司。

公司首次公开发行股票经中国证监会以证监许可〔2017〕374号文核准,并于2017年4月12日在上交所上市。

2018年2月1日,公司名称变更为利群商业集团股份有限公司。

截至2018年12月31日,公司总股本为8.61亿股,其中第一大股东利群集团股份有限公司占比17.95%。

牟平县毛纺厂股份有限公司股票
山东新牟钢铁股份有限公司股权证

一、首次发行概况

发行时间	发行股数	发行价格	上市时间	上市地点	股票简称	现股票简称	股票代码
1988.11.25	14万	100元/股	1996.11.21	上交所	新潮实业	新潮能源	600777

二、历史沿革介绍

牟平县毛纺厂股份有限公司前身牟平县毛纺厂始建于1985年。1988年11月20日，经烟台市乡镇企业局以烟乡企字〔1988〕134号文批准，公司由山东新牟国际联合企业总公司、烟台全洲海洋运输公司和牟平县建筑安装工程公司共3家企业发起设立牟平县毛纺厂股份有限公司，是山东省首家乡镇股份制企业。公司1988年12月至1989年4月经中国人民银行烟台市分行以烟人银字〔1988〕318号文批准，公开向社会发行股票1 400万元，每股面值100元，共计14万股。1989年4月25日，公司正式注册成立。1993年12月，经国家体改委正式确认公司为继续进行规范化的股份制试点企业。

1992年，公司为实施"星火计划"需追加投资673万元，经发起人协商，第三次股东大会同意，并经烟台市体改委1992年2月1日以烟体改〔1992〕14号文和中国人民银行烟台市分行于1992年2月3日以烟银〔1992〕36号文批准，由山东牟平新牟国际联合企业总公司追加现金投资673万元，折为6.73万股，1992年4月29日登记注册。公司总股本51.34万股。

1993年经股东大会决议，并经烟台市体改委以烟体改〔1993〕72号文批准，公司股票每股面值拆细为1元，并更名为烟台新潮实业股份有限公司。公司总股本为5 134万股，其中法人股3 734万股，社会公众股1 400万股。

经中国证监会以证监发字〔1996〕317号文批准和上交所以上证上〔1996〕102号文审核同意，公司股票于1996年11月21日在上交所挂牌交易。

1999年6月28日至1999年7月12日，经中国证监会以证监公司字〔1999〕29号批准，公司通过换股吸收合并山东新牟股份有限公司，该次合并的折股比例为3∶1，即每3股新牟股份可换取新潮实业人民币普通股1股，新牟股份根据有关法定程序予以注销。

山东新牟股份有限公司（原山东新牟钢铁股份有限公司）是经山东省政府规范确认的股份有限公司。1993年4月2日，经山东省体改委以鲁体改生字〔1993〕124号文批准，由新牟国际集团公司发起，定向募集设立。1994年6月28日，经山东企业产权交易所以鲁交〔1994〕10号文批准，其个人股股权证在山东企业产权交易所挂牌转让，并于1998年8月27日停止交易并摘牌。公司于1998年5月13日完成了资产置换，并更名为山东新牟股份有限公司。该次换股合并时公司总股本20 000万股,其中新牟国际集团公司持有8 500万股,占总股本的42.5%;社会个人股11 500万股,占总股本的57.5%。

2016年7月6日,公司名称由烟台新潮实业股份有限公司变更为山东新潮能源股份有限公司,股票简称由"新潮实业"变更为"新潮能源",公司股票代码不变。

截至2018年12月31日,公司总股本68亿股,第一大股东宁波国金阳光股权投资中心(有限合伙)占比6.39%。

票幅规格
205 mm×124 mm

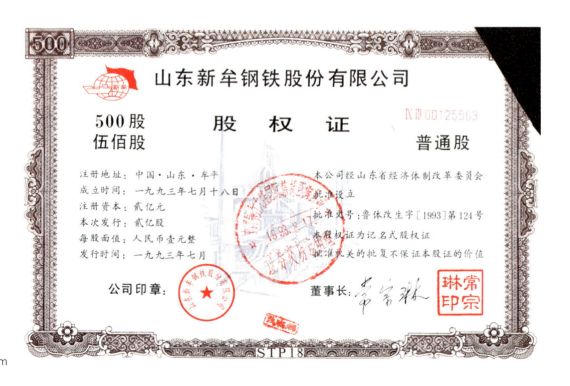

票幅规格
190 mm×124 mm

山西省

　　山西，简称"晋"，是中华人民共和国省级行政区，省会太原。山西省位于中国华北，东与河北为邻，西与陕西相望，南与河南接壤，北与内蒙古毗连，总面积15.67万平方千米。山西古代又称并州，古属冀州之域，虞舜以冀州南北太远，分置并州。山西是中华民族的发祥地之一，历史悠久，人文荟萃，拥有丰厚的历史文化遗产。迄今为止有文字记载的历史达三千年之久，素有"中国古代文化博物馆"之美称。

　　山西省地处中纬度地带的内陆，属温带大陆性季风气候。山西省下辖11个省辖市，11个县级市，81个县，25个市辖区，常住人口3 718.34万人。2018年，山西省实现地区生产总值（GDP）16 818.1亿元，其中，第一产业增加值740.6亿元，第二产业增加值7 089.2亿元，第三产业增加值8 988.3亿元，人均地区生产总值45 328元，按2018年平均汇率计算为6 850美元。煤炭现在依然是山西的支柱产业，由于作业正向着机械化、智能化发展，对人工的需求显著降低。目前，山西不断坚持创新引领，扶持龙头、完善配套，以高端装备、轨道交通、新能源汽车、生物医药、现代煤化工、新材料等为重点，加快发展一批支柱性制造业。

　　截至2018年年底，山西省共有上市公司37家，总股本786亿股，总市值4 157.75亿元，累计募集资金1 684.16亿元。市值超过100亿元的有大秦铁路、山西汾酒、太钢不锈、潞安环能、西山煤电、跨境通、山西证券、永泰能源、美锦能源、阳泉煤业、山西焦化、蓝焰控股，其中大秦铁路是唯一一家市值超千亿元的上市公司。

山西漳泽电力股份有限公司股权证

一、首次发行概况

发行时间	发行股数	发行价格	上市时间	上市地点	股票简称	现股票简称	股票代码
1993.2	1 500万	10元/股	1997.6.9	深交所	漳泽电力	—	000767

二、历史沿革介绍

山西漳泽电力股份有限公司（以下简称"公司"）前身为山西省漳泽发电厂，筹建于1976年7月，1985年3月建成，1992年改制，是由山西省电力公司和山西省地方电力公司共同投资的大型现代化坑口火力发电企业。1993年，公司重设股本（股本总额46 500万元，其中国有法人股31 500万元，内部职工股15 000万元），并将内部职工股由优先股转为普通股，同时对股份进行拆细。1995年，公司回购减资内部职工股7 500万元。1996年，公司按3：1同比例缩股，缩股后的总股本为13 000万元，每股面值1元，其中国有法人股10 500万股，内部员工持股2 500万股。1997年5月，公司向社会公开发行A股1 500万股。1997年6月9日，A股4 000万股（包括内部职工股2 500万股）在深交所上市交易，总股本为14 500万股。

2012年，中国电力投资集团公司、山西国际电力集团有限公司分别将其持有公司18 500万股和11 413万股股份无偿划转给山西省国资委。

截至2018年12月31日，公司总股本30.77亿股，第一大股东大同煤矿集团有限责任公司占比28.87％。

票幅规格均为 250 mm×110 mm

太原天龙集团股份有限公司股权证

一、首次发行概况

发行时间	发行股数	发行价格	上市时间	上市地点	股票简称	现股票简称	股票代码
1992.10	3 000万	2.5元/股	2000.6.15	上交所	天龙集团	ST山水	600234

二、历史沿革介绍

山西广和山水文化传播股份有限公司，其前身系太原天龙商业贸易集团总公司，原名太原天龙集团股份有限公司，成立于1988年12月，于1992年10月以定向募集方式整体改组设立为股份制企业，总股本6 386万股。2000年5月8日，公司向社会公开发行A股3 000万股并于6月15日在上交所挂牌交易，发行后股本总额为9 386万股，其中太原市国资局持有公司3 386万股股份，占36.08%，为公司控股股东。

2001年11月，公司3 386万股股份国家股转由太原市财政局持有，太原市财政局成为公司控股股东。

2003年，东莞市金正数码科技有限公司受让太原市财政局持有的2 721.94万股股份（占29%），成为控股股东。

2007年，公司实施股权分置改革方案，股本总额变更为14 460.42万股。

2012年6月7日，通过司法划转，青岛太和恒顺投资有限公司获得东莞市金正数码科技有限公司持有38 107 160股无限售流通股（占18.82%），成为公司控股股东。

2013年4月16日，通过司法划转，中铁华夏担保有限公司获得青岛太和恒顺投资有限公司持有200万股（占9.88%），绵阳耀达投资有限公司获得青岛太和恒顺投资有限公司持有18 107 160股（占8.94%）。

2013年11月25日，黄国忠受让中铁华夏担保有限公司所持200万股（占9.88%），成为第一大股东。

2014年3月，公司更名为山西广和山水文化传播股份有限公司，股票简称变更为"*ST山水"。

2015年6月，黄国忠及北京六合逢春均委托自然人林岳辉、徐永峰行使其股东权利。黄国忠持股2 000万股，占9.88%；北京六合逢春持股1 810.716万股，占8.94%，两方为一致行动关系。公司实际控制人变更为徐永峰、林岳辉等两方（两方为一致行动关系）。

2016年8月，北京六合逢春持有18 107 160股股份划转至自然人陈钟民名下，后又通过大宗交易被强制卖出。林岳辉及徐永峰代表黄国忠行使股东权利，仍为公司实际控制人。2017年1月，黄国忠所持2 000万股股份划转至森特派斯名下。

钟安升及其一致行动人合计持有36 521 845股股份,占18.04%,被动成为公司第一大股东。钟安升及其一致行动人表示,未有单独取得公司控制权的意愿,亦未做出对公司控制权的相应安排。公司第二大股东为深圳派德高及其一致行动人,合计持有山水文化25 164 647股股份,占12.43%。深圳派德高及其一致行动人表示,没有单独或合作取得公司控制权的意愿。南京森特派斯持200万股,占9.88%。森特派斯表示,其将就上市公司控制权的安排与上市公司及其他股东进行沟通和协商。故公司无实际控制人。

截至2018年12月31日,公司总股本2.02亿股,第一大股东深圳市前海派德高盛投资合伙企业(有限合伙)占比13.42%。

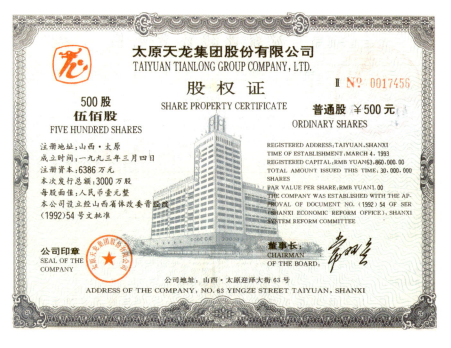

票幅规格均为
225 mm×170 mm

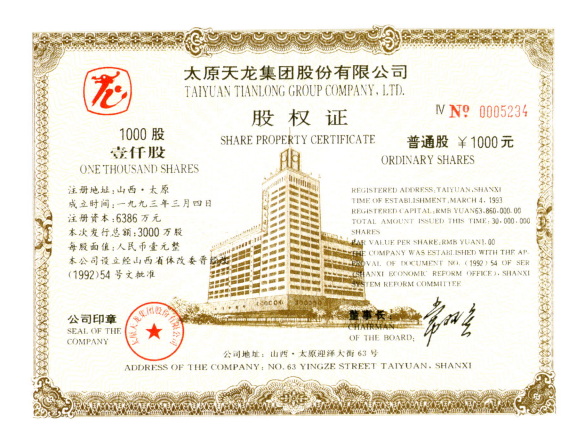

票幅规格均为 225 mm×170 mm

290　中国证券典藏大系

票幅规格
119 mm×342 mm

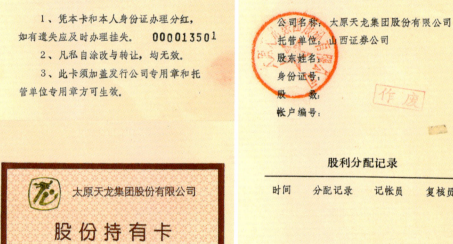

票幅规格
170 mm×225 mm

陕西省

陕西，简称"陕"或"秦"，是中华人民共和国省级行政区，省会西安。陕西省位于中国内陆腹地，黄河中游，东邻山西、河南，西连宁夏、甘肃，南抵四川、重庆、湖北，北接内蒙古，总面积20.56万平方千米。陕西是中华民族及华夏文化的重要发祥地之一，有西周、秦、汉、唐等14个政权在陕西建都，其历史演变可大致分为史前文明时期、西周时期、秦时期、西汉时期、东汉魏晋南北朝时期、隋唐时期、宋元时期、明清时期和民国时期。

陕西省下辖10个地级市，30个市辖区，5个县级市，72个县，常住人口3 864.40万人。2018年，实现地区生产总值（GDP）24 438.32亿元，其中，第一产业增加值1 830.19亿元，第二产业12 157.48亿元，第三产业10 450.65亿元。人均地区生产总值达到27 045元。现代化工、汽车、航空航天与高端装备制造、新一代信息技术、现代医药、新材料是陕西省六大支柱产业。

截至2018年年底，陕西省共有上市公司49家，总股本689.52亿股，总市值4 869.17亿元，累计募集资金2 167.08亿元。市值超过100亿元的有11家，分别是陕西煤业、航发动力、隆基股份、中航飞机、延安必康、西部证券、金钼股份、中国西电、供销大集、彩虹股份、陕国投A。

陕西百货文化用品股份有限公司股权证

一、首次发行概况

发行时间	发行股数	发行价格	上市时间	上市地点	股票简称	现股票简称	股票代码
1992.8.1	5 615.5万	1.50元/股	1996.4.30	上交所	百隆集团、ST数码	已退市	600700

二、历史沿革介绍

陕西煤航数码测绘(集团)股份有限公司,原名陕西百隆(集团)股份有限公司,于1992年7月22日由原陕西省百货文化用品公司改组为股份有限公司。1996年4月30日,陕西百隆(集团)股份有限公司在上交所上市,股本总额5 615.5万股,其中国家股1 541.54万股,法人股1 895.3万股,社会公众股2 178.66万股。

1996年度股东大会决议通过:全体股东每10股送红股2.5股,共派1 403.875万股;用资本公积金每10股转增0.5股,共计转增280.775万股,送转后股本增至7 300.15万股。

1999年度股东大会,公司更名为陕西百隆科技(集团)股份有限公司,股票简称改为"百隆科技"。

2000年,公司每10股配2股,每股配股价为12元。实际配股12 974 274股,配股后股本增至145 449 024股。

票幅规格
225 mm×175 mm

2000年12月29日,公司临时股东大会决议通过:公司更名为陕西煤航数码测绘(集团)股份有限公司,股票简称改为"数码测绘"。

2001年5月25日,2000年度股东大会审议通过,以2000年12月末总股本145 449 024股为基数,每10股送红股2股,派现金0.5元(含税),资本公积金每10股转增股本8股。送转后股本增至290 898 048股。

由于公司2002~2004年连续三年亏损,上交所决定公司股票自2005年9月20日起终止上市。

黄河机电股份有限公司股票

一、首次发行概况

发行时间	发行股数	发行价格	上市时间	上市地点	股票简称	现股票简称	股票代码
1992.4.25~6.25	3 089.69万	4元/股	1994.2.24	上交所	西安黄河、黄河科技、ST黄河科、广电网络、G广电	广电网络	600831

二、历史沿革介绍

黄河机电股份有限公司于1992年4月经西安市体改委批准由国营黄河机器制造厂(简称"黄河厂")整体改组设立。1992年12月,经西安市体改委批准,公司的军品、民品资产分立,继续保留黄河厂的企业法人地位经营军品资产,公司经营民品资产,黄河厂代表国家持有公司16 913.42万股的国有法人股,至此,公司总股本变为30 913.42万股。1993年10月,经西安市国资局批准,公司股本缩减为7 728.36万股。1994年2月24日,公司社会公众股(不含内部职工股)2 842.36万股在上交所上市。1994年8月24日,公司内部职工股247.69万股上市。

2001年8月16日,黄河厂与陕西省广播电视信息网络有限责任公司(简称"陕广电",2011年11月更名为陕西广电网络产业集团有限公司,简称"产业集团",2014年11月21日更名为陕西广播电视集团有限公司,简称"广电集团")签订股权划转协议书,黄河厂将其持有的国有法人股56 756 217股无偿划转给陕广电持有;2001年12月26日公司名称变更为陕西广电网络传媒股份有限公司,2002年8月19日,股权划转完毕,陕广电成为公司第一大股东。公司控股股东为陕广电,实际控制人为陕西省新闻出版广电局(2014年2月原陕西省广播电影电视局与陕西省新闻出版局合并组建)。2010年5月18日公司名称变更为陕西广电网络传媒(集团)股份有限公司。2017年8月,广电集团的出资人由陕西省新闻出版广电局变更为中共陕西省委宣传部,公司实际控制人亦变更为中共陕西省委宣传部。

公司经1994年10月20日、2003年6月24日、2004年6月9日实施利润分配方案及资本公积转增股本方案后,股本变更为13 465.89万股;2006年1月17日,公司实施利润分配方案暨股权分置方案后,股本变更为14 057.22万股。经中国证监会核准,公司于2006年12月27日向特定对象非公开发行了股票6 780.00万股。2007年1月17日,股本变更为20 837.22万股。公司经2008年6月6日、2009年5月15日、2010年6月8日实施资本公积转增股本方案后,股本变更为563 438 537股。公司于2016年8月25日向特定对象非公开发行了股票41 529 152股,募集资金净额738 680 593.28元。

2016年8月31日，该次非公开发行股票在中国证券登记结算有限责任公司上海分公司办理完毕股权登记手续，股本变更为604 967 689股。

截至2018年12月31日，公司总股本6.05亿股，第一大股东陕西广播电视集团有限公司占比33.60%。

票幅规格
225 mm×175 mm

陕西省金叶印务股份有限公司入股统一凭证

一、首次发行概况

发行时间	发行股数	发行价格	上市时间	上市地点	股票简称	现股票简称	股票代码
1993.2.25	2 800万	1.2元/股	1998.6.23	深交所	陕西金叶、G金叶	陕西金叶	000812

二、历史沿革介绍

陕西金叶印务股份有限公司,系由陕西省印刷厂、中国烟草总公司陕西省公司、陕西省投资公司、宝鸡卷烟厂、澄城卷烟厂、延安卷烟厂、旬阳卷烟厂7家企业于1992年12月20日共同发起,采用定向募集方式设立的股份有限公司,初始注册资本为7 000万元。1998年4月28日,经中国证监会批准发行,公司于1998年5月公开发行股票3 000万股,发行后注册资本变更为10 000万元。1998年6月公司流通股股票在深交所挂牌交易。后经历次送股及转增股本,至2006年7月13日公司股本变更为338 920 949股。2006年6月6日,公司实施股权分置改革,非流通股股东以其持有的部分非流通股份向公司截至2006年7月28日登记在册的流通股股东按每10股送2.8股,以换取全体非流通股股东剩余非流通股股份的未来上市流通权。

截至2018年12月31日,公司总股本7.69亿股,第一大股东万裕文华产业有限公司占比14.50%。

票幅规格均为 203 mm×126 mm

宝鸡商场(集团)股份有限公司个人股股权证

一、首次发行概况

发行时间	发行股数	发行价格	上市时间	上市地点	股票简称	现股票简称	股票代码
1993.3.1	1 000万	1元/股	1997.7.3	深交所	G陕宝商、宝商集团、易食股份、凯撒旅游	凯撒旅游	000796

二、历史沿革介绍

海航凯撒旅游集团股份有限公司前身为宝鸡商场(集团)股份有限公司(简称"宝商股份"),宝商股份是经陕西省体改委批准,于1993年3月由原宝鸡商场作为发起人,采用定向募集方式设立的股份有限公司。1997年6月经中国证监会批准,宝商股份向社会公开发行人民币普通股3 000万股,发行完毕后总股本为6 228.736万股,于1997年7月3日在深交所挂牌交易。

2006年3月24日,海航集团有限公司(简称"海航集团")受让宝鸡市国有资产监督管理委员会、宝鸡卷烟厂、宝鸡大众投资有限责任公司持有的宝商股份22.27%的股权,成为第一大股东。2008年4月1日,海航集团以其所持宝商股份42 847 964股(占公司股份总数的17.38%)有限售条件的流通股向海南商业控股有限公司(简称"商业控股")增资。2008年4月11日商业控股成为宝商股份第一大股东。

2008年6月至12月,宝商股份与商业控股实施重大资产重组方案后,公司变更了经营范围、公司全称及公司住所等,名称变更为易食集团股份有限公司(简称"易食股份")。2010年9月27日商业控股将其持有的17.38%易食股份股权全部转让给海航易控股有限公司,其成为易食股份第一大股东。2015年9月25日,易食股份向海航旅游集团有限公司、凯撒世嘉旅游管理顾问股份有限公司非公开发行人民币普通股股票432 432 431股购买相关资产,同时向海航旅游、海航航空集团有限公司等9家特定投资者非公开发行股票124 025 812股。变更后股本为803 000 258股。

截至2018年12月31日,公司总股本8.03亿股,第一大股东海航旅游集团有限公司占比31.81%。

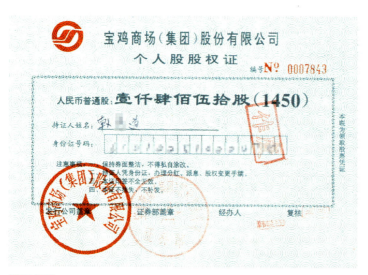

票幅规格
188 mm×126 mm

咸阳偏转线圈股份有限公司股权证

一、首次发行概况

发行时间	发行股数	发行价格	上市时间	上市地点	股票简称	现股票简称	股票代码
1993.3	3 584万	1元/股	1997.3.25	深交所	咸阳偏转	炼石有色	000697

二、历史沿革介绍

咸阳偏转线圈股份有限公司前身咸阳偏转线圈厂系经国家计划委员会批准成立于1988年6月。1993年3月,经陕西省体改委以陕改发〔1993〕105号文批准,采用定向募集方式设立。公司成立后总股本为7 000万元,其中国家股为3 416万元,占总股本的48.8%;募集企事业单位法人股2 184.4万元,占总股本31.2%;内部职工股1 400万元,占总股本的20%。1996年4月18日,经第四次股东大会决议更改公司名称,由咸阳偏转线圈股份有限公司更名为咸阳偏转股份有限公司。

1997年1月,经中国证监会以证监发字〔1997〕11号、证监发字〔1997〕12号文批准,共获得股票发行额度1 885.25万元,其中向社会公开发行人民币普通股1 129.25万元,另756万元额度由公司内部职工股占用,每股面值1.00元,共计1 885.25万股,每股5.95元,1997年3月25日公司股票在深交所上市,股票代码为000697。

2011年3月18日,咸阳偏转与陕西炼石矿业有限公司全体股东签署《关于咸阳偏转股份有限公司重大资产置换及非公开发行股份购买资产的协议》,进行重大资产重组。2011年12月30日,公司重大资产置换及发行股份购买资产暨关联交易事项经中国证监会核准。2012年1月16日,咸阳偏转向陕西炼石矿业有限公司全体股东非公开发行的294 481 830股人民币普通股完成了股份登记手续。重组完成后,公司总股本为481 094 588股。2012年4月19日,公司名称变更为陕西炼石有色资源股份有限公司。

截至2018年12月31日,公司总股本6.72亿股,第一大股东自然人张政占比21.02%。

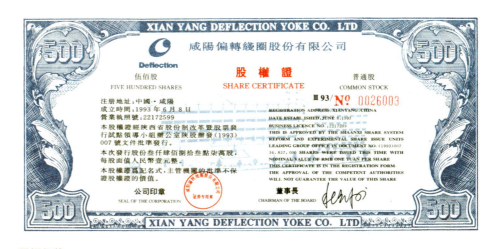

票幅规格
225 mm×110 mm

西安民生百货股份有限公司股票

一、首次发行概况

发行时间	发行股数	发行价格	上市时间	上市地点	股票简称	现股票简称	股票代码
1992.5.12	2 158万	2.50元/股	1994.1.10	深交所	西安民生、G陕民生	供销大集	000564

二、历史沿革介绍

供销大集集团股份有限公司，是由西安市民生百货商店和西安市民生百货商店劳动服务公司经销部作为发起人，于1992年5月8日采用募集设立方式成立的股份公司。截至2016年12月31日，公司注册资本为600 782.82万元。1994年1月10日公司股票在深交所正式挂牌上市。

1994年4月11日，公司分配1992年、1993年的利润，每10股送3股，同年向原股东每10股配3股。1995年10月25日，公司分配1994年的利润，每10股送1股，同年向原

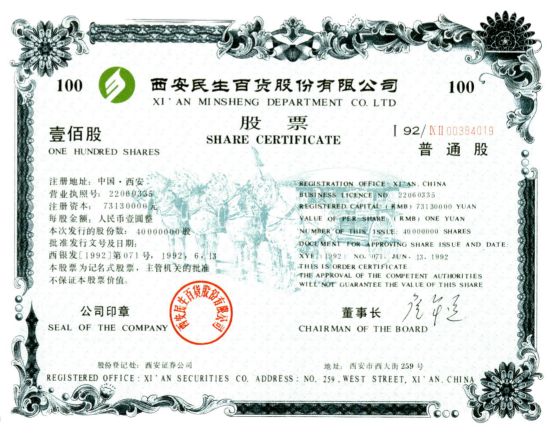

票幅规格
225 mm×175 mm

股东每10股配3股。1996年6月10日每10股送2股。1997年向原股东每10股配2.5股。2006年3月,实施股权分置改革,流通股按照每10股流通股可取得资本公积转增5股的支付对价,共计以资本公积转增股本68 340 048元。2009年1月,公司向控股股东海航商业控股有限公司发行33 964 762股股票购买其持有的宝商集团宝鸡商业经营管理有限责任公司100%的股权。公司于2012年9月12日以非公开发行方式发行16 900万股,分别由海航商业控股、华鑫国际信托有限公司、华安基金管理有限公司认购。2015年7月15日,公司以非公开发行方式发行83 962 264股,分别由方正富邦基金管理有限公司、财通基金管理有限公司、安俊明认购。2015年8月10日,公司向海航商业、西安兴正元地产开发有限公司发行195 652 173股。

公司于2016年9月向海航商业控股有限公司、海航投资控股有限公司等37家公司发行股票5 254 901 960股购买所持有海南供销大集控股有限公司(简称"大集控股")100%股份。2017年2月,公司更名为供销大集集团股份有限公司。

截至2018年12月31日,公司总股本为60.08亿股,第一大股东海航商业控股有限公司占比15.31%。

陕西省国际信托投资公司股票

一、首次发行概况

发行时间	发行股数	发行价格	上市时间	上市地点	股票简称	现股票简称	股票代码
1992.5.30	5 000万	2.00元/股	1994.1.10	深交所	陕国投A、G陕国投	陕国投A	000563

二、历史沿革介绍

陕西省国际信托股份有限公司前身为陕西省金融联合投资公司,成立于1984年。1992年经陕西省体改委以〔1992〕30号文和中国人民银行陕西省分行以〔1992〕31号文批准重组为陕西省国际信托投资股份有限公司,1994年1月3日经中国证监会以证监发审字〔1994〕1号文审查通过,深交所于1994年1月5日以深证字〔1994〕1号文批准,股票于1994年1月10日在深交所挂牌交易。2008年8月25日,经中国银行业监督管理委员会以银监复〔2008〕326号批复,同意公司名称变更为陕西省国际信托股份有限公司,并变更业务范围。1997年12月,按照公司1995年末总股本137 530 114股为基数,按10:3的比例向全国体股东配售新股,总股本增加至174 548 348股。1999年6月,公司实施1998年度利润分配方案,以1998年末股本174 548 348为基数,以资本公积转增股本,每10股转增6股,总股本增加至314 187 026。2006年,公司实施股权分置改革方案,转增44 226 000股。2012年4月,非公开发行22 000万股,公司总股本总额增至578 413 026股。2013年7月,公司实施权益分派方案,每10股送1股,总股本增至1 214 667 354股。2015年12月,非公开发行330 578 512股,总股本增加至1 545 245 866股。2016年4月,公司实施2015年度利润分配方案,以资本公积转增股本,10股转增10股,总股本增至3 090 491 732股。

截至2018年12月31日,公司总股本39.64亿股,第一大股东陕西煤业化工集团有限责任公司占比35.05%。

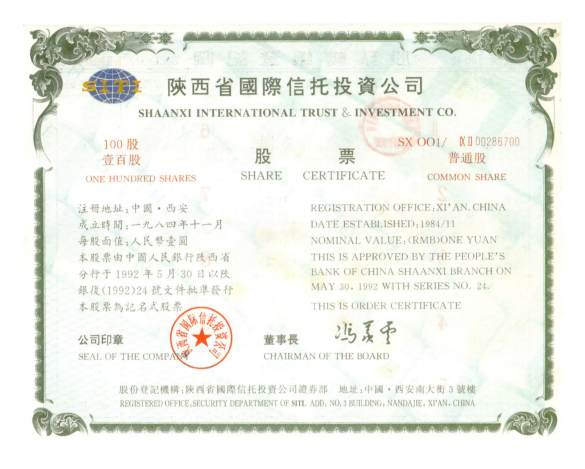
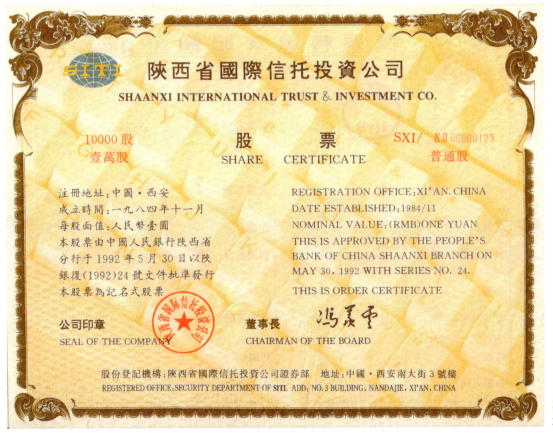

票幅规格均为 225 mm×175 mm

长安信息产业(集团)股份有限公司股权证

一、首次发行概况

发行时间	发行股数	发行价格	上市时间	上市地点	股票简称	现股票简称	股票代码
1988.1~1992.5	2 000万	1.50元/股	1996.5.16	上交所	长安信息	曲江文旅	600706

注:1988年1月发行1万股,面值100元,每股价格100元;1992年5月发行2 000万股;每股面值1元,每股1.50元溢价发行。

二、历史沿革介绍

长安信息产业(集团)股份有限公司前身是成立于1984年的陕西省计算机生产技术服务公司,1987年12月经陕西省体改委以陕改函发〔1987〕18文批准公司为股份制试点企业,同月经中国人民银行陕西省分行以陕银复〔1987〕55号文批准,公司采用自办发行方式,向社会个人和公司职工公开发行股票1万股,每股面值100元,计100万元。1988年11月,公司更名为陕西省计算机公司。1992年4月经陕西省体改委、省经委以陕改发〔1992〕23号文批准,公司被列为省级大企业机制改革超前试点单位,同时经省股改办以陕股办字〔1992〕3号文、中国人民银行陕西省分行陕银复〔1992〕18号文批准,公司增资扩股发行股票2 000万股,每股面值1元,发行价格每股1.5元,公司采取自办发行方式,向社会法人和社会个人进行公开发行。1992年6月公司更名为长安计算机(集团)股份有限公司,同年10月更名为长安信息产业(集团)股份有限公司。

1993年4月,陕西省体改委以陕改发〔1993〕86号文向国家体改委报告,确认公司属国发〔1990〕33号文下达前已公开发行股票的企业,同年12月国家体改委以体改生〔1993〕256号文批复同意公司进行规范化的股份制企业试点。

经中国证监会以证监发审字〔1996〕36号文批准和上交所以上证上字〔1996〕23号文审核通过,于1996年5月16日(星期四)在上海证券交易所挂牌交易。

2012年6月29日,公司向西安曲江文化旅游(集团)有限公司发行92 176 234股股份,购买其合法持有的旅游文化类资产实施完成。2012年9月28日,公司名称变更为西安曲江文化旅游股份有限公司。股票简称由"长安信息"变更为"曲江旅游"。

截至2018年12月31日,公司总股本2.15亿股,其中第一大股东西安曲江旅游投资(集团)有限公司占比53.16%。

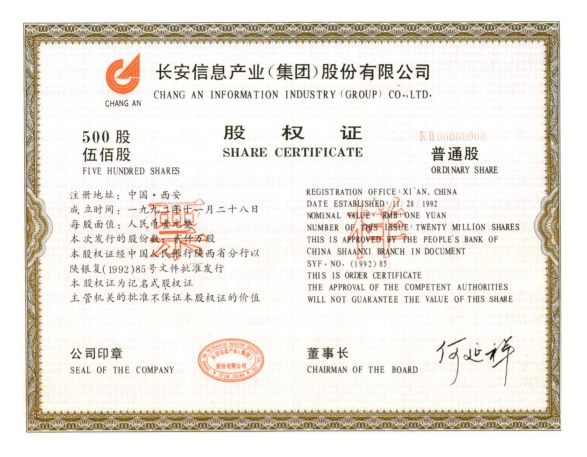
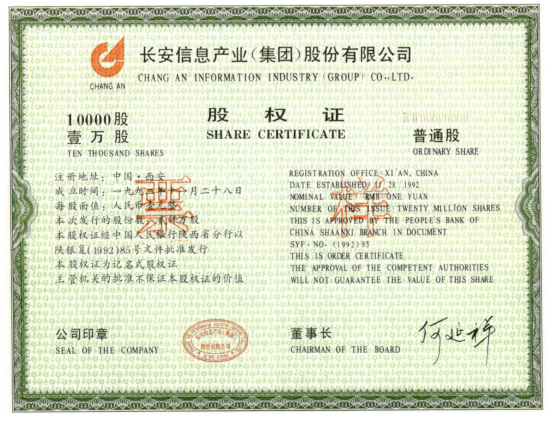

票幅规格均为 220 mm×170 mm

彩虹显示器件股份有限公司股权证

一、首次公开发行概况

发行时间	发行股数	发行价格	上市时间	上市地点	股票简称	现股票简称	股票代码
1992.8.14	30 000万	1.50元/股	1996.5.20	上交所	彩虹股份	—	600707

二、历史沿革介绍

彩虹显示器件股份有限公司是经陕西省体改委以陕改发〔1992〕34号文批准,由彩虹电子集团公司陕西彩色显像管总厂、中国工商银行陕西省信托投资公司、中国人民建设银行陕西省信托投资公司三方共同发起,以募集方式设立的股份有限公司。彩虹电子集团公司陕西彩色显像管总厂是我国"六五"期间的重点工程,1978年开始筹建,先后从日本的日立、旭硝子、涂料、网版等四家公司引进了37 cm、56 cm彩色显像管、玻壳、荧光份、平板荫罩制造的关键技术和主要设备,使该厂成为具有科研、开发能力,年产290万只各类彩色显示器件的支柱企业。

1992年8月11日,中国人民银行陕西省分行以陕银复〔1992〕54号文批准,同意公司募集股份30 000万股,每股面值1元,每股发行价为1.50元,彩虹电子集团公司陕西彩色显像管总厂认购6 600万股,占总股本的22%;中国工商银行陕西省信托投资公司认购5 400万股,占总股本的18%;中国建设银行陕西省信托投资公司认购3 000万股,占总股本的10%;社会法人参股5 792万股,占总股本的19.31%;个人认购9 208万股,占总股本的30.69%。

公司股票上市申请经中国证监会以证监发审字〔1996〕25号文批准和经上交所以上证上〔1996〕字24号文审核批准,于1996年5月20日在上交所挂牌交易。

2017年3月,公司英文名称由Caihong Display Devices CO., Ltd. 更名为 Irico Display Devices CO., LTD.。

截至2018年12月31日,公司总股本35.88亿元,其中第一大股东咸阳金融控股集团有限公司占比31.01%。

票幅规格
224 mm×174 mm

上海市

上海，简称"沪"或"申"，是中华人民共和国省级行政区、直辖市，国家历史文化名城，国际经济、金融、贸易、航运、科技创新中心。上海位于中国华东地区，地处长江入海口，东隔东中国海与日本九州岛相望，南濒杭州湾，北、西与江苏、浙江两省相接，总面积6 340.5平方千米。上海在春秋时期属吴国，战国时期先属越国，后属楚国。楚考烈王以黄歇为相，封为春申君，上海是他封邑的一部分，上海的别称"申"就源于此。

上海市下辖16个市辖区，常住人口为2 423.78万人。2018年，上海全市生产总值完成32 679.87亿元，按可比价格计算，比上年增长6.6%。上海第一产业增加值104.37亿元，下降6.9%；第二产业增加值9 732.54亿元，增长1.8%；第三产业增加值22 842.96亿元，增长8.7%。其中，金融、商贸、汽车、成套设备、房地产是上海市支柱产业。工业领域方面，新动能正在加快集聚，新能源汽车、生物、新一代信息技术产值均实现两位数增长，其中新能源汽车增速高达29.6%，成为新兴产业中增长势头最迅猛的行业。

截至2018年年底，上海市共有上市公司286家，总股本5 382.89亿股，总市值4.51万亿元，累计募集资金12 219.18亿元。市值超过100亿元的有73家，超过1 000亿的有9家，分别是交通银行、上汽集团、浦发银行、中国太保、宝钢股份、国泰君安、上海银行、上港集团、海通证券。

上海飞乐股份有限公司股票

一、首次发行概况

发行时间	发行股数	发行价格	上市时间	上市地点	股票简称	现股票简称	股票代码
1987.9.8	21.01万	100元/股	1990.12.19	上交所	飞乐股份	*ST中安	600654

二、历史沿革介绍

上海飞乐股份有限公司成立于1987年6月23日,系采用社会募集方式设立的股份有限公司。1987年9月8日,公司首次向社会公开发行股份,实际共发行2 101万元(每股面值100元):上海无线电十一厂占59.07%;上海电子组件十厂占30.93%;个人占总股本的10%。共募集资金210万元。1988年4月18日,公司股票在上海市各证券公司柜台交易点上市交易。1990年12月19日转至上交所挂牌交易。

1992年5月,公司总股本调整至2 433万股,其中国家股占64.65%;可流通法人股占14.57%;个人股占20.78%。1992年7月,向全体股东1:1的比例配股,配股价60元每股(由每股面值100元拆细为10元)。总股本增至4 866万元,国家股占32.34%;社会公众股占67.66%。1992年12月10日,每股面值由10元拆细为1元。

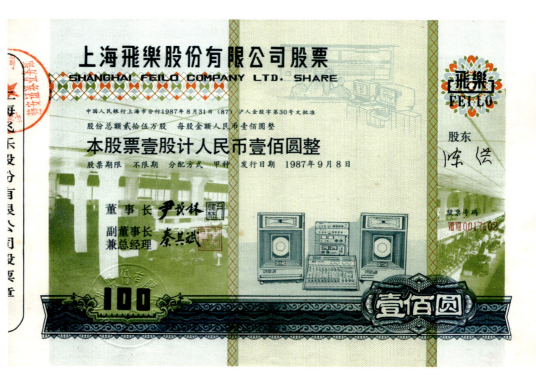

票幅规格
257 mm×165 mm

1995年5月,该公司国家股改由仪电控股集团持有。

2005年12月13日,公司实施股权分置改革,对价安排为非流通股股东向流通股股东每10股支付1.6股。完成后总股本不变,国家股占12.21%;社会公众股占87.79%。

2012年11月6日,仪电控股集团将所有股份无偿划转给其全资子公司仪电电子集团,占总股本17.82%。

2014年6月10日及2015年1月23日公司进行重大资产重组,深圳市中恒汇志投资有限公司成为控股股东,同时公司更名为中安消股份有限公司。

截至2018年12月31日,公司总股本12.83亿股,第一大股东深圳市中恒汇志投资有限公司占比41.15%。

票幅规格
353 mm×165 mm

上海飞乐音响公司股票

一、首次发行概况

发行时间	发行股数	发行价格	上市时间	上市地点	股票简称	现股票简称	股票代码
1984.11.14	1万	50元/股	1990.12.19	上交所	飞乐音响	—	600651

二、历史沿革介绍

1984年11月14日,经中国人民银行上海分行批准,上海飞乐电声总厂成立上海飞乐音响股份有限公司,并向社会公众及职工发行股票。总股本1万股,每股面值50元,共筹集50万元股金,注册资本为50万元,其中法人股25万元,计0.5万股;个人股25万元,计0.5万股。1987年9月,飞乐电声总厂改制成飞乐股份公司(简称"大飞乐"),仍是飞乐音响(简称"小飞乐")的第一大股东。1989年第一次增资扩股后注册资本为165万元,每股50元,合计3.3万股,其中法人股35万元,计0.7万股;个人股130万元,计2.6万股。1990年12月,上交所成立并正式营业,大飞乐和小飞乐同时上市。实际上,小飞乐最初成立时就是大飞乐股份的劳动服务公司,两家公司的主业都是音响设备和电声乐器。1991年8月,第二次增资扩股后注册资本为500万元,每股10元,合计50万股,其中法人股70万元,计7万股;个人股430万元,计43万股。1992年12月10日起,将公司股票由原每股面额为10元拆细为每股面额为1元。1993年3月第三次增资扩股,通过上半年送、配股,股本从500万元扩大为1 000万元,每股为1元,合计1 000万股,其中法人股81.8万元,计81.8万股;个人股918.2万元,计918.2万股。其中配股300万股,每10股配6股,溢价发行每股5元,实收配股1 500万元,送股200万股,每10股送4股。1994年4月第四次增资扩股,向公司老股东送股配股4 200万元,按每1股送3股在此基础上配0.3股,溢价发行为5元。送、配股后,公司注册资本为5 200万元,计5 200万股。其中,法人股19 440 180元,计19 440 180股;个人股32 559 820元,计32 559 820股。1995年,新组建的仪电控股代替国有资产管理办公室成为大飞乐的控股股东。同期,大飞乐不断增持小飞乐的股票,至1995年,大飞乐持有小飞乐17.39%的股份。1995年5月,第五次增资扩股,向股东以每10股送2股的比例向全体股东送红股。送股后公司股本总额将从5 200万股增至6 240万股。1996年持股量达18.43%为历史最高。此后,大飞乐逐年减持小飞乐股票而获投资收益,在大飞乐从二级市场上减持小飞乐股票的同时,大飞乐的母公司仪电控股就在二级市场上收购小飞乐股票。至1997年年底,仪电控股持有小飞乐11.44%成为第一大股东;大飞乐持有10.16%退为第二大股东。1997年7月,第六次增资扩股,以1996年12月31日股本总额6 240万股为基数,按每10股派送红股1.5股,同时以同样基数按每10股转增股本1.5股。增资后的股本为8 112万股。1997年以后,大飞乐继续减持小飞乐的股票,至

2002年持股比例降至3.75%。而仪电控股一直增持小飞乐,至2003年持股比例达19.18%。

2006年5月,第一大股东上海仪电控股(集团)公司将出让6 600万股飞乐音响股份,占公司总股本的12.96%,每股转让价格为3.9元每股,转让总价款2.574亿元。该次收购方共有三家:深圳清华力合创业投资有限公司、深圳市华智通实业发展有限公司、深圳市盛金投资发展有限公司;收购方式为协议收购。收购后深圳清华力合创业投资有限公司成为第一大股东,占股比例7.07%,上海仪电控股占6.21%。2007年8月份,深圳清华力合创业投资有限公司减持飞乐音响,使得上海仪电控股又成为第一大股东,此后上述三家收购企业不断减持飞乐音响直到完全退出,上海仪电控股不断增持飞乐音响,一直处于第一大股东地位。2012年2月28日,仪电控股董事会会议通过决议,一致同意仪电控股将所持有的飞乐音响9 181.643万股股份(占总股本的比例为14.91%)无偿划转予全资子公司仪电电子集团。2014年5月,飞乐音响拟通过发行股份及支付现金方式购买申安联合持有的北京申安集团85%股权(股份购买72.25%,现金购买12.75%),通过支付现金方式购买庄申安持有的北京申安集团15%股权,2014年12月完成并购,变更后的总股本为98 522.000 2万股。2016年7月第十六次增资扩股,公司对高管进行股权激励,公司共收到127名股权激励对象缴纳的行权款共计38 622 278.50元,其中新增股本合计671.691 8万股,变更后总股本为99 193.692万股。期间,公司限制性股票激励对象黄鑫、谢卫钢、王鹤植、陶静、田元翔、徐镇瑜、庄素香共7人因个人原因已离职,已不符合激励条件,公司董事会决定对其持有的尚未解锁的限制性股票合计352 899股进行回购注销处理,变动后总股本99 158.402 1万股。

2017年12月27日,上海仪电电子(集团)有限公司其持有的所有的飞乐音响股份无偿划转至其股东上海仪电(集团)有限公司。

截至2018年12月31日,公司总股本9.89亿股,第一大股东上海仪电电子(集团)有限公司占比22.05%。

三、重大历史事件

1984年11月,上海飞乐电声总厂面向社会公开发行股票成立上海飞乐音响股份有限公司。1986年11月,邓小平将一张飞乐音响股票赠给来访中国的美国证券交易所主席约翰·范尔霖先生,成为中国资本市场标志性历史事件,引起社会强烈反响,"飞乐音响"也成为上交所成立之前就在柜台交易的"老八股"之一。

票幅规格
184 mm×121 mm

上海申华电工联合公司股票

一、首次发行概况

发行时间	发行股数	发行价格	上市时间	上市地点	股票简称	现股票简称	股票代码
1987.3.20	1万	100元/股	1990.12.19	上交所	申华实业、华晨集团	申华控股	600653
1990.12.18	40万	15元/股	1990.12.19	上交所	申华实业、华晨集团	申华控股	600653

二、历史沿革介绍

上海申华电工联合公司于1987年初向社会公开发行股票1万股,每股金额100元,总计金额100万元,是上海市郊区唯一向社会公开发行股票的股份制企业,主要从事机电、五金、交电、化工、塑料制品、酒店等业务为主,创始人瞿建国。公司是上交所成立之前在柜台交易的"老八股"之一。1990年12月,第一次增资扩股,该公司进行股票拆细,把1股拆成10股,每股面值10元,同时以每股15元的价格发行了40万股面额10元的股票,此时总股本为50万股,股本金500万元,申华实业成为首个进行拆细的股票。1990年12月19日,公司成为首批在上交所上市交易的股票之一,总股本为50万股,全部为流通股。1992年6月10日,第二次增资扩股,公司增发50万股,每股面值10元,变动后总股本100万股,股本金1 000万元。1992年12月1日,公司拆细,把一股拆成十股,每股面值1元,总股本1 000万股。1993年3月至1996年6月历经数次送配股,公司总股本变更为17 901万股。截至1996年12月11日,君安投资经过六次举牌公司,其持有的公司总股数为2 719.193 4万股,占公司总股本的15.19%,成为第一大股东。君安证券为其实际控制人。1999年4月11日,珠海华晨控股有限责任公司和上海华晨实业公司通过收购深圳市君安投资发展有限公司(后更名为深圳正国投资发展有限公司)的100%股权而间接持有申华控股15.19%股权,成为其实际控制人。1999年11月22日,公司更名为上海华晨集团股份有限公司,股票简称变更为"华晨集团"。

2001年12月7日,中国正通控股有限公司、宁波正运实业有限公司以及沈阳金杯汽车工业有限公司通过深圳市君安投资发展有限公司间接持有该公司15.19%的股权。同时,经深圳市工商行政管理部门核准,深圳市君安投资发展有限公司更名为深圳市正国投资发展有限公司。2002年1月30日,中国正通控股有限公司与宁波正运实业有限公司签署股权转让协议。股权转让完成后,宁波正运持有深圳正国75%的股权,金杯汽车仍持有深圳正国25%的股权,宁波正运以及金杯汽车通过深圳正国间接持有公司15.19%的股权。2002年3月18日,公司名称变更为上海申华控股股份有限公司。公司股票简称变更为"申华控股",公司股票代码不变。2002年12月18日,宁波正运与沈阳金杯汽车工业公司及沈阳汽车工业股权投资有限公司(简称"股权公司")

签署协议。股权转让完成后,沈阳金杯汽车工业公司持有深圳正国76%的股权,股权公司持有24%的股权,宁波正运不再持有深圳正国的股权。沈阳金杯汽车工业公司及股权公司通过深圳正国间接持有该公司13.75%的股权。2003年8月19日,深圳正国原股东沈阳金杯汽车工业有限公司、沈阳汽车工业股权投资有限公司与华晨汽车集团、珠海华晨签订了股权转让协议。根据协议,沈阳金杯将所持深圳正国的股权76%分别转让给华晨汽车集团75%和珠海华晨1%;沈阳汽车工业股权投资公司将所持深圳正国的股权24%全部转让给珠海华晨,并间接持有上海申华13.75%的股权,从而将申华控股真正纳入了华晨体系。2005年11月24日经工商管理部门核准,公司第一大股东深圳市正国投资发展有限公司正式更名为辽宁正国投资发展有限公司。2016年3月25日公司第十六次增资扩股,以非公开发行股票的方式向特定投资者华晨集团发行2亿股,发行价格为2.59元每股,募集资金总额为51 800万元,增发后总股本为194 638.031 7万股。华晨集团通过自身持股及辽宁正国投资发展有限公司间接持股,持股比例达到22.94%,为公司实际控制人。

  截至2018年12月31日,公司总股本19.46亿股,第一大股东华晨汽车集团控股有限公司占比12.80%。

票幅规格
189 mm×130 mm

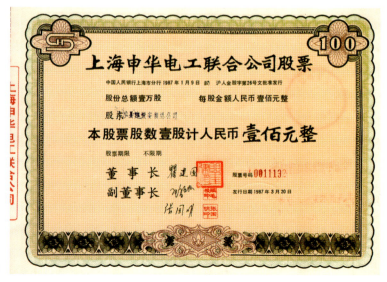

票幅规格
233 mm×182 mm

上海豫园商场股份有限公司股票

一、首次发行概况

发行时间	发行股数	发行价格	上市时间	上市地点	股票简称	现股票简称	股票代码
1992.5.30	535万	80元/股	1992.9.2	上交所	豫园商城	豫园股份	600655

二、历史沿革介绍

1987年6月,经有关部门批准,豫园商场全部国营和集体商店联合组成豫园商场股份有限公司,以集中优势扩大经营规模,是上海首批试制股份制的企业之一。为适应上海商业、旅游业的发展,进一步开发建设豫园地区的商业、旅游业,公司吸收上海豫园旅游服务公司、南市区饮食公司、上海市商业建设公司、上海旅游公司、南市区糖业烟酒公司、南市区果品杂货公司、南市区药材医药公司、南市区百货公司、南市区服务公司、南市区五金交电公司、南市区合作联社、南市区工业供共同发起,组成上海豫园旅游商城股份有限公司,发起人投资折股计5 940.428万元。豫园旅游服务公司为豫园商场第一大股东。1992年5月29日,上海豫园旅游商城股份有限公司向社会公开发行股票,注册资本总额11 290.428万元,每股10元,计1 129.042 8万股,国有股14.34%,法人股71.64%,个人股14.02%。其中,发起人投资折股计5 940.428万元,向社会法人公开发行4 000万元,向社会个人发行1 350万元,包括公司内部职工认购240万元,定向商场公司个人股股东发行150万元,发行价格为80元每股。1992年9月2日,公司股票在上交所上市交易。

1992年12月10日,第一次增资扩股,将该公司的股票由每股面额为10元拆细为每股面额为1元,变动后总股本为11 290.428万股。1993年至1999年,公司先后进行了7次送配股,1999年12月15日第八次增资扩股后,公司总股本变更为46 533.345 5万股。

2002年11月16日,豫园集团将所持该公司5 756.668 3万股国家股中的3 141.000 8万股、上海豫园旅游服务公司将所持该公司6 166.160 1万股国有法人股转让给上海复星产业投资有限公司。转让价格均为每股3.80元,转让总金额35 367.211 4万元。复星投资将持有该公司股份9 307.160 9万股,占总股本的20%,为公司第一大股东。

2006年5月31日,公司实施股权分置改革,公司除公募法人股股东以外的非流通股股东以其持有的部分非流通股股份作为对价,支付给公司流通股股东,以2005年12月31日公司股本结构为计算基础,流通股股东每持有10股流通股将获得1股股份的对价。方案实施后,公司总股本仍为465 333 455股,公司资产、负债、所有者权益、每股收益等财务指标均保持不变。

2013年7月19日,复星高科通过二级市场增持了公司11 126.782 3万股,占总股本7.74%,复星高科及其子公司复星产业共持有公司24.997%股份。2018年7月11日,豫园股份向复星集团定向增发新股243 916.19万股,复星集团以一系列子公司并入豫园股份为对价持有这些新发股份,定向增发完成后,复星集团成为绝对控股股东。

　　截至2018年12月31日,公司总股本为38.8亿股,第一大股东上海复地投资管理有限公司占比26.37%。

票幅规格
280 mm×195 mm

上海真空电子器件股份有限公司股票

一、首次发行概况

发行时间	发行股数	发行价格	上市时间	上市地点	股票简称	现股票简称	股票代码
1987.1.24	14.5万	100元/股	1990.12.19	上交所	真空电子、广电电子	云赛智联	600602
1992.1.20	100万	420元/股	1992.2.21	上交所	真空B	云赛B	900901

二、历史沿革介绍

1987年1月22日,上海真空电子器件股份有限公司在原上海灯泡厂、上海电子管厂、上海电子管二厂、四厂、上海显像管玻璃厂等基础上组建成立,主要从事生产黑白显像管、彩色显像管、显像管玻壳、荧光灯、汽车灯和钨钼材料等产品的生产经营。1987年1月24日,公司发行14.5万股个人股,每股面值100元,发行价100元每股;1988年4月26日,公司发行12.5万股个人股,每股面值100元,发行价113元每股;1989年2月28日,公司发行22.1万股个人股,每股面值100元,发行价102元每股。1997年上海广电(集团)有限公司成为控股股东。1990年12月19日,公司在上交所上市,成为最早在上交所上市交易的"老八股"之一,总股本达到200万股,每股面值100元。其中国家股占比74.5%,个人股占比24.5%,法人股占比1%。

经中国人民银行上海市分行以沪人金B股字〔1991〕1号文批准,1991年11月29日公司第一次增资扩股,溢价发行B种股票,成为中国第一张专供海外投资者认购的人民币特种股票,发行量100万股,每股100元,发行价420元每股。发行后公司总股本达到300万股。1992年11月21日,公司股票拆细,将公司股票面额由每股100元拆细为每股1元,拆细后公司总股本达到30 000万股,其中20 000万A股,10 000万B股。后经历次送股、转增及公开增发,至2000年6月28日,公司总股本变更为84 293.430 3万股,其中A股63 210.392 9万股,B股21 083.037 4万股。

2001年5月30日,上海真空电子器件股份有限公司召开2000年度股东年会同意将公司名称变更为上海广电电子股份有限公司。

2006年1月13日,股权分置改革,A股流通股股东每10股获得1.9股股票对价。

2009年6月5日,仪电集团与广电集团签订《股份转让协议》,广电集团将其持有的广电电子352 742 238股A股股份、广电信息299 394 738股股份转让给仪电集团,该次转让价款总额为1 111 138 049.70元。仪电集团是上海市国有资产经营平台,此次收购之后,公司实际控制人仍为上海市国资委。

2015年12月14日,公司向云赛信息(集团)有限公司、上海仪电电子(集团)有限公司、上海塞嘉电子设备有限公司、杭州乾钧投资管理有限公司、朱正文等15名自然人定向增发15 389.205 4万股,占完成该次交易后总股本的11.6%,增发价格为7.02元每股,定向增发完成之后总股本为132 683.513 6万股。其中A股为103 346.467 1万股。该次定向增发主要用于购买资产,经过重大资产重组,基本完成在智慧城市产业链的布局,主营业务发生了重大变化,公司主要业务为基于物联网、云计算、大数据技术为基础的,面向城市智慧化领域的三大业务板块,即智能产品"基础"板块、云计算大数据"平台"板块、行业解决方案"应用"板块,以支撑公司重大资产重组后的战略定位和战略目标的实现。公司主营业务、经营范围、发展战略和公司名称等均发生实质性变更,公司发展战略转变为智慧城市综合解决方案提供商。2016年4月21日,公司更名为云赛智联股份有限公司。

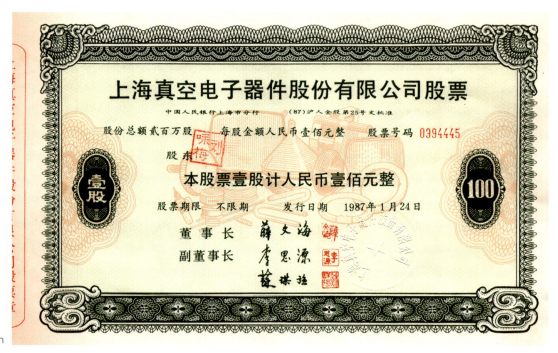

票幅规格
265 mm×170 mm

票幅规格
175 mm×115 mm

2017年12月27日,公司控股股东上海仪电电子(集团)有限公司召开董事会,决定将持有的公司383 337 947股股份(持股比例28.03%)无偿划转至上海仪电(集团)有限公司;云赛信息召开董事会,决定将持有的公司88 948 065股股份(持股比例6.50%)无偿划转至仪电集团。同日,划转各方分别签订了《国有股权无偿划转协议》。该次划转完成后,仪电集团持有公司472 286 012股股份(持股比例34.53%),为公司直接控股股东,仪电电子集团和云赛信息不再持有公司股份,公司的实际控制人仍为上海市国资委。

截至2018年12月31日,公司总股本13.68亿股,第一大股东上海仪电电子(集团)有限公司占比28.03%。

票幅规格
205 mm×130 mm

票幅规格
235 mm×150 mm

上海真空電子器件股份有限公司人民幣特種股票

批准文號：（91）滬人金B股字第1號

中國人民銀行上海市分行

股東

本張股票壹仟股　每股面值人民幣壹佰圓整

人民幣壹佰萬圓整

票樣

董事長　　　　經理

批准日期　一九九一年十一月二十九日

B0000000

票幅規格 265 mm×165 mm

上海爱使电子设备公司股票

一、首次发行概况

发行时间	发行股数	发行价格	上市时间	上市地点	股票简称	现股票简称	股票代码
1985.1.2	0.6万	50元/股	1990.12.19	上交所	爱使电子 爱使股份	游久游戏	600652

二、历史沿革介绍

上海爱使电子设备公司于1985年1月2日经中国人民银行上海市分行以沪人金股〔1985〕2号文批准,以股份募集方式设立,向社会公众发行人民币普通股总额30万元,每股50元,于1987年4月上市流通,1990年12月19日在上海证券交易所挂牌交易,为上海证券交易所第一批上市的"老八股"之一。1991年8月,经中国人民银行上海市分行批准,公司向社会增发230万元股票,实有资产达到1 300万元,公司总股本为270万股。1992年12月1日,公司决定股票拆细,拆细后股份为1元每股,公司总股本270万股。1993年3月6日,公司决定向老股东送红股,每10股送10股,同时公司决定在送红股后的股东基础上配售股份,每10股配售10股,配股价格每股5.5元,变动后总股本为1 080万股。公司最大股东为自然人胡兴平,占公司股份2.38%,公司并无实际控制人。

1994年5月25日,公司决定向老股东送红股,每10股送30股,同时公司决定在送红股后的股东基础上配售股份,每10股配售3股,配股价格为7元每股。变动后总股本为5616万股。1994年年底,公司最大股东为辽宁国发股份有限公司,占股3.74%。1995年年底公司最大股东为延中实业,占股1.99%。1998年年底公司最大股东变更为重油公司,占股4.16%。2002年4月12日,公司第一大股东为天天科技,占股3.238%。此后天天科技增持,到2003年年底占股8.25%,为公司第一大股东,实际控制人。

2014年11月14日,公司进行非公开发行股份及支付现金购买资产,向上市公司控股股东天天科技、刘亮、代琳、大连卓皓发行27 570.09万股股票,认购刘亮、代琳、大连卓皓分别持有的游久时代42.5%、50%、7.5%的股权,同时上市公司控股股东天天科技以现金39 333.33万元认购公司该次非公开发行的股份,用于配套资金。发行价格为4.28元每股。变动后总股本为83 270.349 8万股。天天科技通过2014年定向增发,占股17.11%,成为公司实际控制人。2015年3月19日,公司变更名称为上海游久游戏股份有限公司,股票简称"游久游戏"。

截至2018年12月31日,公司总股本8.33亿股,第一大股东天天科技有限公司占比18.33%。

票幅规格
192 mm×154 mm

票幅规格
158 mm×71 mm

上海延中实业股份有限公司股票

一、首次发行概况

发行时间	发行股数	发行价格	上市时间	上市地点	股票简称	现股票简称	股票代码
1985.2.17	50万	10元/股	1990.12.19	上交所	延中实业	方正科技	600601

二、历史沿革介绍

1985年1月14日,上海延中实业股份有限公司成立,发行股票50万股,每股10元,总股本500万元,其中法人股5万股,个人股45万股。1986年9月26日,延中实业与飞乐音响两只股票率先在中国工商银行上海信托投资公司静安证券部柜交易,这是我国首批上市交易的股票。1990年9月,公司向股东10股配5股配售股票,同时申银证券包销250万元股票,变动后总股本1 000万元。1992年5月28日,公司配售股份,每10股配售10股,配售价格为60元每股,变动后总股本为2 000万元总股本。1992年12月7日,公司股份拆细,每股拆成1元一股,总股本为2 000万股。1993年3月13日,公司送红股,每10股送红股5股,变动后总股本为3 000万股,法人股663.6万股,占总股本22.12%,个人股2 336.4万股,占总股本77.88%,总股本合计3 000万股。公司第一大股东为宝安上海公司,占股本比例18.713%。1998年8月20日,公司正式更

票幅规格
196 mm×180 mm

名为上海方正延中科技股份有限公司。此时,公司第一大股东宝安上海公司开始减持。1999年10月20日,随着宝安上海公司减持,北大科技成为公司第一大股东,持公司股份的3.39%,获得了公司实际控制权。2000年,公司第一大股东变更为北大方正集团,持公司股份3.77%。此后北大方正集团不断增持公司股份,成为公司实际控制人。2003年7月23日,公司正式更名为方正科技集团股份有限公司,股票简称"方正科技"。2010年7月9日,北大方正集团增持公司股份至255 613 016股,占总股本的11.65%,并在以后维持这一股份比例。

截至2018年12月31日,公司总股本21.95亿股,第一大股东北大方正信息产业集团有限公司占比11.65%。

票幅规格均为
196 mm×180 mm

中国第一铅笔股份有限公司股票

一、首次发行概况

发行时间	发行股数	发行价格	上市时间	上市地点	股票简称	现股票简称	股票代码
1992.6.13	50万(A股)	40元/股	1992.8.14	上交所	第一铅笔	老凤祥	600612
1992.7.7	250万(B股)	34.7元/股	1992.8.14	上交所	中铅B	老凤祥B	900905

二、历史沿革介绍

中国第一铅笔股份有限公司前身为创建于1935年的中国第一家全能型铅笔制造企业——中国标准国货铅笔厂股份有限公司,1954年改名为中国铅笔一厂,主要生产中华牌、长城牌木制铅笔、活动铅笔、铅芯和爱丽丝化妆笔四大系列产品,是当时全国最大的铅笔制造企业,也是全国铅笔行业唯一的国家一级企业。

1992年5月16日,经中国人民银行上海市分行以沪人金股字〔1992〕7号文批准,中国第一铅笔股份有限公司发行人民币股票3 900万元,每股面值10元,计390万股,其中,原中国铅笔一厂以国有资产折股289.21万股,向社会法人的招募50.79万股,向社会个人公开发行50万股(包括公司内部职工认购10万股)。发行价格每股40元。公司由国资局控股。1992年7月7日,公司发行B股250万股,募集资金8 262.5万元,按当时加权平均汇率折合1 249.18万美元。1992年12月7日,公司股份拆细,由每股10元拆成每股1元,变动后总股本为6 400万股,其中A股3 900万股,B股2 500万股。后经历次送配股、转增,至1999年6月10日,公司总股本变更为25 177.939 5万股,其中A股为13 172.803 5万股,B股为12 005.136万股。

2005年10月15日,上海轻工控股(集团)公司将其所持有的该公司83 328 128股国家股(占公司总股本33.09%)无偿划转给上海市黄浦区国有资产管理办公室。该次股权划转后,上海轻工不再持有该公司国家股股权,黄浦区国资办成为公司的第一大股东,股份性质仍为国家股。2006年1月25日,公司实施该次股权分置改革方案:A股流通股每10股获得股份为3.5股。2007年7月9日,公司资本公积转增股本,每10股转增1股,变动后总股本为27 695.733 6万股,其中A股为14 490.084万股,B股为13 205.649 6万股。

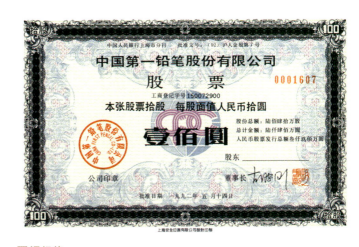

票幅规格
178 mm×118 mm

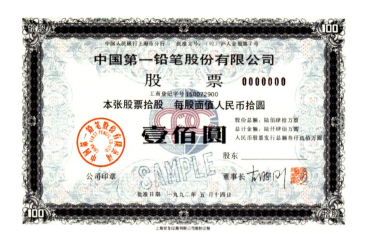

票幅规格
178 mm×118 mm

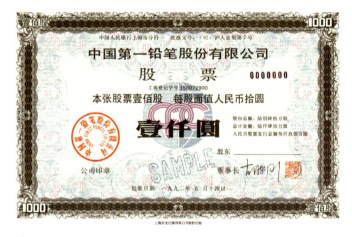

票幅规格
206 mm×132 mm

票幅规格
206 mm×132 mm

上海老凤祥有限公司组建于1996年4月19日，注册资本13 661万元，其中公司出资4 090万元，占29.94%；公司下属控股子公司上海福斯特笔业有限公司出资2 800万元，占20.50%；上海市黄浦区国有资产监督管理委员会出资3 766万元，占27.57%；职工持股会出资2 185万元，占15.99%；自然人持股820万元，占6.00%。老凤祥公司主要从事工艺美术品、金银制品、珠宝、钻石与相关产品的经营。2009年6月5日，公司向黄浦区国资委非公开发行股份购买其持有的上海老凤祥有限公司27.57%的权益和上海工艺美术总公司100%的权益。该次发行完成后，黄浦区国资委将增加对公司的持股比例，仍是公司的控股股东。2009年8月4日，中国第一铅笔股份有限公司在上海市工商行政管理局申请办理了企业名称、经营范围及注册地址变更手续，并领取了新的营业执照。变更后：企业名称为老凤祥股份有限公司；经营范围为：生产经营金银制品、珠宝、钻石与相关产品及设备，工艺美术品等。股票简称变更为老凤祥，代码不变。2010年9月2日，公司向控股股东上海市黄浦区国有资产监督管理委员会发行境内上市人民币普通股（A股）5 837.456 4万股购买相关资产，发行价格为14.08元每股。变动后总股本为33 533.19万股，其中A股20 327.540 4万股，B股13 205.649 6万股。该次变动后控股股东上海市黄浦区国有资产监督管理委员会持有公司股份上升至42.09%。2011年7月15日，公司资本公积转增股本，每10股转增3股，变动后总股本为43 593.147万股，其中A股26 425.802 5万股，B股17 167.344 5万股。2012年8月10日，公司资本公积转增股本，每10股转增2股，变动后总股本为52 311.776 7万股，A股31 710.963万股，B股20 600.813 4万股。

截至2018年12月31日，公司总股本5.23亿股，第一大股东上海市黄浦区国有资产监督管理委员会占比42.09%。

票幅规格
178 mm×118 mm

票幅规格
206 mm×132 mm

票幅规格
206 mm×132 mm

上海胶带股份有限公司股票

一、首次发行概况

发行时间	发行股数	发行价格	上市时间	上市地点	股票简称	现股票简称	股票代码
1992.6.13	50万	35元/股	1992.8.28	上交所	胶带股份、三九发展、鼎立股份	鹏起科技	600614
1992.6.18	250万	250美元/股	1992.8.18	上交所	胶带B	鹏起B	900907

二、历史沿革介绍

上海胶带股份有限公司前身系成立于1947年的中国申联橡胶厂。1992年4月经上海市经委和外商投资委员会批准,申联橡胶改制成上海胶带股份有限公司,主要生产骆驼牌胶带、立鹤牌胶面鞋等产品。公司上市发行后总股本为689.504万股,其中A股439.504万股,B股250万股。公司由国资局控制。1992年12月7日,公司股份拆细,每股10元拆成每股1元,变动后总股本为6 895.04万股,其中A股4 395.04万股,B股2 500万股。1996年,公司控股股东变更为上海华谊(集团)公司,持公司股份49.24%。2000年11月28日,公司第一大股东上海华谊(集团)公司(持有该公司总股本的49.24%股份)与三九企业集团签订了《股权转让协议》,三九企业集团受让上海华谊(集团)公司持有的公司33 964 347股股份,占胶带股份总股本的29.5%。双方又于2001年4月16日签订了上述股份转让的补充修改协议,确认每股转让价格为2000年度经审计的胶带股份每股净资产值1.564元,转让总额为53 120 238.71元。转让后三九企业集团持有公司29.5%的股份,为公司第一大股东,上海华谊(集团)公司持有19.74%,为第二大股东。2003年6月13日,公司全称已变更为上海三九科技发展股份有限公司;公司经营范围变更为在国家鼓励和允许的范围内进行投资(投资项目另行报批);新药科技开发、技术服务及技术转让,生物制药、保健品、化妆品及医疗器械等产品的研发及其服务项目。股票简称变更为"三九发展"。2005年4月28日,公司第一大股东三九企业集团与鼎立建设集团股份有限公司签订了股权转让协议,三九集团拟将持有公司29.5%的股权转让给鼎立建设。2006年4月4日,接相关通知,中国证监会已对上述股权转让出具了无异议函。该次股权转让完成后,三九集团不再持有公司的股票;鼎立建设将持有公司29.5%的股份,成为公司控股股东,股权性质为非国有法人股。2006年6月29日,公司领取了上海市工商行政管理局颁发的新的营业执照,公司全称已变更为上海鼎立科技发展(集团)股份有限公司,股票简称"G*ST鼎立"。2007年5月31日,公司向控股股东鼎立建设集团股份有限公司发行新股收购控股股东鼎立建设集团股份有限公司拥有的遂川通泰置业有限公司100%股权、东阳鼎立房地产开发有限公司100％股权、鼎立置业(淮安)有限公司90％股权。上述股权评估总值为166 133 333.80元,公司该次发行股份价格为6.20元每股,发行数量为2 679.569 9万股。变动后总股本为14 192.907 7万股,其中A股10 018.407 7万股,B股4 174.5万股。后经历次转增股本、非公开发行股票,至2009年4月15日,公司总股本变更为56 740.259 6万股,其中A股44 675.954 6万股,B股12 064.305万股。2010年,公司控股股东变为鼎立控股集团股份有限公司,持有股份不变,仍为公司股份的36.07％。

2014年10月23日,公司通过发行股份及支付现金的方式购买曹亮发、曹文法、黄雷、深圳广纳投资、深圳同晟投资、上海素山投资、南京中达投资、南京高达投资、上海盛彦投资、上虞盛阳投资、金风投资、无锡TCL投资、中山久丰投资、邵峪霞和顾红霞等交易对手合法持有的丰越环保100％股权。同时为提高重组效率,向不超过10名特定投资者非公开发行股份募集该次重组的配套资金,该次交易的交易对价为18亿元。其中,公司支付丰越环保85％股份对价采用定向发行股份的方式支付,发行股票15 118.577万股,该次公司发行股份募资配套资金的发行底价9.11元每股计算,募集配套资金发行4 749万股,变动后总股本为76 607.836 6万股,其中A股64 543.531 6万股,B股为12 064.305万股。

2015年12月19日,公司拟通过发行股份的方式购买张朋起、宋雪云、北京申子和投资、深圳朋杰投资、张小平、张力丹、陈斌、东营玉昊隆光电、王兵、邓建敏、上海融川投资、上海三捷投资和刘奇合法持有的鹏起实业100％股权。公司拟向上海珀麓投资等5名投资者非公开发行股份募集该次重组的配套资金,募集资金总额1.7亿元。公司收购鹏起实业100％股权按所需支付对价合计13.52亿元,全部以非公开发行股份的方式支付;按该次发行股份购买资产的经调整后的发行价格6.74元每股计算,合计发行20 059.347 2万股。为提高该次交易整合绩效,拟向上海珀麓投资等5名投资者发行股份募集配套资金,配套资金总额1.7亿元。按该次募集配套资金的经调整后的发行价格8.49元每股计算,合计发行2 002.355 4万股。变动后总股本为175 277.375 8万股,其中A股为151 148.765 8万股,B股为24 128.61万股。变动后张鹏起持有公司8.73％的股份,为公司第二大股东。2017年1月23日,公司中文名称变更为鹏起科技发展股份有限公司,股票简称"鹏起科技"。

截至2018年12月31日,公司总股本17.53亿股,第一大股东鼎立控股集团股份有限公司占比11.43％。

票幅规格均为
166 mm×108 mm

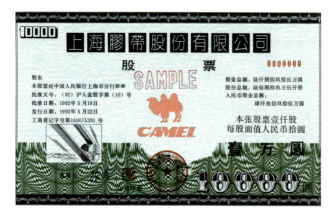

票幅规格
207 mm×136 mm

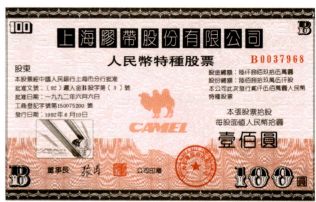

票幅规格
166 mm×108 mm

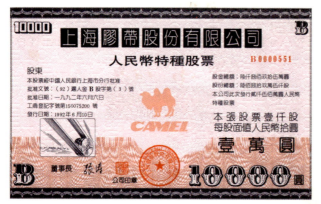

票幅规格
207 mm×136 mm

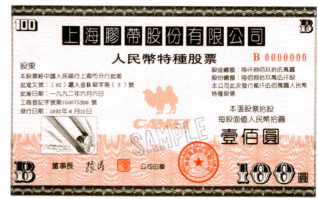

票幅规格
166 mm×108 mm

票幅规格
207 mm×136 mm

上海金陵股份有限公司股票

一、首次发行概况

发行时间	发行股数	发行价格	上市时间	上市地点	股票简称	现股票简称	股票代码
1992.6.12	160万	42元/股	1992.12.2	上交所	金陵股份	华鑫股份	600621

二、历史沿革介绍

上海金陵股份有限公司原名上海金陵无线电厂,创建于1952年,1970年开始生产电子产品,1991年晋升为国家一级企业。1992年5月5日经上海市经济委员会以沪经企〔1992〕303号文批准改制成上海金陵股份有限公司。1992年6月,经中国人民银行上海市分行以沪人金股字〔1992〕33号文批准,公司发行股票总额5 099.3万元,每股面值10元,计509.93万股,其中,上海金陵无线电厂以原资产折股328.19万股,川沙严桥工业公司以其在原金陵无线电厂投资的217.4万元,直接转为公司的股份计21.74万股,向社会法人招募100万股,向社会个人公开发行60万股,包括公司职工认购12万股,发行价格每股42元。1992年12月10日,公司将每1股拆细成10股,变动后总股本为5 099.3万股。后经多次送配股、转增,至2001年5月8日,公司总股本变为52 408.235 1万股。2017年5月17日,华鑫股份拟以公司持有的房地产开发业务资产及负债(作为置出资产)与仪电集团持有的华鑫证券66%股权(作为置入资产)的等值部分进行置换。华鑫股份拟以审议该次重大资产重组事项的董事会决议公告日

票幅规格
175 mm×112 mm

票幅规格
206 mm×132 mm

前120个交易日股票交易均价的90%即9.59元/股的发行价格,向仪电集团发行股份购买置入资产与置出资产交易价格的差额部分,向飞乐音响发行股份购买华鑫证券24%股权,向上海贝岭发行股份购买华鑫证券2%股权。该次交易前,华鑫置业持有公司13 951.75万股股份,占公司总股本的26.62%,是公司的控股股东,仪电集团通过全资子公司华鑫置业持有华鑫股份26.62%股权,为公司实际控制人。该次发行股份购买资产并募集配套资金后,仪电集团直接持有公司27.49%的股权,通过华鑫置业和飞乐音响间接持有公司25.78%的股权,合计持有公司53.27%的股权,仍为公司实际控制人。当次交易未导致公司控制权发生变化。

截至2018年12月31日,公司总股本10.61亿股,第一大股东上海仪电电子(集团)有限公司占比27.49%。

票幅规格
175 mm×112 mm

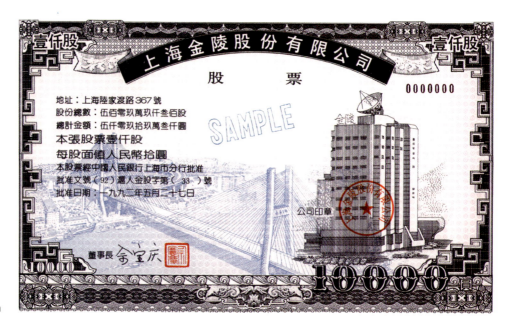

票幅规格
235 mm×150 mm

上海市第一食品商店股份有限公司股票

一、首次发行概况

发行时间	发行股数	发行价格	上市时间	上市地点	股票简称	现股票简称	股票代码
1992.6.13	130万	58元/股	1992.9.29	上交所	第一食品	金枫酒业	600616

二、历史沿革介绍

上海第一食品商店创始于1954年,是国内领先的专业食品零售连锁企业,其前身为1926年创立于上海的"新新公司",并与"先施""永安""大新"四足鼎立,被誉为民国上海南京路上四大公司。

1992年5月28日,上海市第一食品商店股份有限公司发行股票总额2 838.65万元,每股10元,计283.865万股,其中发起人上海市第一食品商店以原有资产折股96.865万股,发起人上海市糖业烟酒公司以现金参股57万股。向社会法人公开发行57万股,向社会个人公开发行73万股(包括公司内部职工优先认购10.6万股),发行价格每股58元。公司为国家控股。1992年12月10日,公司股份每股拆细成10股,变动后总股本为2 838.65万股。后经历次送配股、转增股本,至1998年8月1日,公司总股本变为10 892.113 8万股。

1998年,公司前两大股东将其持有公司的股份合并到了上海市糖业烟酒(集团)有限公司,上海市糖业烟酒(集团)有限公司共持股44.86%,为公司第一大股东,公司实际控制人未发生变化。此后公司第一大股东,同时也是控股股东一直为上海市糖业烟酒(集团)有限公司。2004年11月10日,公司法定名称变更为上海市

票幅规格
178 mm×114 mm

票幅规格
206 mm×132 mm

第一食品股份有限公司。公司股票简称"第一食品",股票代码仍为600616。2005年11月21日,公司股权分置改革,上海市糖业烟酒(集团)有限公司向实施股权登记日登记在册的流通股股东每10股流通股支付3.5股股份;其他法人股股东既不支付对价也不获得对价。2008年9月25日,公司名称变更为上海金枫酒业股份有限公司的工商变更登记手续完成,经公司申请并经上交所核准,公司股票简称变更为"金枫酒业",股票代码保持不变。

2015年5月19日,上海市国资委持有的光明集团54.16%股权无偿划转至国盛集团。该次划转前,上海市国资委持有光明集团54.16%股权,国盛集团持有光明集团22.9%的股权。光明集团的全资控股子公司糖酒集团持有金枫酒业179 601 795股股份,占总股本的34.90%,为金枫酒业控股股东。该次划转完成后,国盛集团将持有光明集团77.06%股权。该次股权划转完成后,金枫酒业的控股股东和实际控制人没有发生变化,仍分别为糖酒集团和上海市国资委。

截至2018年12月31日,公司总股本5.34亿股,第一大股东贵州神奇投资有限公司占比24.59%。

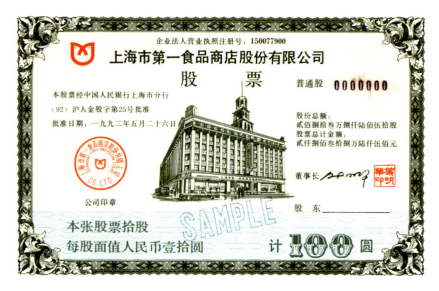

票幅规格
178 mm×114 mm

票幅规格
206 mm×132 mm

上海永生制笔股份有限公司股票

一、首次发行概况

发行时间	发行股数	发行价格	上市时间	上市地点	股票简称	现股票简称	股票代码
1992.6.20	120万（A股）	72元/股	1992.8.20	上交所	永生制笔、永生投资、永生数据	神奇制药	600613
1992.6.5	250万（B股）	53美元/股	1992.8.20	上交所	永生B	神奇B	900904

二、历史沿革介绍

上海永生制笔股份有限公司前身为上海商务自来水笔厂，创建于1947年10月，后更名为十月金笔厂。1950年由新华书店华东总分店接办，改名为国营新华金笔厂，之后又改名为国营新华文具厂。1956年并入永生、巨轮等40家笔厂、零件厂。1958年，又并入5家电镀厂和新明钢笔厂。1960年，大陆金笔厂转业，将生产的大包头金笔划给该厂。1963年改名为地方国营新华金笔厂，1987年更名为永生金笔厂，主要生产各类自来水笔、宝珠笔、圆珠笔、记号笔等书写工具，是我国自来水笔行业第一家国营工业企业，也是全国最大自来水笔厂家之一。

1992年6月，经中国人民银行上海市分行以沪人金股字〔1992〕6号文、沪人金B股字〔1992〕2号文批准，上海永生制笔股份有限公司发行股票总额8 104万元，其中，上海永生制笔股份有限公司以原国有资产折股4 404万元，向社会公开发行股票1 200万元，每股面值10元，发行价格72元每股，向境外法人和自然人公开发行人民币特种股票2 500万元，总股本为810.4万股，公司为国有控股。1992年12月10日，公司拆细股，每股拆成10股，变动后总股本为8 104万股。1993年9月4日，公司送红股，每10股送2股，变动后总股本为9 724.96万股。其中A股6 724.96万股，B股3 000万股。1996年7月3日，公司送红股，每10股送1.5股，变动后总股本为11 183.713万股，其中A股7 733.704万股，B股3 450万股。公司股东变给为英雄股份有限公司持股28％，轻工控股（集团）公司持股26.34％，公司实际控制人仍为国资委。1997年7月4日，公司送红股，每10股送1.5股，变动后总股本为12 861.27万股。其中A股8 893.77万股，B股3 967.5万股。1998年7月11日，公司资本公积转增股本，每10股转增1.5股，变动后总股本为14 790.499 8万股，其中A股10 227.835 7万股，B股4 562.625万股。1998年，公司前两大股东将股份转给上海飞天投资有限责任公司，上海飞天投资有限责任公司持有公司54.34％股份，为公司控股股东。2001年7月30日，公司更名为上海永生数据科技股份有限公司。同时，经上交所同意，公司在上交所挂牌的A股股票简称变更为"永生数据"，B股股票简称仍为"永生B股"。2005年12月29日，贵州神奇集团控股有

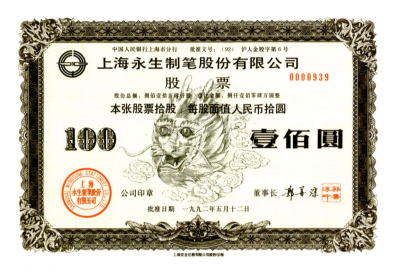

票幅规格
204 mm×136 mm

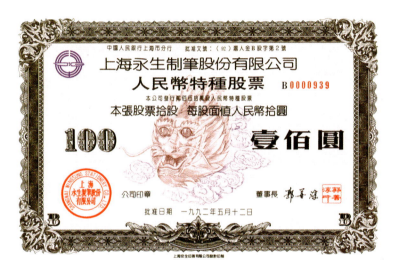

票幅规格
204 mm×136 mm

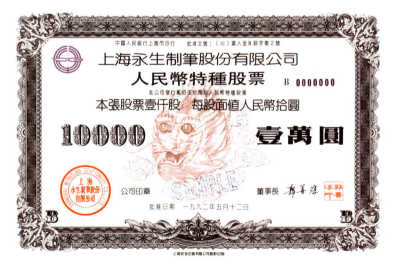

票幅规格
224 mm×150 mm

限公司受让上海飞天投资有限责任公司持有的公司73 977 757股（占公司总股本的50.02%）法人股于当日在中国证券登记结算有限责任公司上海分公司办理完毕股权过户手续，神奇控股持有公司73 977 757股股份，为公司控股股东；上海飞天不再持有公司股份。

2006年7月26日，上海永生数据科技股份有限公司实施该次股权分置改革方案：流通股股东每10股获得股票为2.2股。

2009年12月23日，公司名称变更为上海永生投资管理股份有限公司，公司经营范围变更为在国家法律允许和政策鼓励的范围内进行投资管理（以医药领域为主），股票简称变更为"永生投资"。2012年，公司控股股东名称变更为贵州神奇投资有限公司，持有公司股份比例为39.73%。

2013年10月22日，公司A股股票简称变更为"神奇制药"，公司A股股票代码不变，仍为"600613"。2015年6月30日，公司资本公积转增股本，每10股转增2股，变动后总股本为53 407.162 8万股。截至2018年9月30日，公司总股本53 407.16万股。

截至2018年12月31日，公司总股本5.34亿股，第一大股东贵州神奇投资有限公司占比24.59%。

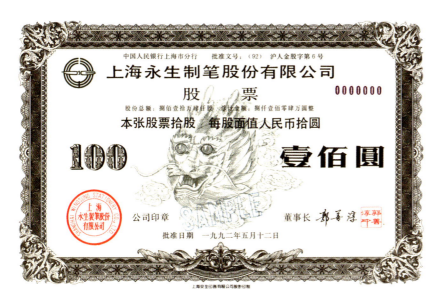

票幅规格
204 mm×136 mm

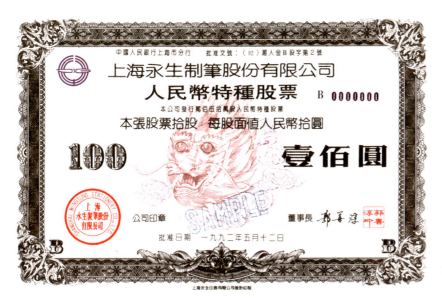

票幅规格
204 mm×136 mm

票幅规格
224 mm×150 mm

上海双鹿电器股份有限公司股票

一、首次发行概况

发行时间	发行股数	发行价格	上市时间	上市地点	股票简称	现股票简称	股票代码
1992.6.13	350万	56.6元/股	1993.3.4	上交所	双鹿电器、白猫股份、浙报传媒	浙数文化	600633

二、历史沿革介绍

上海双鹿电器股份公司前身上海电冰箱厂是上海最早生产家用电冰箱的专业工厂,是轻工业部定点生产电冰箱的大型骨干企业,主要生产双鹿牌冷藏箱、冷冻冷藏箱、家用和商用冷柜。1992年5月18日,经上海市经济委员会以沪经企〔1992〕346号文批准,同意进行股份制试点,改制为上海双鹿电器股份有限公司。

1992年6月13日,公司公开发行人民币股票921.7万元,每股面值10元,计921.7万元。其中,原上海电冰箱厂以其全部净资产账面价值折股571.7万股,向社会法人公开发行300万股,向社会个人公开发行50万股(包括公司职工认购的10万股),每股价格56.6元。公司控股股东为上海电冰箱厂,持有公司44.48%股份。1993年3月3日,公司股份拆细,每股10元拆成每股1元,变动后总股本为9217万股。

1993年6月26日,公司送红股,每10股送1股,同时公司配售股份,每10股配售9股,配股价格为3.7元,部分股东放弃配股权,变动后总股本为11 519万股。1994年6月4日,公司送红股,每10股送2股,变动后总股本13 822.8万股。1994年,公司控股股东为上海双联联社,持有公司44.48%股份。1996年6月22日,公司送红股,每10股送1股,变动后总股本为15 205.08万股。

2001年8月25日,公司获上海市工商行政管理局核准并领取了新的营业执照,名称变更为上海白猫股份有限公司,并向上交所提交了《变更公司股票简称的申请报告》,获准从2001年8月31日起,公司的股票简称从原来的"PT双鹿"变更为"PT白猫"。

2004年7月14日,上海双联联社将其持有的公司67 632 269股国有法人股股份,占公司股本总数的44.48%,无偿转让给上海白猫(集团)有限公司。公司第一大股东已由上海双联联社变更为上海白猫(集团)有限公司,持有公司67 632 269股股份,占公司股本总数的44.48%。

2005年8月18日,公司第一大股东上海白猫(集团)有限公司(持有公司44.48%的股份)与新洲集团有限公司签署了《股权转让协议》。上海白猫(集团)有限公司将其持有的该公司29.99%股份,计4 560万股国有法人股,以每股1.638元的价格转让给新洲集团有限公司,转让总价格为7 469.28万元。2006年4月21日,完成了过户手续。至此,新洲集团有限公司正式成为公司第一大股东,持有公司4 560万股股份,占公司总股本的29.99%;上海白猫(集团)有限公司持有公司22 032 269股国有法人股,占公司总股本的14.49%,为公司第二大股东。

2011年9月6日,公司将截至2010年9月30日经审计评估的全部资产和负债(除应付股利及对应的货币资金外)与浙报控股持有的报刊传媒类经营性资产(共计16家子公司的股权)进行置换,浙报控股指定其全资子公司美加净日化承接全部置出资产。资产置换过程中形成的置换差额由白猫股份向浙报控股非公开发行股份购买。定增价格为7.78元每股,定增数量为277 682 917股。变动后总股本为42 973.372 9万股。定增完成后,浙报传媒控股集团有限公司持有公司64.62%股份,为公司控股股东,实际控制人。2011年9月22日,公司在上海市工商行政管理局完成工商变更手续,并核发了新的企业法人营业执照。公司名称变更为浙报传媒集团股份有限公司。股票简称变更为"浙报传媒"。2017年3月31日,公司名称变更为浙报数字文化集团股份有限公司。股票简称变更为"浙数文化"。

截至2018年12月31日,公司总股本13.02亿股,第一大股东浙报传媒控股集团有限公司占比47.20%。

票幅规格均为
249 mm×160 mm

上海电器股份有限公司股票

一、首次发行概况

发行时间	发行股数	发行价格	上市时间	上市地点	股票简称	现股票简称	股票代码
1992.5.28	450万	44元/股	1993.1.18	上交所	上电股份	上海电气	600627

二、历史沿革介绍

上海电器股份有限公司前身上海电器公司成立于1955年,是国内同行业中成立最早的专业公司,是上海市政府于1989年批准重组的资产经营一体化的经济实体。1992年5月5日,经上海市经济委员会以沪经企〔1992〕305号文批准,上海电器公司改制向社会公开募集设立上海电器股份有限公司。

1992年5月28日,经中国人民银行上海市分行以沪人金股字〔1992〕35号文批准,上海电器股份有限公司发行人民币股票40 650.6万元,每股面值10元,计4 065.06

票幅规格
224 mm×174 mm

万股,其中原上海电器公司以其国有资产折股3 615.06万股,向社会法人公开发行200万股,向社会个人公开发行250万股(包括公司内部职工50万股),每股发行价格为44元。公司由国家控股,上海电气集团总公司为控股股东,持股比例为83.75%。1993年1月18日,公司股份拆细,每股拆细成10股,变动后总股本为40 650.6万股。1993年10月9日,公司配股,每10股配售7股,配股价格为2.6元每股,部分股东放弃配股权,变动后总股本为43 163.79万股。1994年5月7日,公司送红股,每10股送2股,变动后总股本为51 796.545 2万股,从此公司股本未发生变化。2006年11月2日,公司实施股权分置改革方案:流通A股股东每持有10股流通股股票将获得35元现金对价。流通A股股东该次获得的对价不需要纳税。

2007年10月22日,公司与上海电气集团股份有限公司签订了《上海电气集团股份有限公司以换股方式吸收合并上海输配电股份有限公司之合并协议》,根据该协议的约定,上海电气以换股吸收合并的方式合并公司,合并完成后,上海电气将作为存续公司,公司将被注销。2008年11月26日,公司股票终止上市。公司股东持有的公司股票按照1:7.32的比例转换为上海电气A股股票。

截至2018年12月31日,上海电气集团股份有限公司总股本147.25亿股,第一大股东上海电气(集团)总公司占比58.83%。

票幅规格
224 mm×174 mm

上海华联商厦股份有限公司股票

一、首次发行概况

发行时间	发行股数	发行价格	上市时间	上市地点	股票简称	现股票简称	股票代码
1992.6.13	170万	92.80元/股	1993.2.19	上交所	华联商厦	已退市	600632

二、历史沿革介绍

上海华联商厦前身为上海永安股份有限公司,创建于1918年,是一家驰名中外、实力雄厚的大型零售百货商店,以经营中高档商品为主。1992年5月14日,经上海市政府财贸办公室以〔1992〕189号文批准,同意上海华联商厦(集团)公司以募集方式改制设立股份有限公司。1992年5月28日,经中国人民银行上海市分行以沪人金股字〔1992〕32号文批准,向社会个人公开发行170万股(包括公司职工优先认购34万股),每股面值10元,发行价格92.80元每股。1993年2月19日,公司股票在上交所上市。

票幅规格
224 mm×175 mm

2004年4月7日,上海华联商厦股份有限公司与上海市第一百货商店股份有限公司签署《合并协议》,根据《公司法》的规定,约定第一百货以吸收合并方式合并公司。2004年11月15日,中国证监会核准了该次合并。2004年11月18日,公司股票与上海第一百货商店股份有限公司股票进行换股,换股比例为非流通股折股比例1∶1.273,即公司非流通股股东所持1股可换成1.273股第一百货的非流通股;流通股股东流通股折股比例为1∶1.114,即公司流通股股东所持1股可换成1.114股第一百货的流通股。换股数量:公司的全部股份将换取518 179 356股第一百货股票,其中非流通股为379 523 026股,流通股为138 656 330股。换股时间:2004年11月19日至2004年11月23日期间的交易日。公司股票简称"百联股份",股票代码为600631。定向增发后,公司控股股东变为百联集团有限公司,持股45.93%。

2006年4月14日,上海百联集团股份有限公司实施该次股权分置改革方案:流通股股东每10股获得股票3股。

2011年7月28日,上海友谊集团股份有限公司以新增947 984 500股股份吸收合并上海百联集团股份有限公司。2011年8月19日,公司终止上市。

票幅规格
224 mm×175 mm

上海氯碱化工股份有限公司股票

一、首次发行概况

发行时间	发行股数	发行价格	上市时间	上市地点	股票简称	现股票简称	股票代码
1992.6.13	864.3万(A股)	54美元/股	1992.11.13	上交所	氯碱化工	—	600618
1992.6.29	2 400万(B股)	52.50美元/股	1992.11.13	上交所	氯碱B	—	900908

二、历史沿革介绍

上海氯碱化工股份有限公司前身上海氯碱总厂是在原上海电化厂基础上追加投资18.4亿元建设国家重点工程——上海三十万吨乙烯吴泾工程扩大而成,为当时国内最大的氯碱企业。1992年5月6日,经上海市经济委员会以沪经企〔1992〕307号文批准改组为上海氯碱股份有限公司。1992年6月,经上海市外国投资工作委员会以沪外资委批字〔1992〕609号文批准定名为中外合资上海氯碱化工股份有限公司。

1992年6月13日,经中国人民银行上海市分行以沪人金股字〔1992〕42号文批准,公司发行人民币股票总额59 181万元。其中,以原上海氯碱总厂国有资产折股50 538万元,向社会法人公开发行7 000万元,向社会个人公开发行股票1 643万元(其中包括公司内部职工认购328万元),每股面值10元,发行价格54元每股。1992年6月29日,公司向境外法人和自然人公开发行人民币特种股票24 000万元,公司总股本8 318.1万股,其中A股5 918.1万股,B股2 400万股。公司控股股东以及实际控制人为上海市国有资产管理委员会,持股52.51%。1992年1月10日,公司股票拆细,每股拆细成10股,变动后总股本为83 181万股,其中A股59 181万股,B股24 000万股。1993年12月31日,公司配售股份,每10股配售4股,配股价格为2元每股,部分股东放弃配股权,变动后总股本96 238.27万股,其中A股62 638.27万股,B股33 600万股。1995年,公司控股股东变更为上海化工控股集团公司,持股52.51%,实际控制人未发生变化。1996年,公司控股股东变更为上海天原(集团)有限公司,持股52.51%,实际控制人未发生变化。1997年6月24日,公司送红股,每10股送1股,变动后总股本为105 862.097万股,其中A股68 902.097万股,B股36 960万股。2000年6月13日,公司送红股,每10股送1股,变动后总股本为116 448.306 7万股,其中A股75 792.306 7万股,B股40 656万股。2000年,上海天原(集团)有限公司将所持公司52.51%股份,全部转让给其母公司上海华谊(集团)公司,转让后,上海华谊(集团)公司为公司控股股东,持股52.51%。2006年1月6日,公司股权分置改革,流通股股东每持有10股流通股股票将获得非流通股股东支付的4.3股股票对价。2006年8月7日,公司与大股东上海华谊(集团)公司及其附属企业签署《以股抵债协议》,华谊集团以所持的部分公司限售国家股抵偿上海太平洋生物高科技有限公司对公司的欠款,上海氯碱创业有限公司及其子公司和上海天原(集团)有限公司以所持的部分公司限售法人股抵偿氯碱创业对公司的欠款,上海氯碱化工房产开发经营有限公司以所持的部分公司限售法人股抵偿其自身对公司的欠款,变动后总股本为115 639.997 6万股,其中A股74 983.997 6万股,B股40 656万股。

截至2018年12月31日,公司总股本11.56亿股,第一大股东上海华谊(集团)公司占比46.59%。

票幅规格均为
225 mm×175 mm

中国纺织机械股份有限公司股票

一、首次发行概况

发行时间	发行股数	发行价格	上市时间	上市地点	股票简称	现股票简称	股票代码
1992.6.13	150万（A股）	38.00元/股	1992.8.5	上交所	中纺机	*ST毅达	600610
1992.6.29	700万（B股）	40美元/股	1992.8.5	上交所	中纺机B	*ST毅达B	900906

二、历史沿革介绍

中国纺织机械股份有限公司前身为中国纺织机械厂，始建于1920年，为纺织工业部大型骨干企业和国家二级企业，主导产品为织布机、无级变速器、粉末冶金产品三大类，"七五"期间，企业被列为国家重点技术改造单位和全国机械行业50家最大规模企业，为境内公开发行A、B股股票并在上交所上市的股份有限公司。公司于1992年5月经上海市经济委员会批准由中国纺织机械厂改制成为股份有限公司，将原公司净资产折为每股10元的国家股1 101万股，1992年6月13日，经中国人民银行上海市分行以沪人金股字〔1992〕18号文批准，公司以存单抽签的形式向社会个人公开发行150万股股票，向社会法人发行130万股股票，发行价格38元（发行面值10元），发行后总股数2 080.95万股。1992年12月拆细为20 809.5万股；内部职工股360万股于1994年2月14日上市交易。1992年8月5日，公司在上交所挂牌交易。

2015年1月，公司名称变更为上海中毅达股份有限公司，A股股票简称"中毅达"，B股股票简称"中毅达B"。

截至2018年12月31日，公司总股本10.71亿股，第一大股东为大申集团有限公司占比24.84%。

上海市

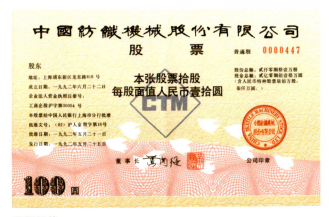

票幅规格
177 mm×114 mm

票幅规格
206 mm×132 mm

票幅规格
177 mm×114 mm

票幅规格
206 mm×132 mm

上海众城实业股份有限公司股票

一、首次发行概况

发行时间	发行股数	发行价格	上市时间	上市地点	股票简称	现股票简称	股票代码
1991.12.15	100万	12元/股	1993.4.7	上交所	众城实业	万业企业	600641

二、历史沿革介绍

上海众城实业股份有限公司作为上海市1991年首批股份制试点企业之一,于1991年由上海市陆家嘴金融贸易区开发公司(现改由上海市陆家嘴金融贸易区开发股份有限公司)、上海市投资信托公司(现改为上海国际信托投资公司)、中国人民建设银行上海市信托投资公司、中国房地产开发总公司上海公司四家企业发起共同筹建。同年9月4日,经上海市政府以沪府办〔1991〕105号文批准,正式以股份制企业形式组建。

票幅规格
179 mm×100 mm

1991年12月15日,经中国人民银行上海市分行以沪人金股字〔1991〕5号文批准,公司以存单抽签的形式发行100万股,发行价格12元/股(每股面值10元),募集资金1 200万元。1993年4月7日,公司在上交所挂牌交易,总股本为6 180万股。后经历次送配股、公开增发,至2009年6月8日,公司总股本增至80 615.87万股。

截至2018年12月31日,公司总股本8.06亿股,第一大股东为上海浦东科技投资有限公司占比28.16%。

票幅规格
190 mm×105 mm

票幅规格均为 190 mm×130 mm

上海大众出租汽车股份有限公司股票

一、首次发行概况

发行时间	发行股数	发行价格	上市时间	上市地点	股票简称	现股票简称	股票代码
1992.6.13	100万（A股）	49元/股	1992.8.7	上交所	大众出租	大众交通	600611
1992.6.0	250万（B股）	43美元/股	1992.7.22	上交所	大众B	—	900903

二、历史沿革介绍

上海大众出租汽车股份有限公司前身上海市大众出租汽车公司于1988年12月6日经工商行政管理部门注册登记，是具有独立法人资格的全民所有制企业。经上海市建设委员会以沪建经〔1992〕433号文、沪外资委批字〔1992〕563号文批准，改制为中外合资股份有限公司。经中国人民银行上海市分行以沪人金股字〔1992〕〔1919〕号文批准，上海市大众出租汽车股份有限公司向社会公开发行股票总额6 090万元，每股面值10元，计609万股。其中，以原上海市大众出租汽车公司国有资产折股509万股，向社会公开发行股票100万股，发行价格每股49元人民币。经中国人民银行上海市分行以沪人金B股字〔1992〕4号文批准，上海大众出租汽车股份公司向香港、澳门、台湾地区及外国的法人和自然人发行人民币特种股票2 500万元，计250万股，每股面值10元，发行价格每股43元。公司A股和B股股票分别于1992年8月7日和1992年7月22日在上交所挂牌上市。

截至2018年12月31日，公司总股本23.64亿股，公司第一大股东上海大众公用事业（集团）股份有限公司占比20.01%。

票幅规格
192 mm×120 mm

上海浦东大众出租汽车股份有限公司股票

一、首次发行概况

发行时间	发行股数	发行价格	上市时间	上市地点	股票简称	现股票简称	股票代码
1991.12.8	60万	35元/股	1993.3.4	上交所	浦东大众、大众科创	大众公用	600635
2016.11.23	47 894万	3.6港元/股	2016.12.5	港交所	大众公用	—	01635.H

二、历史沿革介绍

上海浦东大众出租汽车股份有限公司于1991年12月成立，是经上海市府办〔1991〕105号文批准在上海大众浦东车队基础上新建的全国第一家出租汽车股份制企业。

1991年12月8日，公司以存单抽签的形式发行60万股，发行价格35元每股（每股面值10元），发行后总股数140万股。1993年3月4日，公司在上交所挂牌交易，上海大众出租汽车股份有限公司持股37％，为公司第一大股东。

2016年12月5日，公司以每股3.6港元在港交所发行47 894万股，包括首次公开发行的43 540万股H股以及公司相关国有股东因国有股减持而转换为H股并同时出售的4 354万股H股，发行后A股占比83.5％，H股占比16.5％。

2017年1月9日，主承销商行使超额配授权，合计承销共53 364.30万股H股，公司持股比例调整为A股占81.93％，H股占18.07％。

截至2018年12月31日，公司总股本29.52亿股，第一大股东香港中央结算（代理人）有限公司占比18.07％。

票幅规格均为
190 mm×130 mm

票幅规格均为
190 mm×130 mm

上海复华实业股份有限公司股票

一、首次发行概况

发行时间	发行股数	发行价格	上市时间	上市地点	股票简称	现股票简称	股票代码
1992.6.15	150万	52元/股	1993.1.5	上交所	复旦复华	—	600624

二、历史沿革介绍

1992年，上海复华实业股份有限公司经上海市政府有关部门批准，由复旦大学科技开发总公司改制而成股份制企业。复旦大学科技开发总公司成立于1984年11月，自行研制开发了4个系列15个品种的UPS(不间断电源系统)填补了国内空白。

1992年6月，经中国人民银行上海市分行以沪人金股字〔1992〕28号文批准，公司以存单抽签的形式发行150万股，发行价格52元(每股面值10元)，发行后总股数为4 339.09万股。1993年1月5日，公司在上交所挂牌交易。后经历次配股、送红股、转增等，至2016年7月19日，公司总股本增至68 471.20万股。自公司上市以来，第一大股东始终为复旦大学。

截至2018年12月31日，公司总股本6.85亿股，第一大股东复旦大学占比18.74%。

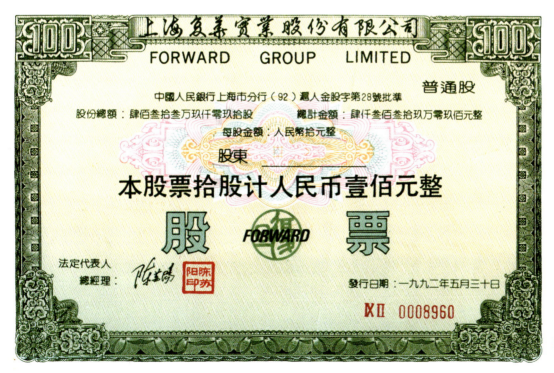

票幅规格
190 mm×130 mm

上海丰华圆珠笔股份有限公司股票

一、首次发行概况

发行时间	发行股数	发行价格	上市时间	上市地点	股票简称	现股票简称	股票代码
1992.6.13	180万	55元/股	1992.9.10	上交所	丰华股份	—	600615

二、历史沿革介绍

上海丰华圆珠笔股份有限公司前身为丰华圆珠笔厂，是我国圆珠笔的诞生地，是国内圆珠笔行业创建最早、规模最大、效益最好的制笔骨干企业，主要生产圆珠笔、圆珠笔芯、活动铅笔、水性笔、自来水笔、彩色水笔等六大类产品。1992年5月，经上海市经委以沪经企〔1992〕303号文批准改制成立上海丰华圆珠笔股份有限公司。1992年6月，经中国人民银行上海市分行以沪人金股字〔1992〕27号文批准，公司以55元的发行价格（发行面值10元），存单抽签发行60万股，向社会法人公开发行120万股，发行后总股数567.26万股。1992年9月10日，公司在上交所挂牌交易。1993年5月22日，公司以10:1的比例送红股，并以10:7的比例，4.20元的配股价格向普通股股东配股，募集资金3 341.94万元，实际认购795.7万股（发行面值10元拆细为1元）。国家股占60.55%。1993年5月31日，公司以10:1的比例给普通股股东送红股，总股本增至7 035.54万股。1994年5月3日，公司以10:2的比例给普通股股东送红股，总股本增至8 442.64万股。1996年11月22日，公司以10:3的比例，3.30元的配股价格向普通股股东配股，募集资金7712.42万元，实际认购2 337.10万股。1997年6月10日，公司以10:1.5的比例给普通股股东送红股，10:0.5比例转增，总股本增至12 935.69万股。1998年6月2日，公司以10:3的比例，6.50元的配股价格向普通股股东配股，募集资金13 688.70万元，实际认购2 105.95万股，总股本增至15 041.64万股。冠生园占股53.23%。2007年2月13日，公司以10:2.5的比例给普通股股东转增，总股本增至18 802.05万股。沿海地产投资占股21.13%。

截至2018年12月31日，公司总股本1.88亿股，第一大股东隆鑫控股有限公司占比33.450%。

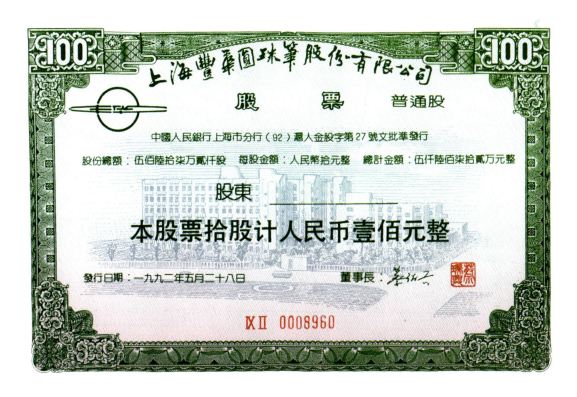
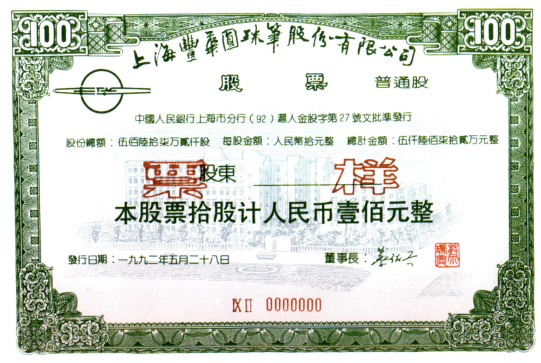

票幅规格均为
190 mm×130 mm

上海兴业房产股份有限公司股票

一、首次发行概况

发行时间	发行股数	发行价格	上市时间	上市地点	股票简称	现股票简称	股票代码
1991.8.21	130.3万	28元/股[①]	1992.1.13	上交所	兴业房产	广汇物流	600603

注：① 老股配售28元/股，公开发行新股60元/股。

二、历史沿革介绍

　　上海兴业房产股份有限公司成立于1988年8月27日，由中华企业股份有限公司、上海纺织住宅开发总公司、上海市房产经营公司、徐汇区城市建设开发总公司、交通银行上海分行、上海久事公司6家单位作为发起人募集组建，是全国第一家房地产股份制上市企业。

　　1988年9月，公司定向招股697万元，共计69.7万股，发行面值每股10元。1991年8月21日，经中国人民银行上海市分行以沪人金股字〔1991〕1号文批准，溢价发行新股票总额1 303万元，计130.30万股，每股面值10元，其中老股东配股34.85万股，每股售价28元，公开发行单位股45.45万股，个人股及内部职工股50万股，发行价格60元每股，发行后总股本200万股。公司第一大股东为中华企业公司，占股11.32%；第二大股东为上海纺织住宅开发公司，占股10.13%。1992年1月13日，公司在上交所挂牌交

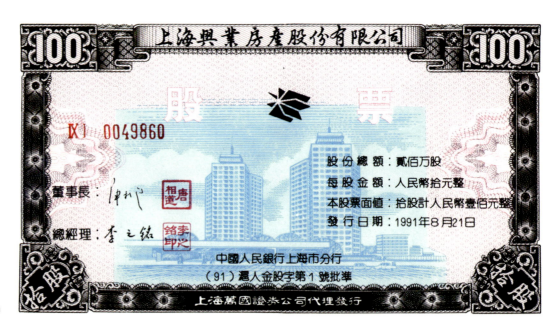

票幅规格 172 mm×100 mm

易。1992年12月7日,公司将每股面额从10元拆细为1元。2016年12月30日,公司以12.64元每股对机构投资者进行定向增发32 911.39万股,募资416 000万元,总股本增至52 375.58万股。公司第一大股东由自然人陈铁铭变更为新疆广汇实业投资集团,持股47.76%。2017年4月28日,公司以13.64元每股对机构投资者、大股东、境内自然人进行定向增发10 401.19万股,募资140 000万元,总股本增至62 776.77万股。公司第一大股东为新疆广汇实业投资集团,持股43.99%。2017年9月27日,公司按10:4的比例派发转增,总股本增至87 887.48万股。

截至2018年12月31日,公司总股本12.53亿股,第一大股东新疆广汇实业投资(集团)有限责任公司占比43.20%。

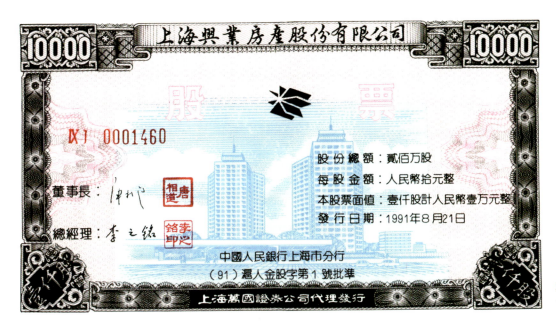

票幅规格
172 mm×100 mm

上海浦东强生出租汽车股份有限公司股票

一、首次发行概况

发行时间	发行股数	发行价格	上市时间	上市地点	股票简称	现股票简称	股票代码
1992.2.12	72万	28.50元/股	1993.6.14	上交所	强生控股	—	600662

二、历史沿革介绍

　　上海浦东强生出租汽车股份有限公司是由上海市出租汽车公司、上海文汇报社等发起组建,1992年2月,经中国人民银行上海市分行以沪人金股字〔1992〕1号文批准,向社会个人公开发行股票720万元(包括向公司内部职工发行144万元),中国人民建设银行、上海市信托投资公司、上海市陆家嘴金融贸易区开发公司、上海市上投实业公司5家发起人共投资1 080万元,公司实收资本1 800万元,公司1992年2月开始试营业,主营出租汽车服务。上海市出租汽车公司持股30%,为公司第一大股东。1993年6月14日,公司在上交所挂牌交易。

　　后经历次送配股至2008年7月16日,公司总股本增至81 353.90万股。2011年6月2日,公司以7.03元每股对大股东和大股东关联方定向增发,募资168 595.69万元,总

票幅规格
190 mm×130 mm

股本增至105 336.22万股。2012年3月3日,"强生集团"将所持有的公司336 095 984股股份(占该公司总股本比例为31.91％)无偿划转给上海久事公司持有,双方于2012年3月1日在中国证券登记结算有限责任公司上海分公司完成了股权过户登记手续,至此,上海久事公司共持有强生控股48％的股份,为公司第一大股东。

截至2018年12月31日,公司总股本10.53亿股,第一大股东上海久事(集团)有限公司占比45％。

票幅规格均为 190 mm×130 mm

上海嘉宝实业股份有限公司股票

一、首次发行概况

发行时间	发行股数	发行价格	上市时间	上市地点	股票简称	现股票简称	股票代码
1992.6.13	250万	50元/股	1992.12.3	上交所	嘉宝实业	光大嘉宝	600622

二、历史沿革介绍

上海嘉宝实业股份有限公司前身为上海嘉宝照明电器公司,成立于1990年10月30日,是由嘉定县戬浜乡、嘉西乡投资的上海市光明灯头总厂,嘉定县徐行乡、华亭乡、曹王乡投资的上海市联合灯泡厂,嘉定县南翔镇投资的上海市南翔灯泡厂及上海市申华灯泡厂组建的资产一体化的有限责任公司。1992年4月28日,经上海市经济委员会以沪经企〔1992〕275文号批准改组为上海嘉宝实业股份有限公司。

1992年5月18日,公司首次以存单抽签的形式向社会个人公开发行80万股,向社会法人公开发行150万股、公司职工认购20万股,发行价格50元(发行面值10元),发行后总股数1 062.62万股。1992年12月3日,公司在上交所挂牌交易。1992年12月10日,公司将票面价格10元拆细为1元。1993年5月8日,公司按4.10的价格对普通股股东配股,募集资金8 964.42万元,实际认购2 186.44万股,总股本增至12 812.59万股。第一大股东为南翔镇农工商联合社,持股18.8%。

截至2018年12月31日,公司总股本11.54亿股,第一大股东北京光控安宇投资中心(有限合伙)占比14.10%。

票幅规格
189 mm×129 mm

票幅规格
190 mm×130 mm

上海异型钢管股份有限公司股票

一、首次发行概况

发行时间	发行股数	发行价格	上市时间	上市地点	股票简称	现股票简称	股票代码
1991.12.15	80万	28元/股	1992.3.27	上交所	异型钢管、一钢异型	ST沪科	600608

二、历史沿革介绍

上海异型钢管股份有限公司前身系全民所有制性质的原上海异型钢管厂(国家二级企业)改制而成,始建于20世纪70年代,是全国从事异型无缝钢管生产的主要企业,占当时国内市场份额的65%。1991年12月15日,经沪府办〔1991〕105号文及中国人民银行上海市分行以沪人金股字〔1991〕6号文批准,公司以存单抽签的形式公开发行80万股,发行价格28元(面值10元),募集资金2 240万元,发行后总股数361.06万股。1992年3月27日,公司在上交所挂牌交易。1992年12月10日,股票面值由10元拆细为1元。

1998年3月17日,经国家国资局(国资企发〔1997〕346号)、上海市国有资产管理办公室(沪国资预〔1997〕380号)和上海市证券期货监督管理办公室(沪证司〔1998〕1号)批准,上海第一钢铁(集团)有限公司与上海冶金控股(集团)公司于1998年3月12日正式签订转让协议,以协议方式一次性受让上海冶金控股(集团)公司所持有异钢全部国家股3 906.402 2万股(占总股本的40.21%),每股受让价为2.20元。该次股权转让后,异钢总股本不变,原国家股股权性质变为国有法人股。

2000年8月30日,上海第一钢铁(集团)有限公司与南京斯威特集团有限公司于2000年5月11日签署股权转让协议,一次性出让其持有的一钢异型3 500万股国有法人股,每股转让价格为2.87元,转让总价款10 045万元,该等股份占一钢异型总股本的25.45%。转让完成后,南京斯威特集团成为公司控股股东。

2000年12月29日,南京泽天投资有限责任公司与宝钢集团上海第一钢铁有限公司签署了《股权转让协议(草案)》,以每股2.609 1元的价格协议受让上海科技(原名为上海一钢异型钢管股份有限公司)19 554 508股国有法人股(占上海科技股份总数的12.93%),受让总金额51 019 666.82元。该次股份受让后,南京泽天将持有上海科技法人股19 554 508股,占上海科技股份总数的12.93%,成为上海科技的第二大股东。

截至2018年12月31日,公司总股本3.29亿股,第一大股东昆明市交通投资有限责任公司占比12.01%。

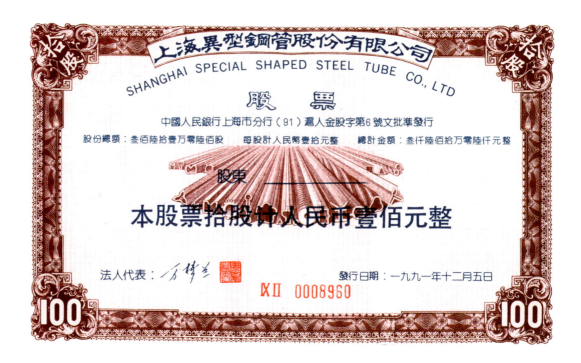
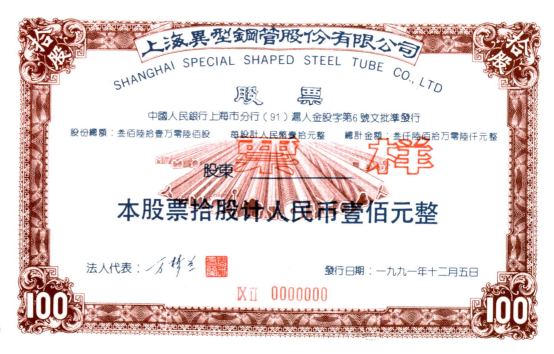

票幅规格均为 190 mm×121 mm

上海二纺机股份有限公司股票

一、首次发行概况

发行时间	发行股数	发行价格	上市时间	上市地点	股票简称	现股票简称	股票代码
1992.2.25	382万(A股)	38元/股	1992.3.27	上交所	二纺机	市北高新	600604
1992.6.8	1250万(B股)	38.8美元/股	1992.7.1	上交所	二纺B	市北B	900902

二、历史沿革介绍

上海二纺机股份有限公司是经上海市政府批准,由原全民所有制性质的上海第二纺织机械厂改制成立的股份制企业,始建于1924年,主导产品为细纱机、化纤纺丝机和染色机三大类,是国家纺织机械制造行业大型骨干企业。

1992年2月25日,经中国人民银行上海市分行以沪人金〔1992〕5号文批准,公司首次以存单抽签的形式公开发行股票,共发行382万股,其中向社会法人定向发行80万股,向社会个人公开发行302万股(包括公司内部职工优先认购60.4万股),发行价格38元(发行面值10元),发行后总股数1 795.425万股。1992年3月27日,公司在上交所挂牌交易。1992年7月1日,公司向机构投资者定向增发1 250万股,总股数为3 039.869万股。1992年12月10日,每股面值由10元拆细为1元。

截至2018年12月31日,公司总股本18.73亿股,第一大股东上海市北高新(集团)有限公司占比45.08%。

票幅规格
189 mm×120 mm

上海冰箱压缩机股份有限公司股票

一、首次发行概况

发行时间	发行股数	发行价格	上市时间	上市地点	股票简称	现股票简称	股票代码
1992.6.20	400万（A股）	48.00元/股	1992.11.16	上交所	冰箱压缩	海立股份	600619
1992.12.17	500万（B股）	33.80美元/股	1993.1.18	上交所	冰箱B股	海立B股	900910

二、历史沿革介绍

票幅规格均为 190 mm×130 mm

1992年5月5日，上海冰箱压缩机股份有限公司前身上海冰箱压缩机厂经上海市经济委员会《上海市经委关于同意上海冰箱压缩机厂进行股份制试点的通知》（沪经企〔1992〕299号）批准进行股份制试点，改制为上海冰箱压缩机股份有限公司，注册资本为7 991万元。

1992年5月，公司经中国人民银行上海市分行以沪人金股字〔1992〕26号文批准发行A种股票400万股，每股面值10元，股票总额为4 000万元；经中国人民银行上海市分行以沪人金B股字〔1992〕9号文批准向境外投资人发行B种股票500万股，每股面值10元，股票总额为5 000万元。

1992年11月16日，公司首次公开发行的400万股A股在上交所上市，股票简称"冰箱压缩"，股票代码为600619。1993年1月18日，公司首次公开发行的500万股B股在上交所上市，股票简称"冰箱B股"，股票代码为900910。1993年4月6日，公司股票被拆细为每股面值1元，公司股份总数变为16 991.26万股。

经历多次送股及配股，1998年2月，公司股本总额增加到422 582 753股，其中国家股 162 062 753 股,社会法人股 6 084 万股,社会公众股 2 028 万股,B 股 17 940 万股。

2000 年 9 月,公司向国家股股东授权经营单位上海轻工控股(集团)公司回购其授权经营的 42 062 753 股股份并注销,该部分股份占当时公司股份总数的 9.95%。回购注销完成后,公司注册资本减至 38 052 万元,股份总数减至 38 052 万股,其中国家股 12 000 万股,社会法人股 6 084 万股,社会公众股 2 028 万股,B 股 17 940 万股。

2001 年 7 月 20 日,公司名称变更为上海海立(集团)股份有限公司。

2005 年 11 月 25 日,公司 A 股市场相关股东会议审议通过了《股权分置改革方案》。股权分置改革方案为 A 股流通股股东每持有 10 股可获得非流通股股东支付 3.5 股股票的对价,非流通股股东共计向 A 股流通股股东执行对价 851.771 3 万股。

2008 年 3 月 27 日,中华人民共和国商务部出具《商务部关于同意上海海立(集团)股份有限公司股权划转的批复》(商资批〔2008〕384 号),同意公司投资者上海轻工控股(集团)公司将其持有的 29.67% 的股份无偿划转给上海电气(集团)总公司。股份划转后,公司注册资本仍为 456 624 329 元,股份总数仍为 456 624 329 股,其中,上海电气(集团)总公司持有公司 139 205 695 股,占公司股份总数的 30.49%。

经历多次转股、送股与非公开发行,2012 年 7 月,公司股份总数变更至 667 744 115 股。

2015 年 8 月,公司向杭州富生电器有限公司全体股东发行股份以购买其合计持有的杭州富生 100% 的股权,同时通过向符合条件的不超过 10 名特定投资者非公开发行股份募集配套资金。

截至 2018 年 12 月 31 日,公司总股本 8.66 亿股,第一大股东上海电气(集团)总公司持股占比 22.05%。

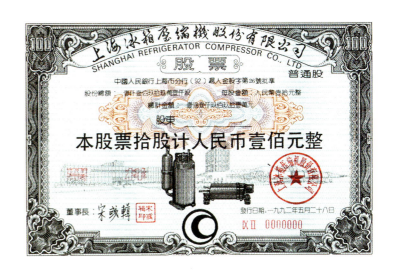

票幅规格均为
190 mm×130 mm

上海轮胎橡胶(集团)股份有限公司股票

一、首次发行概况

发行时间	发行股数	发行价格	上市时间	上市地点	股票简称	现股票简称	股票代码
1992.6.13	200万（A股）	68元/股	1992.12.4	上交所	轮胎橡胶	华谊集团	600623
1992.7.14	1 700万（B股）	72.98美元/股	1992.8.28	上交所	轮胎B股	华谊B股	900909

二、历史沿革介绍

上海轮胎橡胶(集团)公司于1990年5月6日由大中华橡胶厂、正泰橡胶厂联合组建而成，注册资本13 851万元。上海轮胎橡胶(集团)公司于1990年6月12日办理了工商登记。

1992年，经相关部门批准，上海轮胎橡胶(集团)公司采用公开募集方式改组为上海轮胎橡胶(集团)股份有限公司(简称"轮胎橡胶")。轮胎橡胶于1992年8月5日办理了工商登记，并取得了由上海市工商行政管理局颁发的《企业法人营业执照》。

轮胎橡胶设立时总股本为6 220.054万股，每股面值10元，其中国家股4 320.054万股，人民币普通股(A股)200万股，外币普通股(B股)1 700万股。其中，上海市化学工业局持股占比69.45％。

1992年12月10日，轮胎橡胶股票从每股面值10元分割为每股面值1元，公司股份每1股拆细为10股，公司总股本变为62 200.54万股。

1993年6月26日，公司1992年年度股东大会审议通过了红利分配方案，以1992年末的总股本62 200.54万股为基数，每10股派送红股3股，分配后公司总股本增至80 860.70万股。

1997年8月28日，华谊集团与徐州轮胎(集团)公司签订《上海华谊(集团)公司、徐州轮胎集团公司关于股权和资产互相置换的协议书》，约定华谊集团向徐州轮胎(集团)公司转让855.47万股股份。

1998年5月28日，轮胎橡胶1997年年度股东大会审议通过了公积金转增股本方案，以1997年末的总股本80 860.70万股为基数，每10股转增1股，转增后公司总股本增至88 946.77万股。

上述股权转让及转增完成后，华谊集团持有公司国家股60 835.75万股(包括转增的股份5 530.52万股)，占公司总股本的68.40％；徐州轮胎(集团)公司持有公司国有法人股941.02万股(包括转增的股份85.55万股)，占公司总股本的1.06％。

2005年2月2日，国务院国资委下发《关于上海轮胎橡胶(集团)股份有限公司部分国家股转让有关问题的批复》(国资产权〔2005〕140号)，同意华谊集团向上海市公积金管理中心转让250万股股份。转让完成后,华谊集团持有公司国家股60 585.75万股,占公司总股本的68.11％;上海市公积金管理中心持有公司国有法人股250万股,占公司总股本的0.28％。

2006年4月10日,轮胎橡胶2006年股权分置改革A股相关股东会议审议通过了股权分置改革方案,流通A股股东每持有10股流通A股获得非流通股股东支付的7股股票对价。

2007年3月12日,公司更名为双钱集团股份有限公司。

公司于2015年8月向上海华谊(集团)公司发行人民币普通股(A股)940 784 985股购买上海华谊(集团)公司持有的上海华谊能源化工有限公司等7家公司的股权,并募集配套资金,变更后的注册资本为2 117 430 913元。公司更名为上海华谊集团股份有限公司。

截至2018年12月31日,公司总股本21.17亿股,第一大股东上海华谊(集团)公司持股占比42.84％。

票幅规格
180 mm×115 mm

票幅规格
205 mm×130 mm

票幅规格
180 mm×115 mm

票幅规格
205 mm×135 mm

票幅规格
240 mm×155 mm

上海市第一百货商店股份有限公司股票

一、首次发行概况

发行时间	发行股数	发行价格	上市时间	上市地点	股票简称	现股票简称	股票代码
1992.6.13	530万	89元/股	1993.2.19	上交所	第一百货、百联股份	已退市	600631

二、历史沿革介绍

上海市第一百货商店是新中国成立后国内开设的第一家大型国营百货商店,创立于1949年10月20日,号称"中国第一店",并于1992年3月15日正式挂牌成立了上海市第一百货商店(集团)公司。1992年4月30日经上海市政府财贸办公室以〔1992〕147号文批复,同意上海市第一百货商店(集团)公司改制为股份有限公司。

经中国人民银行上海市分行以沪人金股字〔1992〕17号文批准,上海市第一百货商店股份有限公司发行股票12 108.64万元,每股面值10元,计1 210.864万股,其中,国家股680.864万股,法人股300万股,社会公众股184万股,内部职工股46万股。上述社会公众股及内部职工股已分别于1993年2月19日和1994年4月22日在上交所上市交易。

2004年5月10日,第一百货吸收合并华联商厦方案分别经第一百货和华联商厦股东大会批准。2004年5月28日,上海市政府以沪府〔2004〕26号《关于同意上海市第一百货商店股份有限公司吸收合并上海华联商厦股份有限公司的批复》,同意第一百货吸收合并华联商厦。2004年8月8日,国务院国有资产监督管理委员会以国资产权〔2004〕743号《关于上海市第一百货商店股份有限公司吸收合并上海华联商厦股份有限公司国有股权管理有关问题的批复》批准该次合并国有股权管理事宜。2004年11月15日,中国证监会以证监监管公司字〔2004〕84号《关于上海市第一百货商店股份有限公司吸收合并上海华联商厦股份有限公司的批复》核准了该次合并。该次吸收合并,华联商厦全体非流通股股东将其持有的股份按非流通股折股比例换成第一百货的非流通股份,华联商厦全体流通股股东将其持有的股份按照流通股折股比例换成第一百货的流通股份,华联商厦的全部资产、负债及权益并入第一百货,其现有的法人资格因合并而注销。合并后存续公司更名为上海百联(集团)股份有限公司。2004年11月18日为换股股权登记日,2004年11月26日换股后流通股恢复上市流通,公司A股股票简称由原来"第一百货"变更为"百联股份",股票代码保持不变,仍为"600631"。同时,公司的法定名称变更为上海百联集团股份有限公司。

2011年7月28日,上海友谊集团股份有限公司以新增947 984 500股股份吸收合并上海百联集团股份有限公司。友谊股份以新增A股股份换股吸收合并百联股份,友谊股份为合并后的存续公司,百联股份被友谊股份吸收合并后终止上市并注销法人资格,其全部资产、负债、权益、业务、人员并入友谊股份。2011年8月19日,公司终止上市。

票幅规格均为 191 mm×130 mm

注:样票图片来源于《中国上市公司实物股票图册》(中国证券业协会、中国钱币学会编)。

上海海鸟电子股份有限公司股票

一、首次发行概况

发行时间	发行股数	发行价格	上市时间	上市地点	股票简称	现股票简称	股票代码
1992.5.29	60万	40元/股	1993.3.4	上交所	海鸟电子	*ST富控	600634

二、历史沿革介绍

上海海鸟电子股份有限公司于1988年8月由上海华成无线电厂与香港新科创力有限公司合资成立,其中上海华成无线电厂出资42万美元,香港新科创力有限公司出资28万美元。1992年4月,海鸟有限将注册资本增加至170万美元,其中上海华成无线电厂认缴48.1万美元新增注册资本,香港新科创力有限公司认缴51.9万美元新增注册资本。增资完成后,上海华成无线电厂持股比例53%。

1992年4月30日,经上海市经济委员会以沪经企〔1992〕293号文批准,公司改制为股份有限公司,并以公开募集方式设立。

公司于1992年5月29日经中国人民银行上海市分行以沪人金字〔1992〕12号文批准,首次向境内社会公众公司民币普通股60万股,于1993年3月4日在上交所上市。上市时,公司股本总额为1 534.15万元。

1993年7月19日,公司定向增资配股,同时香港新科创力有限公司将所持的3.8%的股份转让给香港美泰国际有限公司,配股和股权转让完成后,公司总股本变更为22 343 950股,上海华成无线电厂持股比例28.81%,仍为公司第一大股东。后经历次转股与配股,公司总股本达到87 207 283股。

2000年9月8日,上海华成无线电厂与上海东宏实业投资有限公司签订了《股权转让协议书》,上海华成无线电厂将所持有的公司的发起法人股2 267.4万股,转让给上海东宏实业投资有限公司。公司第一大股东变更为上海东宏实业投资有限公司,持股比例26%。2006年9月,公司实施股权分置改革,对价安排为非流通股股东向流通股股东每10股支付2股。

2011年6月,公司名称变更为上海澄海企业发展股份有限公司。2013年12月,上市公司实施了重大资产重组。此次重大资产重组实施完毕后,上市公司总股本增至383 821 387股。2014年1月,公司变更名称为上海中技投资控股股份有限公司。2014年4月,公司以总股本383 821 387股为基数,向全体股东每10股转增5股,转增后上市公司总股本由383 821 387股增加到575 732 081股。2017年3月,公司变更名称为上海富控互动娱乐股份有限公司。

截至2018年12月31日,公司总股本5.76亿股,第一大股东上海富控文化传媒有限公司占比27.42%。

票幅规格
200 mm×130 mm

票幅规格
240 mm×155 mm

上海市陆家嘴金融贸易区开发股份有限公司股票

一、首次发行概况

发行时间	发行股数	发行价格	上市时间	上市地点	股票简称	现股票简称	股票代码
1992.6.19	150万(A股)	28元/股	1993.6.28	上交所	陆家嘴	—	600663
1994.11.8	2 000万(B股)	5.695美元/股	1994.11.22	上交所	陆家B股	—	900932

二、历史沿革介绍

1992年4月27日,经上海市建设委员会《关于同意组建上海市原水供应等七家股份有限公司的通知》(沪建经〔1992〕366号)批准,以及上海市陆家嘴金融贸易区开发公司(陆家嘴集团的前身)和上海市投资信托公司(现改名为上海国际信托有限公司)倡议组建,上海市陆家嘴金融贸易区开发股份有限公司成立。

1992年5月29日,经中国人民银行上海市分行以沪人金股字〔1992〕34文批准,上海市陆家嘴金融贸易区开发股份有限公司发布《A股招股说明书》,公司包含公开发行的部分总共确认7 150万股股票,每股面值10元,股票形式为记名式普通股股票。其中上海市陆家嘴金融贸易区开发公司以土地使用权转让费6.7亿元折价入股作为国家股,占注册资本总额7.15亿元的93.7%;上海国际信托投资公司以3 000万元入股作为法人股,占注册资本总额的4.2%;上市公司同时向持有1992年上海股票认购证的社会公众以每股28元的价格公开发行股票1 500万元(对应总股本7 150万股中的150万股),占注册资本总额的2.1%。其后,上市公司股票面值拆细为1元。

该次发行完成后,公司股票于1993年6月28日在上交所上市。

1993年12月9日,经上海市证券管理办公室《关于同意上海市陆家嘴金融贸易区开发股份有限公司一九九三年配股方案的批复》(沪证办〔1993〕185号)同意,上市公司计划以71 500万股的原有总股本为基数以10∶4比例向全体老股东配股,共配股28 600万股,配股价格为3.50元每股,配股完成后上市公司的股本总额增至100 100万股。后上市公司国有股及法人股均放弃认配,社会公众老股东实际认配1 800万股。该次配股完成后上市公司股份总额变更为73 300万股,股权结构为上海市陆家嘴金融贸易区开发公司持有国家股64 000万股、法人股3 000万股、个人股6 300万股。

1994年10月26日,上市公司向控股股东上海市陆家嘴金融贸易区开发公司按2元每股的价格定向回购国家股20 000万股并注销,回购款共40 000万元全数上交上海市财政局。该次减资完成后,上市公司总股本变更为53 300万元。

1994年11月7日,上市公司面向境外法人和自然人以及上海市证券主管部门批准的其他对象以每股5.695元(折合0.668美元)的价格发行20 000万元面值的人民币特种股票(B股)。该次发行完成后,上市公司A股总共53 300万股,占股份总额的72.70%,其中国家股44 000万股、法人股3 000万股、社会公众股6 300万股;B股20 000万股,占股份总额的27.30%。该次发行的B股股份于1994年11月22日在上交所上市交易。

后经历多次转股、送股及配股,公司注册资本及实收资本变更为3 361 831 200元。

截至2018年12月31日,公司总股本33.62亿股,第一大股东上海市陆家嘴(集团)有限公司占比56.42%。

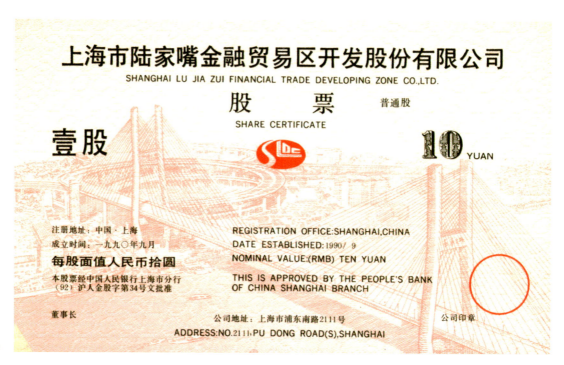

票幅规格
150 mm×95 mm

票幅规格
190 mm×120 mm

上海市陆家嘴金融贸易区开发股份有限公司
SHANGHAI LU JIA ZUI FINANCIAL TRADE DEVELOPING ZONE CO.,LTD.

股票 普通股
SHARE CERTIFICATE

壹仟股 10000 YUAN

每股面值人民币拾圆

注册地址：中国·上海
REGISTRATION OFFICE: SHANGHAI, CHINA
成立时间：一九九〇年9月
DATE ESTABLISHED: 1990.9
NOMINAL VALUE: (RMB) TEN YUAN

本股票经中国人民银行上海市分行
(92)沪人金股字第34号文批准
THIS IS APPROVED BY THE PEOPLE'S BANK
OF CHINA SHANGHAI BRANCH

董事长

公司地址：上海市浦东南路2111号
ADDRESS: NO.2111, PU DONG ROAD(S), SHANGHAI

票幅规格 235 mm×150 mm

上海界龙彩印总公司内部股票

一、首次发行概况

发行时间	发行股数	发行价格	上市时间	上市地点	股票简称	现股票简称	股票代码
1993.10.8	1 859.13万	4元/股	1994.2.24	上交所	界龙实业	—	600836

二、历史沿革介绍

上海界龙彩印总公司是以上海界龙工贸实业公司为主体的集团型企业,前身为上海界龙综合厂,创建于1968年,原公司由上海界龙彩印总公司、上海界龙金属拉丝厂及上海界龙塑料印刷制品厂三家相当规模的企业组成。

票幅规格
180 mm×89 mm

1993年9月25日,经上海市经济委员会以沪经企〔1993〕408号文批准,原公司改组为上海界龙实业股份有限公司。

1993年10月8日,公司首次公开发行1859.13万股,其中法人股609.13万股、个人股1 250万股(含公司职工股125万股),发行价格4元每股(发行面值1元),发行后总股数5 000万股。资金用于引进六色凹版印刷机及配套设备项目,投资组建上海界龙浦东彩印公司,引进瑞士BMB无碳涂布机。1994年2月24日,公司股票在上交所挂牌交易。后经历次送配股、定向增发,至2016年5月19日,公司总股本变为66 275.307 2万股。

截至2018年12月31日,公司总股本6.63亿股,第一大股东上海界龙集团有限公司占比27.23%。

票幅规格
180 mm×94 mm

上海国嘉实业股份有限公司股票

一、首次发行概况

发行时间	发行股数	发行价格	上市时间	上市地点	股票简称	现股票简称	股票代码
1992.8.3	100万	36元/股	1993.5.4	上交所	ST国嘉	已退市	600646

二、历史沿革介绍

　　上海国嘉实业股份有限公司前身国嘉光电有限公司,是成立于1986年4月26日的中外合资企业,主要研究开发、生产、经销有关激光、光电、精密机械等高技术产品和相关技术服务。1992年,公司正式改制为中外合资股份制企业,并于同年经上海市科委和上海市外贸委等政府部门批准公开发行股票。

　　1992年8月3日,公司首次公开发行100万股,发行价格36元每股(发行面值10元),其中向社会法人公开发行50万股,向社会个人公开发行50万股(包括公司内部职工认购10万股),发行后总股数3 000万股。1993年5月4日,公司在上交所挂牌交易。

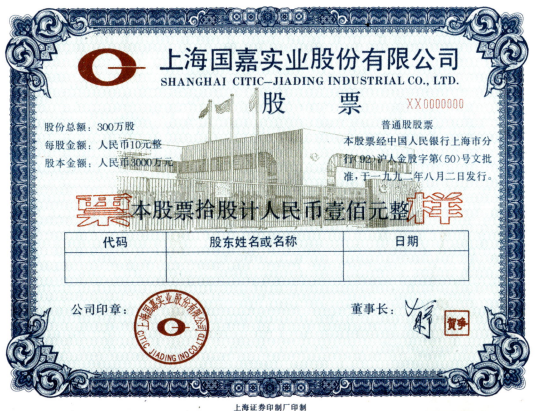

票幅规格
224 mm×174 mm

1993年9月18日,公司对普通股股东实际配股,配股价格2.9元,总股数变更为5 915.38万股。1994年5月3日,公司对普通股股东按10∶1的比例发送红股,总股本变为6 506.92万股。1995年6月28日,公司对普通股股东按10∶1的比例发送红股,总股本变为7 157.61万股。1996年5月31日,公司对普通股股东按10∶1的比例发送红股,总股本变为7 873.378 7万股。1997年6月27日,公司对普通股股东按10∶1的比例转增,总股本变为8 660.716 6万股。1999年4月19日,公司对普通股股东按10∶6.6的比例转增,总股本变为14 376.789 6万股。1999年6月3日,公司对普通股股东按10∶2.5的比例转增,总股本变为17 970.987万股。

　　2003年9月22日,公司因三年连续亏损,被上交所终止上市。

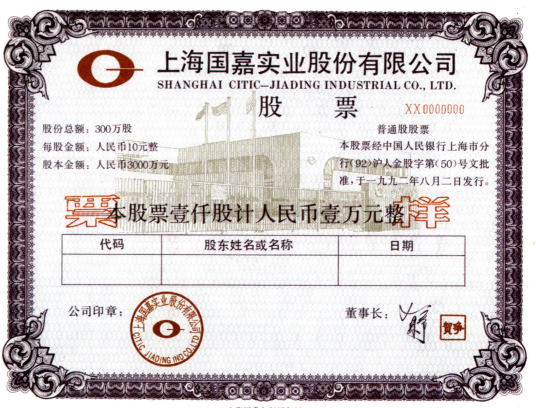

票幅规格
224 mm×174 mm

上海南汇防水涂料厂资金股票

一、首次发行概况

发行时间	发行股数	发行价格	上市时间	上市地点	股票简称	现股票简称	股票代码
1993.6.5	8 000万	0.185元/股	1996.6.28	上交所	汇丽B	—	900939

二、历史沿革介绍

上海汇丽股份有限公司的发展历史可以前溯至1970年，当时的上海周浦房管组创立了以从事防水涂料、地坪油漆，以及嵌缝油膏生产为主的上海南汇防水涂料工场。为了进一步提高生产能力，1973年该工场从上海周浦房管组内划分出来，正式建立了上海南汇防水涂料厂。

1989年随着企业发展的需要，涂料厂经上海市工商局批准，易名为上海汇丽化学建材总厂。

1993年，为了适应市场经济对现代企业的特殊要求，经上海市经济体制改革办公室批准成立了上海汇丽（集团）公司，改制成股份有限公司，统一经营汇丽旗下各企业。同年6月5日，公司首次通过私募发行股票8 000万股，发行价格为0.185元每股（发行面值1.00元），发行后总股数为16 500万股，共募集资金1 480万元。前三大股东分别为YMAICHI National、Longbusy Investment、EHG。

1993年6月25日，公司在上交所主板挂牌。

1993年年底，公司前三大股东变更为上海汇丽公司、中信房地产公司、中技开发公司。

2002年7月22日，公司对B股股东实施10∶1比例的转股，公司总股本变更为18 150万股。

截至2018年12月31日，公司总股本1.82亿股，第一大股东上海汇丽集团有限公司占比28.64%。

票幅规格
150 mm×69 mm

上海水仙电器实业股份有限公司股票/职工内部认股证

一、首次发行概况

发行时间	发行股数	发行价格	上市时间	上市地点	股票简称	现股票简称	股票代码
1992.5.24	250万（A股）	46元/股	1993.1.6	上交所	PT水仙	已退市	600625
1994.10.25	10 000万	2.26元/股	1994.11.10	上交所	PT水仙B	已退市	900931

二、历史沿革介绍

上海水仙电器股份有限公司的前身为上海洗衣机总厂，创立于1980年，是国家定点的家用洗衣机和燃气热水器专业生产厂。

1992年5月5日，经上海市经济委员会以沪经企〔1992〕300号文批准，上海洗衣机总厂改制成立上海水仙电器实业股份有限公司。

1992年5月24日，经中国人民银行上海市分行以沪人金〔1992〕16号文批准，公司首次以存单抽签的形式向社会个人公开发行股票80万股，发行价格46元每股（每股面值10元），向社会法人公开发行170万股（每股面值10元），发行后总股数8 577.80万股（每股面值1元）。

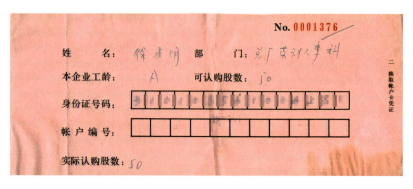

票幅规格均为 200 mm×87 mm

1993年1月6日，公司在上交所挂牌上市。

1993年5月8日，公司对普通股股东以10:8的比例进行配股，配股价格3.5元每股，募集资金4 191.74万元，实际认购1 197.64万股，总股本为9 775.44万股。

1994年5月16日，经上海市工商局批准，公司更名为上海水仙电器股份有限公司。

1996年6月25日，公司对普通股股东以10:1的比例送红股，总股本为23 640.1万股。

公司于2001年4月退市。

票幅规格
200 mm×87 mm

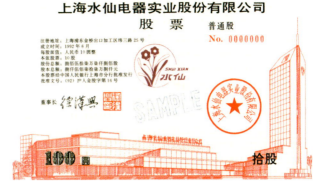

票幅规格
180 mm×115 mm

票幅规格
205 mm×130 mm

票幅规格
240 mm×155 mm

票幅规格
260 mm×170 mm

上海第十七棉纺织厂集体企业经理部股票

一、首次发行概况

发行时间	发行股数	发行价格	上市时间	上市地点	股票简称	现股票简称	股票代码
1992.6.13	150万	38元/股	1993.2.9	上交所	龙头股份	—	600630

二、历史沿革介绍

1992年,上海龙头(集团)股份有限公司是经上海市政府有关部门批准成立的股份制企业,由原全民所有制的上海第十七棉纺织厂改制而成。上海第十七棉纺织厂始建于1921年,生产以棉、涤、腈、粘胶纤维为原料的纯纺、混纺本色纱、线、布,产品采用"龙头"商标,在国内外享有盛誉。

1992年6月13日,经中国人民银行上海市分行以沪人金股字〔1992〕15号文批准,发行股票总额为17 447.32万元(每股面值1元),其中原上海第十七棉纺织厂以国有资产折股12 947万元,向社会法人公开发行3 000万元,向社会个人公开发行1 500万元(包括公司职工优先认购300万元),每股面值10元,发行价格38元每股,募集资金用于一纺一织工场迁址浦东新区进行更新改造,以及二纺、三纺、四纺和二织工场的技术改造。1993年2月9日,公司在上交所挂牌交易。

1993年8月14日,公司向普通股股东按10:5的比例配股,配股价格为2.10元每股。实际募集资金2 780.30元,认购股数1 323.95万股,认购比例15.18%,总股本变更为18 771.27万股。1994年5月9日,公司向普通股股东按10:2的比例送股,总股本为22 525.52万股1998年6月24日,公司向全体投资者增发12 000万股,发行价格5.15元每股,募集资金净额60 771万元;向中国纺织集团定向增发3 000万股,总股本变更为37 520.22万股。2001年4月5日,公司按10:3的比例向普通股股东配股,配股价格8.8元每股,募集资产净额42 335.07万元,实际认购4 965.94万股,总股本变更为42 486.16万股。2006年2月16日,公司大股东上海纺织集团减持6 306万股。

截至2018年12月31日,公司总股本4.25亿股,第一大股东上海纺织(集团)有限公司占比30.08%。

票幅规格
98 mm×180 mm

上海隧道工程股份有限公司职工持股会员卡

一、首次发行概况

发行时间	发行股数	发行价格	上市时间	上市地点	股票简称	现股票简称	股票代码
1993.8.6	2 900万	3.4元/股	1994.1.28	上交所	隧道股份	—	600820

二、历史沿革介绍

上海隧道工程股份有限公司前身为上海市隧道工程公司,始建于1958年,当时为上海市地下铁道筹建处和越江隧道研究所,1965年成立了上海市隧道工程公司,是国内唯一专门从事以软土地层隧道和地下工程市政工程施工与建设为主的专业公司。公司于1993年11月经批准改制为股份制企业,主营业务为建筑业、土木工程建设项目总承包、隧道、市政、建筑、公路及桥梁、交通、消防、地基与基础、建筑装修装饰、拆除工程、自有房屋租赁、实业投资等。

公司首次公开发行股票后,先后于1997年1月、1999年2月、2001年12月、2008年5月实施了四次配股,2012年6月实施了非公开发行增发股票,期间进行了多次送股和债转股。

截至2018年12月31日,公司总股本31.44亿股,第一大股东上海城建(集团)公司占比30.49%。

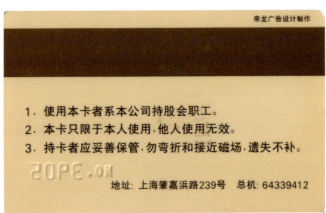

票幅规格均为 85 mm×53 mm

四川省

四川，简称"川"或"蜀"，是中华人民共和国省级行政区，省会成都。四川省位于中国西南地区内陆，东连重庆，南邻云南、贵州，西接西藏，北界陕西、甘肃、青海，全省总面积48.6万平方千米。四川历史悠久，地大物博，自古以来就享有"天府之国"的美誉。四川在古时属梁州，秦朝统一中国后设置蜀郡，西汉时司益州郡，魏晋时期分为梁益二州，宋朝时设置益州、梓州、利州和夔州四路，合称为"川陕四路"，简称四川路，这便是四川一名的来历。

四川省下辖18个省辖市，3个自治州，17个县级市，108个县，4个自治县，54个市辖区，常住人口达到8 341万人。2018年，全省实现地区生产总值（GDP）40 678.13亿元，按可比价格计算，比上年增长8.0%。其中，第一产业增加值4 426.7亿元，增长3.6%；第二产业增加值15 322.7亿元，增长7.5%；第三产业增加值20 928.7亿元，增长9.4%。三次产业对经济增长的贡献率分别为5.1%、41.4%和53.5%。人均地区生产总值48 883元。电子信息、装备制造、食品饮料、先进材料、能源化工等是四川省支柱产业。

截至2018年年底，四川省共有上市公司120家，总股本1 285.16亿股，总市值1.08万亿元，累计募集资金2 965.66亿元。市值超过100亿元的有26家，主要有五粮液、泸州老窖、川投能源、天齐锂业、通威股份、新希望、科伦药业、成都银行、攀钢钒钛、东方电气、康弘药业、华西证券。

成都市工业展销信托股份公司股票
成都蜀都大厦股份有限公司股权证/股票持有卡

一、首次发行概况

发行时间	发行股数	发行价格	上市时间	上市地点	股票简称	现股票简称	股票代码
1986.7~1990.12	3 536万	1.00元/股	1995.11.28	深交所	蜀都A、舒卡股份、友利控股	哈工智能	000584

二、历史沿革介绍

  成都蜀都大厦股份有限公司前身为成都市工业展销信托股份公司,是1980年6月11日经成都市政府批准,以募集方式设立的股份公司,是新中国最早设立的规范的股份制企业。1986年8月8日,经中国人民银行成都市分行批准,公司向社会公众发行普通A股3 500万股。1991年,公司更名为成都蜀都大厦股份有限公司。1992年,公司通过中国证券市场研究中心溢价发行3 000万法人股,并于同年8月24日进入全国证券交易自动报价系统挂牌交易。1995年11月15日,经中国证监会批准,公司3 536万社会公众股于1995年11月28日在深交所上市,股票简称"蜀都A"。2003年1月,双良科技收购五家机构股东持有的公司股份,成为公司第一大股东。2004年6月,公司更名为四川舒卡特种纤维股份有限公司,股票简称变为"舒卡股份"。2007年4月,公司非公开发行42 530 278股股票,发行价格为3.07元每股,募集资金净额为1.27亿元。2008年2月,公司非公开发行6 300万股股票,发行价格为13.30元每股,募集资金净额为8.14亿元。2009年5月,公司更名为"四川友利投资控股股份有限公司",股票简称变为"友利控股"。2017年1月,双良科技将股份转让给无锡哲方哈工智能机器人投资企业(有限合伙)(简称"无锡哲方")和无锡联创人工智能投资企业(有限合伙),无锡哲方成为控股股东,乔徽、艾迪成为共同实际控制人,公司完成实际控制人变更。2017年8月,公司更名为江苏哈工智能机器人股份有限公司,股票简称变为"哈工智能"。

  截至2018年12月31日,公司总股本6.13亿股,第一大股东无锡哲方哈工智能机器人投资企业(有限合伙)占比18.60%。

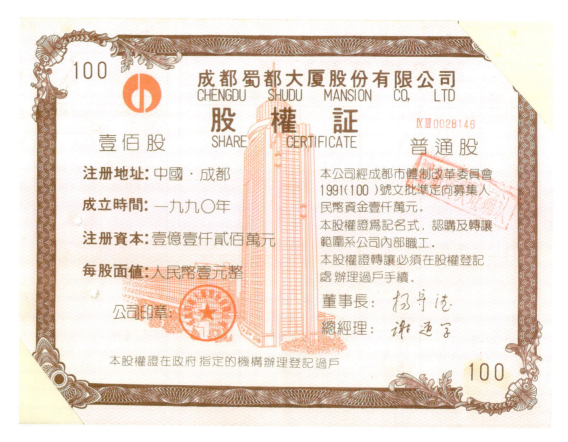
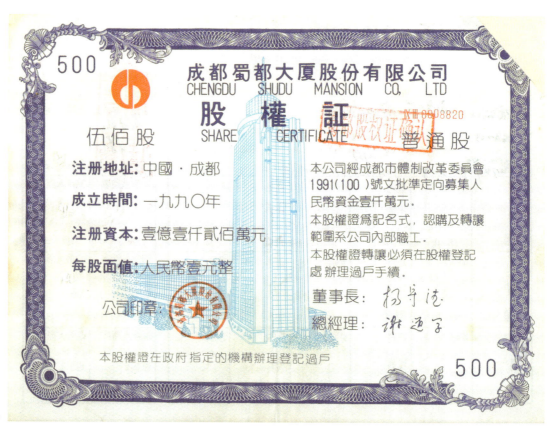

票幅规格均为
215 mm×159 mm

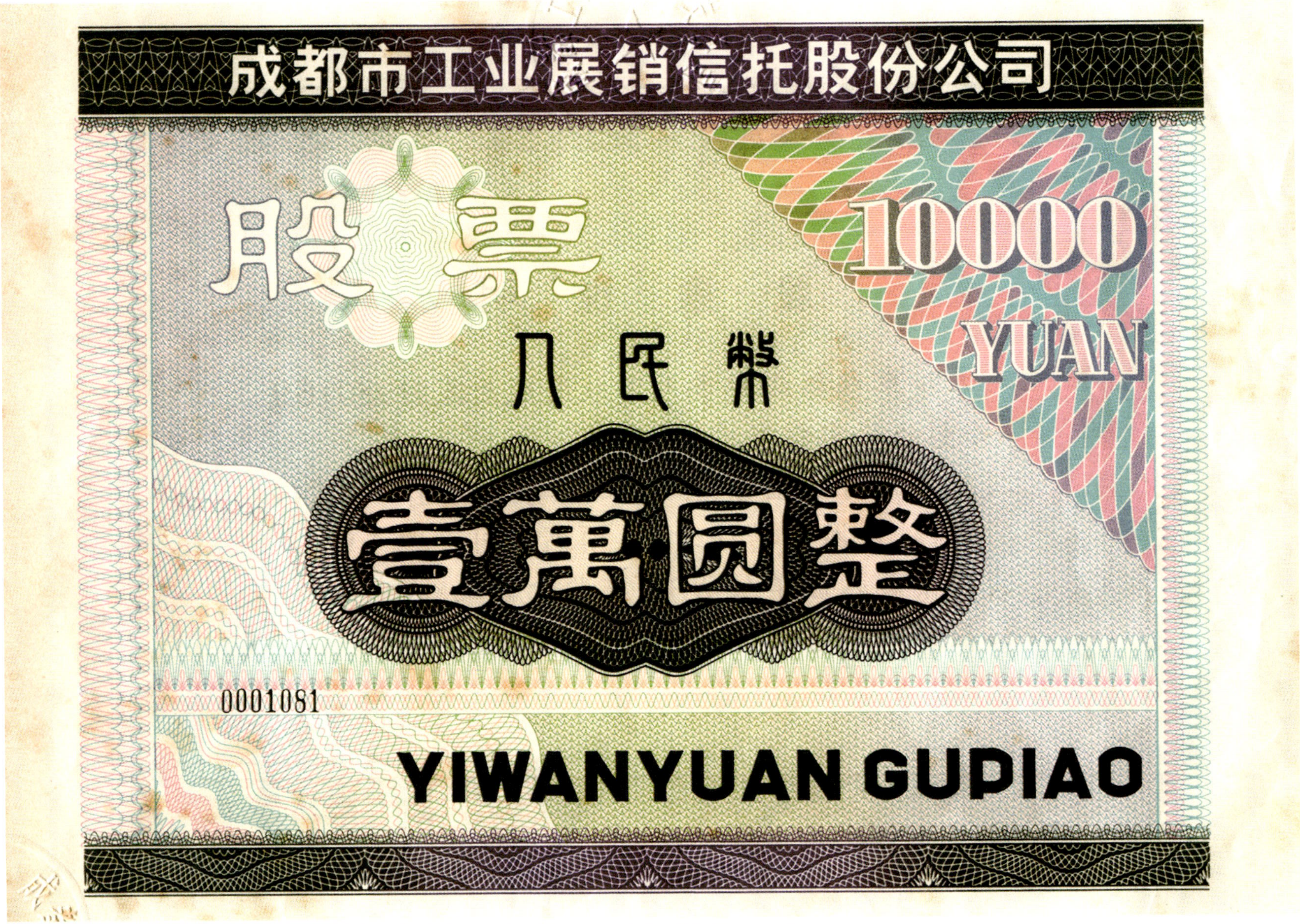
成都市工业展销信托股份公司
股票
10000
YUAN
人民币
壹萬圆整
0001081
YIWANYUAN GUPIAO

票幅规格
256 mm×260 mm

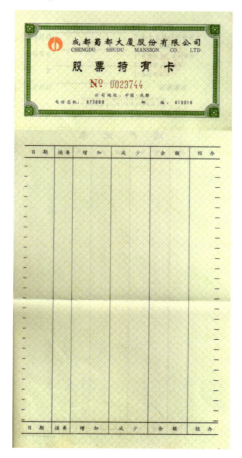

票幅规格均为
128 mm×260 mm

国营长虹机器厂股票

一、首次发行概况

发行时间	发行股数	发行价格	上市时间	上市地点	股票简称	现股票简称	股票代码
1988.10.3	3 571.27万	1.00元/股	1994.3.11	上交所	四川长虹	—	600839

二、历史沿革介绍

四川长虹电器股份有限公司是1988年6月7日经绵阳市政府以绵府发〔1988〕33号文批准,由国营长虹机器厂独家发起并控股成立的股份制试点企业,并于1988年7月29日经中国人民银行绵阳市分行以绵人行金〔1988〕47号文批准向社会公开发行人民币普通股股票3 600万元人民币普通股股票,由公司自办发行,从1988年10月3日开始发售,至1990年3月发售结束,累计发行3 571.27万元。根据国家体改委以体改生〔1991〕59号文的要求和程序,公司在认真总结过试点工作的基础上,按照国家和四川省关于规范化股份制试点企业的有关规定,于1992年继续进行股份制的规范化工作。1993年公司按《股份有限公司规范意见》等有关规定进行规范后,于1993年3月24日经国家体改委以体改生〔1993〕54号文批准,成为继续进行向社会公开发行股票的股份制试点企业。

经中国证监会以证监发审字〔1994〕7号文复审同意和上交所以上证上〔1994〕2034号文审核批准,公司股票于1994年3月11日在上交所挂牌交易。

截至2018年12月31日,公司总股本46.16亿股,其中第一大股东四川长虹电子控股集团有限公司占比23.22%。

票幅规格均为
190 mm×86 mm

注：样票图片来源于《中国上市公司实物股票图册》（中国证券业协会、中国钱币学会编）。

成都动力配件股份有限公司股票

一、首次发行概况

发行时间	发行股数	发行价格	上市时间	上市地点	股票简称	现股票简称	股票代码
1988.12.1	2 635万	200元/股	1993.10.8	深交所	蓉动力A	中兵红箭	000519

二、历史沿革介绍

成都动力配件股份有限公司于1988年12月1日经中国人民银行成都市分行批准（成人行金管〔1989〕267号），首次向社会公众发行人民币普通股263 50股（每股面值200元），后经批准拆细为每股面值1元，并进行送配后达到1 475.6万股，该部分向境内投资人发行的以人民币认购的内资股（1 475.6万股）于1993年10月8日在深交所上市。公司按面值向内部职工和社会公众发行股票25 000股（每股面值200元），共计500万元，正式成立成都动力配件股份有限公司。经中国证监会批准及深交所审核同意，公司股票于1993年10月8日在深交所挂牌上市，股票简称"蓉动力A"。1995年1月，公司进行配股，实际认购532.14万股，配股价为3.00元每股，募集资金净额1 596.42万元。

1997年12月，成都市国资局将持有的股份转让给银河（长沙）高科技实业有限公司和湖南新兴公司。公司控股股东变更为银河（长沙）高科技实业有限公司，实际控制人变更为湖南省国有资产管理部门。

1998年3月，公司更名为成都银河动力股份有限公司，股票简称变更为"银河动力"。2001年4月，公司进行配股，实际认购879.03万股，配股价为12.00元每股，募集资金净额1.02亿元。2001年6月，公司更名为成都银河创新科技股份有限公司，股票简称变更为"银河创新"。2004年5月，公司更名为成都银河动力股份有限公司，股票简称变更为"银河动力"。2006年3月，公司实施股权分置改革方案，全体流通股股东每持有10股流通股将获得非流通股股东支付的3.2股对价股份。

2010年1月，公司股东银河（长沙）高科技实业有限公司和湖南新兴科技发展有限公司（原湖南新兴公司）将持有的股份无偿划转至兵器工业集团控制的子公司江南集团、北方公司及现代研究所。公司控股股东变更为江南集团，最终控股股东变更为兵器工业集团，实际控制人变更为国务院国资委。2010年9月，公司更名为湖南江南红箭股份有限公司，股票简称变更为"江南红箭"。

2013年9月，公司向豫西工业集团等投资者发行股份购买中南钻石100％股权，公司控股股东变更为豫西工业集团，最终控股股东仍为兵器工业集团，实际控制人仍为国务院国资委。2017年1月，公司更名为中兵红箭股份有限公司，股票简称变更为"中兵红箭"。

截至2018年12月31日，公司总股本14.03亿股，第一大股东豫西集团占比23.30%。

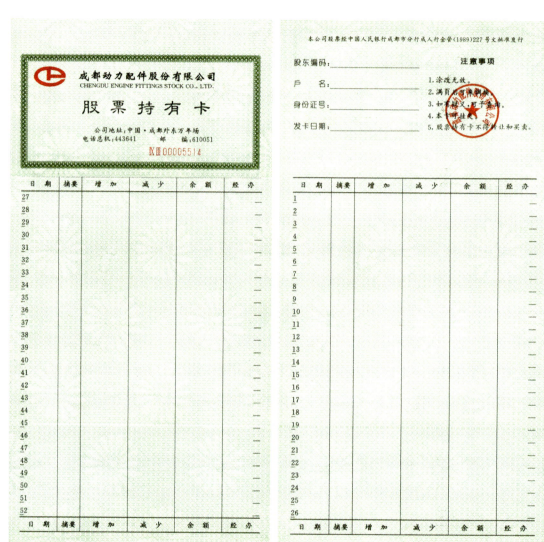

票幅规格
128 mm×259 mm

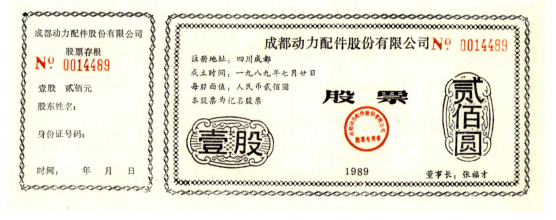

票幅规格
251 mm×104 mm

四川金顶(集团)股份有限公司股票

一、首次发行概况

发行时间	发行股数	发行价格	上市时间	上市地点	股票简称	现股票简称	股票代码
1988.9.28	4 000万	1.00元/股	1993.10.8	上交所	四川金顶	—	600678

二、历史沿革介绍

　　1988年9月,经乐山市政府批准,四川省峨眉水泥厂、西昌铁路分局、乐山供电局共同组建四川金顶(集团)股份有限公司。1988年9月20日,中国人民银行乐山市分行批准公司公开发行股票4 000万元面额为200元的人民币普通股股票。公司股票上市申请经中国证监会以证监发审字〔1993〕47号文复审同意和上交所以上证上〔1993〕2064号文审核批准,于1993年10月8日在上交所挂牌交易。1994年1月,公司进行配股,实际认购4 000万股,配股价为为4.28元每股,募集资金净额为1.71亿元。2004年4月,经国务院国资委批准,华伦集团有限公司(简称"华伦集团")受让乐山市国有资产经营有限公司持有的股份。上述股权转让完成后,华伦集团成为公司第一大股东,公司实际控制人变更为陈建龙。2006年8月3日,公司实施股权分置改革,流通股股东每10股获得3.0股股份。2010年11月29日,华伦集团持有的公司股份通过司法划转给海亮金属贸易集团有限公司(简称"海亮金属")。上述股权划转完成后,海亮金属成为公司第一大股东,公司实际控制人变更为冯海良。2017年1月26日,海亮金属与深圳朴素至纯投资企业(有限合伙)(简称"朴素至纯")签署《股份转让协议》,海亮金属将其持有的公司全部股份转让给朴素至纯,朴素至纯成为公司控股股东,公司实际控制人变更为梁斐。

　　截至2018年12月31日,公司总股本3.49亿股,第一大股东深圳朴素至纯投资企业(有限合伙)占比20.50%。

票幅规格
200 mm×120 mm

四川岷江电力股份有限公司股权证

一、首次发行概况

发行时间	发行股数	发行价格	上市时间	上市地点	股票简称	现股票简称	股票代码
1993.12	4 227.58万	1元/股	1998.4.2	上交所	岷江水电	—	600131

二、历史沿革介绍

　　1993年,经四川省体改委批准,草坡电厂联合成都华西电力(集团)股份有限公司、阿坝州信托投资公司等六家企业以定向募集方式共同发起设立四川岷江电力股份有限公司。1996年12月,公司更名为四川岷江水利电力股份有限公司,并一直沿用至今。1998年3月,经中国证监会批准,公司向社会公众发行人民币普通股股票3 500万股,并于1998年4月在上交所挂牌交易。2001年10月,公司进行配股,实际认购2 306.54万股,配股价为7.10元每股,募集资金净额为1.56亿元。2002年5月8日,阿坝州国有资产经营公司与四川省电力公司签订《股权转让协议书》,将公司第一大股东阿坝州水利资产经营公司100%股权转让给四川省电力公司。该次股权转让后,四川省电力公司成为公司控股股东。2007年1月16日,公司实施股权分置改革,全体流通股股东每持有10股流通股将获得非流通股股东支付的3.2股对价股份。

　　截至2018年12月31日,公司总股本5.04亿股,第一大股东国网四川省电力公司占比23.92%。

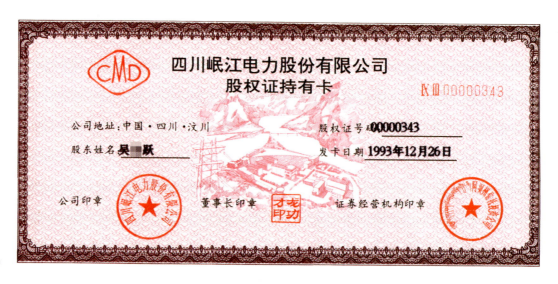

票幅规格
171 mm×85 mm

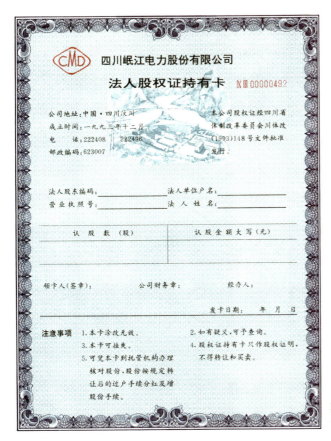

票幅规格
150 mm×225 mm

票幅规格
170 mm×225 mm

四川三峡电力(集团)股份有限公司股权证

一、首次发行概况

发行时间	发行股数	发行价格	上市时间	上市地点	股票简称	现股票简称	股票代码
1994.4	4 370万	1元/股	1997.8.4	上交所	三峡水利	—	600116

二、历史沿革介绍

1994年4月,经四川省体改委批准,万县地区电力公司、万县地区小江水力发电厂、万县市水电建筑勘察设计研究院和万县市建筑勘察基础工程公司以定向募集的方式发起设立重庆三峡水利电力(集团)股份有限公司。1997年3月,公司更名为四川三峡水利电力(集团)股份有限公司。1997年7月,公司经中国证监会批准向社会公开发行股票。1997年8月,公司股票在上交所上市。1999年3月,重庆中节能实业有限责任公司(原名重庆水利电力产业(集团)有限责任公司,2005年更名为重庆国能投资有限公司,2008年更名为重庆中节能实业有限责任公司,简称"重庆中节能")受让公司原第一大股东重庆市万州电力总公司所持的3 362万股,成为公司第一大股东。

2006年4月,水利部综合事业局全资子公司新华水利水电投资公司通过公开竞拍的方式持有公司700万股股份,加上水利部综合事业局负责管理的水利部综合开发管理中心持有公司3 273.60万股国家股、水利部综合事业局的控股子公司中国水务投资有限公司持有公司248.11万股股份,三家单位合计持有公司4 221.71万股股份,超过第一大股东重庆国能投资有限公司持有股份。水利部综合事业局成为公司的实际控制人。2006年12月22日,公司实施股权分置改革,全体流通股股东每持有10股流通股将获得非流通股股东支付的3.34股对价股份。2010年6月,公司非公开发行5 797.00万股股票,发行价格为6.90元每股,募集资金净额为3.87亿元。2015年2月,公司非公开发行6 346.86万股股票,发行价格为13.55元每股,募集资金净额为8.34亿元。

2015年9月,公司实际控制人水利部综合事业局通过其下属企业新华控股增持公司股份,增持后持有公司股权比例为11.18%,成为公司第一大股东(公司原第一大股东为重庆中节能,持有公司总股本的11.17%)。该次增持后,水利部综合事业局合计持有公司股权比例为24.09%。

截至2018年12月31日,公司总股本9.93亿股,第一大股东中国长江电力股份有限公司占比16.08%。

票幅规格
170 mm×85 mm

票幅规格
150 mm×225 mm

成都华贸股份有限公司股票

一、首次发行概况

发行时间	发行股数	发行价格	上市时间	上市地点	股票简称	现股票简称	股票代码
1987.3	13万	100元/股	1996.3.12	深交所	成都华联、宝光药业	大通燃气	000593

二、历史沿革介绍

1987年2月,经成都市体改委批准,成都市水产股份有限公司通过募集方式设立。1989年,经中国人民银行成都市分行批准,公司向社会公开发行股票1 300万元。1992年12月,经成都市体改委、成都市国资局批准,成都市水产股份有限公司与成都市贸易公司合并,公司更名为成都华贸股份有限公司。1994年3月,公司更名为成都华联商厦股份有限公司。经中国证监会批准并经深交所同意,公司股票于1996年3月12日在深交所挂牌交易,当次在深交所上市的1 300万社会公众股,系1990年前发行的股票。1997年12月,公司进行配股,实际认购1 650.33万股,配股价为5.50元每股,募集资金净额为8 819.62万元。1998年11月,公司股东成都市国资局将其持有的公司股份1 500万股(占公司股权比例的17.34%)转让给四川郎酒集团有限责任公司(简称"郎酒集团"),转让价格为3.8元每股。该次股权转让后,郎酒集团成为公司第一大股东。2002年3月,古蔺县政府与泸州宝光集团有限公司签署《转让协议》,古蔺县政府将公司第一大股东郎酒集团76.56%的股权作价4.9亿元转让给泸州宝光集团有限公司(简称"宝光集团")。该次股权转让后,宝光集团合计持有超过总股本30%以上的股份,成为公司的实际控制人。2003年8月,公司更名为四川宝光药业科技开发股份有限公司,股票简称变为"宝光药业"。2006年8月,天津大通投资集团有限公司(简称"大通投资")通过协议受让方式取得公司51 676 886股法人股。该次受让完成后,大通投资成为公司第一大股东。2006年9月,公司实施股权分置改革,流通股股东每持有10股流通股股份将获得5.3股的转增股份。2006年10月,公司更名为四川大通燃气开发股份有限公司,股票简称变为"大通燃气"。

截至2018年12月31日,公司总股本3.59亿股,第一大股东北京顶信瑞通科技发展有限公司占比29.64%。

东方电工（集团）股份有限公司股票

一、首次发行概况

发行时间	发行股数	发行价格	上市时间	上市地点	股票简称	现股票简称	股票代码
1988.12~1990.9	2 100万	2.00元/股	1998.2.25	上交所	东方电工	西部资源	600139

二、历史沿革介绍

　　1988年9月，经德阳市政府批准，东方电工机械股份有限公司以定向募集方式设立。1988年12月，经中国人民银行德阳市分行批准，公司向社会公开发行股票2 100万元，发行价为每股2.00元。1992年3月，公司更名为东方电工（集团）股份有限公司。

　　1994年3月，公司更名为东方电工机械股份有限公司。经中国证监会以证监发字〔1998〕10号文核准，并经上交所以上证上〔1998〕7号文审核，公司股票于1998年2月25日在上交所挂牌交易。该次上市流通的2 100万社会公众股均为历史遗留问题股

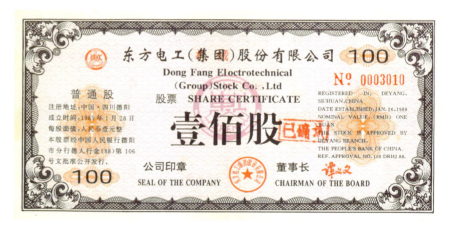

票幅规格均为
191 mm×100 mm

票。1999年1月8日,四川鼎天(集团)有限公司收购公司控股股东德阳市国有资产经营公司持有公司61.32%的股份,成为公司第一大股东。1999年3月,公司更名为鼎天科技股份有限公司。2004年4月,公司更名为绵阳高新发展(集团)股份有限公司。

  2007年2月,公司实施股权分置改革方案,流通股股东每持有10股流通股股份将获得2股的转增股份。2008年12月,公司向四川恒康发展有限责任公司(简称为"四川恒康")发行股份购买资产。该次发行股份购买资产实施完成后,四川恒康成为公司控股股东。2009年6月4日,公司更名为四川西部资源控股股份有限公司,股票简称变更为"西部资源"。2010年12月,公司非公开发行3 575.08万股,发行价为19.58元每股,募集资金净额为6.76亿元。该次募集资金主要用于收购银茂矿业80%股权。

  截至2018年12月31日,公司总股本6.62亿股,第一大股东四川恒康发展有限责任公司占比40.42%。

票幅规格
81 mm×151 mm

四川美丰化工股份有限公司股权证

一、首次发行概况

发行时间	发行股数	发行价格	上市时间	上市地点	股票简称	现股票简称	股票代码
1993.12	1 059.60万	1元/股	1997.6.17	深交所	四川美丰	—	000731

二、历史沿革介绍

四川美丰化工股份公司前身四川射洪县氮肥厂创建于1976年,主要生产和销售碳酸氢铵。1993年12月10日,经原四川省体改委批准,四川省射洪县氮肥厂等5家单位以定向募集方式设立公司。经中国证监会批准,并经深交所审核同意,公司公开发行2 300万股人民币普通股股票,并于1997年6月17日在深交所上市。1999年8月,公司进行配股,实际认购1 336.18万股,配股价为9.00元每股,募集资金净额为1.18亿元。2002年4月,公司进行配股,实际认购2 333.37万股,配股价为6.02元每股,募集资金净额为1.36亿元。2002年7月,公司控股股东四川美丰(集团)有限责任公司与成都华川石油天然气勘探开发总公司(简称"华川公司")签署《股份转让协议书》,将其持有的4 503.35万股股份转让给华川公司。该次股权转让后,华川公司成为公司第一大股东。2007年1月29日,公司实施股权分置改革,流通股股东每持有10股流通股股份将获得6.60股的转增股份。

截至2018年12月31日,公司总股本5.91亿股,第一大股东成都华川石油天然气勘探开发有限公司占比12.18%。

票幅规格
167 mm×222 mm

票幅规格
148 mm×221 mm

成都量具刃具总厂股票

一、首次发行概况

发行时间	发行股数	发行价格	上市时间	上市地点	股票简称	现股票简称	股票代码
1989.1.10①	3 300万	1.00元/股, 3.80元/股	1993.9.17	上交所	成量股份、阳之光、东阳光铝、东阳光科	东阳光	600673

注：① 1989.2.10,发行1 500万股；1993.2.27~3.29,发行1 800万股。

二、历史沿革介绍

1988年5月12日,经成都市体改委批准,成都量具刃具总厂改制为成都量具刃具股份有限公司。1989年1月8日,经中国人民银行成都市分行批准,公司向社会公众个人公开发行股票15万股,每股面值100元,总计1 500万元。1993年2月,经成都市体改委批准,公司将1989年发行的股票由每股面值100元拆细为每股面值1元。经中国证监会批准,并经上交所审核同意,公司公开发行1 800万股人民币普通股股票于1993年9月17日在上交所上市。1994年1月,公司进行配股,实际认购2 160.00万股,配股价为3.50元每股,募集资金净额为7 560.00万元。2003年9月,公司更名为成都阳之光实业股份有限公司。2004年,经四川省政府和国务院国资委批准,公司股东成量集团将其持有的32 126 703股股份转让给乳源阳之光铝业。该次股份转让完成后,公司第一大股东变更为乳源阳之光铝业,实际控制人变更为郭京平。2005年12月12日,公司实施股权分置改革,流通股股东每持有10股流通股股份将获得3.50股的转增股份。2006年11月30日,公司向深圳东阳光实业发行25 900万股。该次非公开发行股票完成后,公司控股股东变更为深圳东阳光实业,实际控制人变更为张中能、郭梅兰夫妇。2006年11月30日,公司更名为广东东阳光铝业股份有限公司。2014年5月,公司更名为广东东阳光科技控股股份有限公司,股票简称变更为"东阳光科"。2019年4月15日,公司股票简称变更为"东阳光",公司全称及股票代码不变。

截至2018年12月31日,公司总股本30.14亿股,第一大股东深圳市东阳光实业发展有限公司占比27.97%。

票幅规格
130 mm×260 mm

票幅规格
257 mm×88 mm

票幅规格均为
92 mm×385 mm

成都红光实业股份有限公司股权证

一、首次发行概况

发行时间	发行股数	发行价格	上市时间	上市地点	股票简称	现股票简称	股票代码
1993.5	19 495.451 5万	1元/股	1997.6.6	上交所	红光实业、ST博讯	博信股份	600083

二、历史沿革介绍

1993年5月8日,经成都市体改委批准,原国营红光电子管厂等单位以定向募集方式设立成都红光实业股份有限公司。经中国证监会批准,并经上交所审核同意,公司公开发行7 000万股人民币普通股股票于1997年6月6日在上交所上市。2001年2月,广东福地科技总公司与成都红光实业(集团)有限公司(公司原第一大股东)签订了《股权转让协议》,成都红光实业(集团)有限公司所持公司国家股全部无偿划转由广东福地科技总公司持有,广东福地科技总公司成为公司第一大股东。2003年5月9日,公司更名为成都博讯数码技术有限公司。2004年11月26日,广东福地科技总公司与东莞市盈丰油粕工业有限公司(简称"盈丰公司")签署了《股份转让协议》,广东福地科技总公司将其持有的公司6 800万股国家股通过协议转让方式以每股0.1元转让给盈丰公司。盈丰公司成为公司第一大股东。2006年11月18日,东莞市博讯电子技术有限公司(简称"博讯电子")与盈丰公司签署《股份转让协议》,盈丰公司将持有的公司股份转让给博讯电子。该次股份转让后,博讯电子成为公司控股股东,刘国昌成为公司实际控制人。2007年1月15日,公司完成股权分置改革,流通股股东每持有10股流通股股份将获得1.39股的转增股份。2007年3月30日,公司更名为广东博信投资控股股份有限公司。2009年10月23日,公司原第一大股东深圳市博信投资控股股份有限公司(简称"博信投资")与杨志茂签订《股权转让合同》,博信投资将其持有的3 240万股转让给杨志茂,杨志茂成为公司第一大股东和实际控制人。2015

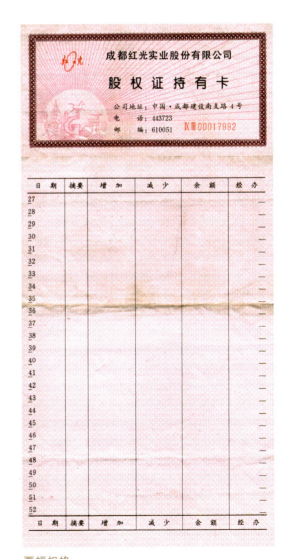

票幅规格
128 mm×260 mm

年11月25日,杨志茂与深圳前海烜卓投资发展中心(有限合伙)(简称"烜卓投资")签署《股份转让协议》,杨志茂将所持有公司3 240万股股份转让给烜卓投资。该次股份转让完成后,烜卓投资成为公司的控股股东,石志敏为公司实际控制人。2016年6月17日,公司股东西藏康盛投资管理有限公司(简称"西藏康盛")通过上交所集中竞价交易系统增持公司股份,增持后合计持有公司15.18%的股权比例,成为公司第一大股东,公司实际控制人没有变化。2017年7月12日,烜卓投资、朱凤廉与苏州晟隽营销管理有限公司(以下称"苏州晟隽")签署了《股份转让协议》,烜卓发展、朱凤廉分别将其持有的股份转让给苏州晟隽。该次股份转让后,苏州晟隽成为公司第一大股东,罗静成为公司实际控制人。

截至2018年12月31日,公司总股本2.30亿股,第一大股东苏州晟隽营销管理有限公司占比28.39%。

票幅规格均为 225 mm×175 mm

四川第一棉纺织印染厂股票

一、首次发行概况

发行时间	发行股数	发行价格	上市时间	上市地点	股票简称	现股票简称	股票代码
1988.11~1989.3	3 500万	1.00元/股	1998.6.16	深交所	第一纺织、中汇医药	*ST新城	000809

二、历史沿革介绍

　　四川第一棉纺织印染厂，始建于1958年，经成都市体改委、中国人民银行成都市分行批准，于1988年11月、1989年3月向社会公众发行3 500万股股票。1990年4月，印染厂在成都市工商局注册登记为四川第一纺织股份有限公司。经中国证监会批准，并经深交所审核同意，公司股票于1998年6月16日在深交所上市。该次上市流通的股票为3 500万股，系公司于1988年11月、1989年3月公开发行的社会公众股。2002年7月，经财政部批复，公司第一大股东成都市国资局将5 007万股股份转由四川省纺织集团有限责任公司（简称"川纺集团"）持有。该次股权划转完成后，川纺集团成为公司第一大股东。2003年5月，川纺集团与成都迈特签署《股份转让协议书》，将其持有的公司5 007万股股份转让给成都迈特。该次股权转让完成后，成都迈特成为公司第一大股东。2004年6月，公司更名为四川中汇医药（集团）股份有限公司，股票简称变为"ST中汇"。2011年9月，公司发行股份购买铁岭财京100%股权。该交易完成后，公司控股股东变为铁岭财政资产经营有限公司。2012年1月，公司更名为铁岭新城投资控股股份有限公司，股票简称变为"铁岭新城"。

　　截至2018年12月31日，公司总股本8.25亿股，第一大股东铁岭财政资产经营有限公司占比34.29%。

票幅规格
178 mm×90 mm

票幅规格
178 mm×90 mm

票幅规格
178 mm×90 mm

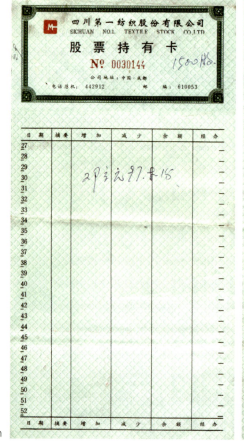

票幅规格
130 mm×260 mm

四川金路股份有限公司股票

一、首次发行概况

发行时间	发行股数	发行价格	上市时间	上市地点	股票简称	现股票简称	股票代码
1992.12.1	2 000万	3.20元/股	1993.5.7	深交所	川金路A、金路集团	新金路	000510

二、历史沿革介绍

四川金路股份有限公司前身为四川省树脂总厂,1989年4月经德阳市政府批准进行股份制试点。1989年9月,经中国人民银行德阳市分行批准,公司按面值向内部职工和社会公众发行803万股股票。1991年11月,经中国人民银行德阳市分行批准,公司按面值向原个人股东配售200万股股票。1992年5月,公司更名为四川金路股份有限公司。经四川省股份制试点领导小组批准,公司于1992年12月以每股3.20元的价格向公司原股东配售2 000万股股票。经中国证监会批准,并经深交所审核同意,公司股票于1993年5月7日在深交所上市。1993年6月,公司进行配股,实际认购1 585.44万股,配股价为6.80元每股,募集资金净额为1.08亿元。1995年8月,公司进行配股,实际认购1 380.79万股,配股价为3.13元每股,募集资金净额为4 321.86万元。1996年8月,公司更名为四川金路集团股份有限公司。1997年4月,公司进行配股,实际认购5 326.63万股,配股价为4.50元每股,募集资金净额为2.35亿元。2015年8月,刘江东通过集中竞价交易系统增持公司股份,合计持股比例为10.00%。该次增持公司股份后,刘江东成为公司第一大股东。

截至2018年12月31日,公司总股本6.09亿股,第一大股东自然人刘江东占比13.05%。

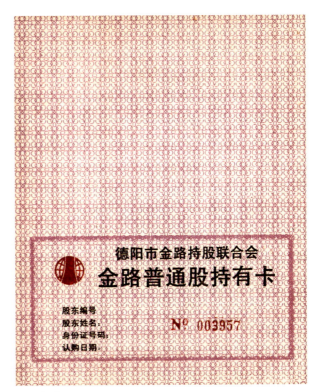

票幅规格
130 mm×164 mm

票幅规格
150 mm×115 mm

票幅规格
210 mm×160 mm

四川美亚丝绸(集团)股份有限公司股票

一、首次发行概况

发行时间	发行股数	发行价格	上市时间	上市地点	股票简称	现股票简称	股票代码
1988.4	2 500万	1.00元/股	1998.3.3	深交所	美亚股份	*ST金宇	000803

二、历史沿革介绍

1954年,美亚丝绸厂、西南蚕业公司、重庆华源丝绸厂、南充丝织厂合并为四川省南充绸厂。1988年3月21日,南充绸厂划拨13 308 853.21元净资产折股发起设立四川美亚丝绸股份公司。1988年4月,经中国人民银行南充地区分行批准,公司以每股1元向社会公众发行2 500万股记名股票,并分三期发行:1988年6月3日至10月31日发行700万股、1989年1月5日至4月25日发行1 100万股、1990年1月11日至3月19日发行700万股。该股票于1998年3月3日在深交所上市流通。2001年11月,南充市国资局被撤销,其职能划归南充市财政局。公司第一大股东由南充市国资局变更为南充市财政局。2004年6月,公司更名为四川金宇汽车城(集团)股份有限公司,股票简称改为"金宇车城"。2017年11月,南充市国有资产投资经营有限责任公司与北控清洁能源集团有限公司及其下属5家公司协议约定为一致行动人,并成为公司第一大股东。

截至2018年12月31日,公司总股本1.28亿股,第一大股东成都金宇控股集团有限公司占比23.51%。

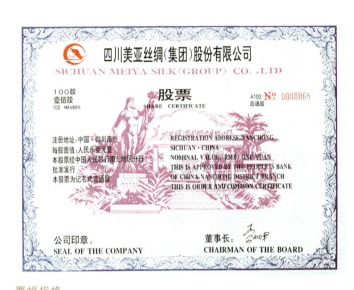

票幅规格
228 mm×172 mm

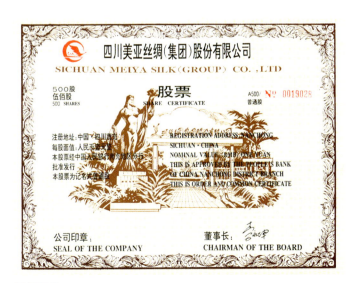

票幅规格
228 mm×172 mm

成都联益实业股份有限公司股票持有卡

一、首次发行概况

发行时间	发行股数	发行价格	上市时间	上市地点	股票简称	现股票简称	股票代码
1989.4	24.8万	100元/股	1997.3.6	深交所	成都联益	宗申动力	001696

二、历史沿革介绍

1989年3月,成都联益实业股份有限公司由双流县联益钢铁企业公司(即"联益集团")、双流县东开乡、双流县东升乡涧槽村共同发起设立,股本为538万元。1989年4月,公司按面值每股100元向社会公众发行24.8万股,该次发行后股本为3 018万元。该股票于1997年3月6日在深交所上市流通。1993年5月,每股面值100元拆细为1元。1998年4月,公司原控股股东联益集团转让公司40%股权给广东飞龙集团公司(简称"飞龙集团")。2001年5月,联益集团将其持有的18%公司法人股转让给重庆宗申高速艇开发有限公司(简称"重庆宗申"),转让价款为3 000万元。2001年9月,公司更名为成都宗申联益实业股份有限公司。2001年12月,由重庆宗申、重庆爱伦铸造有限公司两公司共同出资2 025万元支付给交行广东分行江南支行(飞龙股票诈骗案涉及股票被出质给交行),以解除飞龙集团向交行出质的ST联益2 217.196 8万股的质押(其中宗申1 614.995 2万股)。2002年10月,法院裁定被质押的剩余3 257.363 2万股法人股以1 628.681 6万元转给重庆渝信资产管理咨询有限公司。该部分股票于2002年11月被以每股0.49元的价格转让给重庆军辉实业有限公司。至此,公司控股股东为重庆宗申。2003年10月,公司更名为成都宗申热动力机械股份有限公司。2004年2月,股票简称改为"宗申动力"。2006年1月,实施股权分置改革,非流通股东向流通股东每10股送3股。

截至2018年12月31日,公司总股本11.45亿股,第一大股东重庆宗申高速艇开发有限公司占比20.10%。

票幅规格
130 mm×70 mm

票幅规格
130 mm×70 mm

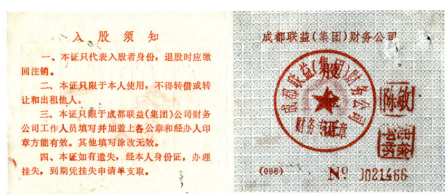

票幅规格
179 mm×79 mm

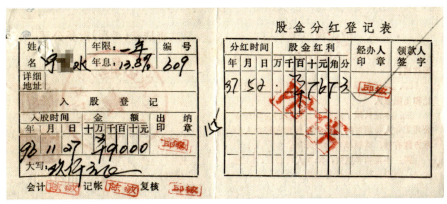

票幅规格
179 mm×79 mm

东方锅炉(集团)股份有限公司股票

一、首次发行概况

发行时间	发行股数	发行价格	上市时间	上市地点	股票简称	现股票简称	股票代码
1988.8.25	3 000万	1.00元/股	1996.12.27	上交所	东方锅炉	已退市	600786

二、历史沿革介绍

东方锅炉股份有限公司是东方锅炉厂于1988年以部分生产经营性账面净资产11 533.65万元折为国家股,独家发起成立的股份制试点企业。公司分别于1988年8月、1989年3月经有关部门批准,按面值向社会公众公开发行3 000万元、2 400万元的人民币普通股股票。该股票于1996年12月27日在上交所上市流通。2005年12月,第一大股东东方锅炉厂将其持有的298 815 244股国有法人股无偿划转给中国东方电气集团公司(简称"东电集团")。2007年3月,公司实施股权分置改革,流通股股东每10股获得股票为2.5股。2007年12月,东电集团换股要约收购公司无限售条件流通股股东所持股份,每持有1股东方锅炉股票可换取东电集团持有的1.02股东方电气的A股股票;现金选择权价格为25.40元每股。截至要约期满,东电集团收购公司400 070 974股(占99.67%)股份。

2008年3月18日,公司股票终止上市。

三、重大历史事件

1. 公司编造虚假文件、虚增利润,受中国证监会处罚。

(1) 为达到股票上市的目的,公司作假将注册时间、成为试点企业的时间提前,编造股东大会决议、分红方案;1992至1994年虚增利润1 500万元,编造虚假财务报告并虚假披露;以有关部门虚假批复的5 400万股票额度向公众违规溢价发行,并将溢价发行所募资金及利息收入共14 499万元违规账外核算。1999年12月,公司收到中国证监会以证监罚字〔1999〕22号《关于东方锅炉(集团)股份有限公司违反证券法规行为的处罚决定》并给予警告处分。

(2) 经审计署调查,公司上市后继续编造虚假财务报告,将应列作1997年的销售收入2.26亿元、销售利润4 700万元转列到1998年,创造连续3年稳定盈利,净资产利润率增长平衡的假象。

2. 因公司股权分布不符合上市条件,经公司申请并经上交所批准,自2008年3月18日起,公司股票终止在上交所上市。

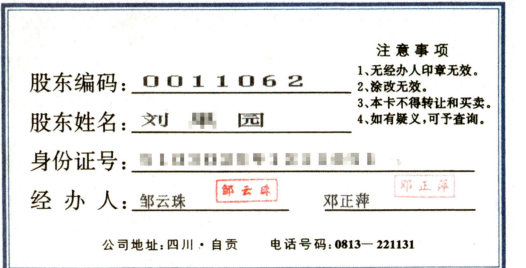

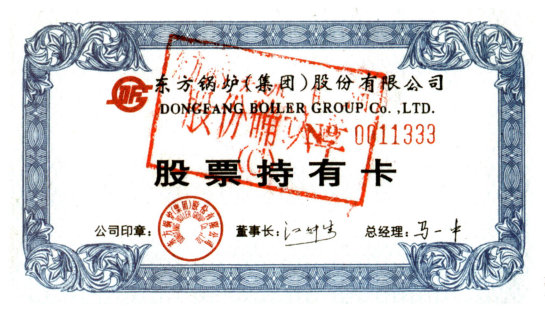

票幅规格均为
123 mm×140 mm

成都工益股份有限公司股票

一、首次发行概况

发行时间	发行股数	发行价格	上市时间	上市地点	股票简称	现股票简称	股票代码
1985.1~1986.4	486.7万	1.00元/股	1994.1.3	上交所	成都工益、工益股份	鹏博士	600804

二、历史沿革介绍

1985年1月,成都无缝钢管厂向其下属企业和职工发行股票,募集设立成都无缝钢管厂工益股份有限公司。公司首次向社会公众发行486.7万股(因公司为投资者认购股票提供了保本承诺而发行不规范)。1990年4月,公司经批准成为成都市股份制试点企业。

1992年,公司对前一阶段公司发行的股票进行规范并换发新股,规范后的公司总股本为528万元,其中国有法人股50万股,社会个人股478万股。1994年1月3日,公司个人股股票在上交所上市交易,股票简称"工益股份"。

2000年8月,攀枝花钢铁(集团)公司兼并原公司控股股东成都无缝钢管厂,公司37.06%股权变更为由攀钢集团成都无缝钢管有限责任公司持有。

2002年8月,公司名称变更为成都鹏博士科技股份有限公司,股票简称变为"鹏博士"。2002年11月,公司控股股东攀钢集团成都无缝钢管有限责任公司将其持有的公司国有法人股2 915.28万股转让给深圳市多媒体技术有限公司。

2006年7月,公司实施股权分置改革方案,公司以现有流通股份7 195.68万股为基础,以2005年末的资本公积金向全体流通股股东每10股转增2.431股。2007年5月,公司以7.8元每股的价格向7名特定投资者非公开发行15 000万股。2008年6月,公司名称变更为成都鹏博士电信传媒集团股份有限公司。

截至2018年12月31日,公司总股本14.32亿股,第一大股东深圳鹏博实业集团有限公司占比8.03%。

票幅规格
258 mm×90 mm

票幅规格
174 mm×166 mm

票幅规格
265 mm×168 mm

票幅规格
265 mm×168 mm

四川省长江企业集团股份有限公司股权证持有卡

一、首次发行概况

发行时间	发行股数	发行价格	上市时间	上市地点	股票简称	现股票简称	股票代码
1988.8	3 600万	200元/股	1995.12.20	深交所	川长江A	汇源通信	000586

二、历史沿革介绍

四川省长江企业集团股份有限公司前身系四川省长江企业公司,于1980年设立,主营进出口贸易。1988年6月,公司经批准进行股份制试点,将1987年底的账面资产净值3 600万元全部界定为国家股。1988年8月至1990年4月,公司向社会公众自办平价发行每股面值200元的记名股票3 600万元。1992年6至12月,公司发行法人股4 940万元。因国有土地使用权纳入国有股本以及评估增值进入国家股,上市公司股权结构调整为:国家股5 260万元,法人股4 940万元,个人股3 600万元。1994年4月,公司全部股份按2:1的比例进行同比例缩减,缩股后公司总股本6 900万股,其中国家股2 630万股,法人股2 470万股,个人股1 800万股。1995年12月20日,经中国证监会批准,公司社会公众股1 800万股在深交所上市交易,股票简称"川长江A"。

2003年5月,公司原控股股东四川省长江集团有限公司将其持有的5 600万股国家股转让给四川汇源科技产业(集团)有限公司(简称"汇源集团"),转让总金额为10 752万元。

2005年11月,公司实施股权分置改革,流通股股东每持有10股流通股份将获得非流通股股东支付的3.8股对价。2009年5月,汇源集团将其持有的4 000万股转让给明君集团科技有限公司(简称"明君集团"),明君集团以现金9 000万元及标的资产(截至置出资产交割日,汇源通信拥有的全部资产、业务、负债、或有负债和人员及经营现有资产所产生的全部相关费用)作为对价。转让完成后,明君集团成为公司控股股东。

2015年11月,明君集团将持有的4 000万股转让给广州蕙富骐骥投资合伙企业(有限合伙)(以下简称"蕙富骐骥"),转让价格为6亿元。转让完成后,蕙富骐骥成为公司控股股东。

截至2018年12月31日,公司总股本1.93亿股,第一大股东广州蕙富骐骥投资合伙企业(有限合伙)占比20.68%。

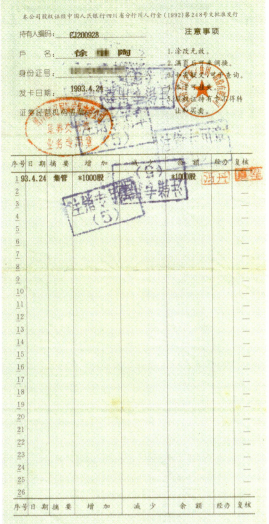

票幅规格均为
128 mm×258 mm

长城特殊钢股份有限公司股票

一、首次发行概况

发行时间	发行股数	发行价格	上市时间	上市地点	股票简称	现股票简称	股票代码
1989.1.18	30万	100元/股	1994.4.25	深交所	长城特钢、长城股份	已退市	000569

二、历史沿革介绍

长城特殊钢股份有限公司,是1988年8月经绵阳市政府绵府以发〔1988〕54号批准由长城特殊钢公司改制设立的股份有限公司。公司经中国证监会以证监发审字〔1994〕8号文复审通过和深交所以深证所复字〔1994〕3号文审核批准,根据深交所以深证市字〔1994〕8号《上市通知书》,公司股票于1994年4月25日在深交所挂牌交易,上市时公司总股份为56 378万股,其中可流通股份为9 000万股。

1998年6月12日,经四川省政以府川府函〔1998〕189号批准,四川省投资集团有限责任公司(简称川投集团公司)对持有公司国家股的长城特殊钢(集团)有限责任公司(简称长钢集团公司)实施整体兼并。长钢集团公司更名为四川川投长城特殊钢(集团)有限责任公司(简称川投长钢集团公司),为川投集团公司的全资子公司,公司更名为四川川投长城特殊钢股份有限公司。

经国家经济贸易委员会以国经贸产业〔2003〕22号批复,川投长钢集团公司实施债转股,债转股后公司名称变更为四川长城特殊钢(集团)有限责任公司(简称长钢有限公司)。2003年11月18日,长钢有限公司及其各股东单位与攀枝花钢铁(集团)公司(简称攀钢集团)签订了经营托管合同。2004年6月8日,攀钢集团、攀枝花钢铁有限责

票幅规格
189 mm×85 mm

任公司（简称攀钢有限）与长钢有限公司的各股东单位签订重组合同，该次重组后公司更名为攀钢集团四川长城特殊钢有限责任公司（简称攀长钢公司）。攀长钢公司成为公司的控制人，攀钢集团、攀钢有限作为一致行动人，成为公司的最终控制人。

经中国证监会《关于核准攀枝花新钢钒股份有限公司发行股份购买资产及吸收合并攀钢集团重庆钛业股份有限公司、攀钢集团四川长城特殊钢股份有限公司的批复》（证监许可〔2008〕1445号）核准，公司于2009年4月24日向深交所提出了关于公司股票终止上市的申请，4月30日深交所以《关于攀钢集团四川长城特殊钢股份有限公司人民币普通股股票终止上市的决定》（〔2009〕31号文）同意了公司的申请，2009年5月6日，长城股份终止上市。

成都泰康化纤股份有限公司股权证持有卡

一、首次发行概况

发行时间	发行股数	发行价格	上市时间	上市地点	股票简称	现股票简称	股票代码
1993.4	2 730万	1.25元/股	1997.2.26	深交所	泰康股份、聚友网络、华泽钴镍、*ST华泽	已退市	000693

二、历史沿革介绍

成都泰康化纤股份有限公司系1990年1月20日经成都市体制改革委员会以成体改〔1990〕10号文批准,由成都涤纶厂改组为股份有限公司。1993年12月31日经国家体制改革委员会体改生〔1993〕270号文批准为规范化股份制试点企业。1997年1月成都泰康化纤股份有限公司的2 730万社会公众股经中国证监会批准于1997年2月在深交所挂牌交易。1999年5月24日,公司更名为成都聚友泰康网络股份有限公司。

2013年4月27日,中国证监会向公司下发了《关于核准成都聚友网络股份有限公司重大资产重组及向王辉等发行股份购买资产的批复》(证监许可〔2013〕612号),核准公司向陕西华泽镍钴金属有限公司股东发行股份并购买陕西华泽镍钴金属有限公司100%的股权。2013年10月9日,公司名称变更为成都华泽钴镍材料股份有限公司。

公司资产重组完成后,于2014年1月10日恢复上市。

2019年7月9日,因公司2015年、2016年、2017年连续三个会计年度亏损,且2016年、2017年连续两个会计年度财务会计报告被出具无法表示意见的审计报告,公司股票被深交所终止上市。

票幅规格
128 mm×255 mm

四川省宜宾造纸厂股票

一、首次发行概况

发行时间	发行股数	发行价格	上市时间	上市地点	股票简称	现股票简称	股票代码
1988.12	2 580万	1.00元/股	1997.2.20	上交所	宜宾纸业	—	600793

二、历史沿革介绍

　　四川省宜宾造纸厂（始建于1944年，原名中国纸厂），是我国西部地区唯一的生产新闻纸的制浆造纸企业，也是我国九大新闻纸生产企业之一。1988年5月8日，宜宾造纸厂经批准设立为股份有限公司。1988年12月，公司经批准公开发行股票3 000万元，实际发行社会公众股股票2 580万股。该股票于1997年2月20日在上交所上市交易，股票简称"宜宾纸业"。

　　1998年9月、2002年6月，公司第一大股东宜宾市国资局将持有的2 000万股股份以6 000万元协议转让给宜宾五粮液集团有限公司（简称"五粮液集团"），并将所持该公司5 176万股国家股划转给宜宾市国有资产经营有限公司，宜宾市国有资产经营有限公司成为公司第一大股东。

　　2006年8月，公司进行股权分置改革，非流通股东向流通股东每10股送3.3股。

　　2017年12月，宜宾市国有资产经营有限公司经批准将持有的全部37.77%股权无偿划转至五粮液集团，该次无偿划转后五粮液集团持有5 669.18万股（53.84%），成为公司第一大股东。

　　截至2018年12月31日，公司总股本1.05亿股，第一大股东四川省宜宾五粮液集团有限公司占比53.84%。

票幅规格
224 mm×73 mm

攀钢集团板材股份有限公司股权证

一、首次发行概况

发行时间	发行股数	发行价格	上市时间	上市地点	股票简称	现股票简称	股票代码
1993.3	14 000万	1元/股	1996.11.15	深交所	攀钢板材	攀钢钒钛	000629

二、历史沿革介绍

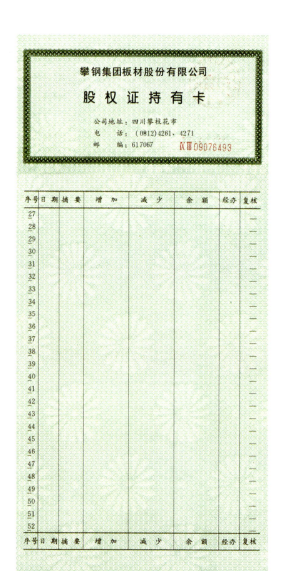

票幅规格
128 mm×260 mm

攀钢集团板材股份有限公司前身为攀钢热轧扳厂。热轧板厂由攀枝花钢铁公司独资兴建，于1992年末建成，主营钢压延加工。1993年3月，在对热轧扳厂进行股份制改造的基础上，攀枝花钢铁公司（现攀钢集团）、攀枝花冶金矿山公司（1993年6月并入攀钢集团）、中国第十九冶金建设公司以定向募集方式共同发起设立该公司，公司名称为攀钢集团板材股份有限公司。1996年11月，公司以每股3.70元向社会公众发行2 420万股，该股票于1996年11月15日在深交所上市交易，股票简称"攀钢板材"。1998年9月，公司以每股4.8元发行6.211亿股，其中，向攀钢集团定向发行4.211亿股（发行后持股66.75%），以1∶1.5向原股东配售9 300万股，向5家证券投资基金配售2,300万股，向社会公众发行8 400万股。1998年11月，公司更名为攀枝花新钢钒股份有限公司。2001年5月，公司控股股东攀钢集团实施债转股（对攀枝花新钢铁（集团）公司共计46.73亿元的贷款债权转为股权），与国家开发银行、中国信达资产管理成立"攀枝花钢铁有限责任公司"（即攀钢公司）。攀钢集团将其持有的该公司683 000 145股全部投入攀钢公司。债转股完成后，攀钢公司成为公司控股股东。2005年11月，经国务院批准，公司实施股权分置改革，以转增后的总股数为基础，非流通股东向流通股东每10股无偿派发4张存续期18个月、行权价4.85元的欧式认股权证，并于2005年12月5日在深交所上市流通。2007年4月，公司股票简称改为"攀钢钢钒"。2010年4月，公司更名为攀钢集团钢铁钒钛股份有限公司。2010

年6月,公司控股股东攀钢公司向攀钢集团无偿划转持有公司30.63％股权。2013年8月,公司更名为攀钢集团钒钛资源股份有限公司。

截至2018年12月31日,公司总股本为85.90亿股,第一大股东攀钢集团有限公司占比35.49％。

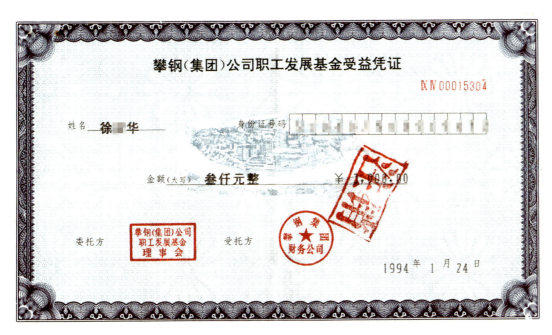

票幅规格
209 mm×125 mm

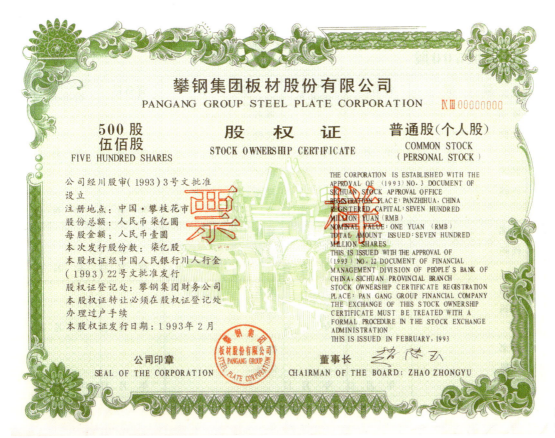

票幅规格
223 mm×174 mm

成都倍特发展股份有限(集团)公司股权证(法人股)

一、首次发行概况

发行时间	发行股数	发行价格	上市时间	上市地点	股票简称	现股票简称	股票代码
1992.7	3 180万	1元/股	1996.11.18	深交所	倍特高新	高新发展	000628

二、历史沿革介绍

　　成都倍特发展股份有限公司是由成都高新技术产业开发区管理委员会、中国科学院成都生物研究所制药厂、成都钢铁厂和西藏自治区石油公司共同发起,并经过定向募集方式于1992年12月设立的股份有限公司,公司设立时名称为成都倍特发展集团股份有限公司。1996年10月,公司发行社会公众股3 600万股(其中原已发行的内部职工股占用1 800万额度),新股于1996年11月18日在深交所上市,股票简称"倍特高新"。

　　2004年8月,成都市国资局将持有的公司2 316万股股份划转给成都高新投资集团有限公司(简称"高投集团")。该次划转后,高投集团成为公司第一大股东。

　　2006年5月,公司更名为成都高新发展股份有限公司。

　　2006年6月,公司实施股权分置改革。公司向全体流通股股东每10股定向转增3股。高投集团豁免公司对其1.1亿元的债务,同时向公司注入3 750万元现金,其他非流通股股东将所持公司非流通股股份的35%支付给高投集团,以此作为其所持股份获得流通权的对价安排。

　　截至2018年12月31日,公司总股本3.11亿股,第一大股东成都高新投资集团有限公司占比45.40%。

票幅规格
222 mm×172 mm

成都市城市信用合作社股票
成都城市合作银行股金证书
成都市汇通城市合作银行股票

一、首次公开发行概况

发行时间	发行股数	发行价格	上市时间	上市地点	股票简称	现股票简称	股票代码
2018.1.17	36 122万	6.99元/股	2018.1.31	上交所	成都银行	—	601838

二、历史沿革介绍

经中国人民银行1996年11月5日下发的《关于筹建成都城市合作银行的批复》(银复〔1996〕363号)和中国人民银行1996年12月22日下发的《关于成都城市合作银行开业的批复》(银复〔1996〕462号)批准,由成都市财政局、成都高新技术产业开发区财政税务局、成都市技术改造投资公司等22家企业,以及成都城市信用联社及下设的7个办事处和36家城市信用社的股东发起设立成都城市合作银行,并于1997年5月8日在成都市工商局登记注册。

根据1996年5月17日经成都市政府批准的《成都城市信用合作社清产核资、股权评估办法》,成都市蜀都资产评估事务所、四川大信会计师事务所、成都中大资产评估事务所、成都信达会计师事务所对成都城市信用联社及下设的7个办事处和36家信用社进行了资产评估,并出具了资产评估报告,合计资产总额394 701.28万元,负债总额380 275.04万元,净资产14 814.26万元,确认净资产作为出资以每股1元合计认购成都城市合作银行14 645.87万股,合计持股占比47.51%。

1996年在组建成都城市合作银行时,成都城市信用联社及下设的7个办事处和36家城市信用社的自然人股东将股份直接转入成都城市合作银行,形成自然人股东(包括职工和非职工股东)持股3 588.21万股,该部分股份中包括原信用社职工持股,该行当时的职工持股中部分来自于当时信用社职工转入本行带入的股份。该行组建时中国人民银行出具了《关于成都城市合作银行开业的批复》(银复〔1996〕462号)批准了该行设立时的自然人股份。

1998年4月22日,中国人民银行四川省分行以《关于同意成都城市合作银行更名为成都市商业银行的批复》(川人行银〔1998〕89号),批准成都城市合作银行更名为成都市商业银行股份有限公司。

2000年1月29日,中国人民银行出具了《关于撤销成都汇通城市合作银行实施方案的复函》(银函〔2000〕24号),原则同意四川省政府关于撤销汇通银行的实施方案,由四川省政府成立领导小组,统一领导和组织实施撤销汇通银行工作;汇通银行撤销后,其资产和合法债务经省领导小组逐项审查批准后,由成都城市合作银行接收。而成都市汇通城市合作银行成立于1986年10月14日,是我国第一家经批准成立的股份制民间银行,同时也是我国首家由教学单位主管的教学、科研实验银行。

2008年8月6日,中国银监会以《中国银监会关于成都市商业银行更名的批复》(银监复〔2008〕312号),批准成都市商业银行股份有限公司更名为成都银行股份有限公司。

经中国证监会"证监许可〔2017〕2339号"文和上交所"自律监管决定书〔2018〕18号"文批准,公司首次公开发行的A股股票于2018年1月31日在上交所上市,股票简称"成都银行",股票代码为601838。

截至2018年12月31日,公司总股本36.12亿元,其中第一大股东成都交子金融控股集团有限公司占比18.06%。

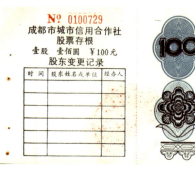

票幅规格均为 261 mm×101 mm

票幅规格
261 mm×101 mm

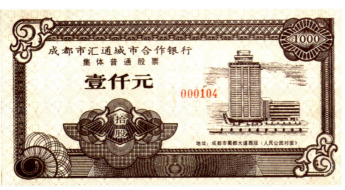

票幅规格
261 mm×101 mm

票幅规格
128 mm×260 mm

峨眉铁合金厂股票

一、首次发行概况

发行时间	发行股数	发行价格	上市时间	上市地点	股票简称	现股票简称	股票代码
1988.10.1	3 880万	1元/股	1993.9.24	上交所	四川峨铁、川投控股	川投能源	600674

二、历史沿革介绍

　　峨眉铁合金厂是国家"大三线"企业,1964年经国家计委、经委批准由吉林铁合金厂和锦州铁合金厂合并迁至四川乐山,原工厂在1967年5月20日开始动工兴建,1979年11月23日建成。公司是国家铁合金六大重点企业之一,属大型一类企业。1988年4月18日,经乐山市政府以乐府函〔1988〕25号文批准,在峨眉铁合金厂基础上,联合中国工商银行四川省信托投资公司、铁道部西昌铁路分局和峨眉铁合金综合服务开发公司,设立峨眉铁合金(集团)股份有限公司。

　　1993年9月,经中国证监会以证监发审字〔1993〕44号文复审同意和上海证券交易所上证上字〔1993〕2059号审核批准,于1993年9月24日在上海证券交易所挂牌交易。1998年6月23日,四川省投资集团有限责任公司整体兼并公司的母公司峨眉铁合金厂,将其更名为四川川投峨眉铁合金(集团)有限责任公司。1998年11月13日,公司更名为四川川投控股股份有限公司。2000年8月,川投峨铁集团公司将其持有的公司130 958 110股国有法人股划转给川投集团公司持有,股权性质仍为国有法人股。

　　截至2018年12月31日,公司总股本44.02亿股,其中第一大股东四川省投资集团有限责任公司占比50.66%。

票幅规格
154 mm×70 mm

四川太极实业股份有限公司股权证持有卡

一、首次公开发行概况

发行时间	发行股数	发行价格	上市时间	上市地点	股票简称	现股票简称	股票代码
1993.11	1 379.59万	1/股	1997.11.18	上交所	太极集团	—	600129

二、历史沿革介绍

四川太极实业股份有限公司前身系四川涪陵中药厂,成立于1972年,主要生产中成药,隶属涪陵地区医药管理局。1988年9月26日,经四川省医药管理局以川药管企字〔1988〕51号文同意,四川涪陵中药厂更名为四川涪陵制药厂,生产范围扩大到不仅可以生产中成药而且可以生产部分西药制剂。1993年11月22日,经四川省体改委以川体改〔1993〕155号文批准,由四川涪陵制药厂、四川省涪陵地区医药公司、涪陵市通济实业有限公司、四川涪陵太极实业开发公司共同发起,以四川涪陵制药厂为主体改组,以定向募集方式设立四川太极实业股份有限公司。公司于1993年12月28日在涪陵市工商行政管理局正式注册登记,注册资本5 000万元。1996年4月17日,经四川省体改委以川经体改〔1996〕131号)批准,公司增资扩股9 500万股。

1997年3月17日,四川太极实业股份有限公司第六次股东大会通过了《公司名称变更》的决议,公司名称变更为重庆太极实业股份有限公司,并于1997年7月24日在涪陵市工商行政管理局进行了重新注册登记。

1997年10月,经中国证监会以证监发字〔1997〕458号文和证监发字〔1997〕459号文批准,公司发行股票5 000万股(其中向公司职工配售500万股),经上交所以上证上字〔1997〕93号文审核批准,重庆太极实业股份有限公司股票于1997年11月18日在上海证券交易所挂牌交易。

截至2018年12月31日,公司总股本5.57亿股,其中第一大股东太极集团有限公司占比33.20%。

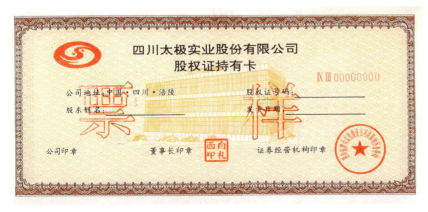

票幅规格
170 mm×84 mm

四川省长江造纸厂股票

一、首次公开发行概况

发行时间	发行股数	发行价格	上市时间	上市地点	股票简称	现股票简称	股票代码
1988.12.12	1 450万	1.00元/股	1998.4.16	上交所	长江包装、长江控股	浪莎股份	600137

二、历史沿革介绍

四川省长江造纸厂始建于1939年,原由中国民族资本家钱子宁等留法造纸专家以股份制形式创立中元造纸厂。新中国成立后,造纸厂未更名,1978年更名为四川省长江造纸厂,于1988年12进行股份制改组,以原厂净资产折为国有法人股2 889.274万股,法人股720万股,并于同年开始公开发行公众股1 450万股。1988年12月28日在四川省宜宾地区工商局核准登记注册。1990年4月5日,公司名称变更为四川省长江纸业股份有限公司(四川省长江造纸厂),公司名称与厂名并用。1993年4月8日,公司名称变更为四川省长江纸业股份有限公司。1995年6月28日,公司股东大会通过了《关于公司更名的议案》,经申请,四川省工商局以〔1995〕字17号文核准企业名称为四川长江包装纸业股份有限公司。

1998年4月经四川省体改委以川体改〔1998〕13号文批准,将四川省长江造纸厂列为四川省股份制试点企业。1998年5月6日经宜宾地区行政公署以宜署函〔1998〕79号文批准进行股份制试点。1988年12月经中国人民银行宜宾地区分行以宜人行〔1988〕401号文同意公开发行股票2 000万元,截至1990元2月,实际发行股票1 450万元,占发行规模的72.5%。1993年11月,经国家体改委以体改生〔1993〕189号文批准同意公司继续进行规范化的股份制企业试点。经中国证监会(证监发字〔1997〕518号文)审核批准和上海证券交易所(上证上〔1998〕16号文)审核通过,其公众股1 450万股于1998年4月16日在上交所上市交易。

2007年5月22日,经公司2006年度股东大会审议批准,公司名称变更为四川浪莎控股股份有限公司。经上海证券交易所审核同意,公司名称自2007年5月30日起变更为四川浪莎控股股份有限公司,股票简称"*ST浪莎",股票代码仍为600137。

截至2018年12月31日,公司总股本9721.76万股,其中第一大股东浪莎控股集团有限公司占比42.68%。

票幅规格
220 mm×80 mm

天津市

天津，简称"津"，是中华人民共和国直辖市、环渤海地区经济中心、首批沿海开放城市，全国先进制造研发基地、北方国际航运核心区、金融创新运营示范区、改革开放先行区。天津位于中国华北地区，东临渤海，西靠首都北京和河北，北部和南部与河北接壤。天津自古因漕运而兴起，明永乐二年十一月二十一日（1404年12月23日）正式筑城，是中国古代唯一有确切建城时间记录的城市。历经600多年，造就了天津中西合璧、古今兼容的独特城市风貌。截至2018年年底，天津市下辖16个市辖区，常住人口1 559.60万人。

天津是中华人民共和国经济最发达的城市之一，也是推动京津冀协同发展战略的引擎之一。2018年，全市生产总值（GDP）18 809.64亿元，比上年增长3.6%。天津市第一支柱产业主要包括电子信息产品制造业、软件产业、信息服务业等，信息产业总规模已高达836亿元。另外，汽车、化工、冶金、医药、新能源及环保等也是天津的支柱产业。

截至2018年12月31日，天津市共有上市公司51家，总股本677.47亿股，总市值4 586.48亿元，累计募集资金1 593.96亿元。市值超过100亿元的有招商公路、中远海控、中海油服、天士力、中科曙光、海油工程、中环股份、凯莱英、广宇发展、七一二、天津港、创业环保、中储股份等分布在石油、环保、医药等多个领域。

天津灯塔涂料股份有限公司股权证

一、首次发行概况

发行时间	发行股数	发行价格	上市时间	上市地点	股票简称	现股票简称	股票代码
1992.9.17	5 000万	2.20元/股	1997.2.18	深交所	灯塔油漆	滨海能源	000695

二、历史沿革介绍

　　天津灯塔涂料股份有限公司是经天津市体改委以革体改委字〔1992〕44号文和中国人民银行天津市公行以银金〔1992〕449号文批准,由原国营天津油漆厂作为唯一发起人,采用定向募集设立方式改制组建的股份制公司。于1992年10月20日在天津市工商局正式注册成立。该次定向募集共募集5 000万股,其中法人股1 735万股,内部职工股3 265万股,募集后公司总股本为129 356 162股。

　　1996年,由于在1992年公司改制时企业改组前的不良资产18 920 154元未能核销,后经天津市国资局、天津市政府和天津市证券管理办公室同意核减该公司国家股股本为18 920 154元,核减后国家股为60 436 008股,法人股为1 735万股,内部职工股3 265万股,总股本变更为110 436 008股。

票幅规格
125 mm×85 mm

1997年2月18日,经中国证监会审核批准,公司在深交所挂牌交易。

1998年12月,天津市政府批复同意将授权天津渤海化工集团公司持有的公司54.73%国有股股份注入天津津联投资有限公司,天津津联投资有限公司由此成为公司第一大股东。

2005年11月24日,公司实施股权分置改革,公司非流通股股东向全体流通股股东以每10股支付3股的对价股份获得上市流通权,实施后公司总股本不变。

2007年6月6日,泰达控股通过司法裁定受让控股股东天津灯塔(原天津津联)持有的84 118 369股,受让后合计持股比例39.47%,成为公司控股股东。

2015年3月,公司控股股东泰达控股与京津文化签署《股份转让协议书》,将其持有的公司25%股份转让给京津文化,京津文化支付对价6.5亿元给泰达控股,由此公司控股股东变更为京津文化,实际控制人变更为天津市财政局。

2017年11月,天津市文改办根据天津市政府授权代替天津市财政局履行出版传媒集团出资人职责,出版传媒集团持有京津文化51%股权,导致公司控股股东不变,实际控制人变更为天津市文改办。

截至2018年12月31日,公司总股本2.22亿股,第一大股东天津京津文化传媒发展有限公司占比25%。

天津美纶股份有限公司股权证

一、首次发行概况

发行时间	发行股数	发行价格	上市时间	上市地点	股票简称	现股票简称	股票代码
1992.7.20	2 364万	2.80元/股	1996.11.28	深交所	美纶股份	泰达股份	000652

二、历史沿革介绍

  天津美纶股份有限公司前身为天津市毛毡厂,始建于1959年,后于1985年更名为天津市美纶化纤厂,生产纺织原材料,隶属于天津市纺织局;1992年7月20日,经天津市体制改革委员会和中国人民银行天津市分行批准进行股份制改造,通过定向募集股份设立天津美纶股份有限公司并成功发行股票,于1992年12月8日经天津市工商行政管理局注册正式成立天津美纶股份有限公司。该次定向募集共募集3 830.88万股,其中法人股1 313.80万股,内部职工股2 517.08万股,募集后公司总股本为6 307.1万股。1994年,根据1993年度利润分配方案,向全体股东每10股送1股,分红后公司总股本变更为6 937.81万股。1996年11月28日,公司股票在深交所挂牌上市。

  1997年10月20日,经天津市政府(津政函〔1997〕63号)批准,公司的国有股股权无偿划归天津泰达集团有限公司经营管理,名称由天津美纶股份有限公司变更为天津泰达股份有限公司,上市股票简称由"美纶股份"变更为"泰达股份"。

  后经历次转增、送配股,至2004年7月6日,公司总股本变更为1 053 981 323股。2005年12月12日,公司实施股权分置改革,非流通股股东向流通股股东每10股支付3股对价获得上市流通权,向流通股股东送出股份144 856 863股,送股后公司总股本不变。

  截至2018年12月31日,公司总股本14.76亿股,第一大股东天津泰达投资控股有限公司占比32.98%。

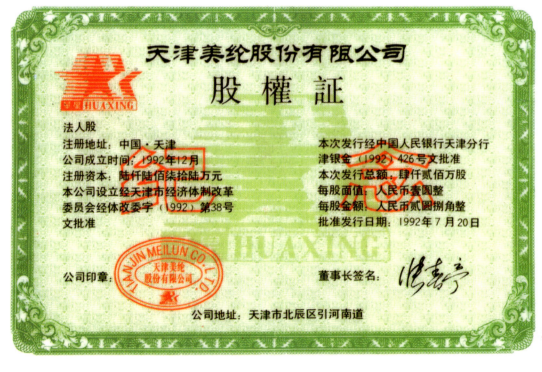

票幅规格均为
125 mm×85 mm

注：样票图片来源于《中国上市公司实物股票图册》（中国证券业协会、中国钱币学会编）。

天津立达国际商场股份有限公司股票卡

一、首次发行概况

发行时间	发行股数	发行价格	上市时间	上市地点	股票简称	现股票简称	股票代码
1991.12	3 340万	3.68元/股	1993.12.10	深交所	津国商A、南开弌德	广宇发展	000537

二、历史沿革介绍

1986年5月,天津立达国际商场股份有限公司由天津立达(集团)公司投资建立,公司总股本为8 769.02万股。1991年12月,经国家体改委以体改函生〔1991〕30号、天津市政府以津政函〔1991〕23号和天津市人民银行以津银会〔1991〕533号文批准,公司向内部职工定向发行股份1 230.98万股,发行价格为1.30元每股,发行后公司总股本变更为10 000万股。

票幅规格
110 mm×85 mm

1993年12月,经中国证监会审核批准,公司首次公开发行股份3 340万股,发行价格为3.68元每股,发行后公司总股本为13 340万股。1999年8月10日,公司第一大股东天津立达集团有限公司将其持有公司50.98%的股份全部转让给天津戈德防伪识别有限公司,转让价格为2.50元每股,转让总价款为21 101.16万元。2004年8月10日,天津南开生物化工有限公司通过司法拍卖取得原第一大股东天津戈德25.29%的股份(102 725 130股),由此公司第一大股东变更为天津南开生物化工有限公司。2006年3月7日,公司股东大会通过股权分置改革方案,向流通股股东每10股公积金转增6.411股,非流通股股东以此获得上市流通权,实施后公司总股本变更为512 717 581股。

2010年1月,国务院国有资产监督管理委员会出具《关于天津广宇发展股份有限公司国有股东所持股份无偿划转有关问题的批复》,同意公司股东山东鲁能恒源置业有限公司和天津南开生物化工有限公司将持有公司20.017%股份无偿划转给山东鲁能集团有限公司。

2017年10月30日,公司实施重大资产重组,向特定对象发行股份1 349 803 139股购买资产,发行后公司总股本变更为1 862 520 720股。

截至2018年12月31日,公司总股本18.63亿股,第一大股东鲁能集团有限公司占比76.13%。

天津劝业场股份有限公司股票卡

一、首次发行概况

发行时间	发行股数	发行价格	上市时间	上市地点	股票简称	现股票简称	股票代码
1992.4.15	7 000万	1.50元/股	1994.1.28	上交所	津劝业	—	600821

二、历史沿革介绍

　　1992年4月,经天津市政府以津政函〔1992〕31号文批准,原国营性质的天津劝业场改组为股份有限公司。1993年6月4日,天津市股份制试点工作领导小组和天津市政府下达公司向社会公开发行股票4 050万元的额度,发行价格为1.5元每股,发行后公司总股本变更为12 144万股。1993年12月23日,公司股东大会决议通过国家股、法人股、个人股按比例缩股的决议,缩股后公司总股本变更为9 836.8万股。1994年1月28日,经中国证监会和上海证券交易所审核批准,公司在上交所挂牌交易。后经历次送配股、转增,至1998年4月23日,公司总股本变更为292 520 958股。

　　1999年11月10日,根据财政部文件,天津益商集团总公司与天津劝业华联集团有限公司签订股权转让协议,将天津益商持有的国有股权97 023 592股划转至天津劝业华联有限公司,划转后公司控股股东变更为天津劝业。

　　2006年8月25日,公司实施股权分置改革,非流通股东以向流通股股东每10股公积金转增8.5股股权支付对价获得上市流通权,流通股股东获得转增股份123 747 267股,公司总股本变更为416 268 225股。

　　截至2018年12月31日,公司总股本4.16亿股,第一大股东天津津诚国有资本投资运营有限公司占比13.19%。

票幅规格
125 mm×85 mm

天津中药集团股份有限公司股权证

一、首次发行概况

发行时间	发行股数	发行价格	上市时间	上市地点	股票简称	现股票简称	股票代码
1992.7.20	3 500万	3.00元/股	2001.6.18	上交所	中新药业	—	600329
1997.6.12	10 000万	0.68美元/股	1997.6.27	新加坡证交所	TZXP	—	—

二、历史沿革介绍

天津中药集团股份有限公司前身为成立于1955年的天津市药材公司,是我国大型中成药生产企业之一。1990年,天津市药材公司更名为天津市药材集团公司。1992年,经天津市体改委〔1992〕27号文件及中国人民银行天津分行津银金〔1992〕399号文批准,以天津市药材集团公司为主体,整体改制定向募集设立天津中药集团股份有限公司,天津市药材集团公司以其评估后经营性净资产358 771 118.07元,折成国家股19 465.436万股。公司于1992年7月20日至1992年9月20日对企业法人、社团法人及内部职工,按每股3元的价格溢价认购3 500万股,共募集资金10 500万元。其中,内部职工认购2 000万股,与公司有资产连带关系的企、事业单位的职工以单位工会名义认购了295万股。1993年,根据国家体改委《关于清理定向募集股份有限公司内部职工持股不规范做法的通知》,原天津市股份制试点领导小组将以社团法人名义购买实为职工购买的股票界定为内部职工股,所以内部职工股调整为2 295万股。1997年,公司与天津市医药总公司进行了资产重组,重组后,公司名称变更为天津中新药业集团股份有限公司。1997年6月,公司经国务院证券委证委发〔1997〕35号文及国家体改委体改生〔1997〕80号文批准,在新加坡发行境外上市外资股10 000万股,并在新加坡股票交易所挂牌上市。经中国证监会证监发行字〔2001〕24号文核准,公司已上网定价发行人民币普通股4 000万股。

截至2018年12月31日,公司总股本7.73亿股,其中第一大股东天津市医药集团有限公司占比43.07%。

票幅规格
125 mm×85 mm

天津市房地产发展(集团)股份有限公司股权证

一、首次发行概况

发行时间	发行股数	发行价格	上市时间	上市地点	股票简称	现股票简称	股票代码
1992.7.20	25 000万	1.6元/股	2001.9.10	上交所	天房发展	—	600322

二、历史沿革介绍

　　天津市房地产发展(集团)股份有限公司前身为1981年成立的由天津市政府住宅统一建设办公室改建而成的天津市建设开发公司,1988年组建为天津市房地产开发经营集团。1992年,经天津市体改委以津体改字〔1992〕33号文批准,并经中国人民银行天津市分行以津银金〔1992〕479号文批准,天津市房地产开发经营集团进行股份制整体改制,同时发行募集法人股和内部职工股,以定向募集方式整体改制为天津市房地产发展(集团)股份有限公司,注册资本627 414 835元,成立日期1993年2月25日。1999年10月30日,经股东大会、天津市国资局和天津市政府批准,公司以50%的比例缩股,缩股后公司总股本变更为313 707 417股。2001年8月6日,公司利用上交所交易系统,采用上网定价发行方式向社会公开发行人民币普通股股票11 000万股,国

票幅规格
125 mm×85 mm

有股存量发行1 100万股,发行股票12 100万股,发行价格为5.00元每股,发行后公司总股本变更为423 707 417股。2001年9月10日,公司首次公开发行股票上市交易。

2006年3月20日,经股东大会决议通过股权分置改革方案,由公司股东天津市房地产开发经营集团有限公司向全部流通股股东支付每10股送3.7股的对价,合计向流通股股东支付72 069 155股,股权分置改革后公司总股本未发生变动。后经转增股本、非公开发行,至2007年10月19日公司总股本变更为110 570万股。

截至2018年12月31日,公司总股本11.06亿股,第一大股东天津房地产集团有限公司占比13.53%。

票幅规格
125 mm×85 mm

天津海运股份有限公司股权证

一、首次发行概况

发行时间	发行股数	发行价格	上市时间	上市地点	股票简称	现股票简称	股票代码
1992.9.20	4 756万（A股）	1.50元/股	1996.9.9	上交所	天津海运天海投资	海航科技	600751
1996.9.13	9 000万（B股）	2.18美元/股	1996.4.30	上交所	天海B	海科B	900938

二、历史沿革介绍

1992年12月，天津海运股份有限公司成立，天海集团以国有资产折价入股形成7 244万股国有股，同时通过向法人和内部职工定向募集4 756万股，成立后公司总股本为12 000万股。1994年3月，根据1993年度利润分配方案，向全体股东每10股送1股，公司总股本变更为13 200万股。1995年10月16日，经公司股东会决议，公司承让天海集团属下航海业务的部分资产、权益和负债，并以评估后权益净值6 978万元按每股净资产折成公司股份1 100万股，超额部分公司以现金，重组后公司总股本变更为14 300万股。1996年3月29日，经上海证券管理办公室批准发行境内上市外资股（B股）9 000万股，发行价格为2.18元每股，发行后公司总股本变更为23 300万股。1996年9月9日，经中国证监会审核批准，公司股票在上交所挂牌交易。

2008年4月25日，经天津市政府和国务院国有资产监督管理委员会批准，将公司原控股股东天海集团所持有公司的29.98%股份（14 770.104 3万股）转让给大新华物流控股有限公司，转让后大新华物流控股有限公司成为公司控股股东。

2012年12月28日，公司股东大会通过股权分置改革方案，公司控股股东通过豁免公司4亿元债务计入资本公积并定向转增4亿股，其中向全体A股流通股股东每10股转增12.916 2股，向全体B股流通股股东和大新华物流每10股转增8.119 4股，股权分置改革后，公司总股本变更为892 648 820股。

2014年12月29日，公司非公开发行股份2 006 688 963股，发行价格为5.98元每股，发行后公司总股本变更为2 899 337 783股，发行后公司控股股东变更为海航物流集团有限公司，其持有公司20.76%的股份。

经公司股东大会审议并经上交所审核通过，自2018年5月8日起，公司名称变更为海航科技股份有限公司。公司A股股票简称由"天海投资"变更为"海航科技"、B股股票简称由"天海B"变更为"海科B"，A股股票代码（600751）、B股股票代码（900938）不变。公司的经营范围也从之前的海上运输变更为科技领域，新的经营范围包括云计算、大数据、区块链、人工智能、计算机软件开发、信息系统集成服务、数据处理和存储服务等。2016年12月7日，天海投资斥资60亿美元收购全球最大的IT分销商Ingram-

MicroInc.(下称"英迈国际")100％股权,2017年10月份,天海投资与商汤科技签署战略合作备忘录,拟合作项目包括GPU阵列深度学习超算中心建设、AI视觉智能基础能力建设、智慧空港AI项目、智慧租车AI项目等。

截至2018年12月31日,公司总股本28.99亿股,第一大股东海航科技集团有限公司占比20.76％。

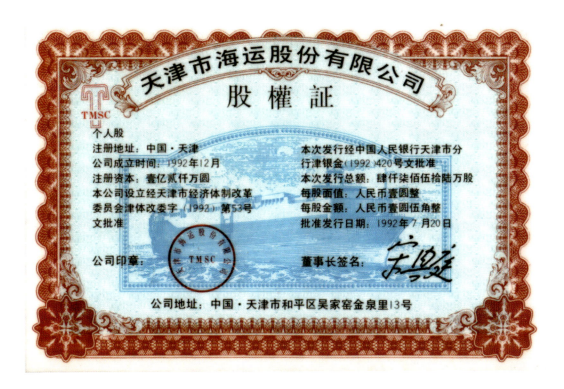

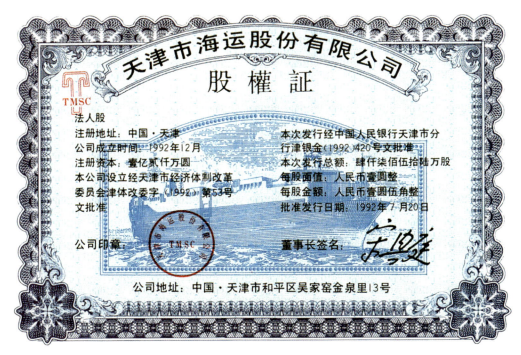

票幅规格均为 125 mm×85 mm

注:样票图片来源于《中国上市公司实物股票图册》(中国证券业协会、中国钱币学会编)。

天津百货大楼股份有限公司股权证

一、首次发行概况

发行时间	发行股数	发行价格	上市时间	上市地点	股票简称	现股票简称	股票代码
1992.7.16	11 800万	1.8元/股	1997.6.20	上交所	津百股份	海泰发展	600082

二、历史沿革介绍

天津百货大楼股份有限公司前身为天津中原股份有限公司，始建于1926年，1949年改名为天津百货大楼，是华北地区第一家国营大型百货公司，亦是全国十大百货商店贸易联合会（简称"贸联会"）的发起人和最早成员。

1992年11月，百货大楼被天津市政府批准为股份制改革试点企业，并经天津市体改委以津体改委字〔1992〕24号文和中国人民银行天津市分行以津银金〔1992〕389号文批准，进行股份制改造，其中国家股折股5 120万股，定向募集发行股票11 800万股，发行价格1.8元每股，总股本为16 920万股。

1997年3月26日，经公司股东大会决议和天津市证券管理办公室批准，公司股本以2:1的比例缩股，缩股后公司总股本由169 201 204股变更为84 600 602股。1997年6月20日，公司首次公开发行股票并上市3 000万股，发行价格为5.18元每股，发行后公司总股本为11 460万股。1998年7月3日，根据1997年度利润分配方案，向全体股东每10股送红股1股并公积金转增股本2股，送股及转增后公司总股本变更为148 980 783股。2000年6月6日，经上交所批准，公司4 018.82万股内部职工股上市流通，公司流通股由3 900万股增加至7 918.82万股。2001年11月，经财政部批准，公司国家股3 328万股由原股东天津商业发展投资有限公司无偿划转给天津新技术产业园区所属天津海泰控股集团有限公司。2006年5月17日，公司实施股权分置改革，非流通股股东向流通股股东每10股支付2.2股的对价获得上市流通权，实施后公司总股本未发生变动。

截至2018年12月31日，公司总股本6.64亿股，第一大股东天津海泰控股集团有限公司占比24.22%。

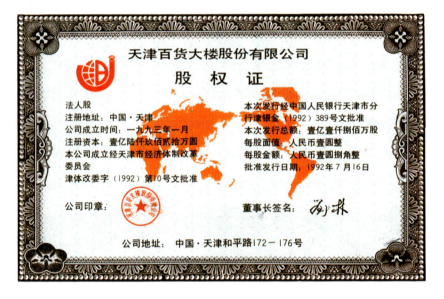

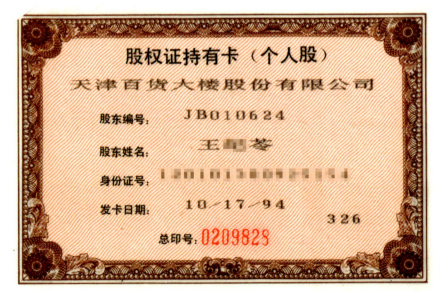

票幅规格均为
125 mm×85 mm

天津港储运股份有限公司股权证

一、首次发行概况

发行时间	发行股数	发行价格	上市时间	上市地点	股票简称	现股票简称	股票代码
1992.7.20	2 607万	1元/股	1996.6.14	上交所	津港储运	天津港	600717

二、历史沿革介绍

天津港储运股份有限公司前身天津港储运公司创立于1981年3月,是隶属于天津港务局的全民所有制港口仓储运输专业公司。1992年12月21日,经天津市体改委和中国人民银行天津市分行批准,公司通过定向募集股份的方式设立天津港储运股份有限公司,天津港储运公司的净资产为6 527.98万元,以1元每股折成国家股6 527.98万股;定向募集法人股843万股,内部职工及以社团名义发放的个人股合计2 607万股。定向募集后公司总股本为9 977.98万股。1996年6月14日,经中国证监会审核批准,公司2 607万股社会公众股在上交所挂牌交易。

2005年12月19日,公司实施股权分置改革,控股股东向流通股股东每10股支付1.85股股票和8.12元现金对价获得上市流通权,实施后公司总股本不变。

2010年2月,公司控股股东天津港(集团)有限公司以协议转让方式引入天津港发展控股有限公司的全资香港子公司显创投资有限公司为公司战略投资者,将其持有56.81%的股份(951 512 511股)转让给显创投资,显创投资有限公司成为公司的控股股东。

截至2018年12月31日,公司总股本16.75亿股,第一大股东显创投资有限公司占比56.81%。

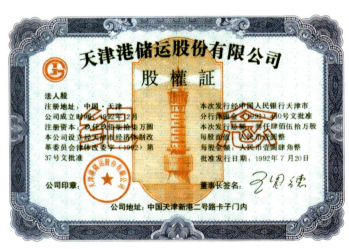

票幅规格均为
125 mm×85 mm

天津渤海化工(集团)股份有限公司股权证持有卡

一、首次发行概况

发行时间	发行股数	发行价格	上市时间	上市地点	股票简称	现股票简称	股票代码
1992.12	8 200万	2元/股	1995.6.30	上交所	渤海化工	创业环保	600874
1994.5.6	3 400万	1.20港元/股	1994.5.17	港交所	天津渤海化工股份	天津创业环保股份	01065

二、历史沿革介绍

　　1993年6月,经天津市股份制试点领导小组批准,前身三大化工厂(天津碱厂、天津化工厂、天津大沽化工厂)的生产经营性资产折为83 902万股,同时以2元每股的价格定向募集8 200万股法人股和内部职工股,成立天津渤海化工(集团)股份有限公司,公司总股本为92 102万股。1994年5月17日,经国务院证券委员会批准,公司在香港发行H股34 000万股,发行价格为港币1.20元每股,并在港交所上市,发行后公司总股本变更为126 102万股。1995年6月30日,经国务院证券委员会批准,公司在上交所发行A股6 898万股,发行价格为2.5元每股,发行后公司总股本变更为133 000万股。1996年1月22日,公司1992年采用定向募集方式发行的8 300万股内部股票中4 351.5万股内部职工股在上交所上市交易。2001年1月10日,经国家有关部门批准,公司控股股东天津渤海化工集团有限公司将其持有公司股份划转给天津市政投资有限公司,公司控股股东变更。2006年3月20日,经股东大会批准,公司实施股权分置改革,控股股东向全体非流通股股东每10股支付3.7股的对价以获得上市流通权,合计支付41 867 391股,股权分置改革后公司总股本为发生变更。

　　截至2018年12月31日,公司总股本14.27亿股,第一大股东天津市政投资有限公司占比50.14%。

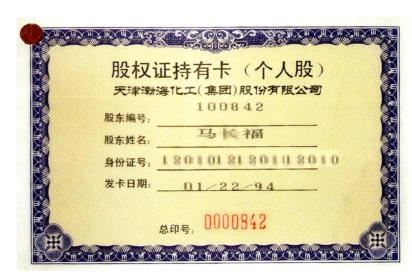

票幅规格
125 mm×85 mm

注:图片由汪志刚提供。

浙江省

浙江，简称"浙"，是中华人民共和国省级行政区，省会杭州。浙江省位于中国东南沿海，浙江东临东海，南接福建，西与安徽、江西相连，北与上海、江苏接壤，全省总面积10.55万平方千米。浙江在古时候属于"南蛮之地"，在春秋战国时期主要属于越国，有一小部分属于吴国。

浙江省地处亚热带中部，属季风性湿润气候。浙江省下辖11个省辖市，19个县级市，32个县，1个自治县，37个市辖区。全省常住人口5 737万人。2018年全省生产总值（GDP）5.54万亿元，同比增长7.1%。信息、环保、健康、旅游、时尚、金融、高端装备制造业和文化产业是浙江省八大支柱产业。

截至2018年年底，浙江省共有上市公司433家，总股本3 746.21亿股，总市值3.32万亿元，累计募集资金8 913.12亿元。市值超过100亿元的有79家，超过1 000亿的有海康威视。

浙江凤凰化工股份有限公司股票

一、首次发行概况

发行时间	发行股数	发行价格	上市时间	上市地点	股票简称	现股票简称	股票代码
1989.3.15	51 011万	100元/股	1990.12.19	上交所	凤凰化工、博元投资	已退市	600656

二、历史沿革介绍

浙江凤凰化工股份有限公司是全国首家股票异地上市公司,成立于1989年10月,是轻工业部及浙江省的重点日用化工企业,由原兰溪化工总厂改制而来,总股本2466.52万元,其中向社会公开发行510.11万元,1990年12月首批进入上交所挂牌交易。公司由国家控股。

1992年12月7日,公司将股票拆细成每股1元,拆细后公司总股本2 466.52万股。1993年6月12日,公司决定向老股东送红股,每10股配送5股,共计配送1 233.26万股;同时公司向老股东配售股票,以1992年末的总股本2 466.52万股为基数进行配售,每10股配售30股,国家股不参与此次配股,共计配售1 530.33万股,配售价格为3.3元每股。此次配股送股之后,公司总股本为5 230.11万股。

1994年5月20日,由兰溪市财政局将其持有的该公司2 934.615万股国家股中的2 660万股每股2.02元的协议价格转让给康恩贝公司。此项转让协议生效后,康恩贝公司将持有公司51.01%的股份,并由此成为公司的最大股东,此后康恩贝持续增持。1997年11月30日,康恩贝所持公司3 830.40万股股份(占该公司总股本41.09%),以协议方式分别转让给中国华源集团有限公司2 711.778 7万股,浙江交联电缆有限公司1 118.621 3万股,分别占该公司总股本29.09%和12%,转让价格为每股1.925元,总计价款为7 373.52万元,转让后,康恩贝不再持有公司法人股,中国华源集团有限公司成为公司第一大股东,此后中国华源集团有限公司不断增持。2001年3月16日,公司更名为上海华源制药股份有限公司,股票简称"华源制药",代码不变。截至2004年4月27日,中国华源生命产业有限公司办理完成因协议收购中国华源集团有限公司所持公司股份所需的相关股权交割、过户、登记等手续,成为公司第一大股东。其共持公司股份53 625 600股(非流通/国有法人股),占公司总股本的41.09%。中国华源集团有限公司不再持有公司股份。2006年5月17日,公司股票简称变更为*ST源药,代码不变。2006年10月26日,公司股票简称变更为S*ST源药,代码不变。

2007年8月31日,东莞市勋达投资管理有限公司和许志榕联合竞拍取得中国华源生命产业公司所持公司61 669 440股股份(占公司总股份的41.09%),成为公司第一大股东。2008年6月24日,公司进行股权分置改革,公司以现有总股本150 081 697股为基础,用资本公积金向股改方案实施日登记在册的全体股东每10股转增2.3股;同时,公司以现有流通股股本82 045 583股为基数,用资本公积金向股改方案实施日登记在册的全体流通股股东每10股定向转增0.7股。变动后总股本为19 034.367 8万股。2008年8月13日,公司股票简称由"ST源药"变更为"ST方源",股票代码不变。

东莞市方达再生资源产业股份有限公司于2010年6月3日接到中国证券登记结算有限责任公司上海分公司有关股权司法冻结及司法划转通知,将东莞市勋达投资管理有限公司持有的公司39978070股限售流通股划转至珠海华信泰投资有限公司名下。司法划转后,华信泰、勋达投资分别持有公司39 978 070股、12 300 000股股份,分别占公司总股本的21.003%、6.462%,公司控股股东由勋达投资变更为珠海华信泰投资有限公司。珠海华信泰投资有限公司之后不断减持公司股份。2011年9月16日,公司股票简称由"ST方源"变更为"ST博元",股票代码不变。

2014年6月,中国证监会开始调查博元的信息披露问题。2015年3月,警方介入调查。上交所披露的相关信息显示,为掩盖2011年控股股东东华信泰3.8亿元股改业绩承诺资金未真实履行到位的事实,博元多次伪造银行承兑汇票、虚构购买银行承兑汇票等重大交易,并披露财务信息严重虚假的定期报告,虚增资产、收入、利润等财务信息。2015年4月24日,公司收到中国证券登记结算有限公司上海分公司股权司法冻结及司法划转通知,公司第一大股东珠海华信泰投资有限公司持有的公司19 978 070股(占公司总股本的10.49%)已划转至庄春虹名下,划转日期为2015年4月24日。华信泰原持有公司19 978 070股(占公司总股本的10.49%)为公司第一大股东。该次司法划转后,公司第一大股东变更为庄春虹;华信泰不再持有该公司股权。此后庄春虹不断减持公司股份,到2015年,庄春虹仅持有公司2.63%的股份,公司无实际控制人。2016年3月21日,因公司严重违反信息披露规则,珠海市博元投资股份有限公司收到上交所以自律监管决定书〔2016〕77号《关于珠海市博元投资股份有限公司股票终止上市的决定》,上海证券交易所决定终止公司股票上市。

三、重大历史事件

凤凰化工作为第一个在上海上市的外省市股票,标志着当时上海证券交易已打破了行政区域的限制。

票幅规格 232 mm×197 mm

浙江中大集团股份有限公司股权证

一、首次发行概况

发行时间	发行股数	发行价格	上市时间	上市地点	股票简称	现股票简称	股票代码
1992.12	2 800万	6.48元/股	1996.6.6	上交所	中大股份	物产中大	600704

二、历史沿革介绍

浙江中大集团股份有限公司的前身是1988年1月1日由浙江省对外经济贸易厅以浙外经贸字〔1987〕399号文批准成立的中国纺织品进出口总公司浙江省服装分公司，1988年11月1日起经浙江省对外经济贸易厅以浙外经贸字〔1988〕959号批准更名为浙江省服装进出口公司，隶属于浙江省对外经济贸易厅。

1992年12月31日，公司系经浙江省股份制试点工作协调小组批准，以浙江省服装进出口公司为主体整体改组，并联合中国纺织品进出口总公司、中国银行杭州信托咨询公司、交通银行杭州分行共4家单位作为共同发起人，采取定向募集方式设立的股份有限公司，股本为9 030 320股（每股面值为10元）。1995年3月3日，公司股票面值由

每股10元拆细为每股1元,总股本变更为90 303 200股。1996年5月17日,公司首次公开发行3 000万股股票在上交所上市,其中社会公众股2 800万股,内部职工股200万股。

1996年10月4日,中大控股被浙江省政府授权统一经营公司的国有资产,成为控股股东,占公司总股本41.68%。

2006年1月,公司通过股权分置改革方案:非流通股股东为使其持有的公司股份获得流通权,向方案实施股权登记日登记在册的全体流通股股东支付对价,全体流通股股东每持有10股流通股将获付3.5股股票的对价。

2007年8月,中大控股将持有的公司84 966 467股国有股股份无偿划转给物产集团,占总股本的22.67%。2009年8月14日,公司向物产集团定向发行64 423 340股股票购买其拥有的物产元通100%股权。发行完成后,物产集团持有公司股份占总股本的34.02%。

2014年7月10日,公司向包括物产集团、物产金属在内的9家机构发行了205 479 452股人民币普通股股票。发行完成后,物产集团持有公司股份占总股本的30.62%,物产金属持有公司股份占总股本的0.50%。

截至2018年12月31日,公司总股本为43.07亿股,第一大股东浙江省国有资本运营有限公司占比34.06%。

宁波中元机械钢管股份有限实业公司股票

一、首次发行概况

发行时间	发行股数	发行价格	上市时间	上市地点	股票简称	现股票简称	股票代码
1989.4	21 117万	100元/股	1993.8.6	深交所	甬中元A、甬成功	荣安地产	000517

二、历史沿革介绍

宁波中元机械钢管股份有限公司前身为宁波机床总厂，成立于1965年9月15日，当时主要生产经营金属切削机床；1987年与海军四八一九工厂联营，吸收其实物资产机床设备130万元合资，由原宁波机床厂更名为宁波机床总厂。1989年2月经宁波市政府以甬政发〔1989〕24号文批准，该厂改组为股份制企业宁波中元机械钢管股份有限实业公司。1989年3月经中国人民银行宁波市分行以宁银金管字〔1989〕57号文批准发行股票，是宁波市第一家改组成立的股份制企业。其中：经评估确认的国有资产评估值901万元，折国家股90 100股；原同宁波机床总厂实行联营的海军四八一九工厂作为发起人之一，以其在1987年投入宁波机床厂的设备按原投入值折为法人股13 000股，新招募法人股11 900股；向公司职工发行普通股2 961股；向社会公开发行个人优先股6 256股。

1993年4月7日，报经宁波市经济体制改革办公室以甬体改〔1993〕12号文批准，向股东送发1992年度红股1 353 711股，向法人定向配售5 000 000股，向个人股东配售11 400 000股，法人股和个人股股票的配售价格为每股3.3元。1993年8月6日公司股票在深交所挂牌交易。

1999年11月，公司名称已变更为宁波成功信息产业股份有限公司。经深交所批准，自1999年11月12日起，公司股票简称变更为"甬成功"，股票代码不变。

因未按规定完成以前年度重大会计差错更正工作，公司股票自2006年3月10日起暂停上市。

2009年6月1日，公司向深圳证券交易所办理完毕新增股份申请上市相关手续，重大资产出售暨向荣安集团股份有限公司非公开发行股份购买资产的重组方案已全部实施完毕。2009年6月23日，公司正式更名为荣安地产股份有限公司。

截至2018年12月31日，公司总股本31.84亿股，其中第一大股东荣安集团股份有限公司占比47.93%。

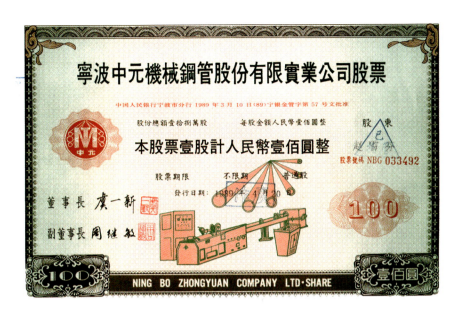

票幅规格均为
262 mm×174 mm

浙江纺织股份有限公司股票

一、首次发行概况

发行时间	发行股数	发行价格	上市时间	上市地点	股票简称	现股票简称	股票代码
1987.9.26	1 945.4万	1.00元/股	1993.9.28	上交所	浙江中汇、航天中汇	航天通信	600677

二、历史沿革介绍

　　1987年2月3日,浙江纺织股份有限公司由浙江省纺织工业公司、中国纺织物资总公司、中国人民建设银行浙江省信托投资公司、浙江省国际信托投资公司、浙江省纺织进出口公司5家单位共同发起设立。1987年9月26日,公司委托中国人民建设银行浙江省信托投资公司向社会发行股票1 500万股,其中包括发起人股470万股,个人股335万股,其他法人股695万股。1989年12月16日,公司与浙江省纺织工业公司实行合并,同时更名为浙江省纺织工业集团公司,公司总股本增至6 516万股,其中国家股4 926万股,其他法人持股1 031万股,个人持股559万股。1992年5月20日,公司继续沿用"浙江纺织股份有限公司"的名称。1993年3月22日,公司更名为浙江中汇(集团)股份有限公司。2000年8月,航天科工通过受让股权成为公司的控股股东。2001年12月26日,公司股票简称由"浙江中汇"变更为"航天中汇"。2003年4月8日,变更为"航天通信"。2006年6月9日,公司实施了股权分置改革,五家非流通股股东向方案实施股权登记日登记在册的全部流通股股东按比例支付对价,流通股股东每持10股获得2.5股股票。

　　截至2018年12月31日,公司总股本为5.22亿股,第一大股东中国航天科工集团有限公司占比19.20%。

票幅规格
217 mm×119 mm

宁波华联集团股份有限公司股权证

一、首次发行概况

发行时间	发行股数	发行价格	上市时间	上市地点	股票简称	现股票简称	股票代码
1992.9.10	3 796万	3元/股	1993.10.25	上交所	宁波华联、银泰股份、京投银泰	京投发展	600683

二、历史沿革介绍

宁波华联集团股份有限公司是在原宁波市五金交电化工(集团)公司基础上改组设立而成的股份有限公司。前身是宁波市五金交电化工采购供应站,创建于20世纪50年代,隶属于宁波市商业局。

1989年6月27日经宁波市商业局、财税局、劳动局以宁商办〔1989〕264号文批准,原公司组建企业集团,更名为宁波市五金交电化工(集团)公司。

1992年7月19日,经宁波市经济体制改革办公室以甬体改〔1992〕11号文批准,以宁波市五金交电化工(集团)公司为主体与交通银行宁波分行、中国工商银行宁波市信托投资公司、中国糖业酒类公司、中国华能浙江公司、浙江物资协作开发公司、宁波保税区华能联合开发有限公司共同发起,并定向募集股份而成立宁波华联集团股份有限公司。

1993年9月,经批准发行人民币普通股,并于同年10月在上交所挂牌上市。2002年11月12日,公司名称变更为银泰控股股份有限公司。2009年7月2日,公司名称变更为京投银泰股份有限公司。2016年5月18日,公司名称变更为京投发展股份有限公司。2009年3月非公开发行A股股票21 160万股,此次发行完成后北京市基础

票幅规格均为
225 mm×175 mm

设施投资有限公司(京投公司),持有公司29.81%的股份,成为公司的第一大股东。后京投公司通过上交所交易系统多次增持公司股份,至2017年,京投公司通过上交所交易系统累计增持公司股份2 953 167股,累计增持后,京投公司持有公司股份251 864 314股,占公司总股本的34.00%。

截至2018年12月31日,公司总股本为7.41亿股,第一大股东北京市基础设施投资有限公司占比36.00%。

票幅规格
225 mm×175 mm

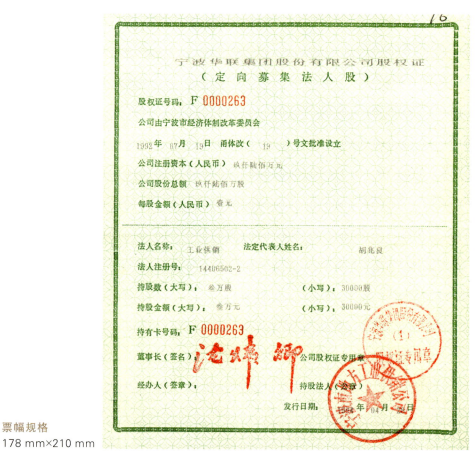

票幅规格
178 mm×210 mm

浙江尖峰建材集团股份有限公司股票

一、首次发行概况

发行时间	发行股数	发行价格	上市时间	上市地点	股票简称	现股票简称	股票代码
1990.12.30	3万	100元/股	1993.7.28	上交所	尖峰集团	—	600668

二、历史沿革介绍

浙江尖峰建材集团股份有限公司系经金华市政府于1991年4月26日以金政〔1991〕38号文批准,由原尖峰水泥集团股份有限公司与浙江省水泥制品厂实行紧密联合后更名。浙江尖峰水泥集团股份有限公司经金华市政府于1988年11月29日以金政〔1989〕100号文批准,由浙江尖峰水泥集团紧密层7家企业发起组建的股份制试点企业。7家企业分别为:金华市水泥厂、金华市婺城水泥厂、金华县赤松水泥厂、金华市玲珑石灰石矿、金华县梁山石灰石矿、金华市利民化工厂。经国家体改委于1992年12月29日以体改生〔1993〕2号文批准,继续进行公开发行股票的股份制试点。

1993年,公司更名为浙江尖峰集团股份有限公司,升格为省批企业集团。注册资本70 544 793元,其中国家股占总股本的61.10%,法人股占总股本的18.35%,个人股占总股本的20.55%。

票幅规格
282 mm×187 mm

1993年7月28日,公司在上交所挂牌交易,发行1 450万个人股股票,上市时总股本为70 544 793股,其中国家股占61.10%;法人股占18.35%;流通A股占20.55%。公司后经多次公开发行、送配股,至2003年1月总股本增加至344 083 828股。

2006年8月3日,公司实施股权分置改革,全体流通股股东每持有10股流通股将获得非流通股股东支付的3.2股股票。发行人的总股份为344 083 828股,其中有限售条件的流通股359 712股,无限售条件的流通股343 724 116股。

截至2018年12月31日,公司总股本为3.44亿股,第一大股东金华市通济国有资产投资有限公司占比16.15%。

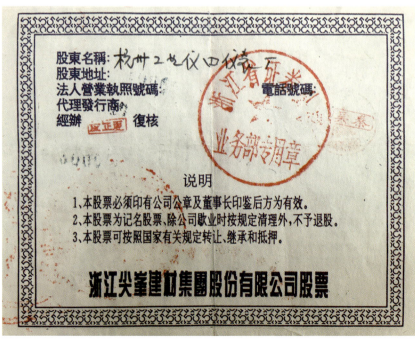

票幅规格均为 150 mm×120 mm

绍兴市百货大楼股份有限公司股票

一、首次发行概况

发行时间	发行股数	发行价格	上市时间	上市地点	股票简称	现股票简称	股票代码
1986.12.17	50万	1元/股	1994.3.11	上交所	绍兴百大、浙江创业、新湖创业	已退市	600840

二、历史沿革介绍

绍兴市百货大楼股份有限公司系经绍兴市政府办公室以绍市办〔1986〕172号文批准,在原绍兴百货大楼的基础上改组设立的股份有限公司,于1986年12月25日在浙江省工商行政管理局登记注册成立,是浙江省国有大中型商业企业第一家改组为向社会公开招股的股份制试点企业。原绍兴百货大楼创立于1972年,为绍兴地区当时规模最大的商场型百货零售企业。1986年12月17日,经人民银行绍兴市分行以绍人银管〔1986〕5号文批复同意,向社会招募法人股16万元,个人股34万元。1992年12月24日,经中国人民银行绍兴市分行以浙绿银字〔19897〕1号文批复同意,向社会公开募集个人股20万元,1992年5月9日,经中国人民银行绍兴市分行以绍人银发〔1992〕79号文批复同意,定向募集个人股50万元。1993年2月20日经国家体改委体改生字〔1993〕35号文批准,继续进行规范化的股份制试点。经中国证监会以证监发审字〔1994〕14号文复审同意和上交所以上证上〔1994〕2035号文审核批准,公司股票于1994年3月11日在上交所交易。后经多次股权变更,1999年8月,"绍兴百大"更名为"浙江创业",之后,再度更名为"新湖创业",公司更名为浙江新湖创业投资股份有限公司。2009年9月1日,新湖中宝股份有限公司换股吸收合并浙江新湖创业投资股份有限公司的方案经中国证监会以证监许可〔2009〕682号文核准,并于2009年8月28日完成换股。吸收合并完成后,公司法人地位注销,下属子公司纳入新湖中宝,公司股票终止上市。

票幅规格均为
190 mm×105 mm

注：样票图片来源于《中国上市公司实物股票图册》（中国证券业协会、中国钱币学会编）。

浙江海越股份有限公司股权证

一、首次公开发行概况

发行时间	发行股数	发行价格	上市时间	上市地点	股票简称	现股票简称	股票代码
1993.5	6 772万	1元/股	2004.2.18	上交所	海越股份	海越能源	600387

二、历史沿革介绍

浙江海越股份有限公司是于1993年5月25日经浙江省股份制试点协调小组以浙股[1993]18号文批准,由海口海越经济开发有限公司、浙江省经济协作公司、诸暨市银达经济贸易公司三家共同发起,以定向募集方式设立的股份有限公司。1993年6月10日,经浙江省体改委批准,公司的总股本调整结构为13 800万股。其中,海口海越经济开发有限公司以其全资附属企业——诸暨市石油化工公司经评估后的经营性净资产及部分现金按1:1的比例折价入股;浙江省经济协作公司和诸暨市银达经济贸易公司各以现金1 000万元按同比例入股;募集社会法人股为4 272万股;内部职工股为2 500万股。

经中国证监会以证监发行字〔2004〕4号批准,公司于2004年2月2日向二级市场投资者定价配售发行6 000万股人民币普通股,每股面值1.00元,发行价格每股5.20元。该次发行后,公司总股本变更为19 800万股,其中发起人股7 028万股,占总股本的35.49%;募集社会法人股4272万股,占总股本的21.58%;内部职工股2 500万股,占总股本的12.63%;社会公众股6 000万股,占总股本的30.30%。公司股票于2004年2月18日在上交所挂牌交易。

2018年6月,公司名称变更为海越能源集团股份有限公司。

截至2018年12月31日,公司总股本4.72亿元,其中第一大股东浙江海越科技有限公司占比18.99%。

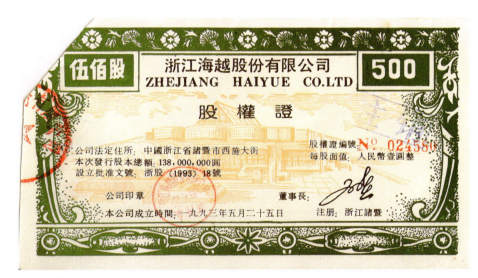

票幅规格
175 mm×102 mm

附录一　境内重点企业在香港证券交易所上市H股股票一览表及实物股票

境内重点企业在香港证券交易所上市H股股票一览表

序号	行业	股票名称	序号	行业	股票名称
1	银行业	中国工商银行股份有限公司H股股票	31	保险业	中国太平洋保险(集团)股份有限公司H股股票
2		中国农业银行股份有限公司H股股票	32		中国太平保险控股有限公司H股股票
3		中国银行股份有限公司H股股票	33	证券业	中信证券股份有限公司H股股票
4		中国建设银行股份有限公司H股股票	34		海通证券股份有限公司H股股票
5		交通银行股份有限公司H股股票	35		国泰君安证券股份有限公司H股股票
6		中国邮政储蓄银行股份有限公司H股股票	36		中信建投证券股份有限公司H股股票
7		招商银行股份有限公司H股股票	37		华泰证券股份有限公司H股股票
8		中信银行股份有限公司H股股票	38		广发证券股份有限公司H股股票
9		中国光大银行股份有限公司H股股票	39		中国银河证券股份有限公司H股股票
10		中国民生银行股份有限公司H股股票	40		东方证券股份有限公司H股股票
11		浙商银行股份有限公司H股股票	41		招商证券股份有限公司H股股票
12		天津银行股份有限公司H股股票	42		中国国际金融股份有限公司H股股票
13		江西银行股份有限公司H股股票	43		申万宏源(香港)有限公司H股股票
14		中原银行股份有限公司H股股票	44		香港交易及结算所有限公司
15		广州农村商业银行股份有限公司H股股票	45		国联证券股份有限公司H股股票
16		郑州银行股份有限公司H股股票	46		光大证券股份有限公司H股股票
17		青岛银行股份有限公司H股股票	47		中州证券股份有限公司H股股票
18		锦州银行股份有限公司H股股票	48	非银行金融业	山东省国际信托股份有限公司H股股票
19		盛京银行股份有限公司H股股票	49		招商局中国基金有限公司H股股票
20		哈尔滨银行股份有限公司H股股票	50		华融国际金融控股有限公司H股股票
21		徽商银行股份有限公司H股股票	51		鲁证期货股份有限公司H股股票
22		九江银行股份有限公司H股股票	52		中国信达资产管理股份有限公司H股股票
23		重庆农村商业银行股份有限公司H股股票	53		中国华融资产管理股份有限公司H股股票
24		重庆银行股份有限公司H股股票	54		交银国际控股有限公司H股股票
25	保险业	中国人民保险(集团)股份有限公司H股股票	55		中国中信股份有限公司H股股票
26		中国人民财产保险股份有限公司H股股票	56	航天航空业	中国国际航空股份有限公司H股股票
27		中国人寿保险股份有限公司H股股票	57		中国东方航空股份有限公司H股股票
28		中国平安保险(集团)股份有限公司H股股票	58		中国南方航空股份有限公司H股股票
29		新华人寿保险股份有限公司H股股票	59		深圳中航实业股份有限公司H股股票
30		中国再保险(集团)股份有限公司H股股票	60		中国航空工业国际控股(香港)有限公司股票

续表

序号	行业	股票名称	序号	行业	股票名称
61	医药健康业	北京同仁堂科技发展股份有限公司H股股票	92	装备制造业	庆铃汽车股份有限公司H股股票
62		丽珠医药集团股份有限公司H股股票	93		第一拖拉机股份有限公司H股股票
63		广州白云山医药集团股份有限公司H股股票	94		比亚迪股份有限公司H股股票
64		国药控股股份有限公司H股股票	95		广州广船国际股份有限公司H股股票
65		上海医药集团股份有限公司H股股票	96	地产建材业	万科企业股份有限公司H股股票
66		山东新华制药股份有限公司H股股票	97		绿地香港控股有限公司H股股票
67		阿里健康信息技术有限公司H股股票	98		融创中国控股有限公司H股股票
68	TMT业	中国移动有限公司H股股票	99		泛海国际集团有限公司H股股票
69		中国联合网络通信(香港)股份有限公司股票	100		洛阳玻璃股份有限公司H股股票
70		腾讯控股有限公司H股股票	101	电力业	华电国际电力股份有限公司H股股票
71		中国电信股份有限公司H股股票	102		华能国际电力股份有限公司H股股票
72		阿里巴巴影业集团有限公司H股股票	103		中国大唐集团新能源股份有限公司H股股票
73		联想控股股份有限公司H股股票	104		东方电气股份有限公司H股股票
74		南京熊猫电子股份有限公司H股股票	105		中国核能科技集团有限公司H股股票
75		小米集团H股股票	106		成都普天电缆股份有限公司H股股票
76		美团点评H股股票	107	金属冶炼业	鞍钢股份有限公司H股股票
77		美图公司H股股票	108		马鞍山钢铁股份有限公司H股股票
78	轻工食品业	青岛啤酒股份有限公司H股股票	109		江西铜业股份有限公司H股股票
79	石油化工业	中国石油化工股份有限公司H股股票	110		首钢福山资源集团有限公司H股股票
80		中国石油天然气股份有限公司H股股票	111		中国稀土控股有限公司H股股票
81		中国海洋石油有限公司H股股票	112	交通运输业	中国远洋控股有限公司H股股票
82		上海石油化工股份有限公司H股股票	113		中外运航运有限公司H股股票
83		吉林化学工业股份有限公司H股股票	114		中远海运控股有限公司H股股票
84		仪征化纤股份有限公司H股股票	115	商业服务业	红星美凯龙家居集团股份有限公司H股股票
85	基础设施及公用事业	浙江沪杭甬高速公路股份有限公司H股股票	116		上海锦江国际酒店(集团)股份有限公司H股股票
86	基础设施及公用事业	沈阳公用发展股份有限公司H股股票			
87	实业综合	北京北辰实业股份有限公司H股股票			
88		港澳控股有限公司H股股票			
89	装备制造业	中国中车股份有限公司H股股票			
90		株洲中车时代电气股份有限公司H股股票			
91		东风汽车集团股份有限公司H股股票			

银行业 H 股

NO.1
股票名称
中国工商银行股份有限公司
票幅规格
273 mm×216 mm

NO.2
股票名称
中国农业银行股份有限公司
票幅规格
247 mm×216 mm

NO.3
股票名称
中国银行股份有限公司
票幅规格
247 mm×216 mm

NO.4
股票名称
中国建设银行股份有限公司
票幅规格
247 mm×216 mm

NO.5
股票名称
交通银行股份有限公司
票幅规格
247 mm×216 mm

NO.6
股票名称
中国邮政储蓄银行股份有限公司
票幅规格
247 mm×216 mm

NO.7
股票名称
招商银行股份有限公司
票幅规格
247 mm×216 mm

NO.8
股票名称
中信银行股份有限公司
票幅规格
247 mm×216 mm

NO.9
股票名称
中国光大银行股份有限公司
票幅规格
247 mm×216 mm

NO.10
股票名称
中国民生银行股份有限公司
票幅规格
247 mm×216 mm

NO.11
股票名称
浙商银行股份有限公司
票幅规格
247 mm×216 mm

NO.12
股票名称
天津银行股份有限公司
票幅规格
247 mm×216 mm

NO.13
股票名称
江西银行股份有限公司
票幅规格
247 mm×216 mm

NO.14
股票名称
中原银行股份有限公司
票幅规格
247 mm×216 mm

NO.15
股票名称
广州农村商业银行股份有限公司
票幅规格
247 mm×216 mm

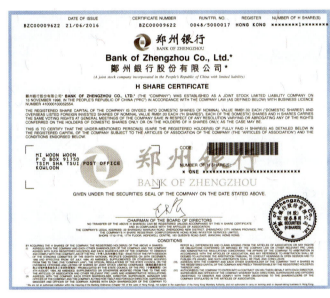

NO.16
股票名称
郑州银行股份有限公司
票幅规格
247 mm×216 mm

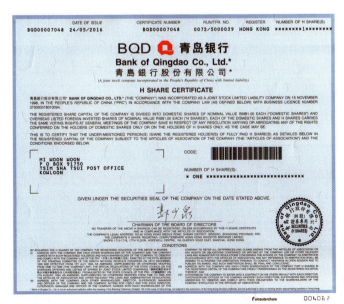

NO.17
股票名称
青岛银行股份有限公司
票幅规格
247 mm×216 mm

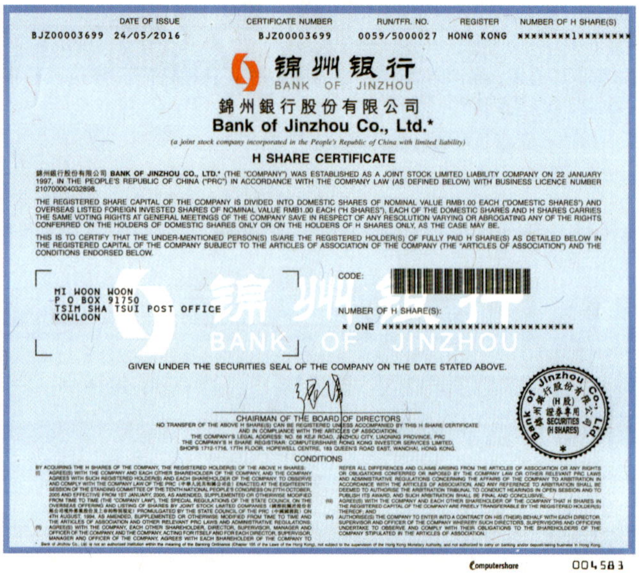

NO.18
股票名称
锦州银行股份有限公司
票幅规格
247 mm×216 mm

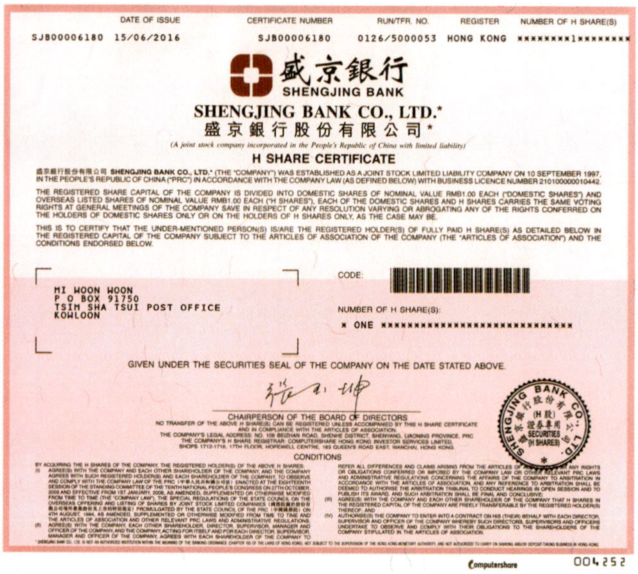

NO.19
股票名称
盛京银行股份有限公司
票幅规格
247 mm×216 mm

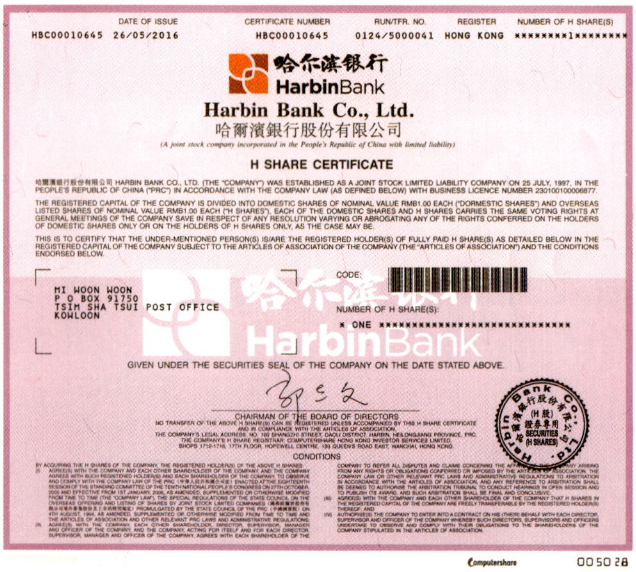

NO.20
股票名称
哈尔滨银行股份有限公司
票幅规格
247 mm×216 mm

NO.21
股票名称
徽商银行股份有限公司
票幅规格
247 mm×216 mm

NO.22
股票名称
九江银行股份有限公司
票幅规格
247 mm×216 mm

NO.23
股票名称
重庆农村商业银行股份有限公司
票幅规格
247 mm×216 mm

NO.24
股票名称
重庆银行股份有限公司
票幅规格
247 mm×216 mm

保险业 H 股

NO.25
股票名称
中国人民保险(集团)股份有限公司
票幅规格
247 mm×216 mm

NO.26
股票名称
中国人民财产保险股份有限公司
票幅规格
247 mm×216 mm

NO.27
股票名称
中国人寿保险股份有限公司
票幅规格
247 mm×216 mm

NO.28
股票名称
中国平安保险(集团)股份有限公司
票幅规格
247 mm×216 mm

NO.29
股票名称
新华人寿保险股份有限公司
票幅规格
247 mm×216 mm

NO.30
股票名称
中国再保险(集团)股份有限公司
票幅规格
247 mm×216 mm

NO.31
股票名称
中国太平洋保险(集团)股份有限公司
票幅规格
247 mm×216 mm

NO.32
股票名称
中国太平保险控股有限公司
票幅规格
247 mm×216 mm

证券业H股

NO.33
股票名称
中信证券股份有限公司
票幅规格
247 mm×216 mm

NO.34
股票名称
海通证券股份有限公司
票幅规格
247 mm×216 mm

NO.35
股票名称
国泰君安证券股份有限公司
票幅规格
247 mm×216 mm

NO.36

股票名称

中信建投证券股份有限公司

票幅规格

247 mm×216 mm

NO.37

股票名称

华泰证券股份有限公司

票幅规格

247 mm×216 mm

NO.38

股票名称

广发证券股份有限公司

票幅规格

247 mm×216 mm

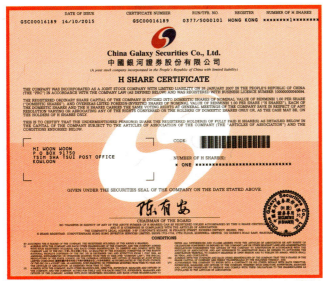

NO.39
股票名称
中国银河证券股份有限公司
票幅规格
247 mm×216 mm

NO.40
股票名称
东方证券股份有限公司
票幅规格
247 mm×216 mm

NO.41
股票名称
招商证券股份有限公司
票幅规格
247 mm×216 mm

NO.42
股票名称
中国国际金融股份有限公司
票幅规格
247 mm×216 mm

NO.43
股票名称
申万宏源(香港)有限公司
票幅规格
247 mm×216 mm

NO.44
股票名称
香港交易及结算所有限公司
票幅规格
247 mm×216 mm

NO.45
股票名称
国联证券股份有限公司
票幅规格
247 mm×216 mm

NO.46
股票名称
光大证券股份有限公司
票幅规格
247 mm×216 mm

NO.47
股票名称
中州证券股份有限公司
票幅规格
247 mm×216 mm

NO.48
股票名称
山东省国际信托股份有限公司
票幅规格
247 mm×216 mm

非银行金融业H股

NO.49
股票名称
招商局中国基金有限公司
票幅规格
247 mm×216 mm

NO.50
股票名称
华融国际金融控股有限公司
票幅规格
247 mm×216 mm

NO.51
股票名称
鲁证期货股份有限公司
票幅规格
247 mm×216 mm

NO.52
股票名称
中国信达资产管理股份有限公司
票幅规格
247 mm×216 mm

NO.53
股票名称
中国华融资产管理股份有限公司
票幅规格
247 mm×216 mm

NO.54
股票名称
交银国际控股有限公司
票幅规格
247 mm×216 mm

NO.55
股票名称
中国中信股份有限公司
票幅规格
247 mm×216 mm

NO.56
股票名称
中国国际航空股份有限公司
票幅规格
247 mm×216 mm

NO.57
股票名称
中国东方航空股份有限公司
票幅规格
247 mm×216 mm

NO.58
股票名称
中国南方航空股份有限公司
票幅规格
247 mm×216 mm

NO.59
股票名称
深圳中航实业股份有限公司
票幅规格
247 mm×216 mm

NO.60
股票名称
中国航空工业国际控股（香港）有限公司
票幅规格
247 mm×216 mm

医药健康业H股

NO.61
股票名称
北京同仁堂科技发展股份有限公司
票幅规格
247 mm×216 mm

NO.62
股票名称
丽珠医药集团股份有限公司
票幅规格
247 mm×216 mm

NO.63
股票名称
广州白云山医药集团股份有限公司
票幅规格
247 mm×216 mm

NO.64
股票名称
国药控股股份有限公司
票幅规格
247 mm×216 mm

NO.65
股票名称
上海医药集团股份有限公司
票幅规格
247 mm×216 mm

NO.66
股票名称
山东新华制药股份有限公司
票幅规格
247 mm×216 mm

NO.67
股票名称
阿里健康信息技术有限公司
票幅规格
247 mm×216 mm

NO.68
股票名称
中国移动有限公司
票幅规格
247 mm×216 mm

NO.69
股票名称
中国联合网络通信(香港)股份有限公司
票幅规格
247 mm×216 mm

NO.70
股票名称
腾讯控股有限公司
票幅规格
247 mm×216 mm

电信媒体和科技(TMT)业H股

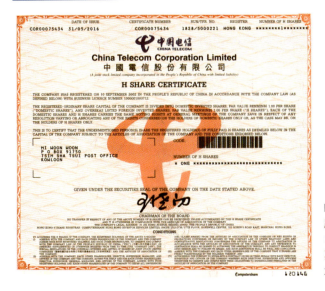

NO.71
股票名称
中国电信股份有限公司
票幅规格
247 mm×216 mm

NO.72
股票名称
阿里巴巴影业集团有限公司
票幅规格
247 mm×216 mm

NO.73
股票名称
联想控股股份有限公司
票幅规格
247 mm×216 mm

NO.74
股票名称
南京熊猫电子股份有限公司
票幅规格
247 mm×216 mm

NO.75
股票名称
小米集团
票幅规格
247 mm×216 mm

NO.76
股票名称
美团点评
票幅规格
247 mm×216 mm

NO.77
股票名称
美图公司
票幅规格
247 mm×216 mm

轻工食品业 H 股

NO.78
股票名称
青岛啤酒股份有限公司
票幅规格
247 mm×216 mm

石油化工业 H 股

NO.79
股票名称
中国石油化工股份有限公司
票幅规格
247 mm×216 mm

NO.80
股票名称
中国石油天然气股份有限公司
票幅规格
247 mm×216 mm

NO.81
股票名称
中国海洋石油有限公司
票幅规格
247 mm×216 mm

NO.82
股票名称
上海石油化工股份有限公司
票幅规格
273 mm×216 mm

NO.83
股票名称
吉林化学工业股份有限公司
票幅规格
247 mm×216 mm

NO.84
股票名称
仪征化纤股份有限公司
票幅规格
247 mm×216 mm

基础实施与公用事业H股

NO.85
股票名称
浙江沪杭甬高速公路股份有限公司
票幅规格
247 mm×216 mm

NO.86
股票名称
沈阳公用发展股份有限公司
票幅规格
247 mm×216 mm

综合实业 H 股

NO.87
股票名称
北京北辰实业股份有限公司
票幅规格
247 mm×216 mm

NO.88
股票名称
港澳控股有限公司
票幅规格
247 mm×216 mm

装备制造业 H 股

NO.89
股票名称
中国中车股份有限公司
票幅规格
247 mm×216 mm

NO.90
股票名称
株洲中车时代电气股份有限公司
票幅规格
247 mm×216 mm

NO.91
股票名称
东风汽车集团股份有限公司
票幅规格
247 mm×216 mm

NO.92
股票名称
庆铃汽车股份有限公司
票幅规格
247 mm×216 mm

NO.93
股票名称
第一拖拉机股份有限公司
票幅规格
247 mm×216 mm

NO.94
股票名称
比亚迪股份有限公司
票幅规格
247 mm×216 mm

NO.95
股票名称
广州广船国际股份有限公司
票幅规格
247 mm×216 mm

地产建材业H股

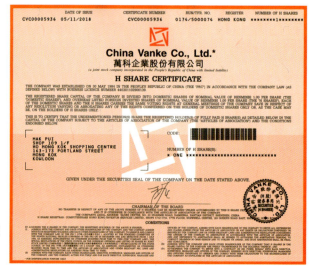

NO.96
股票名称
万科企业股份有限公司
票幅规格
247 mm×216 mm

NO.97
股票名称
绿地香港控股有限公司
票幅规格
247 mm×216 mm

NO.98
股票名称
融创中国控股有限公司
票幅规格
247 mm×216 mm

NO.99
股票名称
泛海国际集团有限公司
票幅规格
247 mm×216 mm

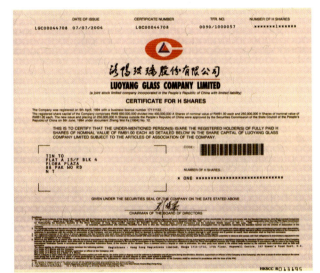

NO.100
股票名称
洛阳玻璃股份有限公司
票幅规格
247 mm×216 mm

电力行业H股

NO.101
股票名称
华电国际电力股份有限公司
票幅规格
247 mm×216 mm

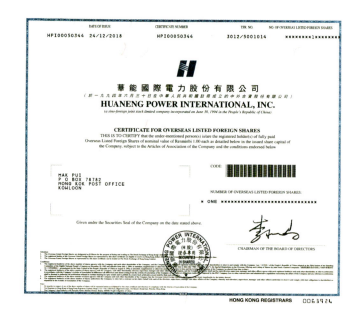

NO.102
股票名称
华能国际电力股份有限公司
票幅规格
247 mm×216 mm

NO.103
股票名称
中国大唐集团新能源股份有限公司
票幅规格
247 mm×216 mm

NO.104
股票名称
东方电气股份有限公司
票幅规格
247 mm×216 mm

NO.105
股票名称
中国核能科技集团有限公司
票幅规格
247 mm×216 mm

NO.106
股票名称
成都普天电缆股份有限公司
票幅规格
247 mm×216 mm

金属冶炼业H股

NO.107
股票名称
鞍钢股份有限公司
票幅规格
247 mm×216 mm

NO.108
股票名称
马鞍山钢铁股份有限公司
票幅规格
247 mm×216 mm

NO.109
股票名称
江西铜业股份有限公司
票幅规格
247 mm×216 mm

NO.110
股票名称
首钢福山资源集团有限公司
票幅规格
247 mm×216 mm

NO.111
股票名称
中国稀土控股有限公司
票幅规格
247 mm×216 mm

交通运输业H股

NO.112
股票名称
中国远洋控股股份有限公司
票幅规格
247 mm×216 mm

NO.113
股票名称
中外运航运有限公司
票幅规格
247 mm×216 mm

NO.114
股票名称
中远海运控股股份有限公司
票幅规格
247 mm×216 mm

商业服务业H股

NO.115
股票名称
红星美凯龙家居集团股份有限公司
票幅规格
247 mm×216 mm

NO.116
股票名称
上海锦江国际酒店(集团)股份有限公司
票幅规格
247 mm×216 mm

附录二 改革开放后我国新股认购机制演进及 A 股股票认购凭证

改革开放后我国新股认购机制大致分为以下几个阶段:

第一阶段:采用自办发行方式(1980~1990年)。这一期间,沪深证券交易所尚未成立,证券公司等证券中介机构在20世纪80年代末期才陆续成立,市场缺少全国统一的股票发行相关法律法规,企业采用自主决定招股方式并自办发行股票。20世纪80年代早期,企业为解决发展所需资金短缺,主要向企业内部职工发行股票并承诺还本付息,随着股份制试点工作在各地的逐步展开,部分企业开始向社会招股,这些自办发行股票的企业中有90家在1993年经过国家体改委和中国证监会的审查,取得在证券交易所上市资格,而其他绝大部分这一时期自办发行的股票后来未能在沪深证券交易所上市。

第二阶段:采用认购凭证方式(1990~1994年)。具体包括:发售认购证及抽签方式、全额预存款按比例配售方式。所谓认购证抽签方式,是发行人向符合条件的认购者发售新股认购申请表,然后对售出的认购申请表进行抽签摇号,中签者可按规定购买相应数量的新股,新股认购证发行主要有限量发售、无限量发售、无限量发售与储蓄存款相挂钩等几种方式。全额预存款按比例配售方式包括两种方式:"全额预缴、比例配售、余款即退"和"全额预缴、比例配售、余款转存"。

第三阶段:采用上网发行方式(1994年至今)。随着交易所网络技术的发展,新股申购采用上网发行方式,大大提升了新股申购发行效率,并能有效预防和解决新股发行的公开、公平、公正问题,具体包括上网竞价发行、上网定价抽签发行、网上抽签与网下配售相结合、网上按市值配售等方式。

A股股票认购凭证一览表

省份	认购凭证名称
安徽	皖能股份有限公司1993年股票认购申请表
	皖能股份有限公司1993年股票认购申请表（大额）
	马鞍山钢铁股份有限公司股票认购申请表（单号张）
	马鞍山钢铁股份有限公司股票认购申请表（拾号张）
	马鞍山钢铁股份有限公司股票认购申请表（佰号张）
	合肥美菱股份有限公司一九九三年股票认购申请表
	合肥美菱股份有限公司一九九三年股票认购申请表（大额）
北京	中国有色金属建设股份有限公司A种股票认购申请表
	北京城乡贸易中心股份有限公司社会公众股专项定期定额存单
	北人印刷机械股份有限公司社会公众股专项定期定额存单
	北人印刷机械股份有限公司国内社会公众股股票认购申请表
	北京王府井百货大楼（集团）股份有限公司社会公众股专项定期定额存单
	北京旅行车股份有限公司社会公众股专项定期定额存单
重庆	重庆市股票认购证（1992年）
	合成制药股票认购申请表
	重庆三峡油漆股份有限公司、重庆万里蓄电池股份有限公司股票专项定期定额存单
福建	'93福建股票认购申请表
	'93福建股票认购申请表收款凭证（壹佰张）
	'93福建股票认购申请表收款凭证（壹仟张）
	'93福建股票认购申请表收款凭证（壹萬张）
	厦门特区股票认购申请表（下联）
	厦门工程机械股份有限公司国内公众股股票认购申请表（单号张）
	厦门工程机械股份有限公司国内公众股股票认购申请表（拾号张）
	厦门工程机械股份有限公司国内公众股股票认购申请表（大额号张）
	厦门工程机械股份有限公司国内公众股股票认购申请表（伍佰股）
甘肃	甘肃长风宝安实业股份有限公司股票认购申请表
广东	佛山电器照明股份有限公司社会公众股股票认购申请表
	惠州TCL通讯设备股份有限公司新股认购申请表
	广东电力发展股份有限公司国内公众股认购申请表
	广州广船国际股份有限公司国内公众股股票认购申请表
	广东梅县梅雁企业（集团）股份有限公司预缴股款凭单
	广东梅县梅雁企业（集团）股份有限公司新股认购申请表
	广东（鹤山）美雅股份有限公司新股（普通股）认购申请表
	深圳市1991年十一家上市公司新股认购申请表
	深圳市1992年度新股认购抽签表（下联）
	广州市一九九三年公开发行股票企业公众股股票认购申请表（单号张）
	广州市一九九三年公开发行股票企业公众股股票认购申请表（拾号张）（缺）
	广东美的集团股份有限公司1993年新股认购申请表
	珠海经济特区丽珠医药集团股份有限公司新股认购申请表（单号表）
	珠海经济特区丽珠医药集团股份有限公司新股认购申请表（连号表）
	广东万家乐股份有限公司一九九三年社会公众股股票认购申请表
	中山高科技第二次预约申请单
	中山高科技预约申请单
	江门甘蔗化工厂（集团）股份有限公司社会公众股预缴股金专用收据
	广东韶能（电力）实业集团股份有限公司股份认购证
	深圳飞亚达（集团）股份有限公司申请表格

续表

省份	认购凭证名称
广西	广西柳工机械股份有限公司股票认购申请表 广西柳工机械股份有限公司股票认购申请表收款凭证(非定额张) 广西柳工机械股份有限公司股票认购申请表收款凭证(壹佰张) 广西柳工机械股份有限公司股票认购申请表收款凭证(壹仟张) 广西柳工机械股份有限公司股票认购申请表收款凭证(壹萬张)
贵州	贵州凯涤股份有限公司社会公众股专项定期定额存单 贵阳中天(集团)股份有限公司社会公众股专项定期存单(叁佰圆)
海南	海南省一九九三年度公开发行股票企业公众股股票认购申请表(单号张) 海南省一九九三年度公开发行股票企业公众股股票认购申请表(连号表)
河北	河北省93年股票认购申请表
河南	郑州白鸽(集团)股份有限公司社会公众股股票认购专项定期定额存单 神马实业股份有限公司社会公众股股票认购申请表
黑龙江	东方企业集团股份有限公司股票认购证 北满特殊钢股份有限公司股票认购申请表Ⅰ 北满特殊钢股份有限公司股票认购申请表Ⅱ 北满特殊钢股份有限公司股票认购证认购申请表 哈尔滨天鹅实业股份有限公司社会公众股股票认购申请表(绿色单号) 哈尔滨天鹅实业股份有限公司社会公众股股票认购申请表(红色拾号) 哈尔滨天鹅实业股份有限公司社会公众股股票定额临时收据
湖北	武汉市1993年股票认购申请表(单号) 武汉市1993年股票认购申请表(拾号)(缺) 华新水泥股份有限公司社会公众股股票认购申请表(客户联) 华新水泥股份有限公司社会公众股股票认购申请表(存根联) 湖北沙隆达股份有限公司股票认购申请表 猴王股份有限公司1993年股票认购申请表(红色有编号) 猴王股份有限公司1993年股票认购申请表(蓝色有编号) 猴王股份有限公司1993年股票认购申请表(红色无编号) 猴王股份有限公司1993年股票认购申请表(蓝色无编号)
湖南	株洲火炬火花塞股份有限公司股票认购申请表 长沙中意电器有限公司股票认购申请表 湖南酒鬼酒股份有限公司股票A股发行预缴股款申购表
吉林	通化东宝药业股份有限公司股票全额定活两便专项储蓄存单 通化东宝药业股份有限公司股票全额定期专项储蓄存单 "长百大楼股票"定期定额特种储蓄存单 吉林轻工股份有限公司1993年新股认购申请表 吉林制药股份有限公司1993年新股认购申请表 辽源得亨股份有限公司国内公众股股票认购申请表 长春市汽车城百货股份有限公司1993年新股认购申请表 吉诺尔股份有限公司内部可转让股票认购证明

续表

省份	认购凭证名称
江苏	93'南京股票认购申请表南京股票发售团(单号)
	93'南京股票认购申请表南京股票发售团(拾号)
	苏州物资集团股份有限公司股票认购证(单号)
	苏州物资集团股份有限公司股票认购证(拾号)
	江苏悦达股份有限公司股票认购证(A组)
	江苏悦达股份有限公司股票认购证(A组拾张)
	江苏悦达股份有限公司股票认购证(C组拾张)
	江苏悦达股份有限公司股票认购证(D组拾张)
	昆山三山实业股份有限公司股票认购证
	昆山三山实业股份有限公司股票认购证(B)
	无锡太极实业股份有限公司股票认购证
	无锡太极实业股份有限公司股票认购证(B组)
	无锡太极实业股份有限公司股票认购证(C组)
	南通机床股票专项定期定额存单
	江苏常柴股份有限公司股票发行专项存单
	江苏春兰制冷设备股份有限公司社会公众股专项定期定额存单
	江淮动力公司A股发行预缴股款申购表
江西	江铃汽车股份有限公司股票认购申请表
辽宁	大连商场股份有限公司公众股股票认购申请表
	大连冷机股份有限公司国内社会公众股股票认购申请表
	大连冷机股份有限公司人民币(A股)股票定额临时收据
	沈阳房天股份有限公司1993年新股认购申请表
	认购"鞍山一机股票"号码单
	认购"鞍山一机股票"全额保证金特种存单
	辽宁机电设备集团股份有限公司个人股认购单
	铁岭精工(集团)股份有限公司股票申购表
	铁岭精工(集团)股份有限公司工行银州支行精工股票缴款凭条
	辽宁省建设集团股份有限公司个人股认购单
	锦港集团原始股认购证
内蒙古	蒙电华能股票全额保证金特种存单
	沈阳东大阿尔派软件股份有限公司股票认购申请表
宁夏	广夏(银川)实业股份有限公司新股认购申请表
	宁夏宁河民族化工股份有限公司股票认购申请表
青海	青海省93年股票认购申请表
	青海省93年股票认购申请表收款凭证(壹仟张)
	青海省93年股票认购申请表收款凭证(壹萬张)
山东	青岛啤酒股份有限公司国内公众股股票认购申请表
	青啤股票认购申请表收款凭证(壹佰张)
	青啤股票认购申请表收款凭证(壹仟张)
	青啤股票认购申请表收款凭证(壹萬张)
	青岛海尔股票专项定期定额存单(伍佰圆)
	"轻骑股票"定期定额特种储蓄存单
	山东泰山旅游索道股份有限公司股票认购申请表
	泰山旅游索道股份有限公司股票申购缴款收据
	山东泰山石化(集团)股份有限公司股票(股权证)托管申请书(A)

续表

续表

省份	认购凭证名称
山西	山西杏花村汾酒厂股份有限公司股票认购申请表 山西杏花村汾酒厂股份有限公司股票认购证A 山西杏花村汾酒厂股份有限公司股票认购证B 山西杏花村汾酒厂股份有限公司股票认购证C 山西杏花村汾酒厂股份有限公司股票认购证D 山西漳泽电力股份有限公司认股证 太原天龙集团股份有限公司认股证 山西通宝能源股份有限公司认股证
陕西	长岭(集团)股份有限公司认购股票专项定期定额储蓄存单 长岭(集团)股份有限公司认购股票专项定期定额储蓄存单预约收据 金花企业(集团)股份有限公司股票申购表 陕西省国际信托投资公司内部股票认购单 黄河股份有限公司内部股票认购单 西安达尔曼股份有限公司股票认购申请表
上海	1992上海股票认购证 93'上海股票认购申请表(红) 93'上海股票认购申请表(蓝) 93'上海股票认购申请表(绿)(缺) 93'上海股票认购申请表(褐)(缺) 93'上海股票认购证申请表 93'上海股票认购证(Ⅰ) 93'上海股票认购证(Ⅱ) 93'上海股票认购证(Ⅱ)(拾) 上海万国证券公司新股认购申请卡
四川	成都市人民商场股票专项定期定额存单 中国四川国际合作股份有限公司股票专项定额存单 "东方电机股份有限公司A种股票"专项定期定额存单 泸州老窖股份有限公司股票专项定期定额存单 成都红光实业股份有限公司股票认购证 成都倍特发展股份有限(集团)公司内部职工普通股认股凭据
天津	天津市一九九三年公开发行股票企业公众股股票认购申请表 天津中储商贸股份有限公司(筹)A种股票认购申请表
西藏	西藏明珠股份有限公司股票全额定期专项存单(红色) 西藏明珠股份有限公司股票全额定期专项存单(蓝色)(缺)
新疆	新疆宏源股票认购抽签表 新疆维吾尔自治区认购股票专项定期定额储蓄存单预约收据 新疆维吾尔自治区认购股票专项定期定额储蓄存单
云南	云南白药实业股份有限公司公众股认购证(单号) 云南白药实业股份有限公司公众股认购证(拾号)(缺) 昆明机床股份有限公司股票认购证(单号) 昆明机床股份有限公司股票认购证(拾号)(缺) 昆明百货大楼(集团)股份有限公司一九九三年度公众股认购证 昆明百货大楼(集团)股份有限公司一九九三年度公众股认购证(A)

续表

省份	认购凭证名称
浙江	'93浙江省股票认购证（拾号张） '93浙江省股票认购证（佰号张） 宁波华联集团股份有限公司国内公众股股票认购申请表 宁波华联集团股份有限公司人民币（A股）股票定额临时收据 宁波华联股票认购申请表收款凭证（壹佰张） 宁波华联股票认购申请表收款凭证（壹仟张） 宁波华联股票认购申请表收款凭证（壹萬张） 宁波城隍庙实业股份有限公司股票专项存单 宁波城隍庙实业股份有限公司股票摇号单 "宁波中百股票"全额保证金特种存单

续表

安徽

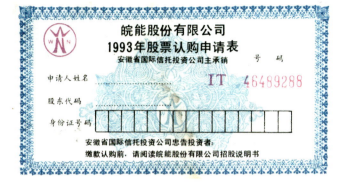

北京

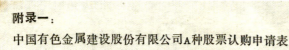

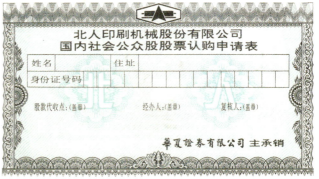

重庆

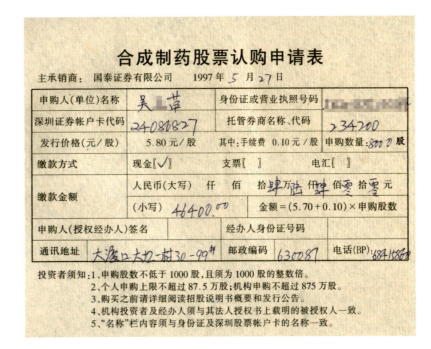

福建

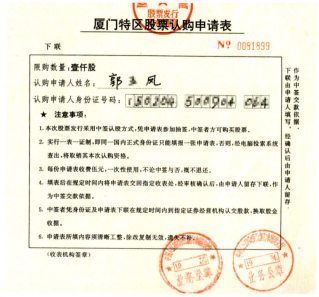

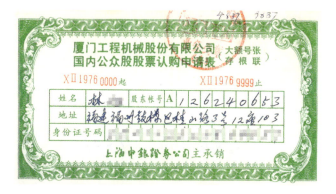

甘肃

广东

广西

贵州

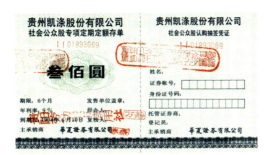

海南

河北

河南

黑龙江

湖北

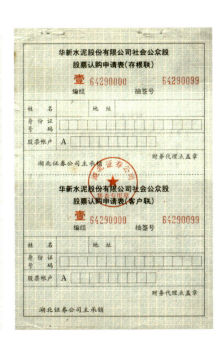

湖南

吉林

江苏

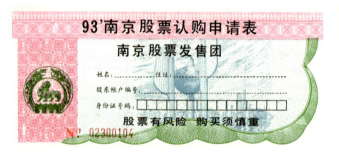
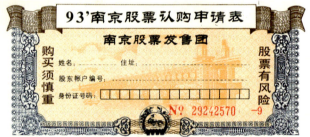

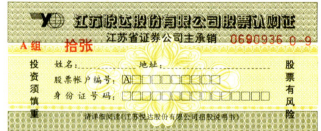

当代上市公司实物股票卷　　附录二　改革开放后我国新股认购机制演进及A股股票认购凭证

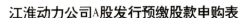

江西

辽宁

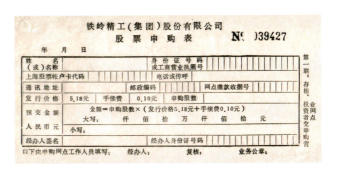
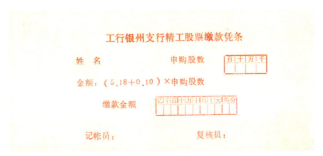

内蒙古

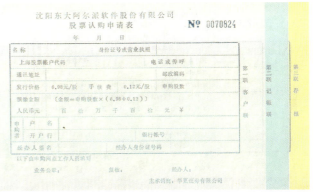

宁夏

青海

山东

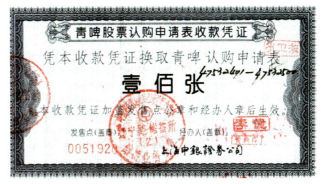

山西

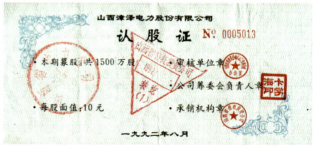

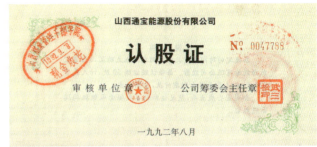

陕西

上海

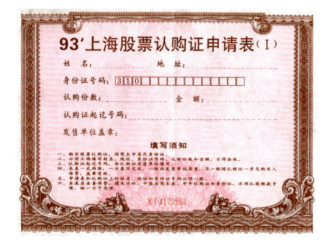
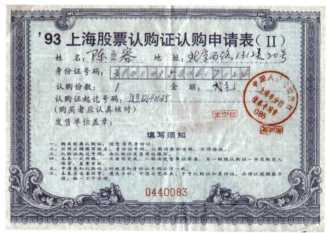

四川

天津

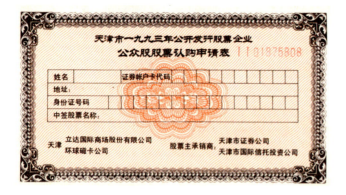

西藏

新疆

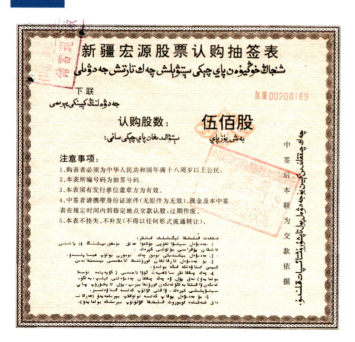

云南

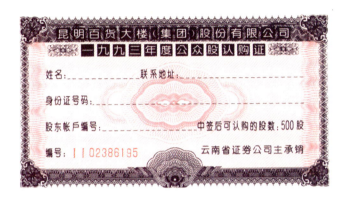 

浙江

附录三 改革开放后早期发行股票

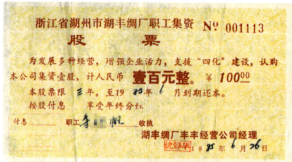
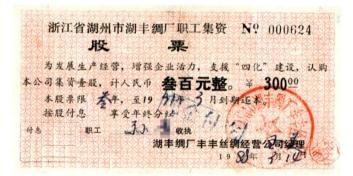

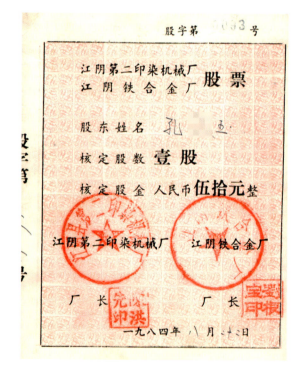

附录四 改革开放后发行基金及信托凭证

1991年7月，经中国人民银行珠海市分行批准，珠海国际信托投资公司发起设立的珠信基金成为改革开放后我国最早的投资基金，同年10月，武汉成立了第二家投资基金——武汉基金，随后多家基金相继成立。截至1996年底，我国共有78只基金，总规模约66亿元，房地产投资成为早期基金的主要投资方向，其中部分基金在证券交易所上市交易。淄博基金是在上海证券交易所上市的第一只基金。由于监管机构及投资者对投资基金风险认识不足，同时缺乏相应的法律法规约束，早期投资基金发展并不顺利。1997年11月，《证券投资基金管理暂行办法》颁布实施，中国证监会对老基金开始清理规范，我国基金业逐步步入规范发展的道路。1998年4月7日，由南方基金管理公司发起设立的首只按照法律法规规范化基金——基金开元在深圳证券交易所挂牌上市。截至1998年7月，中国内地首批五家基金管理公司——南方基金管理有限公司、国泰基金管理有限公司、华夏基金管理有限公司、华安基金管理有限公司、博时基金管理有限公司相继获准成立。

截至2018年12月底，我国境内共有基金管理公司120家，其中中外合资公司44家，内资公司76家；取得公募基金管理资格的证券公司或证券公司资管子公司共13家，保险资管公司2家。以上机构管理的公募基金资产合计13.03万亿元。

基金凭证一览表

基金凭证名称	基金简称
淄博乡镇企业投资基金公司基金证券持有证（自然人持有）	淄博基金/基金汉博
淄博乡镇企业投资基金公司基金证券持有证（法人持有）	
天骥投资基金登记确认通知书	天骥基金/基金融鑫
江西省证券公司久盛投资基金券	久盛基金
中国人民建设银行大连市信托投资公司共同投资基金券	大连建信共同基金
蓝天基金受益凭证	蓝天基金/基金鸿飞
中国农业银行江西省信托投资公司信托投资受益证券	赣农基金
中国农业银行江西省信托投资股份有限公司华赣股权证	华赣基金
沈阳证券公司通发有价证券投资基金受益凭证手册	通发基金
沈阳北方证券公司富民有价证券投资基金受益凭证手册	富民基金
沈阳北方证券公司富民有价证券投资基金	
大连证券公司利民信托投资基金认购证	金元基金/利民基金
沈阳市信托投资公司兴沈投资基金认购证	兴沈基金

续表

基金凭证名称	基金简称
沈阳市信托投资公司兴沈信托投资基金凭证手册	
中国工商银行沈阳市信托投资股份有限公司万利信托投资基金有价受益凭证	万利基金
厦门联合投资顾问有限公司厦邦开发基金受益凭证	厦邦基金
武汉证券投资基金(第2期)证券投资单	武汉基金
中国人民建设银行江西省信托投资公司信托投资受益证券/中国人民建设银行江西省信托投资公司配额信托投资受益证券	昌久基金
扬州市信托投资公司信托投资受益债券	
中国银行江西信托咨询公司信托投资受益证券	中盛基金
安徽省信托投资公司投资受益证券	
中国人民建设银行南京市信托投资公司浮动利率信托投资受益债券	
中国工商银行陕西省信托投资有限公司信托受益证券(第一期)交易存折	
中国农业银行沈阳市信托投资公司受益债券凭证	沈阳农信/基金景业
大连信托投资公司有价证券受益凭证	大信基金
中国工商银行河南省信托投资公司信托投资受益证券	
光大国库券再投资受益券	
湖南省国际信托投资公司投资受益基金	湘国信基金/基金景阳
中国人民建设银行湖南省信托投资公司信托投资受益证券	湘建信基金/基金景博
锦州市金星信托投资股份有限公司信托投资受益债券购券证	锦州金星受益债券
南京国际信托投资公司信托投资受益债券	南京基金
中国人民建设银行江苏省信托投资公司浮动利率投资受益债券	苏建基金/基金通宝
陕西省证券公司投资受益债券	长安投资基金
四川国债投资基金	基金天华
江苏省租赁有限公司信托投资受益债券	
中国人民建设银行沈阳市信托投资股份有限公司公众信托投资基金凭证	公众信托投资基金
中国工商银行江苏信托投资公司信托投资受益债券	
中国农业银行江苏省信托投资公司信托投资受益债券	
四川省南充地区信托投资公司信托受益债券	

淄博乡镇企业投资基金公司基金证券持有证(淄博基金/基金汉博)

淄博乡镇企业投资基金公司基金证券持有证(法人持有)

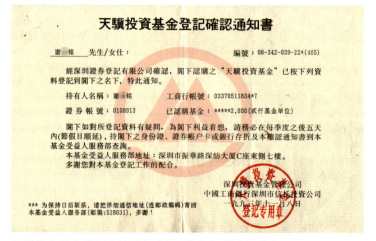

天骥投资基金登记确认通知书(天骥基金/基金融鑫)

江西省证券公司久盛投资基金券（久盛基金）

中国人民建设银行大连市信托投资公司共同投资基金券（大连建信共同基金）

蓝天基金受益凭证（蓝天基金/基金鸿飞）

中国农业银行江西省信托投资股份有限公司信托投资受益证券（赣农基金）

中国农业银行江西省信托投资股份有限公司华赣股权证（华赣基金）

沈阳证券公司通发有价证券投资基金受益凭证手册（通发基金）

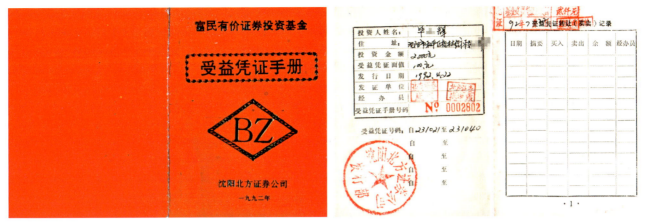

沈阳北方证券公司富民有价证券投资基金受益凭证手册（富民基金）

沈阳北方证券公司富民有价证券投资基金（富民基金）

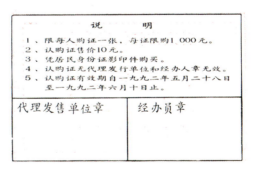

大连证券公司利民信托投资基金认购证（金元基金/利民基金）

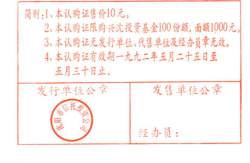

沈阳市信托投资公司兴沈投资基金认购证（兴沈基金）

沈阳市信托投资公司兴沈投资基金凭证手册（兴沈基金）

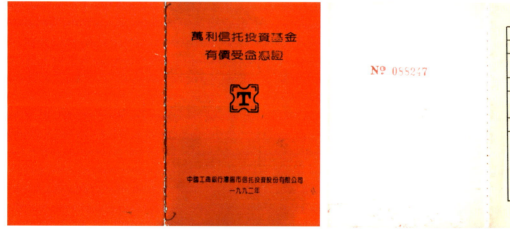

中国工商银行沈阳市信托投资股份有限公司万利信托投资基金有价受益凭证（万利基金）

厦门联合投资顾问有限公司厦邦开发基金受益凭证（厦邦基金）

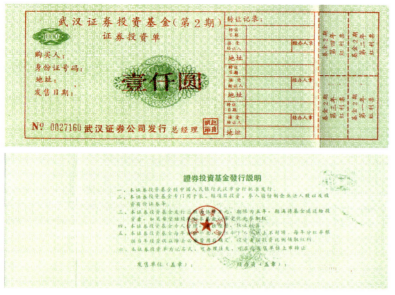

武汉证券投资基金(第2期)证券投资单(武汉基金)

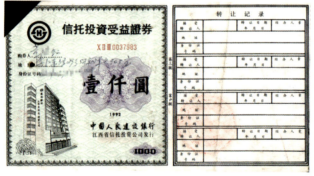

中国人民建设银行江西省信托投资公司信托投资受益证券/中国人民建设银行江西省信托投资公司配额信托投资受益证券(昌久基金)

扬州市信托投资公司信托投资受益债券

中国银行江西信托咨询公司信托投资受益证券（中盛基金）

安徽省信托投资公司投资受益证券

中国人民建设银行南京市信托投资公司浮动利率信托投资受益债券

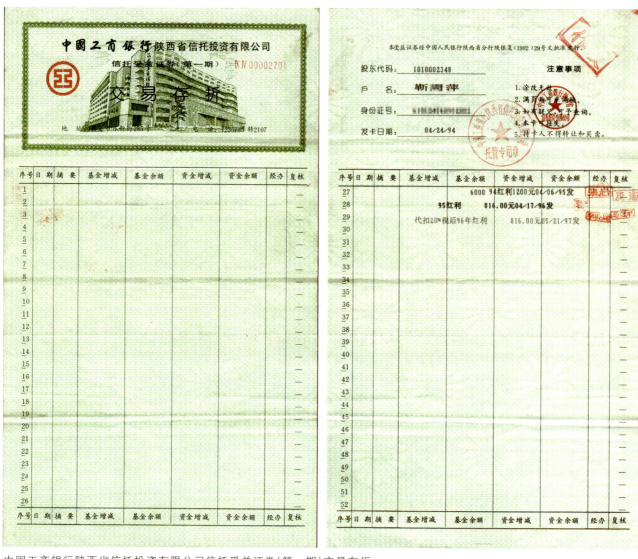

中国工商银行陕西省信托投资有限公司信托受益证券(第一期)交易存折

中国农业银行沈阳市信托投资公司受益债券凭证(沈阳农信/基金景业)

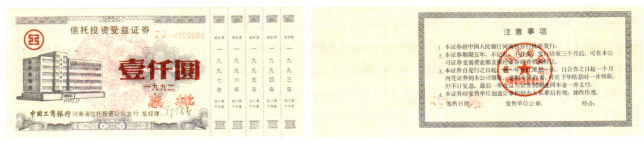

大连信托投资公司有价证券受益凭证（大信基金）

中国工商银行河南省信托投资公司信托投资受益证券

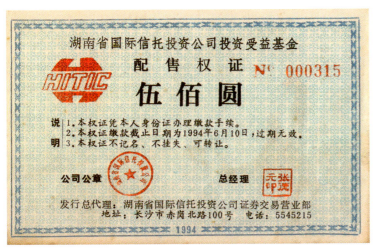

光大国库券再投资受益券

湖南省国际信托投资公司投资受益基金（湘国信基金/基金景阳）

中国人民建设银行湖南省信托投资公司信托投资受益证券（湘建信基金/基金景博）

锦州市金星信托投资股份公司信托投资受益债券购券证（锦州金星受益债券）

南京国际信托投资公司信托投资受益债券（南京基金）

中国人民建设银行江苏省信托投资公司浮动利率投资受益债券（苏建基金/基金通宝）

陕西省证券公司投资受益债券(长安投资基金)

四川国债投资基金(基金天华)

江苏省租赁有限公司信托投资受益债券

中国人民建设银行沈阳市信托投资股份有限公司公众信托投资基金凭证（公众信托投资基金）

中国工商银行江苏信托投资公司信托投资受益债券

中国农业银行江苏省信托投资公司信托投资受益债券

四川省南充地区信托投资公司信托受益债券

附录五　改革开放后资本市场大事记

1978年12月,党的十一届三中全会在北京召开,确定了以经济建设为中心、坚持改革开放的总方针后,中国资本市场重新开始孕育。

1984年8月10日,上海市政府批准并转发中国人民银行上海市分行制定的《关于发行股票的暂行管理办法》,成为我国改革开放后首部有关股票发行方面的地方性政府规章。

1984年7月,北京天桥股份有限公司和上海飞乐音响股份有限公司经中国人民银行批准向社会公开发行股票。

1986年8月,沈阳市信托投资公司率先开办了改革开放后中国第一家有价证券交易柜台,代客买卖股票、债券及企业债抵押融资业务。

1986年9月,中国工商银行上海市信托投资公司静安证券业务部率先对飞乐音响及延中实业两只股票开展柜台挂牌交易,成为改革开放后中国第一家代理股票交易的证券业务部;并于1987年初率先编制并发布静安股票价格平均指数,简称"静安指数",成为我国A股市场第一个股票指数。

1986年11月14日,我国改革开放"总设计师"邓小平在北京人民大会堂会见美国纽约证券交易所董事长约翰·凡尔霖时,向来宾赠送了一张面额为人民币50元的上海飞乐音响股份有限公司股票,成为我国股票市场发展史上的标志性事件之一。

1987年9月,中国第一家证券公司——深圳经济特区证券公司成立。

1990年12月1日,深圳证券交易所率先开始集中交易。

1990年12月19日,上海证券交易所开始集中交易。

1991年8月28日,证券业自律组织——中国证券业协会在北京成立。

1992年10月25日,国务院证券委及中国证监会成立。

1993年6月29日,青岛啤酒股份有限公司在香港正式招股上市,青岛啤酒成为首只到H股上市的国企。

1993年8月20日,淄博基金在上交所上市,成为我国首只在国内证券交易所上市的投资基金。

1993年12月25日,我国第一部《公司法》经全国人大常委会审议通过,并于1994年7月1日开始实施。

1995年1月1日,沪深股市交易实行"T+1"。

1995年2月23日,"3·27国债期货事件"。

1995年7月11日,中国证监会正式加入证监会国际组织。

1996年12月16日,上交所和深交所对在该两所上市的股票、基金类证券的交易实行价格涨跌幅10%限制并实行公开信息制度。

1997年4月18日,财政部发布《中华人民共和国国债托管管理暂行办法》,明确规定国债托管实行统一管理体制,财政部授权中央国债登记结算有限公司主持建立和运营全国国债托管系统。

1997年6月16日,我国银行间债券市场成立。交易品种为各种可流通的国债及可用作回购的债券品种,交易成员为全国银行间同业拆借市场成员。

1998年4月7日,基金金泰、基金开元分别在上交所和深交所上市,成为首批上市的证券投资基金。

1998年4月28日,辽物资A成为我国证券市场第一家ST公司。

1998年9月14日,ST苏三山股票暂停上市,成为首家因连续亏损3年而暂停上市的公司。

1998年12月29日,酝酿5年多的《证券法》获得全国人大常委会通过。

1999年1月,上海一位姓姜的股民把与红光牵连的24个人告上法庭,这是中国首例股民状告上市公司案。

1999年7月1日,《证券法》正式实施,成为我国证券市场健康发展的强有力保障。

2000年7月12日,南化股份转债股上市,上交所迎来首只国企转债股。

2001年8月15日,中国证监会同意设立华安创新证券投资基金,该基金为我国首只开放式基金,首次募集目标为50亿份基金单位。

2002年12月,中国证监会颁布并施行《合格境外机构投资者境内证券投资管理暂行办法》,标志着我国QFII制度正式启动。

2003年10月28日,《证券投资基金法》在十届全国人大常委会第五次会议上获得通过。

2004年1月31日,《国务院关于推进资本市场改革开放和稳定发展的若干意见》("国九条")出台。

2004年5月18日,深交所获准设立中小企业板块,重点安排主板市场拟上市公司中具有较好成长性和较高科技含量的中小企业发行股票和上市。

2004年6月1日,《证券投资基金法》施行,为基金的规范运作提供法律保障。

2005年2月21日,证券投资者保护基金正式启动,发行人公开发行股票、可转债等证券时,所有申购冻结资金的利息须全部缴存到上海、深圳证券交易所开立的存储专户,作为证券投资者保护基金的来源之一。

2005年4月29日,中国证监会公布《关于上市公司股权分置改革试点有关问题的通知》,我国开始启动股权分置改革试点工作,以消除非流通股和流通股的流通制度差异。

2006年1月4日起,中国人民银行授权中国外汇交易中心发布人民币汇率中间价。

2006年9月8日,中国金融期货交易所成立。

2007年1月4日起,中国人民银行授权中国外汇交易中心发布上海银行间同业拆放利率(Shibor)。

2007年6月28日,南海成长创业投资有限合伙企业在深圳成立,成为新修订的《中华人民共和国合伙企业法》生效后国内第一家以有限合伙方式组织的创业投资企业,也是国内首家真正意义上的私募股权基金。

2007年8月14日,中国证监会颁布《公司债券发行试点办法》,我国公司债发行正式启动。

2008年1月9日,黄金期货在上海期货交易所成功上市。

2009年10月30日,创业板开市,首批28只股票齐发,刷新中国股市多股齐发的历史纪录。

2010年4月16日,股指期货首批4个沪深300股票指数期货合约上市,挂盘基准价均为3399点。

2011年1月14日,全国证券期货监管会议提出包括扩大中关村新三板试点、研究推出发行体制后续改革措施、完善退市制度、完善打击证券期货违法犯罪协作机制在内的全年八项重点工作。

2012年8月3日,经国务院批准,非上市股份公司股份转让("新三板")试点扩大。除北京中关村科技园区外,首批扩大试点新增上海张江高新技术产业开发区、武汉东湖新技术产业开发区、天津滨海高新区。

2013年10月25日,人民银行授权中国外汇交易中心正式运行贷款基础利率(LPR)集中报价和发布机制。

2013年12月14日,国务院发布《关于全国中小企业股份转让系统有关问题的决定》,新三板全国扩容,多层次资本市场建设取得实质性进展。

2014年4月10日,中国证监会与香港证监会就开展沪港通试点发布联合公告。中国证监会指出,沪港通总额度为5 500亿元人民币。

2014年5月9日,国务院印发《关于进一步促进资本市场健康发展的若干意见》("新国九条"),表示进一步促进资本市场健康发展,健全多层次资本市场体系,对于加快完善现代市场体系、拓宽企业和居民投融资渠道、优化资源配置、促进经济转型升级具有重要意义。

2016年1月4日,A股正式实施指数熔断机制,实施后A股第一天交易时间仅为2小时19分,沪指暴跌6.85%,千只股票跌停。实施4天后,中国证监会宣布自2016年1月8日起暂停实施熔断机制。

2016年3月21日,上交所发布关于终止*ST博元(珠海市博元投资股份有限公司)股票上市的公告,*ST博元是证券市场首家因触及重大信息披露违法情形被终止上市的公司。

2016年5月,全国股转公司发布《挂牌公司分层管理办法(试行)》,分别从盈利性、成长性和市场认可度等三个方面设置了三套差异化的创新层标准,有利于新三板市场进一步完善市场层次结构。

2016年7月8日,资本市场涉嫌欺诈发行退市的欣泰电气被中国证监会勒令强制退市,欣泰电气成为创业板退市第一股。

2016年12月5日,中国证监会与香港证监会联合公告,批准深港通正式交易,宣告全新的资本市场双向跨境资金流通模式初步成功。

2017年5月16日,中国人民银行与香港金融管理局宣布开展内地与香港"债券通"合作,实现买卖两个市场交易流通债券的机制安排。

2017年6月21日,美国明晟公司(MSCI)宣布,从2018年6月起将中国A股纳入MSCI新兴市场指数和全球基准指数。

2017年7月1日,《证券期货投资者适当性管理办法》正式施行。该"办法"定位于适当性管理的"母法",明确了投资者分类、产品分级、适当性匹配等适当性管理各环节的标准或底线。

2017年9月30日,中国证监会发布公告,正式聘任第十七届发行审核委员会委员。履新后的新一届发审委委员,严把新股发行审核质量关,新股发行审核通过率明显下降,一批财务数据有水分、持续盈利能力不明、内控制度不规范的"带伤上会""带病上会"的企业被挡在了新股发行大门之外。

2017年12月22日,全国股转公司发布了新制定的分层与交易制度,随着"集合竞价＋大宗交易＋分层修订"组合拳的落地,促进新三板企业股票公允定价,破解流动性难题。

2018年3月23日,中国证监会发布《证券公司投资银行类业务内部控制指引》,督促证券公司提高投行类业务内部控制水平,完善自我约束机制,强化主体责任,防范化解风险。

2018年6月6日,中国证监会发布《试点创新企业境内发行股票或存托凭证并上市监管工作实施办法》,实行CDR和IPO双轨制,鼓励符合国家战略、掌握核心技术、市场认可度高,属于互联网、大数据、云计算、人工智能、软件和集成电路、高端装备制造、生物医药等高新技术产业和战略性新兴产业,且达到相当规模的创新企业在境内发行股票。

2018年10月12日,中国证监会发布《关于上海证券交易所与伦敦证券交易所互联互通存托凭证业务的监管规定(试行)》,正式开展沪伦通,中国资本市场开始加速开放的步伐。

2019年1月23日,中央全面深化改革委员会第六次会议审议通过了《在上海证券交易所设立科创板并试点注册制总体实施方案》《关于在上海证券交易所设立科创板并试点注册制的实施意见》,设立科创板并试点注册制工作正式启动。

参 考 文 献

[1] 中国金融学会,中国钱币博物馆,新华通讯社摄影部.中国金融珍贵文物档案大典[M].北京:中央文献出版社,2002.
[2] 中国证券业协会,中国钱币学会.中国上市公司实物股票图册[G].1998.
[3] 胡汝银.中国资本市场的发展与变迁[M].上海:格致出版社,上海人民出版社,2008.
[4] 刘逖,等.上海证券交易所史(1910—2010)[M].上海:上海人民出版社,2010.
[5] 王年咏.复苏与起步:1980—1991年中国证券市场简史[M].北京:中国财政经济出版社,2004.
[6] 刘波.资本市场结构:理论与现实选择[M].上海:复旦大学出版社,1999.
[7] 吴言涛.上海的股票与债券[M].上海:上海社会科学院出版社,1988.
[8] 于纪谓.股份制经济学概论[M].上海:复旦大学出版社,1991.
[9] 郑振龙.中国证券发展简史[M].北京:经济科学出版社,2000.
[10] 刘志英.近代上海华商证券市场研究[M].上海:学林出版社,2004.
[11] 赵力成.新中国股票证图录[M].哈尔滨:黑龙江人民出版社,2001.
[12] 戚厚杰,李琴,李珂,等.百年证券变迁[M].南京:江苏美术出版社,2002.
[13] 尹振涛.历史演进、制度变迁与效率考量:中国证券市场的近代化之路[M].北京:商务印书馆,2011.
[14] 管金生,吴振标.中国股市总览[M].上海:文汇出版社,1992.
[15] 田涛.股藏之王[M].深圳:海天出版社,2006.
[16] 曹凤岐,吴晓求,贺强,等.中华人民共和国上市公司股票图谱大系[M].上海:上海财经大学出版社,2005.

后 记

经过十多年的资料收集、整理、研究,《中国证券典藏大系》丛书开始陆续付梓了,本书为大系之一——当代上市公司实物股票卷。2020年恰逢上交所、深交所开业30周年,此书的出版意义非凡。证券文物存世珍稀,实物收集难度极大,《中国证券典藏大系》丛书的编撰工作十分繁复艰辛,但是意义重大。

本书在编撰过程中得到了家人和朋友的鼎力支持,在此特别感谢中国当代上市公司实物股票收藏大家厉勇先生为本书提供了大量珍稀实物股票图片,股票收藏大家赵善荣先生为本书提供了许多实物股票样票图片,正是两位的无私帮助,使得本书体系更加完整。感谢陈连会、吴非、周春喜、汪志刚等提供了部分实物股票图片。感谢深圳证券交易所证券博览中心提供了部分深交所早期挂牌上市实物股票图片。郑家庆、罗天生、陈伟国、顾耀德、于捷、蔡小军、喻建忠、林振荣、章志纯、吕传友、徐海光、张林、吴福民、王志钢、郑明辉、陆建法、陈伟、单正晓、鲁建国、王娟娟等同仁为本书的编写提供了许多宝贵意见和建议,孔令强博士及犬子余正涵在本书文字整理编排过程中亦给予了大量帮助,在此一并表示感谢。

同时感谢本书的出版单位——中国科学技术大学出版社领导和编辑的大力支持,使得本书能够高质量如期与读者见面。因编写时间仓促,本书有可能存在不足或挂一漏万,敬请读者批评指正,也期待与股票收藏爱好者交流,联系邮箱:emba073025345@fudan.edu.cn。

志犹学海,业比登山;一思尚存,此志不懈。

余庆生

2020年3月于上海求是斋